中国传统文化的现代诠释

张　勇◎主编

安徽师范大学出版社

ANHUI NORMAL UNIVERSITY PRESS

·芜湖·

图书在版编目（CIP）数据

中国传统文化的现代诠释 / 张勇主编 . —芜湖 : 安徽师范大学出版社 , 2022.1（ 2022.8重印 ）
ISBN 978-7-5676-5213-2

Ⅰ.①中… Ⅱ.①张… Ⅲ.①中华文化—研究 Ⅳ.①K203

中国版本图书馆 CIP 数据核字（2022）第 031173 号

安徽省高峰学科中国语言文学（诗学）资助项目

中国传统文化的现代诠释

张　勇◎主编

ZHONGGUO CHUANTONG WENHUA DE XIANDAI QUANSHI

责任编辑：李克非
责任校对：王　贤
装帧设计：张　玲　冯君君
责任印制：桑国磊
出版发行：安徽师范大学出版社
　　　　　芜湖市北京东路1号安徽师范大学赭山校区　　　邮政编码：241000
网　　址：http://www.ahnupress.com/
发 行 部：0553-3883578 5910327 5910310（传真）
印　　刷：苏州市古得堡数码印刷有限公司
版　　次：2022年1月第1版
印　　次：2022年8月第2次印刷
规　　格：700 mm×1000 mm　　　1/16
印　　张：30
字　　数：470千字
书　　号：ISBN 978-7-5676-5213-2
定　　价：89.00元

史哲之间的界限，实现不同学科之间的融合，立足当代，对传行创造性诠释，这是本书努力追求的目标。

辛丑仲春张勇识于安徽师范大学传统文化与佛典研究中心

序　言

　　安徽师范大学"传统文化与佛典研究中心"成立于201　
本中心以"推动中华优秀传统文化创造性转化、创新性发展"　
"打造学术精品""开发地方文化资源""服务社会，服务大众"　
目前主要研究方向有"佛教中国化的语言文学进路""儒释道文化的
与传播""儒释道文化与文论"。本中心提倡"跨学科"的综合研究方法
力求融会中国文学、哲学、宗教学、文献学、语言学等多学科知识，努力
探索"新文科"建设的实践路径。

　　本中心现有教授八名，副教授两名，研究成果陆续以"传统文化研究
丛书"形式出版。《中国传统文化的现代诠释》为该系列丛书之一种，收
录李平、侯宏堂、项念东、李伟四位教授及本人近年的相关研究成果。内
容分为三编。上编"儒道释文化的多维解读"，以儒道释三教关系为视角，
采取个案解析与宏观探索相结合的方法，既从微观上探讨韩愈、柳宗元、
朱熹等人的儒学特色及刘勰、湛然居士对三教关系的理解，又从宏观上探
讨道教哲学的基本特征。中编"现代学术传统的文化诠释"，探讨梁启超、
陈寅恪、钱穆、余英时、岑仲勉等近现代学者通过对中华传统文化的创作
性诠释而建构现代学术体系的路径与方法。下编"中国诗学传统的现代省
思"，以现代眼光、史学意识、哲学思维审视"诗言志""佛教诗学""诗
史""诗学考据学"等诗学问题。

目　录

下编　中国诗学传统的现代省思

上编

儒道释文化的多维解读

韩柳孟子观之分歧及其思想史意义

在中国文化史上，孟子无疑是最受争议的先秦大儒之一。先秦时期，孟子作为"百家争鸣"中的一员，所受到的除少量来自本学派的褒扬外，更多的则是来自各方面的批评①。两汉时期，随着儒学的繁荣，孟子地位大幅提升，《孟子》一书也曾列于官学，但同时批评之声也不绝于耳②。魏晋至盛唐，儒学飘零，孟子随之归于寂寞。中唐以降，韩愈以高蹈八荒、抗心千秋的情怀强烈主张提升孟子地位，而他的诤友柳宗元则激烈反对这一主张，两人孟子观形成尖锐的对立，这一对立是当时儒佛道三教互相激荡的结果，在当时及后世都具有十分重要的文化意义。

一、韩柳孟子观的诸方分歧

在韩愈、柳宗元文集中有大量关于孟子的材料，这些材料大都比较分散，若把它们集中起来，放在当时儒佛道三教相摩相荡的文化背景下来审视，会清晰地发现二人孟子观上的分歧。分歧是多方面的，从三教关系视角来看，最重要者当数以下四个方面。

---

① 如荀子在《非十二子》中批评道："略法先王而不知其统""闻见杂博。"见《荀子》，上海古籍出版社，1996，第43页。

② 如司马迁赞同梁惠王以"迂远而阔于事情"来评价孟子。见《史记》(七)，中华书局，1982，第2343页。

（一）关于孟子夷夏观的分歧

为了捍卫儒家思想的正统地位，孟子一方面大力提倡"距杨墨，放淫辞"①，另一方面强调夷夏之大防，主张"用夏变夷"，反对"用夷变夏"②。对于这种排斥异端的激进思想，韩柳有完全不同的评价。

韩愈高度赞扬孟子为维护儒家正统地位所做出的贡献。他说："向无孟氏，则皆服左衽而言侏离矣。故愈当推尊孟氏，以为功不在禹下。"③韩氏本人的读书、治学也以孟子为榜样，"所读皆圣人之书，杨墨释老之学无所入于其心"④。面对佛道二教盛行的局面，韩愈效法孟子，以激进的态度排斥佛老。他说："释老之害过于杨墨，韩愈之贤不及孟子，孟子不能救之于未亡之前，而韩愈乃欲全之于已坏之后。"⑤他用以打击佛教的思想武器正是孟子的"夷夏论"。在《原道》中，他说："今也，举夷狄之法，而加之先王之教之上，几何其不胥而为夷也！"⑥在《论佛骨表》中，他称佛为"夷狄之人"，指责其违背"先王之法""君臣之义""父子之情"⑦。

与韩愈不同，柳宗元反对孟子的"夷夏论"，明确提出"夷夏若均"思想，主张以"道"而不是"夷夏"作为判断是非的标准⑧。他对韩愈的排佛思想深为不满，批评其"不信道而斥焉以夷"⑨，这一批评实际上也是对孟子"夷夏论"的间接批评。关于如何对待异己思想，柳宗元说：杨墨及释氏之说，尽管在思想上与孔子有"抵捂而不合"之处，但由于"皆

---

①《孟子·滕文公下》，朱熹：《四书章句集注》，中华书局，1983，第272页。

②《孟子·滕文公上》，朱熹：《四书章句集注》，中华书局，1983，第260页。

③《与孟尚书书》，《韩昌黎文集校注》，上海古籍出版社，1987，第214页。

④《上宰相书》，《韩昌黎文集校注》，上海古籍出版社，1987，第155页。

⑤《与孟尚书书》，《韩昌黎文集校注》，上海古籍出版社，1987，第215页。

⑥《原道》，《韩昌黎文集校注》，上海古籍出版社，1987，第17页。

⑦《韩昌黎文集校注》，上海古籍出版社，1987，第615—616页。

⑧《送贾山人南游序》，《柳宗元集》（二），中华书局，1979，第665页。

⑨《送僧浩初序》，《柳宗元集》（二），中华书局，1979，第673页。

有以佐世"，因而应该"通而同之"①。这种观点与孟子及韩愈是截然不同的。

（二）关于孟子义利观的分歧

"义利之辨"是孟子思想的一项重要内容。在此问题上，他有明确的重义轻利立场。如在《孟子·告子下》中，他反对为人臣、人子、人弟者"怀利"以事其君、其父、其兄，而主张"怀仁义"以事之，其核心观点是："君臣、父子、兄弟去利，怀仁义以相接也。然而不王者，未之有也。何必曰利？"②

韩愈十分赞成孟子的义利观。在《上张仆射书》中，他说：

> 孟子有云：今之诸侯无大相过者，以其皆"好臣其所教，而不好臣其所受教"，今之时，与孟子之时又加远矣，皆好其闻命而奔走者，不好其直己而行道者。闻命而奔者，好利者也；直己而行道者，好义者也：未有好利而爱其君者，未有好义而忘其君者。③

韩愈继承孟子义利观，把"义"与"利"对立起来，表现出鲜明的重义轻利立场。

与韩愈不同，柳宗元反对孟子的义利观。如《吏商》：

> 或曰："君子谋道不谋富，子见孟子之对宋䅟乎？何以利为也？"柳子曰："君子有二道，诚而明者，不可教以利；明而诚者，利进而害退焉。吾为是言，为利而为之者设也。或安而行之，或利而行之，及其成功，一也。……孟子好道而无情，其功缓以疏，未若孔子之急

---

① 《送元十八山人南游序》（二），中华书局，1979，第662—663页。
② 朱熹：《四书章句集注》，中华书局，1983，第341页。
③ 《韩昌黎文集校注》，上海古籍出版社，1987，第181页。

民也。"①

"孟子对宋牼"指的是上引《孟子·告子下》中的那番话。有人引用这段话来证明"谋道不谋富",柳宗元表示反对。他认为,对普通百姓来说,空言"仁义"是没有意义的,对他们只能采用"以利退害"的办法,即以利来引导他们走上正确的道路。接着,他又以《中庸》所载孔子之言"或安而行之,或利而行之,及其成功,一也"来反驳孟子,从而证明"以利退害"的可行性。总之,在柳宗元看来,"义"与"利"并不必然对立,孟子只言"义"不言"利",这种只能停留在理论层面的观点是不切合实际的,也是不符合"孔子之道"的。

(三)关于孟子心性论的分歧

孟子继承孔子的仁学思想,并从心性论高度论证其先天合理性。他说:

> 恻隐之心,仁之端也;羞恶之心,义之端也;辞让之心,礼之端也;是非之心,智之端也。人之有是四端也,犹其有四体也。②

人先天具有的"四心"分别是仁、义、礼、智的萌芽,故称"四端",这"四端"经过后天的学习、修养就可以扩充为仁义礼智"四德"。在孟子的思想体系中,作为人经验观察和理性思考对象的"天",被赋予"善"的内涵,并作为一切存在秩序和善的形而上根据和源泉。因此,他说:"仁义忠信,乐善不倦,此天爵也。"③仁义忠信是上天赋予人的道德命令,因此称为"天爵"。

韩愈在《原性》中集中论述了对孟子"性善论"的看法。他提出"性

①《柳宗元集》(二),中华书局,1979,第564页。
②《孟子·公孙丑上》,朱熹:《四书章句集注》,中华书局,1983,第238页。
③《孟子·告子上》,朱熹:《四书章句集注》,中华书局,1983,第336页。

三品"说，虽然从表面上看不同意孟子观点，其实与之并无实质性区别。他说：

> 性之品有上中下三。上焉者，善焉而已矣；中焉者，可导而上下也；下焉者，恶焉而已矣。其所以为性者五：曰仁、曰礼、曰信、曰义、曰智。上焉者之于五也，主于一而行于四；中焉者之于五也，一不少有焉，则少反焉，其于四也混；下焉者之于五也，反于一而悖于四。①

这段话中，"性"有两个层次：一是"所以为性者"，即抽象的、本体意义上的"性"；二是具体的、现实意义上的"性"，即个体天生所秉受之"性"。前者表现为仁义礼智信"五德"，是无所谓品第之分的；后者则可根据秉承"五德"多寡而分为上中下三品。前者近于宋明理学家所谓的"天命之性"，后者则近于"气质之性"②。由此看来，韩愈心性论在本质上仍属"性善论"，其仁义礼智信"五德"之源也是高高在上的道德之"天"③。

与韩愈不同，柳宗元对孟子心性论直接提出了批评。他在《天爵论》中说："仁义忠信，先儒名以为天爵，未之尽也。"④这里没有直接点名的"先儒"指的正是孟子。柳宗元认为，孟子把仁义忠信看作"天爵"的观点是有问题的。他反对把"天"作为人的价值和意义系统的承载者，抽空"天"的道德内涵，还原其"自然"属性。"天"既然是无生命、无意识、无目的"自然"，那么它就不可能赋予人道德理性，它所赋予人的只是气，这气又分为"刚健之气"与"纯粹之气"，人禀"刚健之气"而形成

---

① 《韩昌黎文集校注》，上海古籍出版社，1987，第20页。

② 朱熹说："如退之说三品等，皆是论气质之性。"见黎靖德编《朱子语类》（一），中华书局，1986，第65页。

③ 如韩愈在《通解》一文中说："且五常之教，与天地皆生。"见《韩昌黎文集校注》，第677页。

④ 《柳宗元集》（一），中华书局，1979，第79页。

"志"，禀"纯粹之气"而形成"明"，因此他说："故善言天爵者，不必在道德忠信，明与志而已矣。"①在柳宗元看来，"明"与"志"只是人心性中一种"向善"的内驱力，其本身并不具有道德属性。这样，柳宗元就否定了孟子的"性善论"及其"天命论"依据。

(四)"道统"观上的分歧

韩愈十分推崇孟子，认为他是"孔子之道"最正宗的传承者。在《送王秀才序》中，韩愈说：孔子之道"大而能博"，弟子们只能以其"性之所近"而学，再"各以所能授弟子"，如此下去，孔子之道便"原远而末益分"了，而在众多传承者中，"独孟轲氏之传得其宗"②。因此，强烈主张把孟子列入儒家"道统"之中："尧以是传之舜，舜以是传之禹，禹以是传之汤，汤以是传之文武周公，文武周公传之孔子，孔子传之孟轲，轲之死，不得其传焉。"③孟子之后，儒道失传，后世"求观圣人之道，必自孟子始"④。这就把孟子置于儒家"道统"的枢纽地位。有研究者说："韩愈的'道统'谱系上，真正居于中心位置的是孟子，其余的列祖列宗不过是配享从祀而已。"⑤诚哉是言！

与韩愈相反，柳宗元认为孟子并不是"孔子之道"的正宗继承者。立足于"性善论"，孟子孜孜不倦地论证以"仁心"行"仁政"的必要性与可行性，柳宗元认为这一想法过于浪漫，难以参与现实政治的建构："孟子好道而无情，其功缓以疏，末若孔子之急民也。"⑥孟子空言仁义道德，而孔子则关心生民于实处，两人思想是有实质性差异的，因此孟子不是"孔子之道"的正宗继承人。

与韩愈一样，柳宗元也多次申述自己心目中的儒家"道统"，所不同

① 《柳宗元集》(一)，中华书局，1979，第80页。
② 《送王秀才序》，《韩昌黎文集校注》，上海古籍出版社，1987，第261页。
③ 《原道》，《韩昌黎文集校注》，上海古籍出版社，1987，第18页。
④ 《送王秀才序》，《韩昌黎文集校注》，上海古籍出版社，1987，第262页。
⑤ 市川勘：《韩愈研究新论——思想与文章创作》，文津出版社，2004，第17页。
⑥ 《吏商》，《柳宗元集》(二)，中华书局，1979，第564页。

的是，他没有一次把孟子列入其中。如他在《与杨诲之第二书》中说："其道自尧、舜、禹、汤、高宗、文王、武王、周公、孔子皆由之。"①在这个"道统"中，柳宗元最推崇的是孔子，把孔子作为儒家思想的集大成者与儒家"道统"的核心②，而孟子在这个"道统"中是没有任何位置的。

从以上四个方面来看，韩柳二人的孟子观是对立的，一个推尊，一个贬抑。当然，韩愈推尊孟子并不是全盘肯定，如他在总体上肯定孟子"性善论"，但又提出自己的"性三品"说。同样，柳宗元贬抑孟子，也不是全盘否定，他也曾多次表达对孟子观点的认同③。韩愈在总体倾向上赞成孟子而在某些具体问题上保持不同意见，柳宗元则是在某些具体问题上赞成孟子，但在总体倾向上持贬抑态度。同样是复兴儒学的旗手，韩柳两人对孟子这位儒学巨擘的态度怎么差距这么大呢？

二、韩柳孟子观分歧的原因

韩柳孟子观以上四个方面的分歧，归根结底就是两点，一是对儒佛道三教关系的不同理解，二是对儒"道"内涵的不同理解。这两个方面，既是韩柳孟子观分歧的实质，也是造成分歧的根本原因。

(一)对儒佛道三教关系的不同理解

初唐以来，尽管每位帝王对待儒佛道三教的具体态度有所不同，但大都采取三教并行的文化政策，他们一方面提倡以儒学为治国之本，另一方面又提倡以道教、佛教作为官方意识形态的重要补充。君主的三教并举政策及"三教论衡"活动，促进了三教鼎立文化格局的形成。以此为契机，佛道二教迅猛发展起来，不但信徒数量猛增，寺院、宫观遍布名山都邑，

---

① 《柳宗元集》(三)，中华书局，1979，第852页。
② 张勇：《柳宗元儒佛道三教观新论》，中华书局，2020，第91页。
③ 如《非国语·无射》："孟子曰：'今之乐犹古之乐也''与人同乐，则王矣'。吾独以孟子为知乐。"

而且理论体系也发展成熟，在体系的完备及哲学思辨上都遥遥领先于儒家。

此时的儒学，虽然在统治者的扶持下恢复了正统地位，但随着其官学化的加深及科举考试的发展，越来越陷入章句之学中难以自拔，耀眼的政治光环下隐藏着其在"义理"与"经世"两方面的危机。韩愈描述当时儒学的困境说："群儒区区修补，百孔千疮，随乱随失，其危如一发引千钧。"①柳宗元也说："后之学者，穷老尽气，左视右顾，莫得而本。……甚矣圣人之难知也。"②儒门淡薄，收拾不住，很多儒家学者"外服儒风，内宗梵行"③，阳奉阴违的学术态度令韩愈不禁发出"翱且逃也"之叹。

面对佛道二教的迅猛发展及儒学的理论危机，韩柳二人积极探寻儒学危机的根源。韩愈说："老者曰：孔子，吾师之弟子也。佛者曰：孔子，吾师之弟子也。为孔子者，习闻其说，乐其诞而自小也。……后之人虽欲闻仁义道德之说，其孰从而听之？"④韩愈认为儒学的危机源于佛道二教的冲击。与韩愈不同，柳宗元则认为儒学危机的根源在于其自身在社会实践上的不作为："其言本儒术，则迂回茫洋而不知其适；其或切于事，则苛峭刻核，不能从容，卒泥乎大道。"⑤沉溺于章句之学中的儒学，或漫无边际的发挥，或细碎烦琐的考证，根本不知道儒学的真精神是什么，已经完全失却了其"经世济民"之初心。韩柳对儒学危机根源的不同理解，间接决定了二人孟子观的分歧。

面对儒学危机，韩柳二人不约而同地提出全面复兴儒学主张，但由于二人对危机根源的不同理解，在复兴道路的选择上产生了分歧。韩愈由于把儒学危机归咎于佛道的冲击，因此认为，要全面复兴儒学就要打击佛老。柳宗元则认为，儒学的危机源于其自身"经世济民"功能的丧失，因

① 《与孟尚书书》，《韩昌黎文集校注》，第215页。
② 《陆文通先生墓表》，《柳宗元集》（一），中华书局，1979，第208页。
③ 白居易：《和梦游春诗一百韵序》，《全唐诗》（下），上海古籍出版社，1986，第1083页。
④ 《原道》，《韩昌黎文集校注》，上海古籍出版社，1987，第14页。
⑤ 《与吕道州论非国语书》，《柳宗元集》（三），中华书局，1979，第822页。

此要全面复兴儒学就要充分吸收佛道二教中有补世教的资源，实现以儒学为中心的三教融合。这样，他们在儒佛道三教关系的处理上便产生了分歧，这一分歧直接导致了他们孟子观的对立。

为了打击佛老，韩愈抬高以"拒杨墨"而著称的孟子，借诠释孟子而凸显儒学的"仁义"内涵，从而把儒与佛、道严格区别开来。为了融合佛老，柳宗元则贬低孟子，借批判孟子而把儒学引向"经世济民"，从而在"佐世"上实现儒佛道三教的融合。

(二)对儒"道"内涵的不同理解

韩柳孟子观分歧的另一重要原因是二人对儒"道"内涵的不同理解。韩愈认为，儒"道"的真精神在"仁义"："凡吾所谓道德云者，合仁与义言之也，天下之公言也。"①柳宗元则认为，儒"道"的真精神在于"经世济民"："得位而以《诗》《礼》《春秋》之道施于事，及于物，思不负孔子之笔舌。能如是，然后可以为儒。儒可以说读为哉！"②在孔子以来的儒家思想体系中，既有偏重道德性命的"内圣"一面，也有偏重经世济民的"外王"一面，韩愈强调前者，柳宗元强调后者。韩强调儒"道"的主体性与超越性，柳则强调儒"道"的社会性与政治性。

以上差异，决定了韩柳孟子观上的对立。立足于儒道的"仁义"内涵，韩愈高度赞扬孟子："然赖其言，而今学者尚知宗孔氏，崇仁义。"③把孟子视为儒学"仁义"火种的孤独播撒者。立足于儒道的"经世济民"内涵，柳宗元批评孟子偏离孔子"急民"之初心而空言"仁义"道德。这一对立，正是源于二人对儒"道"内涵的不同理解。

钱穆论汉唐儒与理学家的区别云："汉唐儒志在求善治，即初期宋儒亦如此。而理学家兴，则志在为真儒。志善治，必自孔子上溯之周公；为

---

①《原道》，《韩昌黎文集校注》，上海古籍出版社，1987，第12页。

②《送徐从事北游序》，《柳宗元集》(二)，中华书局，1979，第660页。

③《与孟尚书书》，《韩昌黎文集校注》，上海古籍出版社，1987，第214页。

真儒,乃自孔子下究之孟轲。"①汉唐儒"求善治",理学家"为真儒",柳宗元为汉唐儒之余绪,韩愈则为理学家之先导。汉唐儒与理学家之别正是韩柳孟子观之别。韩愈孟子观志在"求真儒",因此抬高孟子,把他置于儒家"道统"的核心,凸显其"拒杨墨"的战斗精神及"仁义"思想,以此打击佛老,从而保持儒学的纯粹性;柳宗元孟子观志在"求善治",因此通过批评孟子来凸显儒道的"经世济民"思想,同时在"佐世"上实现儒佛道三教的融合。

三、韩柳孟子观分歧的思想史意义

(一)时代之问:儒学是什么

对于韩柳生活的中唐来说,"儒学是什么"是一个具有时代意义的大问题。当时的局面是,政治上藩镇割据、宦官专权,经济上国库耗竭、民不聊生,文化上三教鼎立、儒学屡弱。为了扭转这一颓废局面,韩柳都主张复兴儒学,主张以儒家之"道"作为振兴国家的旗帜。那么,儒学是什么?抑或说应该标举儒学的什么精神来挽救国家危机?这在当时是个非常难回答的问题。正如韩愈在《送王秀才序》及《原道》中所说,孔子之道"大而能博",其后学分为众多支派,究竟哪派所传才是正宗,这本身就是个棘手的问题,再加上佛道二教气势咄咄逼人,都以"孔子师"自居,而儒学则自称其"小"、甘拜下风,在这各种思潮相互激荡的形势下,儒学的理性光辉已经完全被遮蔽了。柳宗元《陆文通先生墓表》也说,儒家学者整日埋头于故纸堆,虽"穷老尽气",却"莫得而本"。儒家之"本"到底是什么?这正是韩柳孟子观所争论的核心问题。

在纷纭复杂的儒家学派中,韩愈独标孟子,而在孟子复杂思想体系中独标其"仁义",并由此回溯至孔子,从而把儒"道"定格在"仁义"上。

---

① 钱穆:《中国学术思想史论丛》(第五册),生活·读书·新知三联书店,2009,第215—216页。

对此思路,柳宗元表示反对,他要通过贬抑孟子而把儒"道"引向"经世济民"。《与吕道州温论非国语书》载,有人写了一部贬低孟子的书,名曰《孟子评》,柳宗元一针见血地指出这部书的宗旨在于通过贬低孟子而"明道",并称赞其做到了"求诸中而表乎世"①,即发掘出了儒学"经世济民"之真精神。韩愈通过抬高孟子而把儒"道"定位于"仁义",柳宗元则通过贬抑孟子而把儒"道"定位于"经世济民",韩柳孟子观的分歧代表了二人对儒"道"内涵的不同理解,是二人对"儒学是什么"这个时代之问所给出的答案。这一答案,也决定了他们对儒佛道三教关系的态度:是力排佛老还是三教融合。

黄俊杰把儒家诠释学分为三个"面相",即"解经者"面相、"政治学"面相与"护教学"面相。关于后面两个"面相",他解释说:"第二个面相与诠释者对社会、政治世界的展望有关。诠释者企图透过重新解释经典的途径,对他所面对的社会、政治问题提出解决方案,这是一种'返本以开新'的思考模式。第三个面相则是诠释者处于各种思潮强烈激荡的情境中,为了彰显他所认同的思想系统之正统性,常通过重新诠释经典的方式,排击'非正统'思想。这是一种'激浊以扬清'的思考模式。"②依此说法,韩愈抬高孟子,凸显儒"道"的"仁义"内涵,以此区别佛道,进而借助政治力量打击二教,其孟子观当属"护教学"面相③。柳宗元贬抑孟子,凸显儒"道"的"经世济民"内涵,把儒学由书斋中的寻章摘句引向社会现实中的国计民生,其孟子观当属"政治学"面相。韩柳孟子观的不同面相,直接影响了宋代儒学对孟子的接受。

(二)韩柳孟子观分歧的宋代回响

北宋以降,国家恢复了中央集权,经济恢复了元气,儒学也蓬勃发展

---

① 《柳宗元集》(三),中华书局,1979,第823页。

② 黄俊杰:《中国孟学诠释史论》,社会科学文献出版社,2004,第414页。

③ 韩愈这一致思路也招致佛教徒的猛烈反击,北宋云门契嵩出于"护教"目的,认为韩愈把儒"道"归为"仁义",并不真正理解儒"道"。参见张勇《契嵩非韩的文学意义》,《安徽师范大学学报》,2014年第1期。

起来。宋代儒学大致是沿两条线发展的，一条是以道德性命为主题的理学，一条是以经世致用为主题的事功儒学。这两大学派都是在中唐儒学复兴运动的基础之上发展起来的。"理学一脉受韩愈影响较深，而事功儒学一脉则受柳宗元影响较深。"①因此，韩柳孟子观的分歧在宋代理学与事功儒学之间仍是余音袅袅。

沿着韩愈"护教学"的思路，理学家意在"求真儒"，因此大力推尊孟子，把他列入儒家"道统"，努力凸显孟子思想的"仁义"内涵，以此排斥佛教。朱熹说：

> 祖道曰："只为佛老从心上起工夫，其学虽不是，然却有本。儒者只从言语文字上做，有知此事是合理会者，亦只做一场话说过了，所以输与他。"曰："彼所谓心上工夫本不是，然却胜似儒者多，公此说却是。"②

理学家们认为，儒学之所以落后于佛教是因为缺少系统的心性论，因此要想战胜佛教，就必须从传统儒家经典中挖掘心性资源，于是他们选择了孟子、选择了韩愈。程子说："韩子论孟子甚善。非见得孟子意，亦道不到。"③朱子也说："孔子传之孟轲，轲之死，不得其传，此非深知所传者何事，则未易言也。夫孟子之所传者何哉？曰仁义而已矣。"④他们十分赞成韩愈的观点，把孟子视为儒家"道统"的核心，把"仁义"视为儒"道"的真精神。

沿着柳宗元"政治学"的诠释理路，宋代事功派儒学大都贬低孟子，反对把他列入儒家"道统"，并通过批评孟子而把儒"道"引向"经世济民"。李觏立足于现实事功批评孟子的性善论、义利观。如他说："孟子谓

---

① 张勇：《柳宗元儒佛道三教观研究》，中华书局，2020，第306页。
② 黎靖德编：《朱子语类》（三），中华书局，1986，第974页。
③ 朱熹：《孟子序说》，《四书章句集注》，中华书局，1983，第198页。
④ 余允文《尊孟辨》（卷中），文渊阁《四库全书》本。

'何必曰利'，激也。焉有仁义而不利者乎?"①南宋事功派儒学集大成者叶适，也对孟子思想大加鞭挞。他在《习学记言序目》中专列《孟子》一章，对孟子心性论、义利观及仁政思想进行全面而集中地批判，认为孟子思想有四大弊端："开德广""语治骤""处己过""涉世疏"②，概言之，即为：侈谈心性、空言仁政、背离"孔子本统"、不合现实之用，因此不应列入儒家"道统"。这些事功派儒家学者的孟子批评是与其对柳宗元的赞美紧紧联系在一起的，李觏在《上宋舍人书》等文中礼赞柳宗元对儒学的贡献，叶适也在《与戴少望书》等文中称赞柳宗元的"辅时及物""救世俗之失"等思想。在他们的孟子观上柳宗元的影子是清晰可见的。

结　语

韩愈、柳宗元围绕孟子"夷夏观""义利观""心性论"等思想展开论辩。韩高度赞扬孟子，认为他是"孔子之道"的正宗传承者，因此主张将其列入"道统"；柳则极力贬低孟子，认为他违背"孔子之道"的真精神，因此反对将其列入"道统"。韩柳二人孟子观分歧的原因与实质在于二人对当时儒佛道三教关系及儒"道"内涵的不同理解。二人孟子观的分歧，是对"儒学是什么"这个中唐"时代之问"的不同回答，这一分歧在宋代产生响亮回声，对宋代儒学发展方向的选择起了至关重要的作用。

（张勇）

---

① 李觏:《李觏集》,中华书局,1981,第326页。

② 叶适:《习学记言序目》(下),中华书局,1977,第739页。

柳宗元：唐代三教融合思潮中的儒家代表

儒佛道三教关系是唐代政治、思想、文化上的一个热门话题。初唐以来，帝王三教并举的文化政策与"三教论衡"活动，促进了三教鼎立文化格局的形成与巩固。三教间虽然矛盾不断，三教优劣高下的争论有时还相当激烈，但从总体上看，三教基于各自的立场而在理论上相互融摄是这个时期三教关系的基本特点。[①]佛道两教在大力加强自身理论建设的同时，又都明确提出"三教融合"主张，至中晚唐，佛教出现了宗密，道教出现了杜光庭，此二人分别成为"佛""道"立场之上"三教融合"理论的代表。与佛、道二教"三教融合"主张相呼应，柳宗元提出了以"儒"为基点的"三教融合"观，他不但明确提出了三教融合的总原则、总方向，而且批判地吸收三教思想资源，完成了其儒家宇宙论与心性论的建构，成为中唐"三教融合"思潮中的儒家代表。

一、三教融合的原则与方向

柳宗元提出了三条融合三教的基本原则：

---

① 参见洪修平:《儒佛道三教关系与中国佛教的发展》,《南京大学学报》,2002年第3期。

（一）夷夏若均

在传统儒家思想中，"夷夏问题"是个古老而敏感的问题。早在春秋时期，孔子就发过"微管仲，吾其披发左衽矣"之叹[①]，表达了对夷狄文化的戒心。孟子更强调夷夏之大防，主张"用夏变夷"，反对"用夷变夏"[②]。韩愈坚持传统儒家立场，谨守"夷夏之大防"，并以"夷狄之法"作为排佛的借口。对此，柳宗元深表不满，批评他"不通道而斥以夷"，主张对佛教应该"去名求实"[③]。柳宗元在《送贾山人南游序》中说："夷夏若均，莫取其是非，曰'姑为道而已尔'。"[④]明确提出"夷夏若均"的原则，主张以"道"而不是"夷夏"作为判断是非的标准。"夷夏若均"是柳宗元处理三教关系的出发点。

（二）伸长黜奇

在《送元十八山人南游序》中，柳宗元说："悉取向之所以异者，通而同之，搜择融液，与道大适，咸伸其所长，而黜其奇邪，要之与孔子同道，皆有以会其趣。"[⑤]这里，明确提出了融合异质文化的原则——"伸长黜奇"，具体做法是取其"所以异者，通而同之"，会通的标准是"孔子之道"。柳宗元对儒佛道三家思想的取舍都体现了"伸长黜奇"的原则。对儒学，吸收其经世济民的思想，而批评汉代以来的"天人感应"论；对佛教，吸收其"中道观"与心性论，而批评其"无夫妇父子""不为耕农蚕桑而活乎人"；对道教，吸收其"元气论"与"自然论"，而批评其服饵、食气等方术。柳宗元主张汲取儒释道三家思想之长，而舍弃其短，相互补充、相互融合。

---

① 《论语·宪问》，朱熹：《四书章句集注》，中华书局，1983，第153页。

② 《孟子·滕文公上》，朱熹：《四书章句集注》，中华书局，1983，第260页。

③ 《送僧浩初序》，《柳宗元集》（二），中华书局，1979，第674页。

④ 《送贾山人南游序》，《柳宗元集》（二），中华书局，1979，第665页。

⑤ 《送元十八山人南游序》，《柳宗元集》（二），中华书局，1979，第663页。

（三）佐世

柳宗元提倡以"夷夏若均"的态度平等地对待三教，在融合三教的具体过程中要体现"伸长黜奇"的原则，而判断长短奇正的标准则是儒家之"道"。问题是，儒家之"道"是什么？面对儒佛道三足鼎立的局面，韩愈、柳宗元共同举起复兴儒学的大旗，试图建立儒家"道统"，但韩、柳对儒"道"内涵的理解是有很大差异的。在孔子以来的儒家思想体系中，既有偏重道德性命的"内圣"一面，也有偏重经世济民的"外王"一面，韩愈强调前者，柳宗元强调后者。造成这种差异的主要原因在于，两人对三教关系的理解不同。出于打击佛、老的需要，韩愈强调儒"道"的仁义道德内涵，从而把儒与佛、道区别开来；出于融合三教的需要，柳宗元强调儒"道"的经世致用内涵，从而在"佐世"功能上实现三教的融合。他认为，尽管三教有"抵捂而不合"之处，但"皆有以佐世"[①]。儒学可以"施于事，及于物"[②]，佛教可以"诱掖迷浊"[③]、引人"趣于仁爱"[④]，道教可以使"生人之性得以安"[⑤]。正是由于三教在"佐世"功能上的一致性，因而"不得以相抗"，正确的做法应是"通而同之"。

指明"三教融合"的基本原则后，柳宗元又提出"三教融合"的总方向。他站在儒家立场之上，提出三个命题："凡儒者之所取，大莫尚孔子"[⑥]；老子"亦孔氏之异流"[⑦]；"（浮图）不与孔子异道"[⑧]。这三个命题把儒佛道三家思想的归宿都引向"孔子"，主张以"孔子之道"作为"三教融合"的总方向。明确了三教融合的原则与方向后，柳宗元批判地吸收三教思想资源来进行其儒家宇宙论与心性论的建构。

---

① 《送元十八山人南游序》，《柳宗元集》（二），中华书局，1979，第662页。

② 《送徐从事北游序》，《柳宗元集》（二），中华书局，1979，第660页。

③ 《送潜上人归淮南觐省序》，《柳宗元集》（二），中华书局，1979，第683页。

④ 《柳州复大云寺记》，《柳宗元集》（三），中华书局，1979，第753页。

⑤ 《答周君巢饵药久寿书》，《柳宗元集》（三），中华书局，1979，第840页。

⑥ 《与杨诲之第二书》，《柳宗元集》（三），中华书局，1979，第852页。

⑦ 《送元十八山人南游序》，《柳宗元集》（二），中华书局，1979，第662页。

⑧ 《送僧浩初序》，《柳宗元集》（二），中华书局，1979，第673页。

二、三教关系张力下的宇宙本体论

学界一般认为，柳宗元的"元气论"是一种宇宙生成论，笔者基本同意这种观点，但同时认为它已经具有明显的本体化倾向，显示了由王充"自然元气论"向张载"元气本体论"过渡的痕迹。这种本体化倾向，主要是在佛教批评刺激及理论启发之下形成的，同时也受到道教一定程度上的影响，是融合三教思想资源的结晶。

(一)佛教批评刺激下的问题意识

儒道两家思想虽然有实质性的区别，但在以"气化"为核心的宇宙观上却有大致相同的意见。秦汉以来儒道两家"气化论"，大都承认存在一个终极性的宇宙本根，道家称为"道"，儒家称为"天"，而作为万物基本元素的"元气"则是从"道"或"天"中产生的，这就是所谓"无中生有"的宇宙论模式。

为了尽可能地与儒道两家宇宙论相协调，佛教在一定程度上吸收了"元气论"，如用元气或气来解释地、水、火、风"四大"，但在气的来源问题上，佛教坚决反对儒道两家的"无中生有"模式。早在南北朝时期，高僧慧远、甄鸾等就曾对"大道生成论"提出过批评，入唐以后，法琳、慧立、澄观、宗密等高僧的批评更加系统化、理论化。如宗密《原人论》，虽然肯定元气在形成人的肉体和外界事物方面的决定性作用，但又说元气为心识所变现，从而把"元气论"纳入佛教的心识理论之中，凸显其以佛教为本位的三教融合立场。

佛教还立足于本体论思维模式，批评儒道两家的宇宙生成论。宗密在《原人论》中说，儒道二教只论有形之物，而未达"象外"之本，非"决了"之论。[①]他又进一步指出，儒道两家宇宙论的根本特点是"生"，"若

---

① 《大正新修大藏经》(以下简称《大正藏》)第45册,佛陀教育基金会出版部,1990,第708页上。

法能生，必非常故"①，即是说，事物或现象背后之本体是不生不灭的，能"生"则非本体，这其实就是在批评儒道两家只有以"气化"为核心的宇宙论而没有超越的本体论。宗密的批评正中了"气化宇宙论"的要害，这种批评在当时的佛教界是比较普遍的。

面对佛教的批评，道教徒一方面坚持其"道生万物"的基本立场，另一方面又在暗中吸收佛教本体论的思维方式，逐渐完成其宇宙本体论的建构。佛教的批评与道教理论上的发展，给儒家学者以很大的刺激与启发。如何在三教争辩中确立自己的理论话语，是儒家学者必须慎重思考的问题。作为中唐第一流的儒家学者，柳宗元本着兼容并包的精神，批判地吸收三教思想资源，对儒家宇宙论进行了重新思考与解释。

(二)柳宗元宇宙论的本体化思考

分析柳宗元的宇宙论，要重点把握两个命题："惟元气存"与"以一统同"。

1."惟元气存"

关于宇宙的本原问题，柳宗元提出"惟元气存"的命题。他说："本始之茫，诞者传焉。鸿灵幽纷，曷可言焉！昏黑晣眇，往来屯屯，庞昧革化，惟元气存，而何为焉。"②联系唐代儒佛道三教在宇宙论上的争辩，"惟元气存"四字具有很重要的意义。

第一，否定"心识变现论"，肯定元气的实存性。上文说过，佛教吸收了儒道两家的"元气论"，同时认为"元气"乃心识所变现，从而否定其实存性。柳宗元"惟元气存"命题，肯定了元气的实存性，否定了佛教的"心识变现论"。柳宗元曾明确反对佛教以"缘起论"为核心的宇宙观。他说："尝闻色空喻，造物谁为工？"③"色空喻"，即《心经》所谓"色即

①宗密《圆觉经大疏》卷中之一，《大藏新纂卍续藏经》(以下简称《续藏经》)第9册，河北省佛教协会虚云印经功德藏倡印，2006年，第359页。

②《天对》，《柳宗元集》(二)，中华书局，1979，第365页。

③《芙蓉亭》，《柳宗元集》(四)，中华书局，1979，第1236页。

是空，空即是色"，指佛教中观派所主张的"缘起性空"。佛教"缘起论"与传统儒道两家"气化论"的最大区别在于：前者否定世界的真实性，理论的落脚点在"生灭"；后者肯定世界的真实性，理论的落脚点在"生生"。柳宗元坚持以"生生"为核心的宇宙论，他说："夫天之能生植久矣，不待赞而显。"①

第二，否定"大道生成论"，肯定元气的终极性。传统儒道两家"元气论"，都在"元气"之上设置一个更具终极意义的"道"或"天"，认为"元气"由道而生，受"天"支配。这一观点受到了佛教最猛烈的攻击。"缘起论"本来就是原始佛教针对当时各种宗教哲学主张宇宙是从"大梵天造""大自在天造"等理论而提出的，因此它否认存在一个创生宇宙万物的母体，反对宇宙生化说，不讨论宇宙起源问题。与佛教一样，柳宗元也否认创生宇宙万物母体的存在，悬置宇宙起源问题，他以"元气"作为宇宙论的逻辑起点，坚持"元气"的绝对性与普遍性。

第三，否定"天人感应论"，肯定"元气"的自然性。柳宗元所谓的"天"，与董仲舒、韩愈等大多数汉唐儒家学者所谓的"天"，有实质性的区别，后者指宇宙万物的最高主宰，即人格神，而前者则是阳气上升自然凝聚而成，即自然。柳宗元认为，元气分化为阴阳二气，阴阳自动自休，"交错而功"，在幽暗、无意识之中，自然而然地凝聚成万物，即他所谓"冥凝玄厘，无功无作"②，因此根本不存在一个万能的造物者，天人之间是互不干预的。

总之，柳宗元"惟元气存"命题，是对当时儒佛道三教宇宙论大讨论的理性反思，它强调"元气"的真实性、普遍性与绝对性，既是对佛教"心识变现论"的否定，又是对道教"大道生成论"的否定，也是对汉儒"天人感应论"的否定。斩断了"元气"的形而上根据，把它还原为终极存在以后，柳宗元还试图对它进行本体化提升。

---

① 《答刘禹锡天论书》，《柳宗元集》（三），中华书局，1979，第816页。
② 《天对》，《柳宗元集》（二），中华书局，1979，第366页。

2. "一以统同"

先秦至汉唐，儒道两家的"元气论"总体上属于宇宙论，因为它们大都是从"生化"角度提出来的，没有脱离宇宙始源问题，也没有超越"元气"的具体形态。柳宗元以"元气"作为理论探讨的起点，不再追问"元气"的来源问题，认为元气是宇宙的终极存在，元气之上没有任何母体，宇宙之中也不存在元气之前的"虚无"，元气自本自根，没有起点。元气在"冥凝玄厘"之中分阴分阳，阳气上升而成天，阴、阳、天由元气分化而成，三者又统一于元气，柳宗元所谓"合焉者三，一以统同"①。这里特别值得注意的是元气与阴阳的关系问题。元气是阴阳分化前的状态，阴阳一旦形成，元气作为独立的实体就不复存在。阴阳二气是构成天地万物的具体材料，所以柳宗元在说物的构成要素时，要么说"阴阳"，要么直接说"气"，很少说"元气"，因为此时的"元气"已经超越了特殊而具体的形态，由实然的层面而超达本然的层面，成为与万物同存共在而又作为万物之本的本体，是宇宙之始源与万物之本体的统一。"合焉者三，一以统同"这个命题，是柳宗元从宇宙论角度对本体与现象关系的重新审定，不仅是宇宙论，同时也是本体论，是二者直接合一的宇宙本体论。

柳宗元宇宙论本体化倾向的形成，是与佛教的影响分不开的。除了受佛教的影响而放弃"无中生有"的宇宙生成模式外，柳宗元还特别欣赏佛教的本体论思维方式。他对佛教的理解始终贯穿着"体用不二"的思维方式。如在论述天台宗"中道实相"理论时说："涉有本非取，照空不待析。"②在论述"缘起性空"与修行实践的关系时说："性与事，一而二、二而一。"③在批评某些禅宗学人堕入"顽空"时说："言体而不及用。"④

柳宗元"元气论"的本体化倾向与道教的影响也是分不开的，有学者说："儒学者中试以气建立宇宙本体论的当推唐代的柳宗元，柳氏依循屈

---

① 《天对》，《柳宗元集》（二），中华书局，1979，第365页。
② 《巽公院五咏·禅堂》，《柳宗元集》（四），中华书局，1979，第1235页。
③ 《东海若》，《柳宗元集》（二），中华书局，1979，第567页。
④ 《送琛上人南游序》，《柳宗元集》（二），中华书局，1979，第680页。

原、荀况有关天人关系的思路和王充元气论的基本观点,吸收隋唐道教元气论中的有益成分,如无极、太虚、阴阳之合、三一为归等等,建立了元气自动、交错而功、无赏与罚的元气论证。这样的论证虽然不如道教元气论博大精深,但为儒家元气本体论开了端。"[①]这种说法是有一定道理的。

中国哲学在本质上是一种人生哲学,其宇宙论的最终指向还是人生论。柳宗元斩断元气与"心""道""天"的关系,建立起元气自本自根的宇宙本体论,既是对佛教批评的回应,也是在内化佛道超越追求的基础上对儒家现实关怀的强调与复归。

三、三教融合视域中的心性论

心性论是儒家哲学的基础理论,它产生、成熟得很早,从孟子、荀子到扬雄、董仲舒,都有相对完整的心性学说,但从南北朝至中唐,儒家心性学说整体来说处于相对停滞状态,而与此同时,佛教与道教在自身心性资源的基础之上又大量吸纳传统儒家心性思想而建构起比较系统的心性理论体系,这强烈地刺激了中唐儒家学者敏感的神经。一些有识之士开始从心性理论的缺失来反思儒学衰落的原因,并大力倡导复兴儒家心性之学,但在复兴道路的选择上却存在着不同的意见:韩愈坚持儒家以善恶论"性"的传统,提出"性三品说",以此与佛、道心性论相抗衡;李翱则模仿佛教心性论,提出"复性说",但其浓厚的佛学色彩竟使韩愈怀疑此说已经失去了儒学本色。与韩、李二人不同,柳宗元一方面积极寻找三教心性论的契合点,以实现三教的融合,另一方面努力建构自己以"志""明"为核心的心性理论,既吸纳了佛、道二教的思想资源,又坚持了儒家的本位立场。

(一)"性静":以儒融合佛、道的心性津梁

柳宗元认为,"性静"是儒佛道三教心性论的共同主张,因而可以成

---

① 李大华等:《隋唐道家与道教》(下),广东人民出版社,2003,第804页。

为"三教融合"的基础。他赞僧浩初说:"其于性情奭然,不与孔子异道。"①指出儒佛两家思想在"性静"上的一致性。他赞列子曰:"其虚泊寥阔,居乱世,远于利,祸不得逮乎身,而其心不穷。《易》之'遁世无闷'者,其近是欤?"②认为列子冲虚、恬淡的心性特征与《周易》所谓"遁世无闷"相近。柳宗元在赞扬佛、道二教"性静"思想时,总是自觉不自觉地在儒家思想中寻找相应的根据,体现出以儒为主融合三教的自觉意识。

儒家思想中既有经世济民的一面,也有闲情安性的一面,但其经济仕途上的工具性常常湮没其"闲情安性"的一面,因此柳宗元极力主张吸收佛、道二教的心性思想来弥补儒学在这方面的不足。他在《曹溪第六祖赐谥大鉴禅师碑》中说:

> 自有生物,则好斗夺相贼杀,丧其本实,悖乖淫流,莫克返于初。孔子无大位,没以余言持世,更杨、墨、黄、老益杂,其术分裂,而吾浮图说后出,推离还源,合所谓生而静者。③

这里,"丧其本实"之"本实"与"返于初"之"初",都指人之本静之性。面对"悖乖淫流"的局面,儒家思想无能为力,后出的佛教以"推离还源"的方式,教育人复返"生而静"的本然状态,从而达到息杀、息斗之目的,这正好弥补了儒家之不足。在该文中,柳宗元还赞惠能说:"其教人,始以性善,终以性善,不假耘锄,本其静矣。"④把"性静"与"性善"联系起来,以凸显儒佛二教在心性论上的一致性。柳宗元还曾借用佛、道心性理论来解释儒家经典。如在《乘桴说》中,他把孔子"乘桴浮于海"解释为"复于至道而游息"⑤,即回归本静之性,而浩然与天地

① 《送僧浩初序》,《柳宗元集》(二),中华书局,1979,第673页。
② 《辩列子》,《柳宗元集》(一),中华书局,1979,第107—108页。
③ 《柳宗元集》(一),中华书局,1979,第150页。
④ 《柳宗元集》(一),中华书局,1979,第150页。
⑤ 《柳宗元集》(二),中华书局,1979,第460页。

同流，这其实是利用佛道理论来挖掘儒家的心性资源。

综上所述，柳宗元认为，"性静"是儒佛道三教心性论的共同主张，因而可以作为融合三教的基础；同时认为，儒家"性静"思想常常被其强大的经世功能所遮蔽，因此需要吸收、借鉴佛、道心性论以弥补其不足。

（二）以"志"与"明"为核心的心性理论

柳宗元心性论最大的特色在于以"志"与"明"来论性。他说："使仲尼之志之明可得而夺，则庸夫矣；授之于庸夫，则仲尼矣。若乃明之远迩，志之恒久，庸非天爵之有级哉？"[①]他认为，由于"明"之远近、"志"之恒久不同，人便有了圣与凡的区分。柳宗元"志"与"明"范畴是涵容三教心性资源而形成的。

1. "志"与"明"的三教之源

柳宗元的"志"范畴是在儒道两家，尤其是孟子、庄子之"志"的基础上形成的。在儒道两家创始人孔子、老子那里，"志"字的具体内涵虽然各有侧重，但大体不出"心意所趣向""心所念虑"的范围。至战国时期，孟子、庄子开始把"志"抽象为哲学范畴，并赋予它不同的内涵。孟子之"志"为"气"之统帅，是一种至大至刚、"配义与道"的道德境界；庄子之"志"与"气"是一对同谓异名的范畴，指人心之本然状态，与仁义道德无关。柳宗元秉承孟、庄以"气"论"志"的传统，但在对"志"与"气"关系的理解上又与孟、庄有很大区别。他说："刚健之气，钟于人也为志，得之者，运行而可大，悠久而不息，拳拳于得善，孜孜于嗜学，则志者其一端耳。"[②]"志"是人禀"刚健之气"而形成的，得"志"之人具有宏大、悠久的心性特征，表现为"拳拳于得善，孜孜于嗜学"。"志"之宏大、悠久及嗜学等心性特征明显带有孟子"志"论的痕迹，而其得之于自然之"气"及对仁义道德的疏离则又明显受到了庄子的影响。

"明"，本是儒家心性论的重要范畴，常常与"诚"并举，《中庸》所

① 《天爵论》，《柳宗元集》（一），中华书局，1979，第80页。
② 《天爵论》，《柳宗元集》（一），中华书局，1979，第79页。

谓"自诚明，谓之性；自明诚，谓之教"①。"明"是人性本然之觉悟，既指人性之中由"诚"所发出的一种"明善"的内驱力，也指达到"诚"的一种修养工夫。与传统儒家把"明"与"诚"并举不同，柳宗元把"明"与"志"并提，这曾引起一些人的反对。如何焯《河东集记》说："明与志者，所以修也。明与诚对，而志为之基，明不可与志并言。柳子殆强为高论，以求驾乎前人，未之有得者也。"②柳宗元是否真的是故作高论"以求驾乎前人"呢？其实，他所谓的"明"与《中庸》之"明"并不完全相同，它是涵容儒道佛三家思想而形成的一个新范畴。

先来看柳宗元对"明"内涵的界定。他说："纯粹之气，注于人也为明；得之者，爽达而先觉，鉴照而无隐，盹盹于独见，渊渊于默识，则明者又其一端耳。"③"明"是人禀"纯粹之气"而形成的，这就在本源上与传统儒家"天之所与"论区别开来了。从内涵来看，"明"也没有"诚""善"的影子，而"先觉""鉴照""盹盹""渊渊""独见""默识"等词分明昭示着"明"范畴之佛、道渊源。在佛教中，"明"为"智慧"之别名，与"觉""照"意思相近。"明""觉""照"等佛教术语常常出现于柳宗元的诗文之中。④从"先觉""鉴照"等词可以看出，柳宗元"明"范畴在一定程度上受到了佛教的影响。"明"范畴的另一个理论来源是老庄道家。在老庄哲学体系中，"明"是指人心性中本来具有的与"道"合一、洞彻宇宙人生奥秘的智慧。老子提倡"归根复明"，其实就是主张回光内照，复归心性之本明。"明"，是就人心之内在境界而言的，而在外却表现为"昧"，这就是老庄所说的"明道若昧"，他们常用"沌沌""儡儡""昏昏""闷闷"等词来表达这种境界。柳宗元所谓"爽达而先觉，鉴照而无隐，盹盹于独见，渊渊于默识"，受老庄之"明道若昧"思想影响也是很明显的。

① 朱熹：《四书章句集注》，中华书局，1983，第32页。

② 何焯：《义门读书记》（中），中华书局，1987，第608页。

③ 《天爵论》，《柳宗元集》（一），中华书局，1979，第79页。

④ 如《永州龙兴寺西轩记》："因悟夫佛之道，可以转惑见为真智，即群迷为正觉，舍大暗为光明。夫性岂异物耶？"

综上所述，柳宗元"志"与"明"，是在涵容三教心性资源基础之上而形成的两个心性论范畴。如果说"志"的内涵更近于儒家刚健、向善的心性特征的话，那么"明"的内涵绝不仅仅是《中庸》所谓的"明善"，它更吸收了佛家的"明心见性"、道家的"归根复明"思想，指圣贤心性之中所涵摄的洞彻宇宙、人生真相的无上智慧。

2. "志""明"与道德理性

柳宗元以"志""明"为核心的心性理论，与传统儒家最大的区别在于，它否定了孟子以仁义忠信为"天爵"的说法，斩断了仁义道德与"天"的直接联系。他反对把"天"作为一切存在秩序与善的形而上根据和源泉，抽空了"天"的道德内涵，还原其"自然"属性。"天"既然是无生命、无意识、无目的"自然"，那么它就不可能赋予人道德理性，它所赋予人的只是"明"与"志"，所以柳宗元说："故善言天爵者，不必在道德忠信，明与志而已矣"①。天赋予人"明"与"志"，是通过"气"来实现的。他说，所谓"天付之"，并不是打开仓库"量而与之"，而是"各合乎气"，即禀"刚健之气"而形成"志"，禀"纯粹之气"而形成"明"，这个禀气成性的过程是自然而然的，所以说是"天付之"。

柳宗元否定仁义忠信为"天爵"，不等于否定仁义忠信本身。他认为，是"人"而不是"天"，承载着人生的价值与意义。他说："道德与五常，存乎人者也"；"道德之于人，犹阴阳之于天也；仁义忠信，犹春秋冬夏也"②。道德与"五常"只存在于人心之中，道德是不能离开人心而存在的，但这并不是说道德是人心所固有，人心所固有的只是"明"与"志"。"明"与"志"本身并不具有道德理性，但它们却是道德理性形成的必不可少的条件。柳宗元说：

　　宣无隐之明，著不息之志，所以备四美而富道德也。故人有好学不倦而迷其道、挠其志者，明之不至耳；有照物无遗而荡其性、脱其

①《天爵论》，《柳宗元集》（一），中华书局，1979，第80页。
②《天爵论》，《柳宗元集》（一），中华书局，1979，第80页。

守者，志之不至耳。明以鉴之，志以取之，役用其道德之本，舒布其五常之质，充之而弥六合，播之而奋百代，圣贤之事也。[①]

这段话主要包含两层意思：一是道德的来源问题。圣贤由于具有"无隐之明"与"不息之志"，故能"役用其道德之本，舒布其五常之质"，从而成就"圣贤之事"。由"气"到"明与志"再到"道德与五常"，柳宗元以其"自然元气论"回答了人心中道德的来源问题。二是"明"与"志"的关系问题。柳宗元认为，"明"与"志"不可分离，有"明"无"志"，则虽能"照物无遗"，却会"荡其性脱其守"；有"志"无"明"，虽能做到"好学不倦"，却会"迷其道挠其志"。只有"明"与"志"结合，才能"备四美而富道德"。

3."志""明"与人格理想

柳宗元以"明"与"志"来论心性问题，也是为了服务于其理想人格的建构。"志"是人禀"刚健之气"而形成，因而具有"运行而可大""悠久而不息"的特点；"明"是人禀"纯粹之气"而形成，因而具有"爽达而先觉""鉴照而无隐"的特点。"志"使人"拳拳于得善，孜孜于嗜学"，"明"使人"盹盹于独见，渊渊于默识"。"志"与"明"，一刚一柔，一动一静，一向外追索一向内收敛，前者更近于儒家而后者更近于佛道，刚柔、动静、内外"应变若化"，从而成就其"圆外方中"的人格理想。

结　论

为了给柳宗元在唐代三教融合思潮中一个定位，有必要把他与同时代的其他儒家学者韩愈、李翱、白居易、刘禹锡等作一简略比较。

韩愈固守儒"道"，力排佛老，反对三教间的对话，有违当时"三教融合"的文化大潮。李翱一方面大张旗鼓地反佛老，一方面暗中吸收佛教

---

① 《天爵论》，《柳宗元集》（一），中华书局，1979，第80页。

心性理论以建构其"复性说",可以说他是事实上的儒释融合者,但在融合三教的贡献方面,李翱是不能与柳宗元比肩的。首先,他没有像柳宗元那样,明确提出三教融合的原则与方向。其次,在儒家宇宙论的建设方面,他没有做出什么贡献。第三,尽管其"复性说"对汉代以来儒家心性论有所发展,但其儒家立场已经不甚明显,连其战友韩愈都不禁发出"翱且逃也"之叹。

再把柳宗元与当时"三教融合"的其他倡导者白居易、刘禹锡做一比较。白居易一生儒佛道兼综,曾于大和元年(827)文宗诞日,代表儒家一方参加在麟德殿举行的"三教论衡"。白居易与柳宗元都主张"三教融合",但两人又有实质性的区别。与柳宗元积极从佛、道思想中挖掘"佐世"资源不同,白居易则把它们当成躲避现实的工具。在白居易身上,"三教融合"表现为"外服儒风,内宗梵行"[1],"身委逍遥篇,心付头陀经"[2],他并没有吸收佛道思想来进行儒家理论的建构。白居易极少谈论宇宙论、心性论等抽象的哲学问题,只是在少数几篇讨论政治问题的文章中偶有涉及,观点无外乎天人感应、祥瑞妖灾。

再来看刘禹锡的情况。刘禹锡充分肯定佛教在教化与心性方面对儒学的补充作用,提倡儒佛融合,这是与柳宗元相一致的。但柳、刘两人在对佛教及三教关系的理解上又有深浅之别。对佛教,刘禹锡特别欣赏其"虚""达"之人生态度,而柳宗元则在此基础上又进一步批评其"去孝以为达,遗情以贵虚"之病,刘重自我心性的解脱,柳重社会功能的开显。[3]柳、刘两人都曾为六祖惠能撰写过碑铭。柳宗元在《曹溪第六祖赐谥大鉴禅师碑》中,有意避开"顿悟"这个令禅宗南北有参商之隙、令禅宗与教宗有胡越之隔的字眼,并把惠能禅法归于"性善",以实现其统合禅宗南北、统合禅教、统合儒释乃至统合三教之目的。相比之下,刘禹锡

①《和梦游春诗一百韵序》,《白居易集笺校》(二),朱金城笺注,上海古籍出版社,1988,第863页。

②《和答诗十首·和思归乐》),《白居易集笺校》(一),朱金城笺注,上海古籍出版社,1988,第110页。

③张勇:《论柳宗元的〈东海若〉》,《文学遗产》2009年第2期。

在《大唐曹溪第六祖大鉴禅师第二碑》中，特别突出惠能禅的"顿悟"特色，虽然可能更接近惠能原意，但缺少柳文之时代色彩。①

通过与韩愈、李翱、白居易、刘禹锡等人对比，本文认为：柳宗元是唐代"三教融合"思潮中儒家的最高代表，他不但大力提倡三教之间的融合，指明了"三教融合"的原则与方向，而且建构起三教关系张力下的宇宙本体论及"三教融合"视域中的心性论。在此过程中，柳宗元始终坚持儒家立场，终始把"圣人之道"与"生人之意"放在首要位置，把他们作为思考问题的出发点与归宿。可以说，在唐代"三教融合"思潮中，柳宗元与佛教的宗密、道教的杜光庭并列为三，分别代表了各自立场之上"三教融合"的方向。

（张勇）

---

① 张勇：《柳宗元〈大鉴碑〉中的"负问题"》，《中国社会科学院研究生院学报》2009年第5期。

论朱子的"静坐读书"说

理学大师朱熹曾提出"半日静坐，半日读书"的说法，引得后人议论纷纷。其实，这一说法不仅有着深厚的思想渊源，而且在读书、明理、见性方面也有着显著的进阶功能。尽管如此，后世文人对其评价仍然褒贬不一，批评否定者有之，折中修正者有之，赞成接受者亦有之。

一、朱子"静坐读书"说的思想渊源

朱子的"半日静坐，半日读书"说是针对其弟子郭友仁（德元）说的："人若于日间闲言语省得一两句，闲人客省见得一两人，也济事。若浑身都在闹场中，如何读得书！人若逐日无事，有见成饭吃，用半日静坐，半日读书，如此一二年，何患不进！"①这一说法有着深厚的思想基础。具体而言，朱子之所以提倡"半日静坐，半日读书"，既与其出入佛老的经历有关，也与其学业师承的路径有涉。

1.出入佛老的经历

朱子早年不仅受家庭佛老气氛的熏陶，而且还有十余年出入佛老的经历，致其径从佛经道书中汲取佛老思想。绍兴十八年（1148）春，朱子只带着一本宗杲的《大慧语录》赴临安参加省试。尤焴《题大慧语录》曾记

---

① 黎靖德编：《朱子语类》（第七册），中华书局，1994，第2806页。

载此事：

> 大慧说法，纵横踔厉……朱文公少年不乐读时文，因听一尊宿说禅，直指本心，遂悟昭昭灵灵一着。十八岁请举，时从刘屏山，屏山意其必留心举业，暨搜其箧，只《大慧语录》一帙尔。次年登科。故公平生深知禅学骨髓，透脱关键，此上根利器，于此取足者也。①

后来，朱子还在坐落于五夫里镇的密庵，拜深得宗杲衣钵真传的禅师谦开善为师，从其学习禅宗。

据道书记载，朱子早年曾对庐山道士刘烈（号虚谷子）十分仰慕，与其谈《易》，论还丹之旨，并留诗云：

> 细读还丹一百篇，先生信笔亦多言。
> 元机谩向经书觅，至理端于目睫存。
> 二马果能为我驭，五芽应自长家园。
> 明朝驾鹤登山去，此话更从谁与论？②

虚谷子刘烈是朱子生平遇见的第一位道教宗师，他著有《还丹百篇》及《周易解义》等，朱子不仅早年与其谈《易》论丹，而且多年后还受其影响，精研万古丹经王《周易参同契》。

王懋竑《朱熹年谱》记载：庆元三年（1197），"蔡元定将编管道州，与朱子会宿寒泉精舍，夜论《参同契》一事"③。黄瑞节在《周易参同契考异·附录》中也对此予以评论："庆元丁巳，季通编置道州，将别，留宿寒泉，相与订正《参同契》，终夕不寐。呜呼！是师，是弟子，处忧患

---

① 释念常编：《佛祖历代通载》卷二十，东京大学东洋文化研究所藏，庆长十七年本国寺活字印本，第22页。

② 赵道一：《历世真仙体道通鉴》，胡道静、陈莲生、陈耀庭选辑《道藏要籍选刊》（第六册），上海古籍出版社，1989，第300页。

③ 永瑢等：《四库全书总目》（下册），中华书局，1965，第1249页。

不乱如此，而独于《参同》拳拳焉，脱屣世外之意决矣。"①朱子认为《周易参同契》艰深之词，使人难晓，并谓其"本不为明易，姑借此纳甲之法，以寓其行持进退之候。异时每欲学之，而不得其传，无下手处，不敢轻议"。学问精深如朱熹者，尚且感到《周易参同契》"词韵皆古，奥雅难通"，一般人就更不用说了。为了深究《参同》奥秘，探寻内丹微旨，也为了能给学道之人提供一个可行的读本，朱子不畏艰难，托名"空同道士邹䜣"，著《周易参同契考异》。②

多年出入佛老的经历，使得朱子不仅精通道教服食导引之术，而且深谙佛家静坐调息之道。其《导引》诗曰：

> 闻说牛刀久不更，闲中应接慕门生。
> 向来已悟藏千界，今日何劳倒五行？
> 按蹻有时聊戏剧，居心无物转虚明。
> 举觞试问同亭侣，九转工夫早晚成。③

"牛刀"乃"牛车""刀圭"之谓；"倒五行"乃"五行颠倒术，龙从火里出"之谓；"九转"原为外丹术语，借为内丹之用，谓炼功九年，结成上丹。其《调息箴》曰：

> 鼻端有白，我其观之；随时随处，容与猗移。静极而嘘，如春沼鱼；动极而翕，如百虫蛰。氤氲开辟，其妙无穷；孰其尸之，不宰之功。云卧天行，非予敢议；守一处和，千二百岁矣。④

---

① 朱熹：《周易参同契考异》，上海古籍出版社，1990，第72页。

② 朱熹：《周易参同契考异》，上海古籍出版社，1990，第51页。另，黄瑞节说："邹䜣二字，朱子借之托名也。邹本春秋邾子之国。《乐记》'天地䜣合'，郑氏注云：'䜣'当作'熹'。"

③ 《朱熹集》（第一册），四川教育出版社，1996，第158页。

④ 朱熹：《晦庵先生朱文公文集》卷八十五，《四部丛刊初编》（第一八一册），上海书店出版社，1989，第6页。

由此箴不难看出，朱子的静坐调息法与释家坐禅法如出一辙。请看《楞严经》卷五所云："我初出家，从佛入道。虽具戒律，于三摩提，心常散动，未获无漏。世尊教我，及俱絺罗，观鼻端白。我初谛观，经三七日。见鼻中气，出入如烟。身心内明，圆洞世界。遍成虚净，犹如瑠璃。烟相渐销，鼻息成白。心开漏尽，诸出入息。化为光明，照十方界。得阿罗汉。世尊记我，当得菩提。佛问圆通，我以销息。息久发明。明圆灭漏，斯为第一。"①

有如此出入佛老的经历与背景，朱子提倡"半日静坐，半日读书"说也就是情理之中的事了。

2.学业师承的路径

刘宗周（人称蕺山先生）说："朱子之学，本之李延平，由罗豫章而杨龟山，而程子，而周子。自周子有主静立极之说，传至二程；其后罗、李二先生专教人默坐澄心，看喜怒哀乐之未发时作何气象。"②朱子的这一学业师承路径，有着明显的主静传统和一贯的静坐家法。

周敦颐首倡"主静"说，《太极图说》的前半部分为宇宙生成论，后半部分讲的是"为圣"的标准、内容和功夫："圣人定之以中正仁义而主静，立人极焉。故圣人与天地合其德，日月合其明，四时合其序，鬼神合其吉凶。""立人极"就是做人的最高准则，符合这最高准则的便是圣人，其内容是"中正仁义"，方法是"无欲""主静"。无欲故静，静则明通，如此修炼便可入圣。《通书·圣学》曰："圣可学乎？曰：可。曰：有要乎？曰：有。请闻焉。曰：一为要。一者，无欲也。无欲则静虚动直，静

---

① 般刺密帝译：《大佛顶如来密因修证了义诸菩萨万行首楞严经》卷第五，高楠顺次郎、渡边海旭监修：《大正新修大藏经》（第十九册），日本大正一切经刊行会，1934，第126—127页。

② 黄宗羲、全祖望：《宋元学案》（第二册），中华书局，1986，第1508页。又，杨时（号龟山先生）、罗从彦（号豫章先生）、李侗（人称延平先生），此三人与朱熹并称为"延平四贤"。

虚则明，明则通；动直则公，公则溥，明通公溥，庶矣乎！"①为圣的要旨在"无欲"，这是《通书》的大旨，也即"立人极"。无欲能使人精神集中，进入虚静状态，保持这种状态就能进入圣人境界，故曰："庶矣乎"。

二程在周子"主静"说的基础上，进一步把静坐与修身养性和读书治学活动联系起来。《伊川学案》谓："伊川见人静坐，便叹其善学。"②故湛若水（号甘泉）说程门有静坐读书的家法："静坐，程门有此传授。伊川见人静坐，便叹其善学。"③相较于以《易》学为宗的程颐（伊川），以《中庸》为宗的程颢（明道）更具禅气，更是强调静坐工夫。湛若水说"明道终日端坐如泥塑人"。《上蔡学案》记载：谢良佐从程颢受学，程对他说："尔辈在此相从，只是学某言语，故其学心口不相应。盍若行之。"谢问如何行之？程说："且静坐。"④饶鲁门人问："明道教人且静坐，是如何？"饶答曰："此亦为初学而言，盖他从纷扰中来，此心不定，如野马然，如何便做得工夫？故教他静坐。待此心宁后，却做工夫。然亦非教他终只静坐也，故下且字。"⑤

周敦颐的"主静无欲"说与陈抟的内丹修炼术有关，它体现了归根复命、天人一体的思想特色。陈抟认为，天地万物的最初本原处于寂静的"无极"状态，内丹修炼的最终目标就是"炼神还虚，复归无极"，进入天人合一的境界。周敦颐所谓"圣人定之以中正仁义而主静，立人极焉"，正是把效法天地清静自然的本性，作为立身处世的最高原则，进而"与天地合其德，日月合其明，四时合其序，鬼神合其吉凶"。心静神定是一种修养工夫，其下手处就是静坐。诚如明人顾宪成所说："周子主静，盖从无极来，是究竟事。程子喜人静坐，则初下手事也。然而静坐最难，心有

---

① 周敦颐：《通书》，《钦定四库全书·子部一·儒家类》（第六九七册），商务印书馆，2006，第178—179页。

② 黄宗羲、全祖望：《宋元学案》（第一册），中华书局，1986，第647页。

③ 黄宗羲：《明儒学案》（下册），中华书局，1985，第894页。

④ 黄宗羲、全祖望：《宋元学案》（第二册），中华书局，1986，第928页。

⑤ 黄宗羲、全祖望：《宋元学案》（第四册），中华书局，1986，第2813页。

所在则滞，无所在则浮。"①

程门四弟子中，杨时（龟山）最得程颢器重。他二十九岁时，"以师礼见明道于颖昌，明道喜甚，每言杨君会得最容易。其归也，目送之曰：'吾道南矣'"！后来杨时回南剑传播洛学，创立闽学，开朱学之先。黄宗羲说："二程得孟子不传之秘于遗经，以倡天下。而升堂睹奥，号称高第者，游、杨、尹、谢、吕其最也。顾诸子各有所得，而独龟山之后，三传而有朱子，使此道大光，一被天下，则大程'道南'目送之语，不可谓非前识也。"杨氏之学，貌似"气象和平，议论醇正"，然黄宗羲则谓"龟山学问从庄、列入手"，南宋末年慈溪学者黄震又谓"其晚年竟溺于佛氏"②。程颢以《中庸》为宗，而得程颢《中庸》秘传的杨时，亦著有一部以佛说儒的《中庸义》，并在序中认为："《中庸》之书，盖圣学之渊源，入德之大方也。"杨时如此推崇《中庸》，目的正是为了援佛入儒。"《中庸》谈性说命，教人敬诚戒惧，同佛教的宣扬真如佛性、默识坐禅最可比附沟通，成为理学家援佛入儒最好的天然桥梁。"③

朱子的父亲朱松与李侗（延平）俱从杨时的高足罗从彦（豫章）问学，而无论是罗从彦还是李侗，都更加重视静坐对读书明理的作用。李侗曾回忆道："某曩时从罗先生学问，终日相对静坐，只说文字，未尝及一杂语。先生极好静坐，某时未有知，退入室中，亦只静坐而已。罗先生令静中看喜怒哀乐未发之谓中，未发时作何气象，此意不唯于进学有方，兼亦是养心之要。"按照罗从彦的教导，李侗终日危坐，于静中体认大本未发时之气象。黄宗羲（人称梨洲先生）将其治学方法概括为：

> 其始学也，默坐澄心，以验夫喜怒哀乐未发之前气象为何如。久之，而知天下之大本真在乎是也。既得其本，则凡出于是者，虽品节万殊，曲折万变，莫不该摄洞贯，以次融释，各有条理，如川流脉络

---

① 黄宗羲：《明儒学案》（下册），中华书局，1985，第1387页。

② 黄宗羲、全祖望：《宋元学案》（第二册），中华书局，1986，第944、947、951、957页。

③ 束景南：《朱子大传》（上），商务印书馆，2003，第32页。

之不可乱。大而天地之所以高厚，细而品汇之所以化育，以至经训之微言，日用之小物，玩之于此，无一不得其衷焉。①

朱松与李侗是同门，其对朱子的家教，亦重在与静坐密切相关的内心修养工夫的培养。朱子二十四岁从李侗受学，从其濂溪—明道—龟山—豫章—延平一脉的师承路径来说，"半日静坐，半日读书"的提法也是水到渠成之事。

二、朱子"静坐读书"说的进阶功能

早在春秋战国时期，修身养气就是诸子读书治学活动的重要组成部分。唐宋以降，内丹学兴起，宋明诸儒对静坐养生的功效有了进一步的认识，于是把它直接引入读书活动中，使静坐养气与读书治学活动联系起来。这样，古老的养生之道便成为文人的读书之方。朱子的"半日静坐，半日读书"说，实际是在倡导以静坐助读书，因为静坐在读书治学活动中有着明显的进阶功能，不仅是读书的基础，而且也是明理的阶梯、见性的法门。

1.读书的基础

做事先须立基，读书治学亦然。在朱子看来，静坐就是读书之基础。他说：

> 始学功夫，须是静坐。静坐则本原定，虽不免逐物，及收归来，也有个安顿处。譬如人居家熟了，便是出外，到家便安。如茫茫在外，不曾下工夫，便要收敛向里面，也无个着落处。
>
> 静坐非是要如坐禅入定，断绝思虑。只收敛此心，莫令走作闲思虑，则此心湛然无事，自然专一。及其有事，则随事而应；事已，则

---

① 黄宗羲、全祖望：《宋元学案》（第二册），中华书局，1986，第1285—1286、1278—1279页。

复湛然矣。不要因一事而惹出三件两件。如此，则杂然无头项，何以得他专一！①

朱子把静坐当作读书的基础、进学的安顿处，不外乎两方面的意思。一方面，身体是读书治学活动的物质前提，健康的体魄、旺盛的精力，是读书活动能持之以恒的生理保障。读书之前静坐养气，可使神清气旺、精力充沛，以这样的生理状态去读书治学，效果自然会好。这方面，朱子本人深有体会。他晚年由于治学劳累过度，身体健康每况愈下，时常头昏目眩。他在答友人信中说："中年以后，气血精神，能有几何？不是记故事时节。熹以目昏，不敢着力读书。闲中静坐，收敛身心，颇觉得力。"②在另一封信中又说："某今年顿觉衰惫，异于常时，百病交攻，支吾不暇，服药更不见效，只得一两日，静坐不读书，则便觉差胜。"③

"始学功夫，须是静坐"的另一层意思，是指人们在读书治学活动中宜先安心。"须是静，方可为学。"④心绪不宁是无法读书学习的。因此，朱子说："大抵人要读书，须是先收拾身心，令稍安静，然后开卷，方有所益。若只如此驰骛纷扰，则方寸之间，自与道理全不相近，如何看得文字？今亦不必多言，但且闭门端坐，半月十日，却来观书，自当信此言之不妄也。"⑤他还举例说："昔陈烈先生苦无记性。一日，读《孟子》'学问之道无他，求其放心而已矣'，忽悟曰：'我心不曾收得，如何记得书！'遂闭门静坐，不读书百余日，以收放心；却去读书，遂一览无遗。"⑥程颐"每见人静坐，便叹其善学"。所谓"善学"，是指以静坐的方法求其放心。

① 黎靖德编：《朱子语类》（第一册），中华书局，1994，第217页。

② 朱熹：《答潘叔昌》（五），《晦庵先生朱文公文集》卷四十六，《四部丛刊初编》（第一七八册），上海书店出版社，1989，第23页。

③ 朱熹：《与林井伯》（九），《晦庵先生朱文公别集》卷四，《四部丛刊初编》（第一八二册），上海书店出版社，1989，第16页。

④ 黎靖德编：《朱子语类》（第七册），中华书局，1994，第2790页。

⑤ 朱熹：《答周深父》，《晦庵先生朱文公文集》卷六十三，《四部丛刊初编》（第一八〇册），上海书店出版社，1989，第41页。

⑥ 黎靖德编：《朱子语类》（第一册），中华书局，1994，第177页。

放心不求，心猿意马，精神散漫，于学无益。因此，读书前须稍事静坐，整容收心，进入虚静恬淡的精神状态，以为读书治学活动提供良好的心理条件。基于此，宋明诸儒才强调以静坐求放心、息思虑。朱子说："为学大要，只在求放心。此心泛滥无所收拾，将甚处做管辖处？其他用功总闲慢，须先就自心上立得定，决不杂，则自然光明四达，照用有余。凡谓是非善恶，亦不难辨。况天理人欲，决不两立。须得全在天理上行，方见人欲消尽。义之与利，不待分辨而明。至若所谓利者，凡有分毫求自利便处皆是，便与克去，不待显著方谓之利。此心须令纯，纯只在一处，不可令有外事参杂。"①

由上可知，朱子提倡静坐之事，与禅师道徒以静坐为出世求仙之术不同，他只是把静坐当作读书之手段、进学之基础。所谓："今说求放心，说来说去，却似释老说入定一般。但彼到此便死了；吾辈却要得此心主宰得定，方赖此做事业，所以不同也。"②静坐是为了进学明道，体认天理。若不能有助于此，则形同禅定、道术，流入枯槁之病。相反，若能成为进学之手段、读书之基础，则不妨"静"，尽管"坐"。

2.明理的阶梯

读书期于明理。如何明理？朱子的回答还是静坐："明道教人静坐，李先生亦教人静坐。盖精神不定，则道理无凑泊处。""读书闲暇，且静坐，教他心平气定，见得道理渐次分晓。这个却是一身总会处。且如看《大学》'在明明德'一句，须常常提醒在这里。他日长进，亦只在这里。人只是一个心做本，须存得在这里，识得他条理脉络，自有贯通处。""学者读书，须要敛身正坐，缓视微吟，虚心涵泳，切己省察。"③朱子不厌其烦地强调静坐，说明静坐能使人心平气定，如此方能见得道理，领会书中的义理。

"静"是明理的前提。朱子说："穷理以虚心静虑为本"；"虚心观理"；

---

① 黄宗羲、全祖望：《宋元学案》（第二册），中华书局，1986，第1531页。
② 黎靖德编：《朱子语类》（第一册），中华书局，1994，第202页。
③ 黎靖德编：《朱子语类》（第一册），中华书局，1994，第216、178、179页。

"或问：'而今看道理不出，只是心不虚静否？'曰：'也是不曾去看。会看底，就看处自虚静，这个互相发。'"①智慧生于精神，精神生于安静。智慧是在静定中孕育产生的，故佛家戒、定、慧三学，以静（禅定）为核心，主张在静中求得"般若"智慧。宋明诸儒对"静"的工夫也是非常强调的，丁福保在《静坐法精义》中引清人唐鉴的话说："静字最为要紧，大程惟是静字工夫足，王文成公亦是静字有工夫，所以他能不动心。若不静，省力也不密，见理也不明。都是浮的，总是要静。"②正是基于对"静"字工夫的认识，饶鲁不惜被人讥为学禅也要行静坐之事。他说："须是静，方看得道理出。庐山诸人如蔡元思、胡伯量辈，皆不肯于此着功，见某有时静坐，诸公皆见攻以为学禅，虽宏斋亦不能不以为虑也。看道理须是涵养，若此心不得其正，如何看得出？《调息箴》亦不可无，盖心固气之帅，然亦当持其志，无暴其气也。"③

静坐—虚心—明理，这是宋明诸儒读书之方法，治学之阶梯。行静坐之法，收散漫之心，凝思虑之神，此乃读书明理的先决条件。这从朱子说的一个例子中便可得到证明。朱子曾听李侗说，罗从彦对《春秋》的理解很肤浅，不若胡文定。后来，罗随人到广州，在罗浮山静坐养性两三年，才把《春秋》看得较透彻，并领悟了书中的大义。朱子说他开始对此并不理解，认为读《春秋》与心静有什么关系？以后终于明白："读书须是有精力"，"虽是聪敏，亦须是静，方运得精神"；"盖静则心虚，道理方看得出"④。

静坐虚心方能读书明理。反过来，读书明理也有助于心静神定。这大概就是"学道、养生本是一串事"⑤的涵义。这种明理与养静的辩证关系，还是朱子论述得透彻：

---

① 黎靖德编：《朱子语类》（第一册），中华书局，1994，第178、155页。

② 丁福保：《静坐法精义》，上海古籍出版社，1990，第2页。

③ 黄宗羲、全祖望：《宋元学案》（第四册），中华书局，1986，第2814页。

④ 黄宗羲、全祖望：《宋元学案》（第二册），中华书局，1986，第1550页。

⑤ 梁章钜：《退庵随笔》，江苏广陵古籍刻印社，1997，第305页。

人也有静坐无思念底时节，也有思量道理底时节，岂可画为两涂，说静坐时与读书时工夫迥然不同！当静坐涵养时，正要体察思绎道理，只此便是涵养，不是说唤醒提撕，将道理去却那邪思妄念。只自家思量道理时，自然邪念不作。……今人之病，正在于静坐读书时二者工夫不一，所以差。①

静坐理会道理，自不妨，只是讨要静坐，则不可。理会得道理明透，自然是静。今人都是讨静坐以省事，则不可。……盖心下热闹，如何看得道理出！须是静，方看得出。所谓静坐，只是打迭得心下无事，则道理始出；道理既出，则心下愈明静矣。②

所示问目，如伊川亦有时教人静坐。然孔孟以上却无此说。要须从上推寻，见得静坐与观理两不相妨，乃为的当尔。③

这也再次说明：静坐在宋明诸儒的生活中，是作为进学之基础、明理之阶梯来修持的。

3.见性的法门

罗从彦、李侗专教人默坐澄心，观喜怒哀乐未发时作何气象？喜怒哀乐，情也。情之未发为中、为性、为大本。所以，观喜怒哀乐未发时作何气象，也就是求中、见性、明大本。那么，如何观喜怒哀乐未发时气象呢？这也与静坐有关。

朱子早年从李侗受学，服膺其静坐澄心以观喜怒哀乐未发气象之学说。但是，后来又觉得一味静坐可能导致形同枯槁，流入坐禅入定，于是又倡程子主敬之说，以"静字为稍偏，不复理会"。到了晚年，他又"深

---

① 黎靖德编：《朱子语类》（第一册），中华书局，1994，第217—218页。

② 黎靖德编：《朱子语类》（第七册），中华书局，1994，第2602页。

③ 朱熹：《答潘谦之》，《晦庵先生朱文公文集》卷五十五，《四部丛刊初编》（第一七九册），上海书店出版社，1989，第1页。

悔平日用功未免疏于本领"，即其师所谓默坐澄心以观大本的功夫不足，以致有"辜负此翁"之语，进而"深信延平立教之无弊，而学人向上一机，必于此而取则矣"①。他一再表示这种悔恨之意："李先生教人，大抵令于静中体认大本未发时气象分明，即处世应物自然中节。此乃龟山门下相传指诀。然当时亲炙之时，贪听讲论，又方窃好章句训诂之习，不得尽心于此。至今若存若亡，无一的实见处，孤负教育之意。每一念此，未尝不愧汗沾衣也！"

李侗曾对朱子说："吾儒之学，所以异于异端者，理一而分殊也。理不患其不一，所难者分殊耳。"②所谓"理一而分殊"是指一种治学和求知的方法。"在李侗看来，治学和求知有两种方法，一种方法是只着重同者和大者而不问异者和小者，似乎万殊和小者自然会来，他把这称之为'理一'；反之，另一种方法则认认真真从小者和异者入手，然后循序前进定有所获，他把这称之为'分殊'。"③李侗显然赞同后一种方法，他虽然主张静坐澄心以观喜怒哀乐未发时之气象，但又强调处世应物自然中节、洒然融释。故曰："近日涵养，必见应事脱然处否？须就事兼体用下工夫，久久纯熟，渐可见浑然气象矣。勉之！勉之！"④而朱子自言："余之始学，亦务为侊侗宏阔之言，好同而恶异，喜大而耻于小。"就是说他偏向于前一种方法，故对其师所言，"心疑而不服，以为天下之理，一而已，何为多事若是"！后来，朱子"反复思之，始知其不我欺矣"。其实，李侗所谓"须就事兼体用下工夫"，也是基于"理一"，只不过就当时朱子的思想认识来说，"所难者分殊耳"。所以黄宗羲特别警告："自朱子为是言，于是后之学者多向万殊上理会，以自托于穷理之说，而支离之患生矣。亦思延平默坐澄心，其起手皆从理一。穷理者，穷此一也。所谓万殊者，直达之而已矣。若不见理一，则茫然不知何者为殊，殊亦殊个甚么，为学次第，

① 黄宗羲、全祖望：《宋元学案》（第二册），中华书局，1986，第1508页。

② 黄宗羲、全祖望：《宋元学案》（第二册），中华书局，1986，第1291页。

③ 洪汉鼎：《从诠释学看中国传统哲学"理一而分殊"命题的意义变迁》（下），《北京行政学院学报》2002年第3期。

④ 黄宗羲、全祖望：《宋元学案》（第二册），中华书局，1986，第1288页。

鲜有不紊乱者。切莫将朱子之言错会!"①

　　"李侗思想学问的大旨可以概括为最根本的两点:理一分殊和主静,具有杂糅程颐之学和程颢之学的特点。儒家之理是实理,贯穿于人伦日用之间,因此须就事即物体认理一;儒家之理是天理,心具众理,因此体认天理须以静摄心,默坐澄心。这种从分殊上体认理一与从静中体认道体的统一便构成了李侗独特的理学体系,他要朱熹从这两个方面去'明道'。"②而朱子"心兼体用"说,正是从这两个方面去"明道"的理论:

　　　　须以心为主而论之,则性情之德,中和之妙,皆有条而不紊矣。然人之一身,知觉运用,莫非心之所为,则心者,固所以主于身而无动静语默之间者也。然方其静也,事情未至,思虑未萌,而一性浑然,道义全具。其所谓中,是乃心之所以为体,而寂然不动者也。及其动也,事情交至,思虑萌焉,则七情迭用,各有攸主。其所谓和,是乃心之所以为用,感而遂通者也。然性之静也而不能不动,情之动也而必有节焉,是则心之所以寂然感通,周流贯彻,而体用未始相离者也。③

　　在罗从彦、李侗看来,于静坐中看喜怒哀乐未发之气象,"不唯于进学有方,兼亦是养心之要"。孟子说:"尽其心者,知其性也。知其性则知天矣。存其心,养其性,所以事天也。"④心即是性,心能专一澄静,则天理可存,人欲尽去,如此也就是见性明大本了。所谓:"心体廓然,初无限量,惟其梏于形器之私,是以有所蔽而不尽。人能克己之私,以穷天理,至于一旦脱然,私意剥落,则廓然之体,无复一毫之蔽,而天下之理,远近精粗,随所扩充,无不通达。性之所以为性,天之所以为天,盖

---

①　黄宗羲、全祖望:《宋元学案》(第二册),中华书局,1986,第1291页。

②　束景南:《朱子大传》(上),商务印书馆,2003,第173页。

③　朱熹:《答张钦夫》,《晦庵先生朱文公文集》卷三十二,《四部丛刊初编》(第一七七册),上海书店出版社,1989,第26—27页。

④　焦循:《孟子正义》,《诸子集成》(第一册),上海书店出版社,1986,第517页。

不离此而一以贯之，无次序之可言矣。"①朱子曾向李侗请教研习《孟子》如何涵养用力的问题，李侗告知要熟味孟子"夜气"说，以见涵养用力处。具体而言，就是要"虚一而静"。因为，"心方实，则物乘之，物乘之则动。心方动，则气乘之，气乘之则惑。惑斯不一矣，则喜怒哀乐皆不中节矣"。所以，"学问之道，不在多言，但默坐澄心，体认天理。若真有所见，虽一毫私欲之发，亦退听矣。久久用力于此，庶几渐明，讲学始有力耳。"②静坐——养心——见性，这是宋明诸儒伦理学的基本公式，其含义就是以静坐之身，求虚静之心，见大本之性。

三、朱子"静坐读书"说的历史反响

朱子"半日静坐，半日读书"的说法，由于观点独特，且又关涉道禅，因而颇受后人关注，在历史上引起较大反响，既有否定的观点，也有折中的态度，当然更不乏拥护继承者。

1.否定批判者

"半日静坐，半日读书"的说法，听起来充满禅味，出自醇儒朱子之口，颇令其后学不安！于是，有人出来为其开脱正名。钱穆谓："《陆稼书文集》有《读告郭友仁语》一篇，谓友仁曾学禅，所记恐失真。又谓以此两语为朱子教人之法，乃出陈几亭。"③陆陇其（字稼书），康熙九年（1670年）进士，学术专宗朱熹，排斥陆王，被清廷誉为"本朝理学儒臣第一"，与陆世仪并称"二陆"。虽然，朱子确曾说过郭友仁学禅之事："公向道甚切，也曾学禅来。""非惟学禅，如老庄及释氏教典，亦曾涉猎。自说《法华经》至要处乃在'是法非思量分别之所能解'一句。"④但是，陆陇其仅凭此即谓郭友仁所记失真，急欲维护师门纯洁，为朱子开脱洗

① 朱熹：《答张敬夫问目》，《晦庵先生朱文公文集》卷三十二，《四部丛刊初编》（第一七七册），上海书店出版社，1989，第8—9页。

② 黄宗羲、全祖望：《宋元学案》（第二册），中华书局，1986，第1287—1288页。

③ 钱穆：《朱子新学案》（上），巴蜀书社，1986，第563页。

④ 黎靖德编：《朱子语类》（第七册），中华书局，1994，第2804页。

刷,其言实在令人难以置信。因为,除郭友仁之外,朱子尚多次与多人论及静坐与读书明理之间的关系。日本柳川刚义曾集《朱文公文集》《朱子语类》静坐之语三十余条为《静坐集说》,陈荣捷先生谓其:"所录未全,盖在择要。如《文集》答熊梦兆李守约书与《语类》朱子论延平静坐等十余条,尚付阙如。"①可见,即使郭友仁所记失真,亦不能因此而否定朱子曾倡导"静坐读书"说。

对于朱子的"静坐读书"说,不仅有否定的观点,更有攻击批判的声音。清儒颜元(号习斋)就抓住朱子"半日静坐,半日读书"说不放,对其进行猛烈的批评:

> 试问先生是学孔子乎?孔子岂是"半日静坐","半日读书"乎?

> 先生正少个"实"。"半日静坐"之半日固空矣,"半日读书"之半日亦空,也是空了岁月;"虚灵不昧",空了此心;"主一无适",亦空了此心也。

> 当其说颜、曾着多少气力方始庶几万一时,何不思古人着力是做甚工夫,而自己一生只"半日静坐""半日读书"了事乎?

> 先生"半日静坐,半日读书",是圣人所说工夫否?朱子沉迷于读讲章句,更胜于汉儒,玩心于空寂禅宗,更胜于陆子。……朱子则立朝全无建白,只会说"正心、诚意",以文其无用;治漳州,全无设施,只会"半日静坐""半日读书";闻金人来犯宋,恸哭而已。

> 朱子"半日静坐",是半日达摩也;"半日读书",是半日汉儒也。试问十二个时辰那一刻是尧、舜、周、孔乎?宗朱者可以思矣。②

---

① 陈荣捷:《朱子新探索》,华东师范大学出版社,2007,第204页。
② 《朱子语类评》,《颜元集》(上),中华书局,1987,第262—278页。

颜氏之评可谓罔顾事实、黑白不分，钱穆先生已斥之为"是亦不读书之过"。其苛评之意图，陈荣捷先生析之甚详："颜氏之颠倒是非，实所罕见。朱子只对此门徒一人如是教训，并非教人人如是。即训友仁亦无事时然后如此实习，非绝无酬酢，而专静坐读书也。今颜元乃诬朱子以半日静坐，半日读书为一般人之生活方式，又诬朱子所谓静坐如菩提达摩之摈去外务，面壁九年，所谓读书如汉儒之训诂，尧舜周孔之经世，一律不管。实际上颜元并不相信朱子如此。彼反对宋儒性命之学，提倡实用。思以革命口号，打倒权威。因而故为颠倒是非，乱唱口号。"①

2.折中修正者

很多理学家认为，朱子的"静坐读书"说有一定的道理，只是一定要"半日静坐，半日读书"，则不免机械执着，难以适从，故对其说持折中修正的态度。陈龙正（字几亭）曰："朱子更拈出'半日静坐，半日读书'之法，心灵闻见，互养交资。静坐中可以绅绎理义，非若禅定之枯顽；可以休息思虑，非若参话头之忙扰。功夫庶乎不偏矣。若终日耽静，厌应事、厌读书，止是习懒。纵令高韵脱尘，必无实际。天下万世，亦何赖有此人。岂程子所谓善学者哉。"又曰："文公提出半日静坐，半日读书。此固为学至切要之法。然值无事时方可行。居官居家，难尽如意。某故云：'一日三分，其中列出一分功夫为应物用，既是势不得不尔。且应酬事物，正可验静中功夫，体书上义理，不相妨碍，更有相济处。'"②其实，这也正是朱子的意思。在他看来，静坐当在闲暇时进行，静坐在涵养上下工夫与即事于日用处下工夫当并行不悖。"或问：'不拘静坐与应事，皆要专一否？'曰：'静坐非是要如坐禅入定，断绝思虑。只收敛此心，莫令走作闲思虑，则此心湛然无事，自然专一。及其有事，则随事而应；事已，则复湛然矣。'"又曰："心于未遇事时须是静，及至临事方用，便有气力。如当静时不静，思虑散乱，及至临事，已先倦了。伊川解'静专'处云：

---

① 陈荣捷：《朱子新探索》，华东师范大学出版社，2007，第206页。

② 陈龙正：《学言详记》（二），《几亭全书》卷五，王德毅主编《丛书集成三编》（第一册），新文丰出版公司，1997，第786页。

'不专一则不能直遂。'闲时须是收敛定，做得事便有精神。"①故湛若水说：虽然"明道终日端坐如泥塑人，及其接人，浑是一团和气，何等自然"！

朱子"静坐"说虽于读书、明理、见性有进阶作用，然理学家最担心其说为后人所误会，以致流入僧家块然兀守的入定禅悟之中，故每每力辨之、谨防之。陈献章（人称白沙先生）曰："伊川先生每见人静坐，便叹其善学。此一'静'字，自濂溪先生主静发源，后来程门诸公递相传授，至于豫章、延平尤专提此教人，学者亦以此得力。晦翁恐人差入禅去，故少说静，只说敬，如伊川晚年之训，此是防微虑远之道。然在学者，须自度量如何，若不至为禅所诱，仍多着静，方有入处。若平生忙者，此尤为对症之药。"②顾宪成（人称东林先生）又曰："程子每见人静坐，便叹其善学。罗豫章教李延平于静中看喜怒哀乐气象。至朱子又曰：'只理会得道理明透，自然是静，不可去讨静坐。'三言皆有至理，须参合之始得。"③

这样的解释与朱子本人的想法不谋而合。无论是朱子还是其师延平，他们所强调的静坐涵养工夫都是与即事察识工夫不可分的，他们所注重的未发之中、之体也都是与已发之和、之用相表里的。所谓："'喜怒哀乐未发谓之中'，只是思虑未萌，无纤毫私欲，自然无所偏倚。所谓'寂然不动'，此之谓中。然不是截然作二截，如僧家块然之谓。只是这个心自有那未发时节，自有那已发时节。谓如此事未萌于思虑要做时，须便是中是体；及发于思了，如此做而得其当时，便是和是用，只管夹杂相滚。若以为截然有一时是未发时，一时是已发时，亦不成道理。今学者或谓每日将半日来静坐做工夫，即是有此病也。"④

---

① 黎靖德编：《朱子语类》（第一册），中华书局，1994，第217—218页。
② 黄宗羲：《明儒学案》（上册），中华书局，1985，第83页。
③ 黄宗羲：《明儒学案》（下册），中华书局，1985，第1380页。
④ 黎靖德编：《朱子语类》（第四册），中华书局，1994，第1509页。

3.拥护践行者

后世理学家亦不乏拥护继承朱子"半日静坐，半日读书"说者。明儒刘宗周就非常赞同朱子的观点，他说："朱夫子尝言：'学者半日静坐，半日读书，如此三年，必有进步可观。'今当取以为法，然除却静坐工夫，亦无以为读书地，则其实亦非有两程候也。学者诚于静坐得力时，徐取古人书读之，便觉古人真在目前，一切引翼提撕，匡救之法，皆能一一得之于我，而其为读书之益，有不可待言者矣。"这是延续朱子静坐乃读书之基础的思想，强调静坐有益于读书。又谓："人生终日扰扰也，一着归根复命处，乃在向晦时，即天地万物，不外此理。于此可悟学问宗旨，只是主静也。此处工夫最难下手，姑为学者设方便法，且教之静坐。日用之间，除应事接物外，苟有余刻，且静坐。坐间本无一切事，即以无事付之，即无一切事，亦无一切心，无心之心，正是本心。"①这里将静坐与主静结合起来，以静坐为进入心静神定状态的方便法门，进而发明本心，且与朱子静坐与接物并行不悖思想吻合。

更有甚者，明儒高攀龙（世称景逸先生）还以"半日静坐，半日读书"为学规，山居水居，躬行实践。诚如丁福保所言："宋之程子、朱子，明之王阳明、陈白沙皆讲静坐法。惟论静坐最详细者，莫如吾乡高忠宪公。考高子之《山居课程》，午后趺坐，尽泉香一炷，临卧就榻趺坐，俟睡思欲酣乃寝。又考高子之《困学记》，戊戌作水居，为静坐读书计。故《高子遗书》内，论静坐之法最多。"②《高子遗书》内不仅有《复七规》《静坐说》《书静坐说后》这样的专论，而且还有很多描写静坐读书的诗歌。高攀龙曾作《困学记》，详细记载通过静坐而读书明理的经过。在两个月的水路行程中，他亲身实践"半日静坐，半日读书"的方法。一开始小有成效，当"心气清澄时，便有塞乎天地气象"，但是这种情况还不能时常出现。所谓"第不能常"，就是功夫还不到家，如要彻底开悟，尚需继续行静坐之法。果然，又经过一段时间的躬行实践，他终于茅塞顿开，

---

① 黄宗羲：《明儒学案》（下册），中华书局，1985，第1577、1574页。

② 丁福保：《静坐法精义》，上海古籍出版社，1990，第4页。

进入物我合一、天人一体的彻悟境界。由于他亲身体验静坐读书法确实有效，所以不仅自己躬行之，而且还力劝他人亦行此法。他说："朱子谓学者半日静坐，半日读书，如此三年，无不进者。尝验之一两月便不同。学者不作此工夫，虚过一生，殊可惜。"①

明代博物君子袁黄说："静坐之诀，原出于禅门，吾儒无有也。自程子见人静坐，即叹其善学，朱子又欲以静坐补小学、收放心一段工夫，而儒者始知所从事矣。"②今人郭沫若则说："静坐这项工夫在宋、明诸儒是很注重的。论者多以为是从禅来，但我觉得当溯源于颜回。《庄子》上有颜回'坐忘'之说，这怕是我国静坐的起源。"③静坐之法究竟是吾儒固有，还是源于禅门，尚可以讨论。要之，在宋明诸儒的倡导下，静坐法终于脱去神秘的外衣，堂而皇之地走进士人的读书治学活动中，成为读书的基础、明理的阶梯和见性的法门。

（李平）

---

① 高攀龙：《高子遗书》，《钦定四库全书·集部六·别集类五》（第一二九七册），商务印书馆，2006，第7页。

② 袁黄：《静坐要诀》，上海古籍出版社，1990，第1页。

③ 《王阳明礼赞》，《郭沫若全集·历史编》（第三卷），人民出版社，1984，第300页。

论道教哲学的基本特征

哲学是文化的核心，是一个民族文化形成的思想基础。同理，道教哲学也是道教文化的核心和思想基础。道教的教理教义和神仙方术都是围绕着"道生万物""天人一体""形神相依"这样一些基本的哲学问题延伸开来的。

道教哲学作为一种宗教哲学，其特点是寓道于术，所谓"道无术不行"，即哲理与方术紧紧地包裹在一起。《云笈七签·秘要诀法部》曰："道者，虚无之至真也；术者，变化之玄伎也。道无形，因术以济人；人有灵，因修而会道。人能学道，则变化自然。道之要者，深简而易知也；术之秘者，唯符与气、药也。符者，三光之灵文，天真之信也；气者，阴阳之太和，万物之灵爽也；药者，五行之华英，天地之精液也。妙于一事，则无不应矣。"①道教所有的哲学思想都与成仙方术有关，都是用以证明"仙可学致"的神学理论。从这个意义上说，道教哲学是一种修炼长生之道的实践哲学。这一哲学虽然带有浓厚的唯心主义神秘色彩，但它的重生思想和实践精神却启迪人们去努力探索宇宙和人生的奥秘，因而在客观上对中国哲学的深入发展起了推动作用。

---

① 张君房纂辑：《云笈七签》，华夏出版社，1996，第261页。

一、玄道本体论

"道"既是道教的最高宗教信仰，也是道教哲学的最高理论范畴。在早期道教经典中，道被当作超经验、超时空、先天地的存在，具有化生天地万物的力量。《太平经》有言：

> 夫道何等也？万物之元首，不可得名者。六极之中，无道不能变化。元气行道，以生万物，天地大小，无不由道而生者也。

> 道无所不能化，故元气守道，乃行其气，乃生天地，无柱而立，万物无动类而生……自然守道而行，万物皆得其所矣。天守道而行，即称神而无方。[1]

这里把道与汉朝流行的元气说结合在一起，说明道是万物的本原，天地万物都由道而产生，通过元气而发生变化。

早期道教哲学对道的解释多是从宇宙生成论的角度进行，即用道来说明宇宙的起源与生成，认为道生元气，元气生天地，天地有四时，然后有万物。真正把道作为本体论范畴来讨论的是晋代道教理论家葛洪。他的《抱朴子内篇》发挥《老子》的玄、道、一、无诸范畴，认为玄道是世界万物的本体。

葛洪玄道本体论的产生与魏晋玄学有关。魏晋玄学突破了两汉哲学的思辨水平，玄学家关心的已不再是"世界怎样构成""天地如何产生"这样一类宇宙生成论问题。他们热衷于研究现象背后的本体，也就是天地万物、宇宙大千的存在根据问题。因为玄学要为天地万物的存在寻找一个形而上的根据，所以"本末有无"也就成了玄学家讨论的中心问题。受玄学

---

[1] 王明：《太平经合校》，中华书局，1960，第16、21页。

本体论和有无思想的影响，葛洪的道教哲学也向本体论迈进了一大步，他常用"有""无"的概念说明其"道"的特征。《抱朴子内篇·道意》曰："道者涵乾括坤，其本无名。论其无，则影响犹为有焉；论其有，则万物尚为无焉。"这是用玄学"有无"思想来说明道体。道本无名，但就其"涵乾括坤"的功能而言，道具有"有"与"无"两方面的特征：一方面它充塞于整个宇宙，无处不在，无时不有；另一方面人们又不能考其究竟，察其多少。为了突出道的本体涵义，《抱朴子内篇·明本》又曰："道也者，所以陶冶百氏，范铸二仪，胞胎万类，酝酿彝伦者也。"上自天地，下逮万物，宇宙间一切事物莫不来源于道，以道为存在的根据。这样，道便成了宇宙之本，万物之源。

在葛洪的哲学体系中，与道的涵义相同的范畴还有"玄"。《抱朴子内篇·畅玄》曰："玄者，自然之始祖，而万殊之大宗也。""始祖"谓玄是宇宙生成的本源，"大宗"谓玄是万物存在的本体。玄具有至妙幽微、无形无象的特征，其高可冠盖九霄，其旷可笼罩八隅；玄又是有无的统一体，所谓"因兆类而为有，托潜寂而为无"；玄的功能为"胞胎元一，范铸两仪，吐纳大始，鼓冶亿类"。这一切表明：玄和道的哲学内涵是相同的，两者名异而实同，都是宇宙万物的总根源，都是神秘莫测的精神实体。葛洪的玄道思想来源于老子的"玄之又玄，众妙之门"。在老子哲学中，玄是用来形容天地万物的本体"道"的。道教奉老子为神灵，尊老子为教主，自然也就要用"玄道"来概括自己的哲学理论。

与"道"和"玄"处于同一序列的还有"一"。《抱朴子内篇·地真》曰：

> 道起于一，其贵无偶，各居一处，以象天地人，故曰三一也。天得一以清，地得一以宁，人得一以生，神得一以灵。金沈羽浮，山峙川流，视之不见，听之不闻，存之则在，忽之则亡，向之则吉，背之则凶，保之则遐祚罔极，失之则命彫气穷。老君曰：忽兮恍兮，其中有象；恍兮忽兮，其中有物。一之谓也。

葛洪把"一"看作道的化身,"一"具有道的功能和特点而更加具体化,道与玄就统一在具体的"一"之中,这就构成了"道——玄——一"三位一体的玄道本体论。

葛洪的玄道本体论是为其仙学理论服务的,《抱朴子内篇》首标《畅玄》,次之以《论仙》,可见玄道是葛洪仙学理论的哲学依据。葛洪竭力描绘玄道的神秘力量,把玄道说成是永恒的、万能的精神本体,目的是要说明人若获得玄道,便"可与为永",超越个体的有限生命,与无限的宇宙相通,成为无所不能的神仙。《抱朴子内篇·畅玄》曰:"夫玄道者,得之乎内,守之者外,用之者神,忘之者器,此思玄道之要言也。"①所谓"思玄道",就是用存思道体的方法,集中精神,内无思虑,遗去外物,在纯粹的经验状态中体验道体。如此,玄道也就具体地方术化了,玄道本体也就向神仙本体敞开了大门。为了使玄道本体向神仙本体过渡得更加自然,结合得更加紧密,葛洪又在玄道与仙道之间引进了"一"的中介。

"一"在老庄哲学中是"道"的代名词,老庄认为修道必须"抱一",抱一才能体道。《老子·十章》有言:"载营魄抱一,能无离乎?专气致柔,能如婴儿乎?"②《庄子·在宥》亦言:"我守其一以处其和,故我修身千二百岁,吾形未尝衰。"③这种集修身、体道于一体的"抱一""守一"之法,为早期道教经典如《太平经》《周易参同契》所继承,也为葛洪所看中。《抱朴子内篇·地真》记载:"《仙经》曰:子欲长生,守一当明;思一至饥,一与之粮;思一至渴,一与之浆。一有姓字服色,男长九分,女长六分,或在脐下二寸四分下丹田中,或在心下绛宫金阙中丹田也,或在人两眉间,却行一寸为明堂,二寸为洞房,三寸为上丹田也。"葛洪还进一步把守一分为"守玄一"和"守真一"两个层次:"玄一之道,亦要法也。无所不辟,与真一同功。吾《内篇》第一名之为《畅玄》者,正以此也。守玄一复易于守真一。"按葛洪的解释,守玄一是由内视及分形第

---

① 王明:《抱朴子内篇校释》,中华书局,1985,第170、185、1、323、2页。

② 陈鼓应:《老子注译及评介》,中华书局,1984,第96页。

③ 陈鼓应:《庄子今注今译》,中华书局,1983,第279页。

道术来完成的，守真一则用存思丹田的方法来完成。守真一较守玄一更高一层，人如能得"真一之气"并守之，便可"通神"，便可"陆辟恶兽，水却蛟龙；不畏魍魉，挟毒之虫；鬼不敢近，刃不敢中"。[①]

总之，葛洪以玄道为本体，以玄道的具体化"一"为中介，通过"守一"之法将道体与方术糅合在一起，让人们在进入仙境的同时体验玄道的奥妙。此即葛洪体道得仙的哲学本体论。

葛洪以后，陶弘景进一步发挥了玄道本体论思想。他将道看作是宇宙万物存在的本体、生化的根源，《真诰·甄命授》认为："道者混然，是生元气。元气成，然后有太极。太极则天地之父母，道之奥也。"同样，陶弘景的道论也是为修道成真的仙术服务的。他接着说：

> 故道有大归，是为素真。故非道无以成真，非真无以成道。道不成，其素安可见乎。是以为大归也。见而谓之妙，成而谓之道，用而谓之性。性与道之体，体好至道，道使之然也。

如此说来，人体自然与道相合，修身之要即在归于大道。正像书中注所指出的："此说人体自然与道气合，所以天命谓性，率性谓道，修道谓教。今以道教使性真，则同于道矣。"[②]

隋唐时期，一批道教理论家受佛学思想的影响，提出了"重玄之道"，对玄道本体论作出了新的解释。"重玄"亦本于老子"玄之又玄，众妙之门"。按重玄家的说法，就是既要遣去"有无"的偏执，又要遣去"非有非无"的思想，以"一中之道，破二偏之执"。唐初道士成玄英释"玄之又玄"曰：

> 有欲之人，唯滞于有。无欲之士，又滞于无，故说一玄，以遣双执。又恐行者滞于此玄，今说又玄，更祛后病。既而非但不滞于滞，

---

① 王明：《抱朴子内篇校释》，中华书局，1985，第323、325、324页。
② 陶弘景：《真诰》（一），王云五主编《丛书集成初编》，商务印书馆，1936，第57页。

亦乃不滞于不滞，此则遣之又遣，故曰玄之又玄。①

成玄英的弟子李荣也如是说：

> 道德杳冥，理超于言象。真宗虚湛，事绝于有无。寄言象之外，记有无之表，以通幽路，故曰玄之。犹恐迷方者胶柱，失理者守株，即滞此玄，以为真道。故极言之，非有无之表，定名曰玄。借玄以遣有无，有无既遣，玄亦自丧，故曰又玄。又玄者，三翻不足言其极，四句未可致其源。寥廓无端，虚通不碍，总万象之枢要，开百灵之户牖。达斯趣者众妙之门。②

这种理论已不再像葛洪那样以玄学"有无"来解释宇宙的本体——玄道，而是吸收了佛学中道学说破除妄执的思想和双遣双非的方法，释"玄"为遣去滞着的意思，从而赋予老子"玄之又玄"以新的涵义。重玄家认为，道的根本就是"重玄"。成玄英《庄子·大宗师》"参寥闻之疑始"疏曰："始，本也。夫道，超四句，离彼百非，名言路断，心知处灭，虽复三绝，未穷其妙。而三绝之外，道之根本，而谓重玄之域，众妙之门，意亦难得而差言之矣。是以不本而本，本无所本，疑名为本，亦无的可本，故谓之疑始也耳。"③重玄即双遣，通过双遣达到彻底的虚空境界，进而在虚空中领悟道体。故曰"虚通妙理"。这样，玄道本体论就与心性本体论合而为一。

葛洪以玄释道，从有无两方面入手，把道看成是有无的统一体；重玄家则以佛释道，从有无双遣的中道观来论道，把道看作是毫无规定性的、

① 成玄英：《老子道德经义疏》，张继禹主编《中华道藏》（第九册），华夏出版社，2004，第234页。

② 李荣：《道德真经注》（卷上），张继禹主编《中华道藏》（第九册），华夏出版社，2004，第296页。

③ 郭象注、成玄英疏：《南华真经注疏》，张继禹主编《中华道藏》（第十三册），华夏出版社，2004，第180页。

绝对自由的虚空。例如，成玄英以"虚通"释道："道者，虚通之妙理，众生之正性也。奥，深密也，亦藏府也。言生成万有，囊括百灵，大无不包，故为物府藏也。""道体窈冥，形声斯绝。既无因待，亦不改变。此乃独独，非待独也。道无不在，名曰周行。所在皆通，故无危殆。"①成玄英的弟子李荣认为"道本虚玄"。他在《道德真经注》中说："道者，虚极之理也。夫论虚极之理，不可以有无分其象，不可以上下格其真。"②道是虚通的，所以才能"包容万物""生成万有"。同时，道又是虚通之理的本体，存在于一切事物的本性之中，是人和自然赖以存在的根据。它无形无象，因此不能从有无或上下的角度来"分其象""格其真"，而只能对道作非有非无的中观。

除重玄家论述的"重玄之道"外，唐代道士孟安排在《道教义枢》中也对玄道本体论作了进一步的总结。《道教义枢》是现存第一部比较系统地阐述道教教义学说的道书。该书共分三十七门，首标"道德"。在"道德义"中，作者对"道"的性质、特征和功能作了说明："道者，理也。通者，导也。德者，得也，成也，不丧也。言理者，谓理实虚无。《消魔经》云：'夫道者，无也。'言通者，谓能通生万法，变通无壅。河上公云：'道，四通也。'言道者，谓导执令忘，引凡令圣。"③这里借《庄子》"道者，理也"的说法，参合佛教以"理"为常住不灭的本体的思想，从形而上的角度概括了具有宗教哲学意味的玄道本体论。所谓"道者，理也""理实虚无"，就是把道看作是虚无之理（本体），认为道无所不在，无时不有，具有变通无碍的特征和化生万物的功能。

然而，道教哲学作为一种宗教哲学，无论其多么精致完备，最终还是要为修道成仙的教义服务。重玄家精心构筑的重玄之道，其目的正在于指

---

① 成玄英：《老子道德经义疏》，张继禹主编《中华道藏》（第九册），华夏出版社，2004，第280、252页。

② 李荣：《道德真经注》（卷上），张继禹主编《中华道藏》（第九册），华夏出版社，2004，第295页。

③ 孟安排：《道教义枢》，张继禹主编《中华道藏》（第五册），华夏出版社，2004，第543页。

导人们修炼实践，为长生不死的宗教信仰提供理论依据。他们把道描绘成超时空、绝言象的精神实体，无非是要说明通常的知觉活动不能认识道，只有调心摄念，凝神静气，弃绝一切智识活动，才能心与道合，体悟大道，以致飞升成仙。对此，唐代道士司马承祯提出了"收心离境""不著一物"的修炼方法，认为通过这种方法，最终可以进入物我俱忘的坐忘境界。他在《坐忘论·信敬》中说："夫坐忘者，何所不忘哉？内不觉其一身，外不知乎宇宙，与道冥一，万虑皆遗。"①正是在坐忘的境界中，主体超越了自我，超越了对象，获得了绝对的精神自由。如此也就可以直观大道，与道同在而长生不死了。唐代另一位道士孟安排甚至还认为"道"具有"导"的功能，即能"导执令忘，引凡令圣"。通俗地说，世间万法变幻无常，忽生忽灭，而虚无大道作为宇宙万有的本体和人间事象的根据，却是永恒不灭的。世人若能悟此大道，便会忘去一切幻化假象，超凡入圣，得道成仙。所以说，唐代道学家提出的"重玄之道""虚无之道"，不仅揭示了道教之道的哲学本质，而且也指出了道士悟道证仙的捷径。它既是一种宇宙本体论，又是一种心性修养论，并且预示着道教哲学中的玄道本体论将由此而转入心性本体论，从而与宋明理学合流。

二、天人整体论

张岱年先生说："中国传统思维方式有一个特点，就是整体思维。中医非常强调整体，把人体看成是一个整体。同时又把人与整个世界看成是一个整体。这可以说是中国古代的系统思想。"②传统思维中的天人整体论，又叫天人合一论，是道教天人感应的宗教信仰和天人一体的养生理论的哲学基础。

天人整体论既是中国传统文化的核心思想，又是中国古代宗教的基本信仰。钱穆曾明确指出："中国文化特质，可以'一天人，合内外'六字

---

① 司马承祯:《坐忘论》,董诰等编《全唐文》(四),上海古籍出版社,1990,第4268页。
② 张岱年:《文化与哲学》,教育科学出版社,1988,第266页。

尽之。""此亦所谓一天人合内外,此亦可谓中国人之宗教信仰。"①在汉代,天人感应的宗教思想占有统治地位,董仲舒对远古宗教中的自然崇拜、尊天贵人的宗教信仰进行提炼和总结,提出了完整的"天人感应"的神学理论。他认为,天人同源同构,类合数偶。所谓"同源",是指天人都由一气所化育:"阴阳之气,在上天,亦在人。在人者为好恶喜怒,在天者为暖清寒暑。"故曰:"以类合之,天人一也。"这是"类合"。所谓"同构",是指天人的构造都是相符的:"人有三百六十节,偶天之数也;形体骨肉,偶地之厚。上有耳目聪明,日月之象也;体有空窍理脉,川谷之象也。"故曰:"身犹天也,数与之相参,故命与之相连也。"②这是数偶。

早期道教经典《太平经》吸收了这种天人感应思想,并加以改造,为其所用。书中认为,世间万物均由神灵主宰,人只要按神灵的意志行事,天人就会相应,所谓:"王者百官万物相应,众生同居,五星察其过失。王者复德,德星往守之。行武,武星往守之。行柔,柔星往守之。行强,强星往守之。行信,信星往守之。相去远,应之近。天人一体,可不慎哉?"王者德政情况要受到上天神灵的监督,人君行道,为善于内,则天地喜悦,瑞应随之而来;人君失道,逆天背神,则天地大怒,灾异从天而降。《太平经》中的"天人感应"思想一方面保留着原始宗教的神秘主义色彩,如《行道有优劣法》曰:"天与帝王相去万万余里,反与道相应,岂不神哉?"另一方面也多少含有尊重客观规律的涵义,《天文记诀》云:"天所以使后世有书记者,先生之人知旦寿知自然,入虚静之道,故知天道周终意,若春秋冬夏有常也。"③天道运行,如四季更替,有它的规则,顺之则昌,逆之则亡。后代道士继承这种天人相应的思想,推天道以明人事,从天人合一的角度阐述种种社会人生问题。唐代道士李筌对《阴符

---

① 钱穆:《中国文化特质》,《中国文化与中国哲学》(1987),生活·读书·新知三联书店,1988,第29、33页。

② 苏舆:《春秋繁露义证》,中华书局,1992,第463、341、354—356页。

③ 王明:《太平经合校》,中华书局,1960,第16、17、178页。

经》的书名作了天人合一的解释："阴，暗也。符，合也。天机暗合于行事之机，故曰《阴符》。"①金代道士刘处玄在注《阴符经》"天人合发"时说："天人者，人性通于天也，合发则心尽于物也。人通彻人间世梦，明知荣枯、宠辱、成败、祸福、哀乐、生死，古今之常事也。人通天理，真荣而不枯，真宠而不辱，真成而不败，真福而不祸，真乐而不衰，真生而不死，明道之常也。"②这就把世俗常事，统统纳入"人通天理"的道教哲学之中，从而丰富了天人感应的神学理论。

天人合一的哲学思想更鲜明地表现在道教的养生理论中。道教养生理论以天人整体观为基础，认为人是自然的一部分，所谓"人身小天地，天地大人身"即是。天人均禀气而生，从气出发，天人是一体的。《抱朴子内篇·至理》曰："人在气中，气在人中，自天地至于万物，无不须气以生者也。善行气者，内以养生，外以却恶，然百姓日用而不知焉。"③由于天人同源于气，人的生命活动与自然的变化规律必须相符相应。所以，养生要遵循自然规律，顺应四季的不同特点，春夏养阳，秋冬养阴。《素问·四气调神大论》具体叙述了与四时对应的四种养生方法：春谓发陈（开通），是天地俱生，万物以荣之时。当夜卧早起，广步于庭，被发缓形，以使志生，生而勿杀，予而勿夺，赏而勿罚——此谓"养生之道"。逆此则伤肝，夏生寒病。夏谓蕃秀（繁茂），是天地之气交而万物生长的季节。当夜卧早起，无厌于日，使志无怒，气不郁积于体内——此谓"养长之道"。逆此则伤心，秋生痎疟。秋谓容平（平定），是天气以急，地气以明的季节。宜早卧早起、与鸡俱兴，收敛神气，使志安宁——此谓"养收之道"。逆此则伤肺，冬生飧泄。冬谓闭藏，是收藏阳气的季节。宜早卧晚起，居处密室，使心伏志匿，气无外泄——此谓"养藏之道"。逆此则伤肾，春为痿厥。

---

① 李筌:《黄帝阴符经疏》,张继禹主编《中华道藏》(第十五册),华夏出版社,2004,第752页。

② 刘处玄:《黄帝阴符经注》,张继禹主编《中华道藏》(第十五册),华夏出版社,2004,第815页。

③ 王明:《抱朴子内篇校释》,中华书局,1985,第114页。

此外，一日之中，气也有消长，与四时对应："春生夏长，秋收冬藏，是气之常也，人亦应之。以一日分为四时，朝则为春，日中为夏，日入为秋，夜半为冬。"反映在人体上，"朝则人气始生，病气衰，故旦慧；日中人气长，长则胜邪，故安；夕则人气始衰，邪气始生，故加；夜半人气入藏，邪气独居于身，故甚也。"[①]道教养生理论继承《内经》中天人合一的养生思想，强调炼功要按照天地、日月、四时的规律与特点行法。如《钟吕传道集》论天地第三指出天地运行变化的具体规律，要求炼功者道法自然，遵循天地之机；论日月第四分析了日月阴阳的变化情况，要求炼功者"法效天机，用阴阳升降之理，使真水真火，合而为一，炼成大药，永镇丹田，浩劫不死，而寿齐天地"；论四时第五认为时有身中之时、年中之时、月中之时和日中之时。人之一日，如日月之一月，天地之一年，关键在于以一日一刻夺一年一月之功，以人体小宇宙来模仿天地大宇宙的变化运行，所谓："万物之中，最灵最贵者人也。人之心肾上下相远八寸四分，阴阳升降，与天地无二等。气中生液，液中生气，气液相生，与日月可同途。"[②]另外，全真大师丘处机宗《内经》四时养生之旨，著《摄生消息论》，分春、夏、秋、冬四季，结合老年生理特点，全面论述了天人合一的养生之道。

一气氤氲，化为阴阳，衍为四时，列为五行，序为八卦。天人一体的道教养生理论不仅认为人体器官与宇宙结构是同构相应的，而且还通过阴阳五行八卦的符号体系，将天人结构巧妙地组合起来。《周易参同契》曰：

> 乾坤者，易之门户，众卦之父母。坎离匡郭，运毂正轴。牝牡四卦，以为橐籥。覆冒阴阳之道，犹工御者，准绳墨，执衔辔、正规矩，随轨辙。处中以制外，数在律历纪，月节有五六，经纬奉日使，

---

① 张志聪：《黄帝内经集注》，浙江古籍出版社，2002，第273页。

② 施肩吾：《钟吕传道集》，马济人主编《气功·养生丛书》，上海古籍出版社，1989，第12、14页。

兼并为六十，刚柔有表里。①

　　这里运用《周易》卦爻为理论框架，以乾、坤、坎、离四卦象征宇宙空间，认为在这个宇宙空间里蕴涵着阴阳消长的运动变化规律。并且这个宇宙空间既是自然界的大天地，也是人体的小天地，两者同步运行，有着共同的运动规律。丹道修炼的要诀在于把握人体与自然的共同运动变化规律，效法天地阴阳的变化消长，以从事养生活动。宋代道教养生家俞琰在《周易参同契发挥》中对此作了明确的阐述："古之至人，观天之道，执天之行。遂借天符之进退，阴阳之屈伸，设为火候法象以示人。盖天地俨如一鼎器，日月乃药物也。日月行乎天地间，往来出没，即火候也。人能即此反求诸身，自可默会火候进退之妙矣。"②唐代著名内丹家崔希范在《入药镜》一书中也根据传统哲学思想和医学理论，以五行配五脏，以八卦配脏腑，建立了一个天人一体的内丹炼养体系。他说："夫五行者本无生灭，其灭则自吾之神气失也。五行者，何谓也？五脏之真义也。心之神、肝之魂、肺之魄、脾之意、肾之志、聚而为丹之用者也。"又说："乾六，大肠也；坎一，肾也；艮八，膀胱也；震三，肝也；巽四，胆也；离九，心也；坤二，小肠也；兑七，肺脾也。土者，中宫之火也；水之中金生者也。木生金中，水生火中，惟土合于四时之季，而在中宫者也。"③

　　道教养生修炼学说的最高宗旨是"逆炼成丹"，而这一最高宗旨的指导思想正是天人一体的哲学理论。因为天人同源于气，人的性命构成与自然万物的化生都经历了"道生一，一生二，二生三，三生万物"的宇宙生

---

　　① 彭晓：《周易参同契通真义》，《周易参同契古注集成》，上海古籍出版社，1990，第5页。

　　② 俞琰：《周易参同契发挥》（卷上），《周易参同契古注集成》，上海古籍出版社，1990，第127页。

　　③ 曾慥编：《道枢》，张继禹主编《中华道藏》（第二十三册），华夏出版社，2004，第583、587页。又，崔希范著《入药镜》，《宋史·艺文志》著录有《崔公入药镜》三卷。今《正统道藏》中存四种，即《道枢》卷三十七所收《入药镜》上篇、《入药镜》中篇和《修真十书》卷十三、二十一所收《解注崔公入药镜》《天元入药镜》。不同版本，文字差异甚大。

化程序。所以，养生活动当逆"道生万物"的程序而修炼，就是炼精化气，炼气化神，炼神还虚，最终返本归根，复于大道。这样就超出了生死，达到了修炼的最高境界。①

三、形神人体论

道教哲学中的形神论旨在探讨人类形体与精神之间的关系，属于人体论范畴。这种独特的形神人体论是在养生实践中形成的，同时又用来指导具体的养生修炼活动。

先秦两汉时期，中国哲学中的形神论侧重探索人自身形体与精神关系的奥秘，因而与生死问题息息相关，与养生之道紧密相连。《庄子·在宥》曰："无视无听，抱神以静，形将自正。必静必清，无劳汝形，无摇汝精，乃可以长生。目无所见，耳无所闻，心无所知，汝神将守形，形乃长生。"②这是从以静养神的养生角度，提出"形为神舍"的观点。《淮南子·精神训》进一步把形神关系与养生之道结合起来，主张不劳形伤神。"故心者形之主也，而神者心之宝也。形劳而不休则蹶，精用而不已则竭。是故圣人贵而尊之，不敢越也。"③所以要"将养其神，和弱其气，平夷其形"，与天地自然相适应。如果说《庄子》和《淮南子》以形神和养生相结合，那么《史记》和《内经》则将形神与生死问题相联系，从而突出了形神人体论。《史记·太史公自序》有言：

> 凡人所生者，神也；所托者，形也。神大用则竭，形大劳则敝，形神离则死。……由是观之，神者，生之本也；形者，生之具也。④

① 参见李平、杨柏岭：《论老庄哲学的逆向思维与道教内丹逆炼学说的关系》，《东方文化》(香港大学)1995年第2期。
② 陈鼓应：《庄子今注今译》，中华书局，1983，第279页。
③ 刘安：《淮南子·精神训》，《刘文典全集·淮南鸿烈集解》(1)，安徽大学出版社、云南大学出版社，1999，第226页。
④ 司马迁：《史记》(第十册)，中华书局，1959，第3292页。

人依神而生，依形而立，生死问题是形神的离合问题；离则死，合则生。《黄帝内经》认为，形是具体可感的人体，神是难以闻见的精神；神依托于形，形以神为本。养生者当饮食有节，起居有常，以养其形；不妄劳作，恬淡虚无，以安其神。如此形神俱存，方可长生。否则，劳神伤形，神气皆去，则死矣。所谓："血气已和，营卫已通，五藏已成，神气舍心，魂魄毕具，乃成为人……百岁，五藏皆虚，神气皆去，形骸独居而终矣。"①

道教哲学形神人体论继承先秦两汉道家、医家有关"形神相依，形为神舍"的思想，以形神离合论述生死问题，为仙道神学寻找哲学依据。《太平经》曰：

> 古今要道，皆言守一，可长存而不老。人知守一，名为无极之道。人有一身，与精神常合并也。形者乃主死，精神者乃主生。常合即吉，去则凶。无精神则死，有精神则生。常合即为一，可以常存也。常患精神离散，不聚于身中，反令使随人念而游行也。故圣人教其守一，言当守一身也。念而不休，精神自来，莫不相应，百病自除，此即长生久视之符也。②

简言之，形神合一，则可长存；形神离散，则必死亡。故"守一"为长生久视之道。由于形神涉及生死问题，而生死问题又是道教仙学要解决的核心问题，所以形神在道教哲学中一直占有重要地位。道教《西升经·神生章》对形神关系作了这样的概括："神生形，形成神。形不得神，不能自生；神不得形，不能自成。形神合同，更相生，更相成。"而形神又是有关生死的大问题，正如御注所曰："神妙万物而为言，神生形也；身乃神之车、神之舍，形成神也。盖神去于形谓之死。而形非道不生，形资神以生故也。有生必先无离形，而形全者神全，神资形以成故也。形神之

① 张志聪：《黄帝内经集注》，浙江古籍出版社，2002，第321页。
② 王明：《太平经合校》，中华书局，1960，第716页。

相须，犹有无之相为利用，而不可偏废。惟形神俱妙，故与道合真。"①就是说，形与神是生命存在的两方面依据，形神能同体相保，人才能长生不死。葛洪受玄学思潮的影响，进一步用"有无"来论证形神问题，认为形与神之间的关系是有与无的关系。有无是一对矛盾，二者相互依存；形神的关系也一样，人的形体有了精神才能成为有生命的人。《抱朴子内篇·至理》曰：

> 夫有因无而生焉，形须神而立焉。有者，无之宫也。形者，神之宅也。故譬之于堤，堤坏则水不留矣。方之于烛，烛糜则火不居矣。身劳则神散，气竭则命终。根竭枝繁，则青青去木矣。气疲欲胜，则精灵离身矣。

长生不死的先决条件是形神不离，而要使神永久留在形之中，首先要让形体坚固，永远不坏。由此，气就成了形神相合不离的关键。因为形体是由气构成的，气存则身存，气竭则身亡，所以只有养气才能使形体坚固。正如《抱朴子内篇·极言》所说："苟能令正气不衰，形神相卫，莫能伤也。"②葛洪的形神人体论显然受到嵇康养生理论的影响。嵇康在《养生论》中指出："是以君子知形恃神以立，神须形以存。悟生理之易失，知一过之害生。故修性以保神，安心以全身，爱憎不栖于情，忧喜不留于意，泊然无感，而体气和平。又呼吸吐纳，服食养身，使形神相亲，表里俱济也。"③由于形神之间的关系是相互依存的，因此既要"修性以保神"，又要"安心以养身"。这样才能做到"形神相亲，表里俱济"。

道教哲学中的形神人体论以形神的离合说明人的生死，实际上是一种把精神与形体看作是两个实体的二元论哲学思想。南朝道教学者陶弘景

---

① 赵佶：《老子西升经（御注）》，张继禹主编《中华道藏》（第八册），华夏出版社，2004，第244页。

② 王明：《抱朴子内篇校释》，中华书局，1985，第110、244页。

③ 戴明扬：《嵇康集校注》，人民文学出版社，1962，第146页。

《答朝士访仙佛两法体相书》曰：

> 凡质象所结，不过形神。形神合时，则是人是物；形神若离，则是灵是鬼。其非离非合，佛法所摄；亦离亦合，仙道所依。[①]

佛教认为人间一切皆为幻象，故主"非离非合"；道教认为生死人鬼取决于形神离合，故倡"亦离亦合"。唐朝道士施肩吾《养生辨疑诀》也说："神由形住，形以神留，神苟外迁，形亦难保。"[②]这种二元论哲学思想，一方面具有唯物主义因素，另一方面也给神不灭的唯心主义以可乘之机。如葛洪说："形者，神之宅也。"把形譬作堤和烛，把神譬作水和火，说明堤坏则水不留，烛糜则火不居，于是得出精神依附于形体的结论。这种朴素的唯物主义观点正是汉代桓谭、王充以来唯物主义传统的一个具体表现。同时，葛洪又强调"形须神而立"，认为神是形的主宰，物质的形体是精神的神的产物。这种理论上的矛盾在道教哲学中出现是难以避免的，因为道教的最高追求就是长生不死、肉体飞升，所以它必然同时注重形与神两个方面。从炼形的角度出发，则要强调形体的重要性；从炼神的角度出发，又要夸大精神的重要性。再者，道教形神人体论承认形与神可以独立存在，正是为其修炼学说提供论证的前提。因为，形神虽然是独立存在的，但人可以通过修炼使形体坚固而为精神提供一个永久的居处，使精神不散而永远凝聚在形体之内。如此形神相卫，人便可以长生不死、羽化登仙了。《云笈七签》卷五十六引《元气论》云："神之与祇，恒为营卫，身之与神，两相爱护，所谓身得道，神亦得道；身得仙，神亦得仙。身神相须，穷于无穷也。"[③]形神相卫的哲学思想带来了形神双修的修炼方法，道教仙术中既有吐纳导引、养气炼气之类的养形方法，又有主静存

① 严可均辑：《全上古三代秦汉三国六朝文·全梁文》（第七册），河北教育出版社，1997，第461页。

② 施肩吾：《养生辨疑诀》，张继禹主编《中华道藏》（第二十三册），华夏出版社，2004，第629页。

③ 张君房纂辑：《云笈七签》，华夏出版社，1996，第327页。

神、心斋坐忘之类的养神方法。而其背后则有形神人体论的思想作依据："形器者，性之府也。形器败，则性无所存矣。养神不养形，犹毁宅而露居者欤。"①

道教哲学中的形神人体论全面地说，应包括形、气、神三个范畴。个体生命一旦形成，便具有形、气、神三个要素，三要素按各自的地位和作用，组成一个具有一定秩序的结构系统，以维护人体生命活动。最初明确阐述这一思想的是汉代的《淮南子》，该书《原道训》曰："形神气志，各居其宜，以随天地之所为。夫形者，生之舍也；气者，生之充也；神者，生之制也。一失位，则三者伤矣。"②形是形体，是生命的物质外壳；神是精神，是生命活动的制约者；气既是气血，又是气态，它担负着为生命输送能量，传递信息的任务，是形与神联结的中介。人的生命状况如何，取决于形、气、神是否很好地结合在一起。这种形、气、神三位一体的人体生命观，成了后世道教养生学说的又一理论依据。历史上以崇奉道教、笃好养生著称的宋徽宗在《圣济经·存神驭气章》中说：

> 人受天地之中以生，所谓命也。形者，生之舍也；气者，生之原也；神者，生之制也。形以气充，气竭而形病；神因气住，气纳则神存。修真之士，法于阴阳，和于术数，持满御神，专气抱一，以神为车，以气为马，神气相合，乃可长生。③

这里把气看作是人体生命的根本，形神联结的关键。一方面形由气充，另一方面神因气住。气满则形固神住，气衰则形病神散，所以应该把联结形神的气作为修炼的核心，炼好气就等于修了神也炼了形。明乎此，一切修炼方术皆不外炼气养气而已。吹嘘呼吸、吐故纳新、熊径鸟伸、导

---

① 曾慥编：《道枢》，张继禹主编《中华道藏》（第二十三册），华夏出版社，2004，第362页。

② 刘安：《淮南子·精神训》，《刘文典全集·淮南鸿烈集解》（1），安徽大学出版社、云南大学出版社，1999，第37页。

③ 赵佶撰、吴禔注：《圣济经·卫生篇》，人民卫生出版社，1990，第154页。

引按跷——所以调其气也；平定气息、握固凝想、神宫内视、五脏照彻——所以守其气也；法则天地、顺理阴阳、交媾坎离、济用水火——所以交其气也。明代养生家王文禄在《胎息经》"气入身来为之生，神去离形为之死"条疏中，也发挥了道教形、气、神统一的人体生命观和神住形固的修炼原则。他说："形，身也。神，气之灵觉，形之主也。气成形，形神不离，即气入身来。神住形固长生也，神去则气散形败乃死。故曰：生者死之根，死者生之根。"[①]

总之，道教哲学中的形神人体论以指导人体修炼为目的，以形神并重为原则，强调身心兼顾、性命双修，并把养气看作是修炼的根本，主张通过养气来炼形守神，合一形神。这种形神观不同于佛教的形神假象论，它是在具体的修炼养生活动中提炼出来的人体论，具有道教自身的特色，因而从一个侧面丰富了中国古代哲学中的形神论。

四、变化不死论

天地万物，瞬息万变，大千世界，变动不居。人可以变化不死的思想在中国古代神话中就有所表现：

> 元气蒙鸿，萌芽兹始，遂分天地，肇立乾坤，启阴感阳，分布元气，乃孕中和，是为人也。首生盘古，垂死化身，气成风云，声为雷霆，左眼为日，右眼为月，四肢五体为四极五岳，血液为江河，筋脉为地里，肌肉为田土，发髭为星辰，皮毛为草木，齿骨为金石，精髓为珠玉，汗流为雨泽，身之诸虫，因风所感，化为黎氓。[②]

> 西北海之外，大荒之隅，有山而不合，名曰不周负子，有两黄兽守之。有水曰寒暑之水。水西有湿山，水东有幕山。有禹攻共工国

---

① 王文禄：《胎息经疏略》，王云五主编《丛书集成初编》，商务印书馆，1936，第1页。
② 马骕：《绎史·开辟原始》，《四部精要》9（史部五），上海古籍出版社，1992，第57页。

山。有国名曰淑士，颛顼之子。有神十人，名曰女娲之肠，化为神，处栗广之野，横道而处。①

变化观念的产生与人类改变事物形态和性质的活动有关，具体说，与人们早期的制陶和炼丹活动分不开。事物本来就处于动态之中，事物动态的活力是它自身固有的质和量两种规定性的表现。由于事物和规定性的内在联系，质变和量变便互通、互化。当事物的质和量都发生变化时，一个事物也就转化为另一事物。古人在生产实践中发现，一堆泥土和水作成一定形状，经过烧制，原来的泥土就变成了坚硬的、不透水的器皿。于是，不仅土的形状改变了，而且土的性质也发生了变化。这种改变物质形状和性质的制陶活动，在先秦已是一种比较普遍的生产活动，它给人们的思想以深刻的影响。《老子》第十一章中的"埏埴以为器"，《庄子·马蹄》中的"我善制埴"，讲的都是制陶活动。那么，古人又是如何理解制陶活动的呢？成玄英《庄子疏》曰："范土曰陶。陶，化也。"②明确指出：制陶是一种变化事物的活动。从制陶进而发展到炼丹，变化观念也更加深入人心。被称为"万古丹经之王"的《周易参同契》，借《周易》卦爻变化的原理讲炼丹，把炼丹过程描述为一个不断变化的过程。书中认为，在自然界，山泽之气上蒸而为云，云下降又成雨；在人们的生产活动中，皮革经过煎煮就会得到胶，谷物经过酿造就能得到酒。丹炉里的变化也像上述变化一样是自然的，也是必然的。不过，《参同契》讲炼丹是为了求长生，讲变化也是为了求不死。请看：

金沙入五内，雾散若风雨。熏蒸达四肢，颜色悦泽好。鬘发白变黑，更生易牙齿。老翁复丁壮，耆妪成姹女。改形免世厄，号之曰

---

① 郭璞传，毕沅校：《山海经·大荒西经》，《二十二子》，上海古籍出版社，1986，第1382页。

② 郭象注、成玄英疏：《南华真经注疏》，张继禹主编《中华道藏》（第十三册），华夏出版社，2004，第210页。

真人。①

人有生就有死，要将有生有死的人变成长生不死的神仙，首先得有一个变化观。前面说过，古人从陶铸实践活动中得知，物质是可以变化的。不仅如此，在古人看来，有生命的动物也是可以变化的，《国语·晋语》有这方面的论述："雀入于海为蛤，雉入于淮为蜃，鼋鼍鱼鳖，莫不能化。"②人是动物之一，既然动物能变，人当然也能变。所以庄子大讲"变化"，说自己在梦中变成蝴蝶，又认为人可以变成虫肝鼠臂。此外《山海经》有人变成鸟之说，《淮南子》也有牛哀化虎之论。道教接受物化变形的思想，并将之方术化而大肆宣扬。据《太平广记》卷七十六记载，齐人赵廓曾向吴人永石公学道，学了三年便急于回国，到了齐国有官吏误把他当作罪犯，要捉拿他，"廓走百余步，变为青鹿，吏逐之，遂走入典巷中。倦甚，乃蹲憩之。吏见而又逐之，复变为白虎，急奔，见聚粪，入其中，变为鼠。吏悟曰：此人能变，斯必是也。遂取鼠缚之，则廓形复矣。"③《太平广记》卷二百八十四还记载了一个名叫尸罗的道人，"常坐日中，渐渐觉其形小。或化为老叟，或变为婴儿。倏忽而死，香气盈室，时有清风来，吹之更生，如向之形。"④

然而，以变化观为基础的方术道法毕竟近于虚妄，以变化方术为手段的长生之事也难以令人信服。所以，道教的变化不死论从一开始就受到了怀疑。陆贾认为，变化不死论是"论不验之语，学不然之事"⑤。桓谭则说，人和动植物一样，有生必有死，虽然善养生者可以长寿，但也必然

---

① 长生阴真人注：《周易参同契》，张继禹主编《中华道藏》（第十六册），华夏出版社，2004，第14页。

② 上海师范大学古籍整理研究所校点：《国语》（下），上海古籍出版社，1988，第498页。

③ 李昉等编：《太平广记》（第一册），上海古籍出版社，1990，第384页。

④ 李昉等编：《太平广记》（第三册），上海古籍出版社，1990，第136页。

⑤ 陆贾：《新语·怀虑》，《诸子集成》（第七册），上海书店出版社，1986，第15页。

"至寿极亦独死耳"①。王充从"疾虚妄"的立场出发，认为变化是单向的："万物变化，无复还者：复育为蝉羽翼既成，不能复化为复育。"人一旦受气成形，形体和寿命就有了定数，不能再变化，就像泥土被烧制成陶器而不能再变一样。"至于度世，有血脉之类，无有不生，生无不死；以其生，故知其死也。天地不生，故不死；阴阳不生，故不死。死者生之效，生者死之验也。夫有始者必有终，有终者必有始。唯无终始者，乃长生不死。"②应劭接着王充提出了"物之变化，固自有极"的观点，认为事物的变化是有限的而不是无限的，所以金不可作，世不可度。总之，他们认为变化不死、延年度世的说法是不可信的。因为，在理论上，变化有极，人不可能死而复活；在实践上，事无此验，谁也没有见过度世成仙的人。

魏晋之际，玄风大畅，围绕着变化不死、度世成仙的问题，学术界又展开了论辩。嵇康著《养生论》，针对社会上普遍关心的"神仙是否可学"的问题，提出了神仙不虚的观点，认为神仙与常人虽有本质的不同，但常人通过养生活动而活到百岁、千岁，却并非"妖妄"。向秀对此提出疑难：首先，神仙无验，因为谁也没有见过神仙；其次，变化有极，因此金不可作、世不可度。面对这些责难，作为道教理论家的葛洪自然不能无动于衷，他在《抱朴子内篇》中用了大量的篇幅来回答仙是否可成、金是否可作的问题。经过论证，葛洪的结论是：第一，神仙是存在的，故世可度；第二，变化是没有极限的，故金可作。他首先突破汉人所谓人受气有一定，不再变化的思想的束缚，认为物类受气不定，可以互相转化。《抱朴子内篇·论仙》：

　　若谓受气皆有一定，则雉之为蜃，雀之为蛤，坏虫假翼，川蛙翻飞，水蛋为蛉，荇苓为蛆，田鼠为驾，腐草为萤，鼍之为虎，蛇之为

---

① 桓谭：《新论·祛蔽》，严可均辑《全上古三代秦汉三国六朝文·全后汉文》（第二册），河北教育出版社，1997，第144页。

② 王充：《论衡·道虚》，《诸子集成》（第七册），上海书店出版社，1986，第70、74页。

龙，皆不然乎？

若谓人禀正性，不同凡物，皇天赋命，无有彼此。则牛哀成虎，楚妪为鼋，枝离为柳，秦女为石，死而更生，男女易形，老彭之寿，殇子之夭，其何故哉？苟有不同，则其异有何限乎？

葛洪把《夏小正》《淮南子》《汉书·五行志》等书中关于物和人的变化的记载统统收集在一起，以说明变化是普遍的、无限的、形形色色的。《抱朴子内篇·黄白》曰："变化者，乃天地之自然，何为嫌金银之不可以异物作乎？"葛洪有关变化方面的论述有两层意思，一层是变化无所不在，既可以在同类事物之间产生，又可以在异类事物之间进行，如"黄丹及胡粉是化铅所作"，"骡及駏驉是驴马所生"。这说明：只要掌握变化的规律和方法，金银是能够用其他材料炼制成的。而那些相信物各有种、金不可作的俗人，不过是少见多怪。另一层是变化可以人为，即不仅有自然的变化，而且也有人工的变化。如俗人认为"水精本自然之物，玉石之类"，但现在知道："外国作水精碗，实是合五种灰以作之。今交、广多有得其法而铸作之者。"人可以变化外物，当然也可以变化自身，通过服食养生，修炼道术使自己长生不死。这是葛洪得出的又一结论。《抱朴子内篇·论仙》曰："若夫仙人，以药物养身，以术数延命，使内疾不生，外患不入，虽久视不死，而旧身不改，苟有其道，无以为难也。"而那些认为世不可度、仙不可成的俗人，不过是囿于己见。这样，葛洪就完成了金可作、世可度的变化不死论。

葛洪的变化观具有两面性，一方面它以古代化学实践为基础，通过对炼丹过程的细致观察而得出物类变化的结论。如《抱朴子内篇·黄白》所曰："铅性白也，而赤之以为丹。丹性赤也，而白之而为铅。云雨霜雪，皆天地之气也，而以药作之，与真无异也。"这是一种朴素的自然辩证法观点，用这种朴素的自然辩证观，葛洪批判了世俗之人否定变化的形而上学思想。"狭观近识，桎梏巢穴，揣渊妙于不测，推神化于虚证，以周孔不说，坟籍不载，一切谓为不然，不亦陋哉？"他反对以眼见为实作为衡量事物真假的标准，认为没有见过的不等于不存在。因为，"虽有至明，而有形者不可毕见焉。虽禀极聪，而有声者不可尽闻焉"。所以要大胆突破眼见为实的束缚，克服少见多怪的心理，承认一切在变，一切可变，并在实践中发现新的变化，创造新的变化。这种思想对于发挥人的主观能动性，促进科学实验的发展，无疑具有重要的进步意义。另一方面，葛洪的变化观又是为长生不死作论证的，是道教神仙方术的理论基础。《抱朴子内篇·论仙》曰："万物芸芸，何所不有，况列仙之人，盈乎竹素矣。不死之道，曷为无之？"从变化的角度看，神仙是存在的，不死之道也是可行的。在葛洪用作论证变化的事例中，既有科学的事实，也有荒唐的巫术和不可信的传闻。在他看来："变化之术，何所不为。盖人身本见，而有隐之之法。鬼神本隐，而有见之之方。能为之者往往多焉。"①这就把变化作为追求超自然力量的根据，从而走上了宗教唯心主义的歧途。

葛洪从古代化学实践和其他物类变化的事例中总结出来的变化不死论，在道教中影响很大，道教神学中所谓"太上老君一气化三清"的诸神化生思想是以变化观为依据的，道教内丹学中精、气、神互化的理论也是以变化观为基础的。五代道士谭峭更作《化书》专门阐述物性变化的思想，以证神仙之说，修炼之道。

五、类比方法论

道教哲学是在传统文化中孕育而成的，而传统文化赖以生存的基础是农业。农业生产强调顺应自然规律，要求尊重日常经验，这就给传统文化着上了浓厚的经验论色彩，并形成了一种以经验为特征的类比推导的思维方式。所谓类比，就是根据两个或两类事物之间的某些方面的相同或相似，推导出它们在其他方面的相同或相似。中国古代的类比思维方式起源很早，初民"万物有灵"的观念就是以自我类比作为出发点而产生的。

---

① 王明：《抱朴子内篇校释》，中华书局，1985，第14、284、22、12页。

《周易》中"神道设教"的思想也是以直观经验为基础，用"天道"类比"人道"的结果。而"以类族辨物"则是《周易》考察事物，建立体系的基本方法，这一方法经过历史的积淀而成为影响深远的思维定式。如邹衍方士之徒就提出了论事"必先验小事，推而大之，至于无垠"①的类推法。这种以小推大，以有限推无限的类比方法论，是道教哲学论证神学问题的一个重要方法。

《抱朴子内篇·塞难》曰："校其小验，则知其大效；睹其已然，则明其未试。"葛洪从生活中的经验出发，认为某些长寿的动物之所以能活得久，与它们的动作有很大关系。由此进行类推，人要想延年益寿，也可以模仿这些动物的动作。为此，他引《异闻记》中的一段记载，说是东汉时颍川之人张广定因避战乱，将一个四岁的女儿丢弃在村口的一座古墓里，并给她留下了够几个月吃喝的水和饭。三年后，时局平定下来，张广定回到故乡，准备替女儿收尸，不想他来到古墓旁发现女儿竟安然无恙地坐在墓内。原来，他女儿在吃完了留在墓中的食物后，非常饥饿。偶然间，她发现墓里有一只大龟，伸着颈子，张口吞气，或俯或仰，所向无常。她就模仿大龟的动作做起来，果然不再感到饥饿。于是，她便天天如此，便活了下来。葛洪从中得出结论："龟有不死之法，及为道者效之，可与龟同年之验也。"后来道教内丹学中的导引、辟谷之法，根据即在于此。

导引辟谷以外，葛洪还用类比推导法来说明服食长生之道。在他看来，"草木之药，埋之即腐，煮之即烂，烧之即焦，不能自生，何能生人乎？"相反，"金丹之为物，烧之愈久，变化愈妙。黄金入火，百炼不消，埋之，毕天不朽。服此二物，炼人身体，故能令人不老不死。"②陶弘景《答朝士访仙佛两法体相书》也有同样的论述："当埏埴以为器之时，是土而异于土，虽燥未烧，遭湿犹坏，烧而未熟，不久尚毁。火力既足，表里

---

① 司马迁：《史记》（第七册），中华书局，1959，第2344页。
② 王明：《抱朴子内篇校释》，中华书局，1985，第140、48、74、71页。

坚固，河山可尽，此形无灭。"①由此类推，修道为仙者只要"以药石炼其形，以精灵莹其神，以和气濯其质，以善德解其缠"，日服月修，渐阶无穷，火力既足，"教功令满"。至此，个体生命即可以超越有限进入无限，像烧熟的陶器一样坚固不灭。无论是葛洪还是陶弘景，都混淆了物质的物理、化学性质与人体的生理、生命本质，把异类事物简单地等同起来，认为金性不朽，故人服之亦能不死；泥土烧熟后会坚固，故人体修炼后亦能长存，这就叫作"假外物以自坚固"。

以经验为基础的类比推导方法，在一定条件下可以按类别组织事物，使事物从无序走向有序；也可以由此及彼、由微知著地揭示事物的类型及其关系。但是，如果超出一定限度，混淆异类事物的不同属性，在不可比的事物之间随意比附，任意推导，便会得出错误的结论。葛洪、陶弘景就是如此，他们类比推导的方法论，体现着科学思维的萌芽同宗教、神话之类的幻想的一种联系。

道教哲学中的类比方法论还表现在象征、比喻手法的大量运用上。有人认为，中国传统哲学中的思维是象征性思维。所谓象征性思维，是以具体物象或直接表象为工具，来认识客体表达思想的一种思维方式，它同属于类比推导的范畴。荣格说："象征的意义在于：试图用类推法阐明仍隐藏于人所不知的领域，以及正在形成的领域之中的现象。"②由于象征性思维在传统文化中被广泛运用，深融于传统文化的肌体之中，因而它也成了道教中人说理论事的方法。

东汉魏伯阳著《周易参同契》，以易象为说理工具，将大易、黄老、炉火三者融为一体，阐述炼丹的鼎器、药物、火候等问题。后世道士以魏伯阳的炼丹思想为内丹学的指导理论，用类比推导的象征手法说明内丹修炼活动。在他们看来，天地犹如一个大炉鼎，日月运行于其中；人体就像

---

① 严可均辑：《全上古三代秦汉三国六朝文·全梁文》（第七册），河北教育出版社，1997，第461页。

② 荣格：《分析心理学选集》（第三卷），转引自葛兆光《道教与中国文化》，上海人民出版社，1987，第32—33页。

一个小炉鼎，精气上下流动。他们运用八卦的乾坤两卦给自然和人体定位，以乾上坤下的卦象，象征自然的天上地下和人体的头上足下；又以坎离两卦的卦象，象征自然之日月和人体之精气在炉鼎内上下、往复、升降的运动。我们不妨引两段文字，从中可以清楚地看到道教类比象征的思维方式。《周易参同契》卷上曰：

> 天地者，乾坤之象也；设位者，列阴阳配合之位也。易谓坎离，坎离者，乾坤二用。二用无爻位，周流行六虚，往来既不定，上下亦无常。幽潜沦匿，变化于中，包囊万物，为道纲纪。

乾坤者，天地之本位；坎离者，乾坤之效用。其间变化包罗万象，统括一切，是世间万事万物的纲领，内丹修炼自然也包括在其中。所以，宋代道教学者俞琰又从内丹学的角度，对这段话作了阐释：

> 乾为天，坤为地，吾身之鼎器也；离为日，坎为月，吾身之药物也。先天八卦，乾南坤北，离东坎西。南北，列天地配合之位；东西，分日月出入之门。反而求之吾身，其致一也。乾坤其体也，坎离其用也。坎离二者，周流升降于六虚，往来上下，盖无爻位。吾身之坎离，运行乎鼎器之内，潜天而天，潜地而地，亦岂有爻位哉。[①]

由于内丹修炼活动中持虚入静的心理状态，内气运行的生理感受，玉液还丹的产药景象，都是只可意会难以言传的，这就给内丹理论的表述带来了困难。为了克服这个困难，丹家常常运用比喻的手法，用生动形象的艺术语言，描述若隐若现、或明或暗的内丹妙境，传达只可意会、难以言传的修炼经验。另一方面，"性非生知，学道者必资于切问；道难言传，立教者不尚明文。藏机隐意，恐轻泄于圣言。比物属辞，乃密传于达

---

① 俞琰：《周易参同契发挥》(卷上)，《周易参同契古注集成》，上海古籍出版社，1990，第122—123页。

士。"①客观上难以言传，主观上又不尚于明文，这就使得内丹典籍的语言普遍具有比物属辞、闪烁其意的特色。道教内丹学的奠基人，南宗初祖张伯端在《金丹四百字序》中，就用了一连串的比喻，说明内丹修炼过程中内药生成时的生理心理感受：

> 修炼至此，泥丸风生，绛宫月明，丹田火炽，谷海波澄，夹脊如车轮，四肢如山石，毛窍如浴之方起，骨脉如睡之正酣，精神如夫妇之欢合，魂魄如母子之留恋，此乃真境界也，非譬喻也。②

好个"非譬喻也"，真是此地无银三百两。内丹修炼以体内元精与元神为药物，运用元气烹炼温养，使元精与元神凝为一体，结成仙丹。修炼至此，脑门（泥丸）如风生，心田（绛宫）像月明，腹部（丹田）暖融融，华池（谷海）精气聚，由此产生一种难以言表的身心愉悦。明知难言，却又要言，于是只好借助比喻、象征的表现手法。道教伍柳仙宗的代表人物柳华阳，在《金仙证论·效验说第七》中也用了许多比喻来描述内丹产药时的景象：

> 且气满药灵，一静则天机发动，自然而然，周身融和，酥绵快乐，从十指渐渐至于全身。吾身自然耸立，如岩石之峙高山；吾身自然虚静，如秋月之澄碧水。痒生毫窍，身心快乐，阳物勃然而举，丹田暖融融。忽然一吼，神气如磁石之相翕，意息如蛰虫之相合，其中景象，难以形容。③

---

① 施肩吾：《西山群仙会真记》，马济人主编《气功·养生丛书》，上海古籍出版社，1989，第1页。

② 彭好古注解：《金丹四百字注释》，徐兆仁主编《金丹集成》，中国人民大学出版社，1988，第2页。

③ 柳华阳：《金仙证论》，徐兆仁主编《仙道正传》，中国人民大学出版社，1992，第186页。

像这样以日常生活中常见的景象、熟悉的事物，比喻、象征内丹修炼活动中难言的感受、微妙的境界的例子，在道教典籍中可谓比比皆是，如"夫妻合欢""字母相聚""日月合璧""龙虎交媾""牛女相逢""海潮升降"等等。这种形象生动的比喻手法，观物取象的象征思维，由此及彼的类比推导，使本来难以言传的内心体验变得具体可感，使原本玄奥幽深的内丹意蕴变得通俗易懂。所以，苏轼说道教所谓"真人之心，如珠在渊；众人之心，如泡在水"的思维方式是"善譬喻也"[1]。

周作人曾说："影响中国社会的力量最大的，不是孔子和老子，不是纯文学，而是道教（不是老庄的道家）和通俗文学。"[2]道教是中国唯一的本土宗教，道教文化是中国文化的重要组成部分，而道教哲学则是道教文化的核心和思想基础。但是，由于我国的道教研究起步较晚，道教文化与儒家文化、佛教文化的研究相比尚落后许多，尤其是道教哲学，更属于亟待开发的领域。笔者不揣浅陋，从以上五个方面，对道教哲学作了初步探讨，目的在于引起学术界对这个问题的重视。

（李平）

---

① 苏轼：《东坡志林》，华东师范大学出版社，1983，第19页。
② 周作人：《中国新文学的源流》，华东师范大学出版社，1995，第5页。

刘勰论儒佛道三教关系

魏晋南北朝时期，佛教进入了相对独立发展的阶段，经典的大量译入，般若学的流行，佛性论的兴起，佛教以其强大的理论魅力与信仰诱惑征服了当时的高官贵族与普通百姓。此时的道教，初步形成了自己的理论体系，再经过斋醮仪式的清整，逐渐摆脱了民间宗教的粗糙形式，从而具备了由下层民众向上层贵族渗透的资本。佛道二教的迅猛发展，使其在宗教信仰、思想观念、修行方法、戒律仪规等方面的矛盾全面暴露了出来，双方相互攻击，冲突不断。

南朝道士顾欢著《夷夏论》，以"老子化胡说""夷夏之辨"及"孝亲伦理"为武器攻击佛教，成为当时佛道论争的导火索。接着，又有道士托名张融作《三破论》，批评佛教"入国破国，入家破家，入身破身"，把佛教置于封建王道政治与家庭伦理的对立面，再次掀起佛道斗争的高潮。面对道教徒的进攻，佛教信仰者们进行了猛烈地反击，刘勰的《灭惑论》就是众多反击道教文章中的一篇。[①]

《灭惑论》虽是佛道论辩的产物，但由于道教批评佛教时，总是借助本土文化优势，与儒家联合在一起，从中土文化本位主义的立场出发，对佛教的异域文化价值体系进行批判，刘勰的反击当然也就不能完全避开佛教与儒家在思想观念等方面的分歧，因此，《灭惑论》所反映的不仅仅是

---

① 本文所引《灭惑论》来自《弘明集》卷8，《大正藏》第52册。

刘勰对佛道关系的看法，而是他对儒佛道三教关系的全面理解。

一、道教批判

在与佛教的争斗中，道教有两张"护身符"：一是儒家，二是老子。刘勰在《灭惑论》中反击道教所采取的策略是，先把道教与儒家及老子分开，把它剥离为一种神仙方术，再对之进行猛烈批判。

道教利用本土优势，以同根文化为契机寻求与儒家的联合，并借儒家圣人来抬高自己，从而增强进攻佛教的火力。《三破论》说："盖闻三皇五帝三王之徒，何以学道并感应，而未闻佛教？""三皇五帝三王之徒"概念的设定，拉近了道教与儒家的心理距离，从而把佛教孤立起来。道教徒又用三皇五帝"学道并感应""中原人士莫不奉道"之"事实"，来抬高自己、贬低佛教。为了反击道教而又不伤及儒家，刘勰首先把道教与儒家分开。他说：

> 若乃三皇德化，五帝仁教，此之谓道，似非太上。羲农敷治，未闻奏章；尧舜缉政，宁肯画符？汤武禁暴，岂当饵丹？五经典籍，不齿天师，而求援圣帝，岂不非哉！（《灭惑论》）

他一方面肯定三皇、五帝"德化"与"仁教"之功，另一方面又否定其与道教的关系，还以"羲农未闻奏章""尧舜宁肯画符""汤武岂当饵丹""五经不齿天师"之语相揶揄，最后明确指出：像道教这样不知加强自身理论建设，而只是一味求援于儒家圣人，岂不悲哉！这样，道教的第一张"护身符"就被无情地扯了下来。

"道教"与"道家"是两个不同的概念。道家是中国哲学史上的一个学派，而道教则是一种有组织的宗教形式。道家没有组织体系，以"自然无为"为哲学旨归，而道教则有严密的组织体系，多从事神仙修炼之术。南北朝时期，道家作为一个学派已经失去了其独立形态，往往与道教混合在一起。《魏书·释老志》说：

> 道家之原，出于老子，其自言也，先天地生，以资万类。上处玉京，为神王之宗；下在紫微，为飞仙之主。千变万化，有德不德，随感应物，厥迹无常。……其为教也，咸蠲去邪累，澡雪心神，积行树功，累德增善，乃至白日升天，长生世上。

这里所说的"道家"明显是指"道教"。"道家"与"道教"概念间界线的模糊，对道教的发展十分有利，它可以尽情地据道家"名人"为己有，从而大大增强了进攻佛教的力量。

道教尊奉"老子"为教主，以《道德经》为主要经典，竖起"老子"这杆大旗，向佛教发起猛攻。佛教的反击，通常不是以这种含混状态的"道教"为对象，而是在严格区分"道家"与"道教"的基础上，肯定"道家"，否定"道教"。这种策略早在三国末期的《理惑论》中就已经采用过，刘勰《灭惑论》论述得更加细致、具体。他说：

> 然至道虽一，岐路生迷。九十六种，俱号为道，听名则邪正莫辨，验法则真伪自分。案道家立法，厥品有三：上标老子，次述神仙，下袭张陵，太上为宗。寻柱史嘉遁，实惟大贤，著书论道，贵在无为，理归静一，化本虚柔。然而三世弗纪，慧业靡闻。斯乃导俗之良书，非出世之妙经也。若乃神仙小道，名为五通，福极生天，体尽飞腾，神通而未免有漏，寿远而不能无终。功非饵药，德沿业修。

五花八门的"道家"，都以"道"自我标榜，但良莠不齐、邪正莫辨。刘勰按理论水平高低，把"道家"分为上中下三品：老子为上，神仙为中，道教为下。他认为，老子是"大贤"，是道家之正宗，其思想的核心是"清静无为"。他又说，《老子》"乃导俗之良书，非出世之妙经"，这就一方面肯定了《老子》思想的深刻性，另一方面又否定了其宗教性。总之，"道教"与《老子》无关。对于黄老道家的神仙方术，刘勰颇有微词，认为这些都是"小道"，不足挂齿。刘氏所批评的神仙方术，恰是道教奉为至宝的东西。

把"道教"与"道家"区分开来后，刘勰展开对道教的批判。要点如下：

第一，批判"神仙方术"。刘勰称五斗米道的天师张陵为"米贼"，称上清派的祖师葛玄为"野竖"，认为他们都是欺罔世人的"愚狡方士"，他们的那些白日飞升、羽化登仙、饵药服食、长生久视之术，都是"鬼室空屋"之类骗人的把戏。刘勰又说："今祖述李叟，则教失如彼；宪章神仙，则体劣如此。"（《灭惑论》）"道教"虽然处处以"大道"自我标榜，而在实际上已经偏离老子道家十万八千里，其教义甚为鄙俗，教法也十分低劣，若欲靠它来拯救世界，简直如以蚊负山。刘勰还从理论上比较了佛、道二教的优劣。他认为，两者最主要的区别在于：佛教"练神"，道教"练形"。道教通过炼丹服食而求长生不死，佛教则通过修习禅定而得精神涅槃。练形者，"形器必终"；练神者，"神识无穷"。从外在形迹上看，两者有精粗之分；从内在义理上看，两者又有真伪之别。

第二，驳斥"老子化胡说"。《史记·老子韩非列传》所记载的"老子西行"，至东汉被演义为"老子化胡说"。[1]这个故事起初并无贬低佛教之意，相反却能证明佛道同源，从而为佛教在中土的传播提供依据，所以在很长一段时间里佛教徒对此持默认态度。[2]西晋以后，随着佛、道二教矛盾的加深，道教开始利用"老子化胡说"来贬低佛教。道士王浮伪造《老子化胡经》，说老子西行印度，创立佛教，并收释迦牟尼为徒，接着，《玄妙内篇》等道教经书又对"老子化胡说"做进一步增饰、渲染，这引起了佛教徒的强烈不满与猛烈反击。刘勰认为，老子于东周末年出关西行、

①《后汉书·襄楷传》第一次将"老子西行"与佛教联系起来。襄楷上疏汉桓帝刘志曰："或言老子入夷狄为浮屠。"《三国志》注引鱼豢《魏略·西戎传》也有近似的记载。

②汤用彤说："夫异族之神不宜为诸华所信奉，则老子化胡之说，在后世虽为佛家所痛恨，而在汉代想实为一般人所以兼奉佛老之关键。"见《汤用彤学术论文集》，中华书局，1983，第80—81页。

"莫知所终",没有任何证据能证明"化胡"之说,《老子化胡经》是奸猾道士的伪造,"理拙辞鄙",毫无根据。

第三,指责道教"伤政萌乱"。针对《三破论》"入国破国"的责难,刘勰反唇相讥,指责道教"挟道作乱"。他列举历史上以道教为旗帜"犯上作乱"的事实:"张角、李弘毒流汉季,卢悚、孙恩乱盈晋末。"(《灭惑论》)认为张角、李弘、卢悚、孙恩等人以道教为名聚众起义,扰乱社会,流毒无穷。他还历数道教轻立民户、滥求租税、靡费产业、蛊惑士女等"伤政萌乱"之罪名,认为道教"运迍则蝎国,世平则蠹民",即乱时祸国,治时祸民。这些批评有大量事实依据,给道教造成了沉重打击。

《文心雕龙·论说》云:"夫论之为体,所以辨正然否。"刘勰认为,"论"这种文体的功能在于辨别是非,而辨别是非的关键在于"理",所谓"论如析薪,贵能破理"。在论辩技巧上,刘勰一方面提倡"辞共心密,敌人不知所乘",即把道理说得周密,不让对方有机可乘,另一方面又反对"曲论",即为了证成己见,而不惜歪曲事实,认为这种文章,"览文虽巧,而检迹知妄"。《灭惑论》中,刘勰对道教的批判,正是这些理论在实践中的运用。他紧扣"理"与"事"进行批判。"理"方面,他否定道教与老子道家的联系,指责道教偏离道家"清静无为"的思想精髓,而一味追求那些虚妄的神仙方术,可谓正中道教的要害;"事"方面,他指斥《老子化胡经》胡编乱造,同时又以大量事实为依据,批判道教"伤政萌乱"。刘勰对道教的批判,一方面给道教造成了较大打击,另一方面也从反面促进了道教的理论建设。朱熹说:"道家(按:指道教)有《老》《庄》书,却不知看,尽为佛氏窃而用之,却去仿效释氏经教之属。譬如巨室子弟,所有珍宝悉为人所盗去,却去收拾人家破瓮破釜。"[1]从中国道教史来看,刘勰等人的批评确实从反面促进了道教加强对道家理论的吸纳,从而完善自身理论结构。

---

[1] 黎靖德编:《朱子语类》,中华书局,1986,第3005页。

二、儒释调和

作为两种完全不同价值体系中的文化，佛教与儒家在思想观念、礼制习俗等方面都存在着很大差异，因此从佛教踏入中土的那天起，两者之间的矛盾就没有中断过。要想在中国立足，佛教就必须依附儒家，并努力调和与儒家之间的矛盾。面对儒家的诘难，佛教不是像对待道教那样进行以牙还牙式的反击，而是想方设法表明自己与之并没有实质性的矛盾，两者可以殊途而同归。《灭惑论》所采取的大致就是这种策略。刘勰所面对的不是直接来自儒家的批评，这些批评是通过道教徒间接表达的，他在把道教与儒家分开以后，再努力调和儒佛之间的矛盾。

（一）断发毁身、不婚无后

儒家认为："身体发肤，受之父母，不敢毁伤，孝之始也"（《孝经·开宗明义章》）；"不孝有三，无后为大"（《孟子·离娄上》）。沙门断发毁身、不婚无后，当然不合儒家孝道。对于这一矛盾，刘勰辩解说：

> 夫佛家之孝，所苞盖远。理由乎心，无系于发。若爱发弃心，何取于孝？昔泰伯虞仲，断发文身，夫子两称至德中权。以俗内之贤，宜修世礼，断发让国，圣哲美谈。况般若之教，业胜中权；菩提之果，理妙克让者哉！理妙克让，故舍发取道；业胜中权，故弃迹求心。准以两贤，无缺于孝，鉴以圣境，夫何怪乎？（《灭惑论》）

刘勰认为，佛教与儒家一样讲究孝道，只不过佛家之孝是一种更远大的孝，此孝全归于一心，而不系于头发，头发只是外在之迹，因而提倡"弃迹求心"，反对"爱发弃心"。刘勰又以儒家圣贤事例申而明之。周朝的泰伯、虞仲，为了让位于三弟季历而逃至荆蛮，断发文身以示不可再用，孔子不但不认为他们不孝，反而以"至德"赞之。刘勰还说："发者形饰""形饰乖道"。头发是为了妆饰外形的，而注重外形的妆饰，则有违佛道，因此要"修道弃饰"。

关于不婚无后问题，刘勰从道俗差异来解释。出家之人"始拔尘域，理由戒定"，而"妻者爱累"，"爱累伤神"，所以不娶妻是防止爱欲伤神，故主张"澄神灭爱"。

(二)遗弃二亲,孝道顿绝

佛教徒因出家而不能侍候父母，这严重地违背了儒家的孝亲之理，《三破论》责之为"遗弃二亲，孝道顿绝"。对此，刘勰解释说：

> 夫孝理至极，道俗同贯，虽内外迹殊，而神用一揆。若命缀俗因，本修教于儒礼；运弃道果，固弘孝于梵业。是以咨亲出家，法华明其义；听而后学，维摩标其例。岂忘本哉！有由然也。彼皆照悟神理，而鉴烛人世，过驷马于格言，逝川伤于上哲。故知瞬息尽养，则无济幽灵；学道拔亲，则冥苦永灭。审妙感之无差，辨胜果之可必，所以轻重相权，去彼取此。(《灭惑论》)

刘勰认为，孝亲之理，佛教与世俗虽内外有别，但基本精神是完全一致的。在家，则修教于儒礼；出家，则弘孝于梵业。尽管如此，佛教之孝与世俗之孝在效果上还是有差别的。人生短暂，因此儒家之孝只是"瞬息尽养"，而无补于来世，信奉佛法则可以超拔父母，使其永远脱离苦海。权衡轻重，故弃俗礼而敬佛法，因此出家并非不孝，而是更大的孝。

(三)不跪亲,不服制

按照儒家礼仪，儿女每天应给父母行跪起礼，父母去世，儿女应穿孝守制。而按照佛教仪规，一个人既已出家，就不应再遵守世俗礼仪，不应再礼拜父母，相反，父母应礼拜他；父母去世，也不应穿孝守制。这样，儒佛之间便产生了十分尖锐的矛盾。刘勰调和说：

若乃不跪父母，道尊故也；父母礼之，尊道故也。礼新冠见母，其母拜之，嘉其备德，故屈尊礼卑也。介胄之士，见君不拜，重其秉武，故尊不加也。缁弁轻冠，本无神道，介胄凶器，非有至德；然事应加恭，则以母拜子，势宜停敬，则臣不跪君。礼典世教，周孔所制，论其变通，不由一轨。况佛道之尊，标出三界，神教妙本，群致玄宗，以此加人，实尊冠胄，冠胄及礼，古今不疑，佛道加敬，将欲何怪！（《灭惑论》）

刘勰认为，作为"三宝"之一的出家僧众，是佛法的代表，其不跪父母，是因为尊崇佛法，父母对其行礼也是礼敬佛法，因此并不忤逆儒家伦理秩序。刘勰又从儒家礼制出发作进一步论证。他说，顶盔挂甲之武士可以不拜君主，这符合儒家提倡的变通精神，那么肩负着弘扬佛法之重任的佛教信徒不拜父母，又有什么值得怪罪的呢？难道"神教妙本，群致玄宗"的佛法还不如作为"凶器"的甲胄尊贵吗？况且佛教是超出三界之外的思想，本来就不应受世俗礼制的约束。

至于服制的问题，刘勰首先肯定其重要性与必要性。他说："若乃服制所施，事由追远，礼虽因心，抑亦沿世。""服制"是为了慎终追远，尽管礼在"心"不在"服"，但它可以起到感化人心的作用，因此其存在是必要的。那么，如何解释佛教的"无服"呢？刘勰引用儒家圣人事例以明之。"三皇"之时没有服制之礼，人死则衣之以薪，葬之于野，但这不能说"三皇"是教人不孝，而是因为当时民风淳朴。同样，佛教虽不主张服制，也不能说是教人不孝。"佛之无服，理由拔苦"，即是说佛教不主张服制的原因在于，其根本目的是助人脱离生死苦海，而获得根本解脱的前提就是"弃俗反真"，因此"佛之无服"与"三皇废丧"虽有内外之别，"而玄化同归"。

综上所述，面对儒佛之间看似水火不相容的矛盾，刘勰站在认同儒家伦理原则的基础之上，利用儒家所津津乐道的"经权观"及圣贤事例，来调和二者之间的矛盾，既坚持了佛教的本位立场，又迎合了儒家的伦理观念。

三、三教融合

刘勰在《文心雕龙》中反复陈述自己"原始要终"的写作原则，如《章句》："原始要终，体必鳞次"；《附会》："原始要终，疏条布叶"；《时序》："原始以要终，虽百世可知也"；《序志》："原始以表末"。这种贯穿《文心雕龙》全书的史学意识，也同样表现在刘勰对儒佛道三教关系的论述之中。

在魏晋南北朝这个三教相摩相荡异常激烈的时期，佛教传入中土的时间是个敏感话题。应三教论争之需，佛教徒不断把此时间提前，提出了"战国末年说""西周说"，甚至"三代以前说"。《列子·仲尼篇》中有一则寓言，说孔子不以三皇五帝为圣，而极力推崇所谓的"西方圣者"（即佛）。这段材料，学界一般认为是魏晋时期掺入的，可能是佛教信仰者的编造。后来，道安的《二教论》、甄鸾的《笑道论》，又对此故事大加渲染。刘勰虽然与这些佛教信仰者一样致力于佛教地位的维护，却采取了十分严谨的学术态度。他在《灭惑论》中两次提到佛教入华的时间。他说："汉明之世，佛经始过"；"汉明之教，缘应而像现矣"。这是很客观的说法，现代佛学研究者也证实了这一点，[①]但在当时的佛教信仰者当中，较少有人持这种观点。由此也可看出刘勰"原始要终"的史学意识。

（一）儒道同源而异流

刘勰在《文心雕龙》中对儒道两家关系作了"原始要终"式的探讨，

---

① 佛教初传中土的时间，目前学界一般认为是在两汉之际，主要依据有二：一是《三国志·魏志·东夷传》注引《魏略·西戎传》载，汉哀帝元寿元年（公元前2年），大月氏王使者伊存向博士弟子景庐口授《浮屠经》；二是《四十二章经序》载，东汉孝明帝永平年中，夜梦神人，遣使到西域求法，史称"永平求法"，此事被历代史家公认为佛教正式传入我国的开始。

《诸子》云：

> 至鬻熊知道，而文王谘询，馀文遗事，录为《鬻子》。子目肇始，莫先于兹。及伯阳识礼，而仲尼访问，爰序《道德》，以冠百氏。然则鬻惟文友，李实孔师，圣贤并世，而经子异流矣。

前面四句关于鬻熊的论述本于《汉志·诸子略》，该书把《鬻子》列为"道家"，刘勰也应以"道家"目之。有必要先解释一下刘勰所谓的"经子异流"。"经"指儒家典籍，"子"则指"诸子"著作。刘勰认为，经后人整理而成的《鬻子》是以"子"命名著作的开端，《老子》则是诸子百家中自著的开始。《鬻子》《老子》的诞生，标志着"经"与"子"的异流，这其实也意味着儒与道的异流。刘勰说，鬻熊为文王之友，老子乃孔子之师，儒道两家思想同源而异流。

那么，儒道两家思想之"源"是什么呢？这在汉代就已经成为一个热门话题。汉儒说："《易》曰：'天下同归而殊途，一致而百虑。'今异家者各推所长，穷知究虑，以明其指（旨），虽有蔽短，合其要归，亦《六经》之支与流裔。"[1]这种观点认为，诸子百家都是《六经》的支流，这也是武帝"独尊儒术"之后的普遍观点。时至儒家思想中衰的南北朝时期，刘勰仍持这种观点。他说："然繁辞虽积，而本体易总，述道言治，枝条五经。"（《文心雕龙·诸子》）明确指出《五经》是诸子思想之源，当然道家也不例外。可见，在儒道思想源流这个问题上，刘勰是明显站在儒家一边的。

刘勰不但提出了儒道"同源异流"的观点，指出了孔子与老子是儒道异流的开始，还进一步对孔、老之后的儒、道两家思想进行评论。他说，战国以降，"孟轲膺儒以磬折，庄周述道以翱翔"（《文心雕龙·诸子》），孟子、庄子是儒道两家的代表。对秦汉以后的儒道两家思想，刘勰重点论

---

[1] 陈国庆编：《汉书艺文志注释汇编》，中华书局，1983，第164页。

述《礼记》与《淮南子》。刘勰还把先秦以来的思想分为"纯粹者"与"疏驳者"两大类：

> 其纯粹者入矩，疏驳者出规。《礼记·月令》，取乎《吕氏》之纪；《三年问丧》，写乎《荀子》之书；此纯粹之类也。若乃汤之问棘，云蚊睫有雷霆之声；惠施对梁王，云蜗角有伏尸之战；《列子》有移山跨海之谈，《淮南》有倾天折地之说，此疏驳之类也。（《文心雕龙·诸子》）

刘勰把《礼记》看作"纯粹者"，而把《庄子》《列子》《淮南子》看作"疏驳者"，因为前者"入矩"，即符合儒家思想，后者由于记载了大量神话、诡怪故事而"出规"，即违背了孔子"不语怪力乱神"之遗训。由此也可以看出刘勰的儒家立场。

总之，不论是从儒道两思想源流的梳理上，还是从对两家思想的评论上，都可以看出刘勰更倾向于儒家立场。

(二)"孔释教殊而道契"

在魏晋南北朝时期的大乘佛教诸学说中，影响最大者当数般若性空学与涅槃佛性论，刘勰的佛教思想属于前者。般若学的思想核心是"缘起性空论"，这种理论认为：一方面，世间万法都是因缘合和而成，因此为"有"，称"假名"，这是俗谛，即凡夫所见的世间相；另一方面，由因缘合和而成的万法并没有独立不变的自性，因此为"空"，称"性空"，这是真谛，即圣智所见的真实理性。说"有"不住"有"，谈"空"不落"空"，即有即空，空有无碍，这才是中道观。下面来看刘勰的理解。他在《灭惑论》中说："大乘圆极，穷理尽妙。故明二谛以遣有，辨三空以标无。""二谛"，即真、俗二谛。俗谛言"有"，真谛言"空"，言"空"是防止世人对"有"的执着，言"有"是防止世人对"空"的执着，"空"与"有"不一不异，圆融无碍。"三空"，指我空、法空、俱空（即我、法俱空之意）。"三空"是依世人所执不同而言的，分别破我执、法执、我法俱执。"明二谛以遣有，辨三空以标无"，这两句互文见义，"二谛""三空"都是主张"空有不二"，反对"沉空"与"滞有"，故言"大乘圆极，穷理尽妙"。

刘勰在《灭惑论》中又说："佛之至也，则空玄无形，而万象并应；寂灭无心，而玄智弥照。幽数潜会，莫见其极；冥功日用，靡识其然。但言万象既生，假名遂立。"就真谛而言，万法"空玄无形"；就俗谛而言，"万象并应"。"万象既生，假名遂立"是说，万象虽生，但空无自性，只是因缘而生，假名而有。龙树《中论·观四谛品》云："众因缘生法，我说即是空，亦为是假名，亦是中道义。"刘勰所论正本于此。

立足于"中观"思维方式，刘勰还对魏晋玄学进行了评论。《文心雕龙·论说》："然滞有者全系于形用，贵无者专守于寂寥，徒锐偏解，莫诣正理。动极神源，其般若之绝境乎。"刘勰对"滞有者"与"贵无者"各执一端、有失"中道"的观点进行了批评。我们无意于将刘勰所谓的"滞有者"与"贵无者"对号入座，也无意于探讨刘氏之批评允当与否，只是感兴趣于这一批评所采用的"中观"思维方式。刘勰认为，"滞有者"执着于现象之"形用"，而不知本体之"空"，"贵无者"执着于本体之"无"，而不知现象之"有"，双方各执一端，偏解偏信，不明正理，只有"般若中观"才是无上圆融之妙境。可见，刘勰对般若学是极其推崇的。

般若学"在理论上把性空与方便统一起来，认识上和方法上把名言与实相、俗谛与真谛统一起来，在宗教实践上把世间与出世间、烦恼与涅槃统一起来，始终坚持'假有性空'、不着有无的'中道'。"[①]正是由于具有这种强大的统一"性空"与"方便"、"世间"与"出世间"的功能，般若学极易与儒学调和起来。佛教出世，言"空"；儒家入世，言"有"。两家思想看似水火不容，其实不然。刘勰说："经典由权，故孔、释教殊而道契；解同由妙，故梵、汉语隔而化道。……其弥纶神化，陶铸群生，无异

---

① 洪修平:《中国佛教文化历程》,江苏教育出版社,1995,第22页。

也。"（《灭惑论》）佛与儒，虽有道俗之别，但在"弥纶神化，陶铸群生"之功能上两者是完全一致的，这就是所谓"孔释教殊而道契"。

魏晋南北朝时期，佛教为了能在中土站稳脚跟，总是想方设法拉近与王权政治的关系。道安曾明确地说："不依国主则法事难立。"①要迎得国主的信任，就必须说明佛教对王权政治的好处。慧远在《沙门不敬王者论》中说："如令一夫全德，则道洽六亲，泽流天下，虽不处王侯之位，亦已协契皇极，要宥生民矣。"这就是说，出家之人一旦修得正果，他的道行业绩不但可以惠及六亲，而且可以泽及生民，从而协助皇权巩固统治。刘勰也说，佛教与儒学一样有利于王权政治的统治。他说："是以释迦出世，化洽天人，御国统家，并证道迹。"佛教除了可以助人"证道迹"外，还可以"化洽天人，御国统家"，在教化天下方面，儒佛殊途同归。

（三）"至道宗极，理归乎一"

魏晋南北朝时期，儒佛道在相互争斗的同时，也不时提出"三教融合"主张。如宗炳在《明佛论》中说："孔、老、如来，虽三训殊路，而习善共辙也。"道教信徒张融甚至临终遗命左手执《孝经》《老子》，右手执《小品》《法华经》②，以示三教并尊之意。刘勰也表达了同样愿望。他说："权教无方，不以道俗乖应；妙化无外，岂以华戎阻情？是以一音演法，殊译共解；一乘敷教，异经同归。"（《灭惑论》）"权教"，即佛教所谓的方便教法，系指佛、菩萨为诱引众生悟入"真实"而权设的教化手段。佛教与儒、道两家有道与俗、戎与华之别，这两方面经常成为儒道联合排佛的借口。刘勰提出要打破这两道壁障。他认为，儒佛道三教，虽有道俗、华戎之别，但在社会教化方面所起的作用是一致的，因此"殊译共解""异经同归"。要注意的是，他所说的"道"是指老子道家，而不包括道教。刘勰把儒佛道三家思想的最高境界都称为"道"。他说："至道宗极，理归乎一；妙法真境，本固无二。"（《灭惑论》）从终极意义上来

---

① 释慧皎：《高僧传》，中华书局，1992，第178页。
② 萧子显：《南齐书》，中华书局，1972，第729页。

讲，三教之"道"是完全一致的。

当然，刘勰主张"三教融合"，只是就社会教化作用而言的，他并不否定三者之间的差异性，也不认为三教是完全平等的。他说："未闻世界，普同出家，良由缘感不一，故名教有二。搢绅沙门，所以殊也。"认为在感化世界的力度与广度方面，儒佛是有差异的。他又说："感有精粗，故教分道俗。"佛为"精"，儒、道为"粗"，所以有了道与俗之别，这明显是说佛高于儒、道。他甚至说："固能拯拔六趣，总摄大千，道惟至极，法惟最尊。"这里所说的"道"，是指佛教之"道"，而不是儒家与道家之"道"。这句话更把佛教推到了至高无上的地位。

综上所述，在刘勰看来，虽然儒佛道三教在社会教化作用方面是一致的，三教可以融合，但仍有高低之分，佛为上，儒为中，道为下。

余　论

搞清楚刘勰的三教观，对解决《文心雕龙》的主导思想问题是大有帮助的。关于此问题，历来众说纷纭，莫衷一是。最大疑惑是，笃信佛教的刘勰为什么要坚守儒家立场呢？早在元代，钱惟善就提出过这种疑问，当代著名"龙学"研究专家范文澜、王元化、杨明照等先生也都进行过探讨，直至今日，关于此问题的探讨仍在继续。

对于这个问题，刘勰本人的解释是：梦见自己随孔子而南行，醒后发心"敷赞圣旨"，但自认为注经难逾马、郑，于是转而论文（《文心雕龙·序志》）。对于这种说法，站在"唯物主义"立场之上的研究者们当然要持怀疑态度。但，如果要考虑到刘勰是一位虔诚的宗教信仰者的话，这种说法就是完全可信的了。魏晋南北朝时期，佛教"感应"说十分流行。刘勰在《灭惑论》中多次提到"感应"，如"其显迹也，则金容以表圣；应俗也，则王宫以现生"。他在《梁建安王造剡山石城寺石像碑》中也说，弥勒石像是因梦中受沙门指示而建，文中诸如"感通之妙""灵应之奇"之类语句比比皆是。作为一个佛教信仰者，刘勰对"感应"之说自然是深信无疑的。正是由于对"感应"的笃信，刘勰才会怀着虔诚的心理严守儒家思想来写《文心雕龙》，以还"孔子"之愿。

清人李家瑞云："乃自述所梦，以为执丹漆礼器于孔子随行。此服虔、郑康成辈之所思，于彦和无与也。况其熟精梵夹，与如来、释迦随行则可，何为其梦我孔子哉！"（《停云阁诗话》卷一）他认为，作为佛教信仰者，刘勰应该梦见如来才是，怎么会梦见孔子呢？李氏只知刘勰服膺佛教，而不知他也服膺儒家；只知儒佛两家思想有差异，而不知在刘勰的思想体系中两者是可以圆融无碍的。还有一个问题，刘勰本人曾经入仕参政，《文心雕龙》也有较强的功利色彩，这是否与他的佛教信仰相矛盾呢？前面我们说过，佛教般若学最易于调节"性空"与"方便"、"世间"与"出世间"的矛盾，谙熟般若中观思维的刘勰当然知道，出仕与《文心雕龙》的写作，只是"俗谛"之事，与"真谛"之"性空"并不在同一个层面上，当然也就谈不上矛盾了，况且当时的佛教本身也与王权政治有着紧密的联系。

总之，尽管《文心雕龙》在一定程度上受到了佛教的影响，包括对佛教术语的移用，对佛经篇章结构的借鉴等，但其基本指导思想是儒家，这是不必怀疑的。刘勰之所以做出这种选择，是出于一个虔诚的宗教信仰者的"还愿"心态。《文心雕龙》的儒家基调与功利思想，是与刘勰的佛教信仰不相矛盾的。

（张勇）

湛然居士的融合佛教观

耶律楚材（1190—1244），号湛然居士，出身于一个汉化很深的契丹贵族家庭，自幼博览群书，贯通经史百家之学，乃至天文、地理、历法、医卜之术。二十余岁时，楚材向圣安澄公参问心要，经其推荐，参访著名的曹洞宗禅师万松行秀（1166—1246），于是息心参究佛法，三年后得行秀印可。元太祖十四年（1219），被召随成吉思汗西征，常晓之以征伐、治国、安民之道。元太宗即位后，官至中书令，甚见宠信。楚材在太祖、太宗两朝任职近三十年，朝臣与居士双重身份，使他虽官高位显，仍布衣蔬食，淡泊如常，自谓"有发禅僧，无名居士"。作为朝臣，楚材对儒学有着极深的感情；作为居士，他对佛学又有着真诚的热爱。特殊的身份与信仰，使他极力倡导一种和谐的佛教观，提倡禅宗内部的融合、禅宗与教宗的融合，乃至儒佛道三教的融合。这种思想在其诗文中有鲜明地体现。

一、"禅教强分图施高"：融合的佛教

唐武后及中宗时，禅宗五祖弘忍以下，由惠能、神秀开创南北二宗，即所谓南顿、北渐二派。南宗禅从唐武宗到后周百余年间，又开创出临济、沩仰、曹洞、云门、法眼五宗，世称"禅宗五家"。元代佛教诸宗中，禅宗影响最大，其中临济宗与曹洞宗尤为尊显。耶律楚材的老师万松行秀即属曹洞宗，楚材所继承的也主要是曹洞禅法。

耶律楚材描述自己学佛的经历说：

> 当年嗜佛书，经论穷疏笺。公案助谈柄，卖弄猬头禅。一遇万松
> 师，驾驼蒙策鞭。委身事洒扫，抠衣且三年。圆教摄万法，始觉担板
> 偏。回视平昔学，尚未及埃涓。渐能入堂奥，稍稍穷高坚。疑团一旦
> 碎，桶底七八穿。洪炉片雪飞，石土栽白莲。[1]

耶律楚材初参圣安澄公时，只为"搜摘语录，以资谈柄"，并没有真心皈依佛法，参访万松行秀后，焚膏继晷，废寝忘食，终悟禅法堂奥，被行秀誉为居士学佛"千载一人"。

作为曹洞法嗣，耶律楚材对本门禅法的基本精神理解很深。在《和百拙禅师韵》中，他说："十方世界是全身，气宇如王绝比伦。与夺机中明主客，正偏位里辨君臣。"这首诗指出曹洞宗禅法的基本特色，即偏正回互、五位君臣。他还写过《洞山五位颂》，以表达对"洞山五位"的理解。[2]在《和南质张学士敏之见赠七首》（其二）中，他又描述曹洞宗"默照"禅观法门曰：

> 漏沉沉，竹萧萧，蒲团禅定坐终霄。古庙香炉无气息，一条白练
> 如琼绡。性海澄澄波不起，宛似冰壶沉玉李。……醒时呼起梦中人，
> 遍济含生其利博。本无内外与中边，踏破威音劫外天。

"默照禅"是宋代曹洞宗的擎灯者宏智正觉（1091—1157）所倡导的禅观法门，是一种摄心静坐、潜神内观、内息攀缘，以至于悟道的观行方法。楚材此诗中，"蒲团禅定坐终霄"言"默"，"宛如冰壶沉玉李"言

---

[1]《琴道喻五十韵以勉忘忧进道》，《湛然居士文集》，中华书局，1986，第257页。以下引此书，简称《文集》。

[2] 洞山良价为广接上、中、下三根，因势利导，在事(现象)理(本体)回互关系上建立种种"五位说"来接引、勘验学人。曹洞宗所说"五位"，有正偏、功勋、君臣、王子四种，其中，"偏正五位"是基础，包括正中偏、偏中正、正中来、偏中至、兼中到五部分。

"照"，默而能照，照不伤默，默照一如，动静不二，即他所谓"本无内外与中边，踏破威音劫外天"。正觉《默照铭》云："默默忘言，昭昭现前，鉴时廓尔，体处灵然。"楚材所颂正与此同，可见他确实深得曹洞宗"默照"三昧。

"禅宗五家"尽管都属南宗禅，思想差异并不大，但由于门风的不同，而经常发生相互贬抑的现象，尤其是在曹洞宗与临济宗之间。两家的主要区别在于：曹洞主知见稳实，临济尚机锋峻烈；曹洞贵婉转，临济尚直截。北宋末南宋初，曹洞与临济的对立，演变为临济宗禅师大慧宗杲的"看话禅"与曹洞宗禅师宏智正觉的"默照禅"之间的对立。这种对立一直延续到元代。

耶律楚材虽嗣曹洞禅法，并不排斥临济宗，相反，对其呵佛骂祖的禅法特色还表现出很大程度上的欣赏。他在《请容公和尚住竹林疏》中说：

> 我容公禅师一条生铁脊，两片点钢唇，参透济下没巴鼻禅，说得格外无滋味话。呵佛骂祖，且存半面人情；揭海掀山，便有一般关捩。试问孤峰顶上，何如十字街头。若是本色瞎驴，好趁大队；既号通方水牯，何必芒绳。

他认为，曹洞宗与临济宗的区别只限于门庭施设上，所谓"三玄戈甲徒心乱，五位君臣莫眼花。只遮些儿难理会，草鞋包裹破袈裟"。[①]"三玄"是临济宗接引学人的方法，[②]五位君臣则为曹洞宗之法，两者都是"指"不是"月"，学人切不可认"指"为"月"，被其搞得眼花心乱，所以他又说："临济真颠汉，曹山放酒醝。许多闲伎俩，仔细好生参。"[③]

耶律楚材对"禅宗五家"都很熟悉，在大量诗文、疏序中，经常拈提

---

①《寄云中东堂和尚》，《湛然居士文集》，中华书局，1986，第207页。
②"三玄"，即体中玄、句中玄、玄中玄。
③《次韵黄华和同年九日诗十首》（其九），《湛然居士文集》，中华书局，1986，第207页。

五家公案，引述五家禅语、禅典，得心应手，毫无斧斫之痕。他在《万松老人万寿语录序》中论"五家"禅法特点曰：

> 余忝侍万松老师，谬承子印，因遍阅诸派宗旨，各有所长，利出害随，法当尔耳。云门之宗，悟者得之于紧俏，迷者失之于识情；临济之宗，明者得之于峻拔，昧者失之于莽卤；曹洞之宗，智者得之于绵密，愚者失之于廉纤。独万松老人得大自在三昧。决择玄微，全曹洞之血脉；判断语缘，具云门之善巧；拈提公案，备临济之机锋。沩仰、法眼之炉鞲，兼而有之，使学人不堕于识情、莽卤、廉纤之病，真间世之宗师也。

在这里，他对"禅宗五家"，尤其是云门、临济、曹洞三家禅法，做了客观分析与评价，认为五家"各有所长"，可以"兼而有之"，并相互补充、相互融合。

耶律楚材极力倡导禅门内部的融合。他在《请定公庵主出世疏》中说："少林九年打坐，只得半提；曹溪五派分开，全没一滴。""禅宗五家"都源于曹溪六祖，不能相互排斥、相互攻击。五派虽然在门庭施设上有所区别，但终极目标是一致的，即都是引人见道，所谓"滔天岭上，只图同看有毛龟；绝顶山头，且要共栽无影树"。[①] "有毛龟""无影树"，都指有名无实之物，佛教经论常用来比喻虚幻不实之万法。这两句诗意思是说，禅宗各派尽管接引学人的方式不同，但最终目标都是引人破除我、法二执而见性成佛。他还用通俗而形象的比喻来说明这个问题："和尚拽砘子，不离寺内；老鼠拖葫芦，只在仓中。"[②]

耶律楚材不但主张禅宗内部的融合，他还提倡禅教之间的融合。先简单介绍一下禅、教这两个概念。禅即禅宗，指直接传承佛陀心法，以教外别传、不立文字为特色之宗派；教即教宗，指根据佛陀所说之法而建立，

---

① 《请湛公禅师住红螺寺疏》，《湛然居士文集》，中华书局，1986，第177页。
② 《请某庵主开堂疏》，《湛然居士文集》，中华书局，1986，第178页。

以学解为主之宗派。由于修行方法、教义侧重点等方面的差异,唐代以来,佛教界禅门与教门之间一直矛盾不断。这种矛盾在元代仍很激烈,甚至时常在宫廷举行禅教大辩论,有时还由皇帝亲自主持。

耶律楚材反对禅教之间的对立。他说:"强分禅教者流,且图施设。"①禅宗与教宗的划分,只是一种方便法门,二者并没有实质性的差异。平阳净名院改律为禅,楚材赞曰:"不居这那院,好个主人;本无南北心,悉为佛子。"②他对这种打破禅教壁垒的作法大加赞赏。精深的佛学造诣与很高的政治地位,使楚材的禅教融合主张在当时产生了较为明显的效果。有研究者指出:"中唐以来,佛教义学衰微,僧侣'从教入禅'成为一种时髦;入元以后,也出现了'从禅入教'的潮流。"③元代"从禅入教"新潮流的出现,与楚材禅教融合观的推动是分不开的。

在极力鼓吹和谐佛教观的同时,耶律楚材对其中的不和谐音符也进行了无情批判。金元时期,北方盛行许多打着佛教幌子的邪教组织。楚材在《西游录序》中说:"此方毗卢、糠、瓢、白经、香会之徒,释氏之邪也。"他对"糠禅"进行了猛烈批判。在《寄赵元帅书》中,他说:"夫糠孽乃释教之外道也。此曹毁像谤法,斥僧灭教,弃布施之方,杜忏悔之路,不救疾苦,败坏孝风,实伤教化之甚者也。"此教"毁像谤法,斥僧灭教",反对布施与忏悔,违背佛教的基本教义,同时,"不救疾苦,败坏孝风,实伤教化",又与儒家传统相悖逆,因此被楚材斥为"外道""异端""邪教"。

二、"三圣真元本自同":佛教的融合

儒佛道三教关系,从魏晋南北朝时期的"三教一致",到唐代的"三

①《三学寺改名圆明仍请予为功德主因作疏》,《湛然居士文集》,中华书局,1986,第179页。

②《平阳净名院革律为禅请润公禅师住持疏》,《湛然居士文集》,中华书局,1986,第180页。

③ 杜继文、魏道儒:《中国禅宗通史》,江苏古籍出版社,1993,第472页。

教鼎立"，至宋代，酝酿出以"三教合一"为基本特征的新儒学，即理学。当时，理学的影响范围主要集中在北宋与南宋的统治地区，而对辽夏金等少数民族统治的地区影响甚微。入元后，理学在北方政治、思想等方面开始发挥重要作用。尽管耶律楚材对儒学有很深的感情，但对入宋以来的理学家却颇有微词，不满他们"窃取"佛教资源，又猛烈批判佛教的态度。他极力维护佛教的独立性，维护佛教与儒、道的三足鼎立局面，在此基础之上，从"三教同源"论出发，以佛教的理论与思维方式来论证"三教融合"的可能性与必要性。

宋代儒学家在新儒学体系的建构过程中，一方面大量吸收、借鉴佛教资源，另一方面又对其采取强烈批判态度。洪修平说：

> 这个时期，儒佛道三教的地位是不相等的，三教的力量也是不平衡的。新儒学适应封建社会强化中央集权的需要而成为官方正统的思想意识形态，佛道二教虽然各有发展，但都处于依附从属的地位，作为封建统治思想的补充，配合儒学发生着作用。因此，这个时期的儒家往往是以居高临下之势对佛道二教加以改造利用的，大多数儒家学者一方面从佛道那里大量吸取对自己有用的东西来丰富发展传统儒学，另一方面又往往贬低佛道，对佛道加以批判或攻击。[1]

理学们对佛教的态度很明确：暗吸收，明批评，最终消化、吸收之。宋代以后的佛教，由于基本观点和方法被儒家吸收，再加上儒家强大的攻势，出现日益衰微的局面。在这种情况下，佛教的理论家们重新举起"三教一致""三教融合"的大旗，强调与儒、道，尤其是儒家思想的融合，意在表明自己是三教中的平等一员，而不是儒学的附庸。与楚材生活在同一时代的居士刘谧，著《三教平心论》，立足于佛教，倡导"三教融合"。元代"三教融合"思潮中，佛教方面的代表人物当数楚材。

---

① 洪修平：《中国佛教文化历程》，江苏教育出版社，2005，第233页。

耶律楚材批评理学家在佛教面前的气势凌人态度。他说："予又谓昔屏山居士序《辅教编》有云：'儒者尝为佛者害，佛者未尝为儒者害。'诚哉是言也！盖儒者率掌铨衡，故得高下其手。其山林之士不与物竞，加以力孤势劣，曷能为哉！"①他对儒者仗势欺"佛"的态度极为不满。楚材的同门师兄弟李纯甫曾著《鸣道集说》一书，对理学家进行批评。楚材为之作序，充分肯定其观点。他说：

> 江左道学倡于伊川昆季，和之者十有余家，涉猎释、老，肤浅一二，著《鸣道集》，食我园椹，不见好音，诬谤圣人，聋瞽学者。噫！凭虚气，任私情，一赞一毁，独去独取，其如天下后世何！……鸣道诸儒力排释老，弃陷韩欧之隘党，孰如屏山尊孔圣与释老鼎峙耶！②

他批评理学家一面"食我园椹"，一面"诬谤圣人"的态度，认为三教关系的最好架构是在鼎足而立的基础上相互补充、相互融合。

元代，佛教与道教都极力主张"三教同源""三教合一"，但由于立足点不同，而常常相互矛盾。早在金代，全真道的创始人王重阳，就确立了"三教圆融""识心见性""独全其真"的立教宗旨。入元以后，王重阳的弟子丘处机，继续秉持"三教合一"的主张，提出"儒释道源三教祖，由来千圣古今同"。③然而，这只是就理论而言的，事实上，全真教依恃帝王宠信，肆无忌惮地排挤佛教，大量将佛寺改为道观。作为佛门弟子与朝中高官，耶律楚材就自然而然地成了佛教的利益保障者与理论代言人。他不断重申"三教同源"基本观点，对道教的侵犯进行回击。他曾批评道教强行改佛寺为道观的现象："三教根源本自同，愚人迷执强西东。南阳笑倒知音士，反改莲宫作道宫。"④立足于"三教同源"论，批评了道教的"愚

---

① 《糠蘖教民十无益论序》，《湛然居士文集》，中华书局，1986，第275页。
② 《屏山居士鸣道集序》，《湛然居士文集》，中华书局，1986，第308页。
③ 《磻溪集》卷1，《道藏》第25册，第815页。
④ 《过太原南阳镇紫薇观壁三首》（其三），《湛然居士文集》，中华书局，1986，第137页。

人"之举。

耶律楚材严格区分"道家"与"道教"①，认为作为"三教"之一的"道"，应是老庄道家，而不是道教。他对以老庄哲学为代表的道家思想十分推崇，读之常有"起予之叹"，而对道教则持强烈的批评态度。他在《西游录序》中说："全真、大道、混元、太乙、三张左道之术，老氏之邪也。"把道教称为"老氏之邪"，认为它已经偏离了道家思想的"真精神"。楚材最反感的是道教的长生久视理论与炼丹、服饵之术。他说：

> 玄言圣祖五千言，不说飞升不说仙。烧药炼丹全是妄，吞霞服气苟延年。须知三教皆同道，可信重玄也似禅。趋破异端何足慕，纷纷皆是野狐涎。②

他批评道教"飞升""成仙""炼丹"之说违背老子原旨，是荒诞无稽之谈，认为道教在理论上是不能与佛教相提并论的，即使是最富有理论色彩的重玄思想，也是从佛教借鉴而来的。这样，楚材就取消了"道教"成为"三教"之一的资格。

批评过理学家与道教后，耶律楚材明确提出自己的三教关系主张。他在《西游录》中说："三圣人之教鼎峙于世，不相凌夺，各安攸居，斯可矣。"他反对三教间相互排斥、相互争斗，认为三教应该"鼎峙于世""各

---

① 关于道教与道家的关系，目前学界有不同的看法。一般认为，道教与道家是两个不同的概念。道家是中国哲学史上的一个学派，可分为先秦老庄道家、秦汉黄老道家、魏晋玄学道家三个阶段；道教则是一种有组织的宗教形式，形成于东汉时期的五斗米道和太平道。道家没有组织体系，以"自然无为"为哲学旨归，而道教则有严密的组织体系，多从事神仙修炼之术。也有学者认为，道教的产生不能以是否形成组织体系为标志，而应以是否具有神仙思想与修炼之术为准的，由此前提出发，就可得出"道家即道教"的结论（见萧登福：《道家道教与中土佛教初期经义发展》，上海古籍出版社，2003，第19页）。也有学者提出以"道学"作为道家、道教的总称，而将理论色彩浓厚的重玄学与内丹心性学作为道家一系的思想来处理，认为"道家是道教的哲学基础，道教是道家的宗教形式"（胡孚琛、吕锡琛：《道学通论——道家·道教·仙学》，社会科学文献出版社，1999，第7页）。

② 《邵薛村道士陈公求诗》，《湛然居士文集》，中华书局，1986，第147页。

安攸居"。这一主张有两个理论根据：一是"三教同源"。他多次提出"三圣真元本自同""须知三教皆同道""三圣元来共一庵"等说法。二是"三教"各有侧重。他说："吾夫子之道治天下，老氏之道养性，释氏之道修心，此古今之通议也。"[1]"三教"，由于同源，故有鼎立的可能；由于理论上各有侧重，故有鼎立的必要。

耶律楚材还从更深层的思维方式上论证三教的相通、相融性。他说："夫圣人设教立化，虽权实不同，会归其极，莫不得中"，这是"三圣之说不谋而同者"。[2]他认为，三教理论的终极归宿都是"中"，这是三教融合的纽结点。这种观点是很有见地的。儒佛道三教在思维方式上都强调"中"，儒家称"中庸"，佛教称"中道"，道家称"环中"。儒家"中庸"的核心是"叩两求中"，它是在"过"与"不及"两端之间寻求一个恰到好处的阈限，并能做到知权达变而"时中"。佛教"中道"最基本的涵义是：缘起即空，空有不二，不堕于"断""常"两边。道家"环中"的基本内涵是"中空"，立于"环中"，就抓住了环的枢纽，就能以虚运实，以静驭动。三教之"中"有很大程度上的不同，楚材也认识到了这一点，他所谓"权实不同"，但三者又有一定程度上的相通性，他正是抓住这些相通之处来融合三教的。

耶律楚材认为，三教之"中"的共同点表现在两大方面：一是中正、不偏邪；二是"有益于世"。他充分认识到"三教"学说的差异性，所谓儒"治天下"、道"养性"、佛"修心"，理论侧重点虽然不同，但"三圣人教皆有益于世"。万松行秀在《湛然居士文集序》中把楚材的三教观概括为"立三教而废邪伪"。楚材在极力鼓吹三教并立的同时，又立足于"中"，对佛道两教中的异端思想进行了猛烈批判。"糠禅"不救疾苦、伤风败俗，故为"释氏之邪"；道教一味追求长生、成仙，无益于世，故为"老氏之邪"。两者都违背了"中"的原则，只是佛教或道教中的异类，不能算作真正的一员。

---

①《寄赵元帅书》，《湛然居士文集》，中华书局，1986，第189页。
②《辨邪论序》，《湛然居士文集》，中华书局，1986，第187页。

总之，耶律楚材坚决维护佛教的独立性，认为三教关系的最好格局是"三教鼎立"，主张在此框架内实现佛教与儒、道二教的融合，并从理论与实践两方面探讨了三教融合的可能性与必要性。他对理学家的批评及对道教作为"三教"之一资格的否定，初步显示了其佛教立场。

三、"礼乐因缘尽假名"：佛教理论本位

前面讨论了耶律楚材和谐佛教观的具体表现，从禅宗内部融合，到禅教融合，再到"三教融合"，他不但提倡佛教内部的和谐，而且提倡佛教与儒、道两家关系的和谐。还有一个问题需要解决：耶律楚材的佛教观是以哪家思想为本位的呢？其儒士与居士的双重身份，使这个问题有些扑朔迷离，有进一步探讨的必要。

魏晋以后，士大夫们与佛教就结下了难解之缘。虽同是好佛，然目的各异。楚材对此现象作了具体分析：

> 吾儒中喜佛乘者固亦多矣，具全信者鲜焉。或信其理而弃其事者，或信其理事而破其因果者，或信经论而诬其神通者，或鄙其持经，或讥其建寺，尘沙之世界，以为迂阔之言，成坏之劫波，反疑驾驭之说，亦何异信吾夫子之仁义，诋其礼乐，取吾夫子之政事，舍其文学者耶？或有攘窃相似之语，以为皆出于吾书中，何必读经然后为佛，此辈尤可笑也！且窃人之财犹为盗，矧窃人之道乎？[1]

他列举了儒士"喜佛"而"不全信"的种种表现，最典型的是喜欢佛教的义理，而不喜欢其因果报应之说。这些儒士的佛教观有一个共同特点，即都是以儒学作为参照系，以儒学作为对佛教取舍的唯一标准。与这些儒士不同的是，耶律楚材具有儒士与居士双重身份。作为一名有远见卓

---

[1]《楞严外解序》，《湛然居士文集》，中华书局，1986，第272页。

"空"、即"实相"，是从体上来说的，但从用上来讲，佛教并不一味谈空说无，更不否定在现实世界有所作为。楚材一生"历艰险，困行役，而志不少沮；跨昆仑，瞰瀚海，而志不加大"，自谓是由于"汪洋法海涵养之力"使然。① 可见，他并不认为皈依了佛法就不应有所作为。楚材说"礼乐因缘尽假名"，其实就是避开佛教"体"上之"空"，而在形而下的实践层面论述佛与儒的相通性。

耶律楚材又说："有为无为俱有为，寿穷尘劫元非迟。"② 大乘佛教主张，学人在了悟空观、见性成佛以后，不能高居于"无生"之峰巅，还要回到现实中来普度众生。曹洞宗"偏正五位"的最高位"兼中到"，表达的就是这种思想，楚材颂之曰："撒手转身人不识，回途随分纳些些。"③ 这两句诗颂出了大乘佛教随缘渡众的悲悯情怀。楚材说"有为无为俱有为"，其实就是说，儒学与佛学虽然就终极意旨来讲是有实质性差异的，但实践意义是一致的，即都是为了济度苍生。

有学者指出：

> 作为一位身体力行的儒术实践者，耶律楚材推崇的主要是经验论与目的论的早期儒学，并把它作为一种经世思想来看待，而在更深层次的思维哲学方面，他实际上还是以佛学思想为主导地位的。他非常欣赏李纯甫的"会三圣人理性之学，要终指归佛祖而已"的观点，走的是一条以佛包容万象的路子，认为佛学才是更深层次上的思维哲学，儒学虽然也有助于个人修养，但主要是经世致用的学问，是佛学利他济世、普度众生的一种外在手段。④

这种观点是很有见地的。撇开"究竟意"上之"空"，而在"方便说"

---

① 万松行秀：《湛然居士文集序》，《湛然居士文集》，中华书局，1986，第1页。
② 《和黄山张敏之拟黄庭词韵》，《湛然居士文集》，中华书局，1986，第230页。
③ 《洞山五位颂》，《湛然居士文集》，中华书局，1986，第164页。
④ 刘晓：《耶律楚材评传》，南京大学出版社，2001，第260—261页。

上寻求佛教与儒、道两家的相通之处，从而实现三教的融合，这是典型的佛教思维方式。比如，佛教理论家为了调和其"缘起论"与儒、道两家"元气论"的矛盾，先肯定"元气"在形成人的肉体和外界事物方面的决定性作用，然后再说"元气"为心识所变现，这样就把"元气论"纳入佛教的心识理论之中，从而凸显其以佛教为本位的"三教融合"立场。[①]同样，楚材"礼乐因缘尽假名""有为无为俱有为"等说法也是这种思维方式，既调和了儒佛矛盾，又在理论上坚持了佛教的本体地位。

（张勇）

---

① 如宗密在《原人论》中说："然所禀之气，展转推本，即混一之元气也。所起之心，展转穷源，即其一之灵心也。究实言之，心外的无别法，元气亦从心之所变，属前转识所现之境，是阿赖耶相分所摄。"（见《大正藏》第45册第710页。）

中编　现代学术传统的文化诠释

梁启超文化学术思想研究

梁启超（1873—1929）字卓如，号任公，别号饮冰室主人，广东新会人。梁启超的一生是政治生涯与学术生涯的二重组合，他政治欲望高，学问根底深，在中国近代史上，不论是在政治上还是在学术上，他都是一个有长期影响的人物。然而，从严格的意义上说，他又是一个失败的政治家，他的政治主张在现实面前屡屡碰壁；但是，无论从什么意义上讲，他都是一个成功的学问家，他的学术研究至今仍为学界所推重。在一本名为《二十世纪中国十大学问家》的小书里，梁启超以其横溢的才华、渊博的学识和卓著的成就而列名十大学问家之首。应该说，这个位置非梁启超莫属。从1892年他留下的现在能看到的最早铅字文字《读书分月课程》开始，至1928年病魔使他停止《辛稼轩年谱》的写作为止，他一生的文字著述，约在"一千四百万字"，占古来著作家之第一位。而且他兴趣广泛，学识渊博，著述内容涉及古今中外的政治、经济、历史、哲学、法学、文学、艺术、宗教、伦理、教育、新闻、地理等各个领域，显示出"百科全书"式的气派，确为"世界第一之博学家"无疑。尽管在学术思想方面，梁启超与同时代的几位学人相比，既不如严复、康有为之精醇，又不及章太炎、王国维之深邃。但是，就著述文字的通俗华美、研究范围的广博浩大、方法见解的开阔新颖而言，近代学人又无人出其右。

梁启超一生的文化学术活动，大致上可以分为前后两个时期。前期从他1895年投身政治运动开始，到1917年辞去财政总长为止。在二十多年的时间里，梁启超的主要心思都放在政治斗争上，然而，为配合政治斗争，他也写下了相当数量的文化学术文章和著作。尤其是二十世纪初期，他为了推动思想启蒙运动，曾广泛地宣传介绍西方资产阶级的各种理论学说，并自觉地运用西方资产阶级的新观点、新方法，认识和整理中国的传统文化。《饮冰室合集》里文化学术方面的论著，有一半以上是1911年以前写的。这些文章涉及中外政治、哲学、历史、教育、经济、法律、报业、文学、宗教等各个方面。就是凭借这些内容广博、数量众多的作品，梁启超成为当时青年中最有影响的人物，成为名副其实的文化通儒。后期从1920年欧游归来，到1929年初逝世为止。在这近十年的时间里，梁启超虽也关注政治形势的发展，但主要精力则用在学术研究上。他笔耕舌耘，一面在各大学的讲堂上传道授业，一面抓紧时间进行著述，对从先秦至明清的文化学术遗产进行整理、研究和阐述，淹贯经史，参驳古今，写下了一部部盛名籍籍的学术著作，如《清代学术概论》《墨经校释》《墨子学案》《中国历史研究法》《中国历史研究法补编》《先秦政治思想史》《中国近三百年学术史》以及一些极有分量的佛学研究文章。正是有了这些著作，梁启超才由晚清著名的政治家、宣传家，一变而为二十年代有广泛影响的学术人物，在文化通儒的头上又荣膺一顶学术巨擘的帽子。

一、梁启超的心志术业

梁启超的名字与中国近代史上一系列重要的事件，如公车上书、戊戌变法、立宪运动、辛亥革命、护国战争等，紧密相连。然而，认识梁启超其人却不是一件简单的事，因为他一生多变，受复杂动乱的社会环境和古今中外各种思潮的影响，其政治思想和学术观点都极其复杂，且时常出现前后矛盾的现象。在中国近代史上，他是争议颇多的人物之一，后人对他的评价随着时代的不同而不断地变化。因此，在评议他的文化学术思想之前，先大致了解其心志术业是十分必要的。这里只拟截取一些能反映梁启超性格、人品、才学和理想的片段，综合起来或许可得其全貌。

(一)流质易变 变而非变

人们常说，梁启超性格善变，他一生的突出特点就在一个"变"字。那么，我们就从"善变"说起。梁启超初受学于康有为时，其师即以"流质相戒"[①]；十年后，其师又呵斥他"流质易变"。他本人也自谓："不惜以今日之我，难昔日之我"，即"我操我矛以伐我者也"。

梁启超确实善变、多变。政治上，他从主张维新变法，一变而为主张民主革命；又从主张民主革命，再变而为主张君主立宪；又从主张君主立宪，三变而为主张推翻清朝。民国以来，他由倒袁一变而为拥袁，又有拥袁复变而为反袁。思想上，早年他受老师康有为的影响，主张抬孔子出来做中国的教主；东渡日本后，思想发生变化，"日倡革命、排满、共和之论"，所以又著文反对保教；在老师的"责备""婉劝"之下，他又"痛自克责，悔过至诚"[②]；回国后，他不仅参加了孔教会，还要求"定孔教为国教"[③]。十月革命后，他曾对社会主义思潮颇为关心，利用欧游之际仔细考察了欧洲的社会主义运动，对俄国的十月革命也给予了肯定的评价；然而，当社会主义思潮真正在中国传播的时候，他又站到了这场运动的对立面，主张尊孔读经。学术上，他"从小治乾嘉派考证学有相当素养"[④]，在学海堂求学时专攻古文经学；后于万木草堂拜康有为为师，则谈"伪经"，倡"改制"，转治今文经学；三十岁以后，又"绝口不谈伪经，亦不甚谈改制"[⑤]，而以进化的观点研究学术，因为与老师观点不合，"康梁学派遂分"；晚年，他又对进化论和因果律有所怀疑，相信"心力""天命"

---

① 赵丰田编：《梁任公先生年谱长编初稿》，1936年油印本，第196页。
② 丁文江、赵丰田编：《梁启超年谱长编》，上海人民出版社，1983，第298、275、297、299页。
③ 孟祥才：《梁启超传》，北京出版社，1980，第288页。
④ 梁启超：《亡友夏穗卿先生》，《饮冰室合集·文集》之四十四(上)，中华书局，1989，第21页。
⑤ 梁启超：《清代学术概论》，《饮冰室合集·专集》之三十四，中华书局，1989，第63页。

的支配力量。真是"见理不定，屡变屡迁"。难怪有人指责他为"阴谋家"，视之为"反复无常""首鼠两端"的无行小人，对他作出"卖朋友，事仇雠，叛师长，种种营私罔利行为，人格天良两均丧尽"的评价。这些偏激的看法，多导源于对他"善变"的误解。

其实，梁启超的"善变"自有其道理所在，他说：

> 君子之过也，如日月之食焉，人皆见之，及其更也，人皆仰之。大丈夫行事磊磊落落，行吾心之所志，必求至而后已焉。若夫其方法随时与境而变，又随吾脑识之发达而变，百变不离其宗，但有所宗，斯变而非变矣。[1]

就是说"善变"是勇于更正错误的标志，非"反复变节"之谓；再者，变的是方法、外表，而不是宗旨、目的。就梁启超而言，他一生在政治、思想、学术上，虽然变化多端、反复无常，然寻其宗旨、目的，则又有不变者在，即终身未改其爱国之心，立宪之志和新民之道。他一生所有的变化，都是围绕着救世的宗旨和目的而发生的，因为他一生都在思索、探求、追寻着救国救民的道路，即使是自己的落伍、倒退、保守，他也认为是救国的需要。

对梁启超的"善变"持理解态度的也不乏其人，其中尤以著名的文学史家郑振铎先生的理解最为深刻。他说：

> 然而我们当明白他，他之所以"屡变"者，无不有他的最强固的理由，最透彻的见解，最不得已的苦衷。他如顽执不变，便早已落伍了，退化了，与一切的遗老遗少同科了；他如不变，则他对于中国的贡献与劳绩也许要等于零了。他的最伟大处，最足以表示他的光明磊

---

[1] 梁启超：《自由书·善变之豪杰》，《饮冰室合集·专集》之二，中华书局，1989，第28页。

落的人格处便是他的"善变",他的"屡变"。①

并且指出:"他的宗旨,他的目的是并未变动的;他所变者不过方法而已,不过'随时与境而变',又随他'脑识之发达而变'其方法而已。"这不变的宗旨、目的,就是爱国、救国。正像徐佛苏在总结梁启超四十年经历时所说:"先生四十年之中,脑中固绝未忘一'国'字。"②

然而,变化太多,毕竟难于见信。所以,畏友朋辈中多有人劝梁启超改变此习,他本人也自认为此习有弊。然"盖生性之弱点",不是一时所能克服的。这一弱点反映到治学上,则表现为"务广而荒""粗率浅薄"。梁漱溟在回忆梁启超时说:"任公的特异处,在感应敏速,而能发皇于外,传达给人。他对各种不同的思想学术极能吸收,最善发挥。但缺乏含蓄深厚之致,因而亦不能绵历久远。"③梁启超自己也说:"启超'学问欲'极炽,其所嗜之种类亦繁杂;每治一业则沉溺焉,集中精力,尽抛其他。历若干时日移于他业,则又抛其前所治者。以集中精力故,故常有所得;以移时而抛故,故人焉而不深。"④这种"爱博""无恒"的学病自然是不可取的。所以,梁启超为其长女梁思顺《艺蘅馆日记》题诗云:"吾学病爱博,是用浅且芜,尤病在无恒,有获旋失诸。百凡可效我,此二无我如。"

(二)坦荡真诚 多血多泪

梁启超一生无论对事业还是对学问均有浓厚的兴趣,这与他豁达开朗、坦荡乐观的性格是分不开的。他是一个天真活泼、自然无饰,对生活兴味甚浓而又积极向上的人。万木草堂求学时,他与同学"皆天真烂漫,

---

① 郑振铎:《梁任公先生》,《中国文学研究》(下),人民出版社,2000,第383页。

② 丁文江、赵丰田编:《梁启超年谱长编》,上海人民出版社,1983,第1204页。

③ 梁漱溟:《纪念梁任公先生》,《梁漱溟全集》(第六卷),山东人民出版社,1993,第428—429页。

④ 梁启超:《清代学术概论》,《饮冰室合集·专集》之三十四,中华书局,1989,第66页。

而志气跱踔向上，相爱若昆弟"①。离开万木草堂初到京城，他又与二三朋辈，如谭嗣同、夏曾佑等，天天在一起谈论学问，砥砺志气，每天总少不了为学术问题大吵一两场。他说："那时候我们的思想真浪漫得可惊，不知从哪里会有那么多问题，一会发生一个，一会又发生一个，我们要把宇宙间所有的问题都解决。但帮助我们解决的资料却没有，我们便靠主观的冥想，想得的便拿来对吵，吵到意见一致的时候，便自以为已经解决了。"②这样一种乐观向上的人生态度和天真烂漫的性格特征，一直伴随他一生。晚年，他常常劝自己的孩子，不要"因所学太专门之故，把生活也弄成近于单调，太单调的生活，容易厌倦，厌倦即为苦恼，乃至堕落之根源"③。与梁启超稍有接触的人，对他这种人生态度和性格特征都有深切的体会。梁漱溟谓："任公为人富于热情，亦就不免多欲。有些时天真烂漫，不失其赤子之心。其可爱在此，其伟大亦在此。"④蒋百里则认为："任公之无常，系原于对新者兴会之佳，非对于旧者之厌倦。"⑤胡适在日记中也说："任公为人最和蔼可亲，全无城府，一团孩子气。"

梁启超天真烂漫，甚至带有孩子气的可爱性格，还表现在他的坦荡诚恳、全无掩饰的待人接物中。他爱护青年学子，乐于奖掖后进，在时务学堂、大同学校和清华研究院等不同时期，分别培养出像蔡锷、杨树达、唐才常、冯自由、蔡尚思、谢国桢、徐中舒、姚名达等一批豪杰、英才。另有许多未直接受业而对其执弟子礼的人，他也极尽关怀之能事。如梁漱溟的父亲对梁启超非常崇拜，曾两度投书梁启超，并亲往求见四次而未得一见，一生引为憾事。梁漱溟受其父影响，也极其崇敬梁启超，但他却不敢

① 梁启超：《南海先生七十寿言》，《饮冰室合集·文集》之四十四（上），中华书局，1989，第28页。

② 梁启超：《亡友夏穗卿先生》，《饮冰室合集·文集》之四十四（上），中华书局，1989，第20页。

③ 梁启超：《与梁令娴等书》，丁文江、赵丰田编《梁启超年谱长编》，上海人民出版社，1983，第1152页。

④ 梁漱溟：《纪念梁任公先生》，《梁漱溟全集》（第六卷），山东人民出版社，1993，第429页。

⑤ 丁文江、赵丰田编：《梁启超年谱长编》，上海人民出版社，1983，第926页。

贸然求见。没想到，一天，梁启超突然与蒋百里登门造访，令梁漱溟感激不已，终生难忘。然而，梁启超对徐志摩的教训，似乎更能显示老师对学生的爱护之情。①徐志摩与张幼仪离婚后，便与陆小曼结婚，请老师梁启超做证婚人。婚礼那天，梁对徐大训大骂，说他"用情不专，以致离婚再娶"；教训他"以后务要痛改前非，重新做人"。新婚大喜之际，证婚人把新郎骂得抬不起头，以致观礼者为之大窘，新郎不得不趋前哀求，这种不通人情世故的事，只有梁启超能做得出来。因为他不仅爱弟子的才华，更关心弟子的德操与为人。所以，梁实秋评曰："这些话骂得对，只有梁任公先生可以这样骂他，也只有徐志摩这样一个学生梁任公先生才肯骂。这真是别开生面的一场证婚。"②

梁启超坦荡真诚，即使对与他政见不同，甚至激烈论战过的人，他也能以诚待之，表现出自己的侃侃直节。他一生因政见不同而与许多人作过激烈的论争，在论争中他不仅不作人身攻击，人家对他作人身攻击，他也只是指出人家的辩论不当，从不肯效尤，而且论争后他又从不记仇，从不斤斤计较于个人的恩怨得失。如他曾因与汪康年办报意见不合而离开使他成名的《时务报》，转赴时务学堂教书，并撰文指出汪在报社的一些不正当活动。但东渡日本后，他又能摒弃前嫌，与汪重归于好。他与章太炎曾是革命派与改良派大论战中对垒的两造，但这并不影响他对张氏学术的公正评价。孙中山与他政见不同但他对孙还是"相当的佩服"。李鸿章曾是维新派的政敌，但他为其作传仍然持论公允，恪守"画谁像谁"的原则。康有为是他的恩师，但他并不为尊者讳，当他看到其师的言行有碍历史的进步时，便不惜师徒反目而敦促其师"息影林泉"，甚至斥之为"大言不惭之书生"；而这又并不妨碍他客观地评价其师在政治学术上的成绩与不足，并不影响他对恩师的特殊感情与敬意。周传儒回忆说："一九二六年，

---

① 据陈从周《〈徐志摩年谱〉谈往》所述,徐志摩拜梁启超为师,是其前妻张幼仪之兄君劢介绍的,他是梁的弟子,当时由志摩父出赍金银圆一千元,是一笔相当大的礼金。

② 梁实秋:《谈徐志摩》,《梁实秋散文》(第一集),中国广播电视出版社,1989,第169页。

康有为逝世，新会（梁启超——作者注）于法源寺设祭坛开吊，率门弟子致祭。自己披麻戴孝，有来会吊者，叩头还礼，有如孝子。然而复辟之役，则义正词严，加以讨伐，公私分明。"①

梁启超曾自谓他是个"多血多泪"的人。此话不虚，只要读一读他为陈千秋、吴季清、黄遵宪、麦孟华、谭嗣同、汤觉顿、蔡锷、夏曾佑、康有为以及他大姐、父亲、夫人写的回忆和悼念文字，就不难发现他确实是"多血多泪"、富于感情的人。下面是他为蔡锷所作祭文中的一段血泪文字，虽尝一脔，亦可知味：

> 屈指平生素心之交复几许，弃我去者若陨箨相继而几无复馀，远昔勿论，近其何如。孺博、远庸、觉顿、典虞，其人皆万夫之特，皆未四十而摧折于中途。嗟乎嗟夫，天不欲使余复有所建树，曷为降罚不于吾躬而于吾徒。况乃蓼莪罔极，脊令毕逋，血随泪尽，魂共岁徂，吾松坡乎！吾松坡乎！汝胡忍自洁而不我俱。②

梁启超的情感不仅寄托在对死者的怀念上，更倾注于对生者的爱恋上。在他晚年，子女多在海外，他非常想念他们，为此写了大量的书信。信中，他和孩子们互相倾吐生活中的苦与乐、悲与欢，"没有任何说教，只有循循善诱；没有指责，只有建议。每封信中都充满了真挚的爱，这爱变成一种力量，注入了孩子们的生命，使他们不断地奋进"③。在给孩子们的信中，他总是亲切地称："大宝贝思顺""小宝贝庄庄""那两个不甚宝贝的好乖乖"……读着这些称呼，梁启超对子女的疼爱和对生活的情趣跃然纸上，一个有血有肉、活泼可爱的梁启超形象呼之欲出。

---

① 周传儒：《史学大师梁启超与王国维》，《社会科学战线》，1981年第1期。

② 梁启超：《祭蔡松坡文》，《饮冰室合集·文集》之四十四（上），中华书局，1989，第10页。

③ 吴荔明：《梁启超和他的儿女们》，《民国春秋》，1991年第1、2期。

(三)天纵奇才　著述报国

说梁启超是一个旷世奇才并不为过,他四、五岁就开始识字读书,九岁便能写出一手好文章,十岁应童子试,虽然榜上无名,却因途中赋诗而得"神童"美名,十一岁中秀才,十六岁中举人,这在中国科举史上也是罕见的。青年时期,他以笔锋常带"情感"和"魔力"的文章,开始了他的"报馆生涯";主办《时务报》使他名满天下,主办《清议报》和《新民丛报》又使他成为"舆论界的骄子"。他手中有一只"神笔",每日能写五、六千字,而且落笔成章,无须润色。《清代学术概论》这样的学术名著仅用十五天就完成了,《戴东原先生传》是用一昼夜作成的,《戴东原哲学》则是接连三十四小时不睡觉赶成的。他的奇才还表现在他是一个通儒、硕彦。他早年主张将西方文化思想无限量地输入中国,因而以"百科全书"的气派,广泛地介绍了欧美各国和日本的政治家、军事家、思想家和科学家,写下了大量的有关西方资产阶级思想文化方面的介绍文章,内容涉及政治、经济、历史、哲学、法学、文学、教育、宗教各科。晚年他致力于中国传统文化的研究,又撰写了一批盛名籍籍、影响深广的学术论著,内容同样相当广泛,仅《清代学术概论》一书,就论述了清代的哲学、经学、史学、考古学、文字学、地理学、佛学以及历法、算学、水利等。

梁启超如此博学,当然与他的天分有关,然而更是他勤奋的结果。他一生以"著作报国","平昔眼中无书,手中无笔之日亦绝少"。他一年到头不肯休息,除睡觉和活动外便是读书写作。晚年,他活动减少,睡觉的时间也更少,唯以全力从事著述。他在给思顺的信中说:"除就餐外,未尝离书案一步,偶欲治他事,辄为著书之念所夺"。"我每日埋头埋脑著书,平均每日五六千字,甚得意"①。更感人的是,他晚年疾病缠身,却依然手不释卷,笔耕不辍。扶病登坛,带病著书,在他晚年都是家常便饭

---

① 丁文江、赵丰田编:《梁启超年谱长编》,上海人民出版社,1983,第1204、1014页。

的事。如他曾在病中很费心造了一张《先秦学术年表》，致使便血病复发而重新住院。即使在病情已经很重，离去世只有四个月零九天的时候，他还打算做一部《辛稼轩年谱》，这部未竟的《年谱》就成了他的绝笔。他就是以如此顽强的毅力和刻苦的精神，实现了自己常说的"战士死于沙场，学者死于讲座"的诺言。他去世后三年（1932），中华书局刊印了由他的友人林宰平编辑，杨树达、陈寅恪帮助校订的《饮冰室合集》，共平装四十册，以编年体为主，分"文集"四十五种和"专集"一百零三种两大类，计九百万字，而未刊和未收入集中的约有一百万字，书信约四百万字。他一生著述的总数，合计约在一千四百万字左右，确为"世界第一之博学家"无疑，确为"以著作报国"无愧。

（四）政学兼顾 各有成败

梁启超的人生理想是兼顾政治与学问，做一个"学者生涯的政论家"。他在《外交欤内政欤》一文中谈及自己应该做的事时说："我生平是靠兴味做生活源泉，我的学问兴味、政治兴味都甚浓，两样比较，学问兴味更为浓些。我常常梦想能够在稍微清明点子的政治之下，容我专作学者生涯，但又常常感觉，我若不管政治，便是我逃避责任。我觉'我'应该做的事，是恢复我二十几岁时的勇气，做个学者生涯的政论家。"①直到晚年他退出政坛，专事学术研究，也没有放弃这个理想。他在致思顺的信中吐露了自己的心迹："我现在觉得有点苦，因为一面政治问题、军事问题前来报告商榷者，络绎不绝，一面又要预备讲义，两者太不相容了。但我努力兼顾，看看如何，若能两不相妨，以后倒可以开出一种新生活。"②这种理想甚至渗透他的学术研究中。1908年和1909年，他相继完成两部中国历史人物的专著——《王荆公》和《管子传》。为什么要研究这两个历史人物呢？当然是推崇他俩。那么，为什么要推崇这两个在历史上相距一千六百年左右的人物呢？梁启超答曰："以伟大之政治家而兼为伟大之政治

---

① 梁启超：《饮冰室合集·文集》之三十七，中华书局，1989，第59页。
② 丁文江、赵丰田编：《梁启超年谱长编》，上海人民出版社，1983，第1055页。

学者，求诸吾国得两人焉，于后则有王荆公，于前则有管子。"①原来，管子和王安石这两个历史人物，正是梁启超人生理想的典范，研究这两个人物正是为了寄托自己的理想。

怀抱这种理想，梁启超一生都动摇于政治仕途与学术研究之间。他努力使自己成为"铁肩担道义，妙手著文章"的学者型政治家，但又时常为两者之间隔阂太大难以兼容而苦恼。因此，他行动彷徨、思想矛盾。一方面，他对自己的治才时有怀疑："济艰乏才兮，儒冠容容"，因而想专精于学；另一方面，"又屡屡为无聊的政治活动所牵率，耗其精而荒其业"。一方面，明白"启超若能永远决意政治……则于将来之思想界，当更有所贡献"；另一方面，又觉得像他这样一个人对政治采取消极旁观的态度，"总不是一回事，非独良心所不许，事势亦不容如此"。他一生就是在这种彷徨矛盾中度过的，受外界形势变化的影响，他或而偏重于政治，或而转向于学术；偏重政治时又不能忘情于学术，转向学术时又不能决意于政治。所以，他一生曾三次宣布脱离政治，专心致力于文教事业和学术研究，但实际上都没有做到。晚年虽然没有重返政坛，也还是以"在野政治家"自居。

就客观效果而言，人们常以政治上"失败"、学术上"成功"来论定梁启超的一生。然而，实际情况绝非如此简单。他的政治生涯虽然不尽光彩，尤其是与袁世凯合作，更为人们所不齿。但这并不能说明他的政治生涯就一无是处，别的不说，仅他在"护国战争"中的作用和义举，就使得曾是论战对手的章太炎也不得不说："共和再造赖斯人"。所以，梁漱溟认为"再造共和"，"这是任公先生的政治活动对于国家第一度伟大不磨之贡献"。再说，学者从政固然有缺乏魄力、优柔寡断的一面，同时也有光明俊伟、不同流合污的一面。无论是同袁世凯合作，还是投靠段祺瑞，梁启超的本意都是为了救国。因此，当他一旦觉察到合作者的行径与他的本意相违背时，他便或抗争、或隐退，保持了一个正直学者应有的节操。学术

① 梁启超：《管子传》，《饮冰室合集·专集》之二十八，中华书局，1989，第2页。

研究方面也因他的政治兴味而优劣参半。他强调学术为政治服务，这使得他的学术著作大半为时代所左右，富有现实意义。与此相伴随的则是粗率肤浅、主观臆断的不足。所以，他的学术著作大多思想新颖而论证浅薄，当下影响很大而难以绵历久远。"像是当下不为人所了解，历时愈久而价值愈见者，就不是他所有的事了。"①

总之，梁启超是一个复杂多变而又可爱可亲的人，是一个最能体现过渡时代的过渡性人物，是一个古今中外各种学术思想集于一身的人物。

二、梁启超的哲学思想

梁启超一生没有留下什么可以传世的哲学著作，他也算不上一个专门的哲学家。然而，他那"百科全书"式的学术著作里，却涉及诸多的哲学问题；他那庞杂散乱的文化思想中，也潜伏着自身的哲学依据。通过提炼和分析，我们会发现：梁启超不仅对哲学基本问题有着自己的看法，而且在社会发展、历史进步以及方法论、认识论等方面，也都提出了自己的哲学观点。

(一)"三界唯心"的自然观

恩格斯曾指出："全部哲学，特别是近代哲学的重大的基本问题，是思维和存在的关系问题。""哲学家依照他们如何回答这个问题而分成了两大阵营。凡是断定精神对自然界说来是本原的，从而归根到底以某种方式承认创世说的人，组成唯心主义阵营。凡是认为自然界是本原的，则属于唯物主义的各种学派。"②梁启超对在哲学上划分唯物主义和唯心主义颇不以为然。他说："近来学界最时髦的话头是'唯……主义'，'唯……主

---

① 梁漱溟：《纪念梁任公先生》，《梁漱溟全集》(第六卷)，山东人民出版社，1993，第428—429页。

② 马克思、恩格斯：《马克思恩格斯选集》(第四卷)，人民出版社，1972，第219—220页。

义'……我以为，人生是最复杂的、最矛盾的，真理即在复杂矛盾的中间。换句话说，真理是不能用'唯'字表现的，凡讲'唯什么'的都不是真理。"①虽然他承认"人生之所以复杂矛盾，也不过以心物相互关系为出发点"，但却反对根据这一出发点来划分"唯物论"和"唯心论"。为此，他专门写了一篇叫《非"唯"》的文章，对"唯物""唯心"两派进行非难。

那么，在"心物关系"（即思维与存在的关系）问题上，梁启超又持什么观点呢？他的观点很明确，那就是："境者心造也。一切物境皆虚幻，唯心所造之境为真实。"各人所看到的外境，实际上都是各人心造之境。不是吗？同一月夜，清歌妙舞者对之感到快乐，对影独坐者对之感到悲伤；同一风雨，围炉玄谈者对之有余兴，骑马远行者对之则有余闷；同一黄昏，在有的诗人笔下为欢愉，在有的诗人笔下则为愁惨；同一桃花，有的诗人认为是清净的象征，有的诗人则认为是爱恋的表示；同是江、同是舟、同是酒，在有的诗人眼里是雄壮的，在有的诗人眼里则是冷落的……因此，"天下岂有物境哉！但有心境而已"。这就像戴绿眼镜者看见的都是绿的，戴黄眼镜者看见的都是黄的；口含黄连者吃的东西都是苦的，口含蜜饯者吃的东西都是甜的一样，"其分别不在物而在我，故曰三界唯心"②。很显然，梁启超强调的是人的主观世界。在他看来，"心"（精神、思维）是第一性的，"物"（物质、存在）是第二性的，"境由心造"，也就是精神创造物质，思维决定存在。以此为前提，他只能说："思想者，事实之母也"③；"理论者，实事之母也"④。按照恩格斯的理论，梁启超是一个彻头彻尾的唯心主义者。

现在要问，梁启超是如何陷入唯心主义世界观的呢？大致说来有两方面的原因。一是受佛教唯心论的影响，他的"境由心造"的观点，正来源

① 梁启超：《非"唯"》，《饮冰室合集·文集》之四十一，中华书局，1989，第81—82页。

② 梁启超：《自由书·唯心》，《饮冰室合集·专集》之二，中华书局，1989，第45页。

③ 梁启超：《国家思想变迁异同论》，《饮冰室合集·文集》之六，中华书局，1989，第12页。

④ 梁启超：《新民之义》，《饮冰室合集·文集》之七，中华书局，1989，第104页。

于佛教"三界唯心"的学说。佛教史上有一桩著名的公案：有二僧因风吹刹幡，相与对论。一僧曰风动，一僧曰幡动，往复辩难不能决。六祖慧能曰：非风动，非幡动，仁者心自动。梁启超认为："三界唯心之真理，此一语道破矣。"本来，"天下之境，无一非可乐、可忧、可惊、可喜者，实无一可乐、可忧、可惊、可喜者。乐之、忧之、惊之、喜之，全在人心"。因此，"吾之所见者，即吾所受之境之真实相也。故曰：唯心所造之境为真实"[①]。梁启超走向唯心主义的另一原因是他对"心力"的过分崇奉，以致夸大了心对物的反作用。他早年就表示了对孟子心性学说和陆九渊、王阳明心学理论的强烈爱好，认为："吾国之王学，唯心派也。苟学此而有得者，则其人必发强刚毅，而任事必加勇猛，观明末儒者之风节可见也。本朝二百余年，斯学销沉，而其支流超渡东海，遂成日本维新之治，是心学之为用也。心学者实宗教之最上乘也"[②]。既然梁启超在唯物论与唯心论之间分出了高低、见出了差别，所谓"唯物派只能造出学问，唯心派时亦能造出人物"，那么他推崇"心力"，颠倒物质与意识的关系，强调"心力是宇宙间最伟大的东西"，认为历史就是"心对物之征服"，也就是很自然的了。

哲学是智慧之花。唯心主义是生长在人类认识之树上的"不结果实的智慧之花"。它的错误是在反映客观世界的复杂过程中误入了歧途，因而用简单粗暴的态度和方法，把它一棍子打死，是不可取的，也是办不到的。对梁启超唯心主义自然观的认识，如果仅仅停留在知道他的错误是主张意识第一性物质第二性这一点上，那是远远不够的。应该承认，梁启超"三界唯心"的哲学命题中同样凝聚着思想的智慧，它是在唯心主义的形式下，揭示了物质与意识之间的复杂关系，强调了为变革事业培养崇高的精神境界。列宁曾说，物质与意识的对立，"只是在非常有限的范围内才

---

① 梁启超：《自由书·唯心》，《饮冰室合集·专集》之二，中华书局，1989，第45—46页。
② 梁启超：《论宗教家与哲学家之长短得失》，《饮冰室合集·文集》之九，中华书局，1989，第46页。

有绝对的意义"①。梁启超不主张划分唯物主义和唯心主义，是因为在他看来，这样的划分会造成偏执一端的结果，无论是唯物主义还是唯心主义，都不能正确地说明现实问题。他说：

> 若心字上头加上一个唯字，我便不能不反对了。充"唯心论"的主张，必要将所有物质的条件和势力一概否认，才算贯彻。然而事实上哪里能做到。自然界的影响和限制且不必论，乃至和我群栖对立的"人们"，从我看来，皆物而非心；我自己身体内种种机官和生理上作用，皆物而非心。总而言之，无论心力如何伟大，总要受物的限制，而且限制的方面很多，力量很不弱。所以唯心论者若要贯彻他的主张，结果非走到非生活的——最少也是非共同生活的——那条路上不可，因为生活条件的大部分是物质。

> 若在物字上头加上一个唯字，我又不能不反对了。须知人类和其他动物之所以不同者，其他动物至多能顺应环境罢了，人类则能改良或创造环境。拿什么去改良创造？就是他们的心力。若不承认这一点心力的神秘，便全部人类进化史都说不通了。若要贯彻唯物论的主张吗？结果非归到"机械的人生观"不可。②

这表明，梁启超既重视物质的力量，承认物对心的制约；又强调精神的能动性，主张发挥心的创造作用。他的高明处在于他不仅反对绝对的唯心主义，而且反对庸俗的唯物主义。同样，他的问题也出在只把唯物主义看成是庸俗的唯物论，而把唯心主义当成理想主义。

把唯心主义当成理想主义，强调"心力"创造作用的哲学思想，在当时也具有一定的进步意义，因为这一思想是与当时的社会改良运动联系在一起的。先天发展不足而力量弱小的中国民族资产阶级，要在帝国主义和

①《列宁选集》（第二卷），人民出版社，1972，第147页。
② 梁启超：《非"唯"》，《饮冰室合集·文集》之四十一，中华书局，1989，第82—83页。

封建主义的强大统治势力之下进行社会变革，必然表现出信心不足、精神低沉。这就使梁启超认识到开展一场广泛的思想启蒙运动的必要性，通过思想启蒙来唤醒民众，以提高人们对社会变革的信心和勇气。在这样的背景下，梁启超片面地夸大了精神的作用，将"心力"无限膨胀、扩张，试图使人相信通过主观的努力，就可以挽救国家，振兴祖国。他说："国家之盛衰存亡，非由运命，当纯然以人力能左右之矣。"①人力的核心为自信力，有了自信力，"每处一事，既见得透，自信得过则出一往无前之勇气以赴之，经百折不回之耐力以持之。虽千山万岳一时崩坼而不以为意，虽怒涛惊澜蓦然号鸣于脚下而不改其容；猛虎舞爪牙而不动，霹雳旋顶上而不惊"②。这种自信力又是通过心性修养获得的。豪杰之士之所以能"无大惊、无大喜、无大苦、无大乐、无大忧、无大畏"，全在于"明三界唯心之真理"，"除心中之奴隶而已"③。如此夸大精神的作用，性质虽然是错误的，但在当时却反映了进步阶级的利益和愿望，符合社会发展的客观要求，因而具有积极的进步意义。

（二）"唯变所适"的社会观

梁启超在政治上是以鼓吹变法起家的，他为当时社会变革运动提供的一个哲学依据就是："凡在天地之间者，莫不变。"从自然界到人类社会，上下千年，无时不变，无事不变。在自然界："昼夜变而成日，寒暑变而成岁，大地肇起，流质炎炎，热熔冰迁，累变而成地球；海草螺蛤，大木大鸟，飞鱼飞鼍，袋兽脊兽，彼生此灭，更代迭变，而成世界。"在人类社会："紫血红血，流注体内，呼炭吸养，刻刻相续，一日千变，而成生人。""贡助之法，变为租庸调，租庸调变为两税，两税变为一条鞭；井乘之法，变为府兵，府兵变彍骑，彍骑变为禁军；学校升造之法，变为荐

---

① 梁启超：《国家运命说》，《饮冰室合集·文集》之二十二，中华书局，1989，第96页。

② 梁启超：《自由书·俾士麦与格兰斯顿》，《饮冰室合集·专集》之二，中华书局，1989，第4页。

③ 梁启超：《自由书·唯心》，《饮冰室合集·专集》之二，中华书局，1989，第46页。

辟，荐辟变为九品中正，九品变为科目。""故夫变者，古今之公理也。""藉曰不变，则天地人类，并时而息矣。"①梁启超就是用这种爽气逼人的语言，阐述变动不居的理论，为维新变法运动提供了哲学依据，揭示了社会的进步发展是天道所行，制度的改良变革是救国之法，此即《周易》所谓"唯变所适"。

梁启超的社会变化发展观的理论基础有两个，一是《周易》"唯变所适"的求变思想，一是达尔文的进化论。先述其一：《周易》古有"变经"之称，《易》一名而含三义，"变易"为其一。大化流衍，生生不息，阴阳相动，万物资生。这是《周易》为我们描绘的一幅关于世界的起源与构成，万物的生化与变迁的图式。《系辞》有言："《易》之为书也，不可远，为道也屡迁，变动不居，周流六虚，上下无常，刚柔相易，不可为典要，唯变所适。"②《周易》每卦六爻，代表天、地、人三才之道。三才之道又各有阴阳、柔刚、仁义之分，故曰："兼三才而两之"，"六画而成卦"。六画就位次而言，六爻与六位迭用，或刚或柔，运动不息，变化不止，所谓"爻者，言乎变者也"。由爻位的变化体现宇宙间万事万物的运动变化规律，这就是《周易》的变化观。这种在变中求生存、求发展的思想，成了梁启超鼓吹变法运动的理论武器。他在《变法通议》中说："法者天下之公器，变者天下之公理"；"变亦变，不变亦变"。这就肯定了变法的历史必然性，强调了变法是势在必行的事情，是人力不能阻挠的。因而他要求主动变法，在变法中充分发挥人的主观能动作用。在他看来，变法的途径有四种："其一，如日本，自变者也；其二，如突厥，他人执其权而代变者也；其三，如印度，见并于一国而代变者也；其四，如波兰，见分于诸国而代变者也。"他认定中国只有像日本一样，走"自变"的道路，才"可以保国，可以保种，可以保教"，避免为帝国主义列强所瓜分。

梁启超变化发展的社会观的另一理论基础是达尔文的进化论，他以此

---

① 梁启超：《变法通议·自序》，《饮冰室合集·文集》之一，中华书局，1989，第1页。

② 孔颖达：《周易正义》，阮元校刻《十三经注疏》（上册），中华书局，1980，第89—90页。

形成了以"动力说"为本体论的哲学思想体系。他曾撰《说动》《释革》等文予以阐释。他认为动力是宇宙间的客观存在，是宇宙进化的始因，整个世界的发展是本着"物竞天择，适者生存"的天演论规律进行的，诸如"灭国者，天演之公例也"；"革也者，天演界中不可逃避之公例者也"，都是力本论思想的延伸。由此出发，"创新""变革""竞争""富国强民"等一系列范畴也就时常出现在梁启超的意识中。循进化之理，他不仅认为世界是变化的，而且认为会越变越好，今胜于昔。这种观点多少含有辩证因素，特别是晚年，他已认识到："个人的生命极短，人类社会之生命极长，社会常为螺旋形的向上发展，阴然若悬一目的以为指归。"①但是另一方面，完全用达尔文的生物进化观点来说明社会进步现象，就会出现只讲变化而不求飞跃的问题。所以，梁启超在变法运动中，坚持温和的改良，反对流血的破坏；主张稳健的变革，害怕激进的革命。他劝告清朝统治者主动实行有意识的变法，才能更好地维持统治秩序。这又暴露了资产阶级改良运动的妥协性和软弱性。

(三)"英雄造世"的历史观

梁启超虽然认为社会历史是前进的、发展的，是一个由低级到高级的运动过程。但是在他看来，推动历史进步的动力不是社会矛盾，而是心理环境。一句话，英雄造时势，历史首先是英雄人物的历史。不错，梁启超曾经尖锐地批判过以帝王将相为中心的封建史学。遗憾的是，他欲建立的"新史学"仍然没有摆脱英雄史观，而是由资产阶级的英雄人物代替封建帝王将相来主宰历史。他早年的史学名著《新史学》有言："历史者，英雄之舞台也。""舍英雄几无历史。"②流亡日本时写的随笔《自由书》亦曰："世界者何？豪杰而已矣，舍豪杰则无有世界。"③"吾读数千年中外

---

① 梁启超：《中国历史研究法》，《饮冰室合集·专集》之七十三，中华书局，1989，第2页。

② 梁启超：《饮冰室合集·文集》之九，中华书局，1989，第3页。

③ 梁启超：《自由书·豪杰之公脑》，《饮冰室合集·专集》之二，中华书局，1989，第33页。

之历史，不过以百数十英雄之传记磅礴充塞之。"①晚年的史学名著《中国历史研究法》及其"补编"还是认为："历史不外若干伟大人物集合而成。"②"试思中国全部历史，如失一孔子，失一秦始皇，失一汉武帝……其局面当何如？"③这一切表明，在梁启超眼里，历史的主人是少数英雄豪杰，广大人民群众只能奔走趋附在少数英雄豪杰的屁股后面，没有了英雄，历史将变得黯然无色。英雄豪杰靠什么来创造历史呢？梁启超认为靠的是"心力"。他说："历史为人类心力所造成"，英雄豪杰的"心力"对世界的"征服"过程，也就是历史的创造过程。

在英雄与时势的关系问题上，梁启超提出了貌似调和折中的观点。他说："英雄固能造时势，时势亦能造英雄。英雄与时势，二者如形影之相随，未尝稍离。既有英雄，必有时势；既有时势，必有英雄。"④然而，就是在这相互为因、相互为果的英雄与时势的关系中，梁启超很快又分出了轻重缓急。他在《要籍解题及其读法》中说："历史由环境构成耶？由人物构成耶？此为史界累世聚讼之问题。以吾侪所见，虽两方势力俱不可蔑，而人类心力发展之功能，固当畸重。"⑤正是由于有所"畸重"，梁启超表示了对造世英雄的仰慕。他把英雄分为两类，一类是先时之英雄，即造时势的英雄；一类是应时之英雄，即时势所造的英雄。应时之英雄每代都有，先时之英雄则千载难遇。他认为中国历史上能称得上先时之英雄的，只有孔子和康有为两人。这两个圣人，一在古代，一在近代，是中国历史发展的两大动力。

由上可见，梁启超在英雄与群众、英雄与时势的关系问题上，都表现

① 梁启超：《自由书·文明与英雄之比例》，《饮冰室合集·专集》之二，中华书局，1989，第84页。

② 梁启超：《中国历史研究法补编》，《饮冰室合集·专集》之九十九，中华书局，1989，第30页。

③ 梁启超：《中国历史研究法》，《饮冰室合集·专集》之七十三，中华书局，1989，第113页。

④ 梁启超：《自由书·英雄与时势》，《饮冰室合集·专集》之二，中华书局，1989，第10页。

⑤ 梁启超：《饮冰室合集·专集》之七十二，中华书局，1989，第19页。

出历史唯心主义的观点。但是，由于梁启超生活在一个过度的时代，受到古今中外各种思潮的影响，因而思想也显得极其复杂与矛盾。在他的唯心史观背后，也隐藏着一些"闪光的珍珠"。首先，他认为英雄对历史的主宰不是绝对的。他从历史发展的角度，分析了英雄的产生和消亡的过程。所谓："英雄者不祥之物也。人群未开化之时代就有之，文明愈开，则英雄将绝迹于天壤。"上古文明未开，英雄见重于世，故为"英雄专制时代"；近世则知英雄也是人，只是较一般常人更为优秀，故为世所珍；"二十世纪以后将无英雄"，因为那时人人皆英雄也就无所谓英雄了。常人之所以都能成为英雄乃是时代进步发展所致："一由于教育之普及"，"二由于分业之精繁"①。无疑，这种分析是接近历史唯物主义观点的。其次，在英雄与时势的关系问题上，梁启超并非一味强调英雄创造时势，而是同时注意到英雄的行为要受到时代环境的制约。他指出，研究英雄人物，"一方面看时势及环境如何影响到他的行为，一方面看他的行为又如何使时势及环境变化"②。这就有一点历史辩证法的味道了。

(四)"慧观致知"的认识论

梁启超"三界唯心"的自然观，必然导致认识上的先验论。在认识论方面，梁启超虽然认为世界是可以认识的，但是又强调这种认识是主体"慧观"的结果。所谓"慧观"也就是"善观"。他说谁没有见过苹果坠地，而唯有牛顿能从中悟出重力之原理；谁没有见过开水顶盖，而唯有瓦特能从中领悟蒸气之作用。"故学莫要于善观，善观者观滴水而知大海，观一指而知全身。不以其所已知蔽其所未知，而常以其所已知推其所未知。是之谓慧观。"③梁启超说的"慧观"，并不是建立在观察、实践基础上的一种认识上的飞跃，而主要是主体心灵的直觉顿悟能力。他说："人

① 梁启超:《自由书·文明与英雄之比例》,《饮冰室合集·专集》之二,中华书局,1989,第85页。

② 梁启超:《中国历史研究法补编》,《饮冰室合集·专集》之九十九,中华书局,1989,第30页。

③ 梁启超:《自由书·慧观》,《饮冰室合集·专集》之二,中华书局,1989,第47—48页。

心之灵，莫不有知。"此"知"乃天授自成的认识能力，只要配以良好的心理状态，人就可以达到对事物的本质的认识。这一认识论的理论基础是陆、王心学。梁启超对王阳明的"致良知"学说推崇备至，说："王学提出致良知为唯一之头脑，是千古血脉，超凡入圣不二法门。""致良知三字，真是呕心呕血研究出来，增减不得。"①现在我们就来看看王阳明的"致良知"学说的基本要点。王阳明认为，客观事物的存在乃是人的主观知觉作用的结果，大千世界的一切事物都是从"心"派生出来的，所以他说"心外无物""心外无事""心外无理""心外无学"，从而把陆九渊"心即理"的哲学命题引申为"致良知"学说。所谓"良知"，就是指人人具有的"不待学而有，不待虑而得"的先天本性；"致"即恢复，达到"良知"的极致的意思。"良知"和"私欲"是不相容的，要使"良知"显露，就必须去掉"私欲"。从"致良知"的观点出发，王阳明又提出了"知行合一"的理论。"知"即"良知"，"行"不是指客观的实践活动，而是指"致良知"的主体修养功夫——"存养""省察"和"克治"，"三者一贯，而存养为之原"。可见，梁启超"慧观致知"的认识论，正是王阳明"致良知"学说的直接继承和发展。

这种以"存养"为核心的主体认识活动，实际上是一种天人合一的灵感思维。中国哲学认为，"气"是人与自然共同的构成质料。人在气中，气在人中。由气观之，"天地宇宙，一人之身也；六合之内，一人之制也"②。就是说，天地是个大自然，人体是个小自然；小自然是大自然的一部分，天人是一个和谐的整体。因此，主体修身养气，以天合天，即以我之自然和物之自然。"我之自然"，具体而言，指人的本心。本心亦即童心，是未受世俗染化的本体之心。禅宗谓本心为"清净本原"之地，理学谓本心为"明莹无滞"之所。人的本心原是直通自然宇宙的，可是物欲机

① 梁启超：《德育鉴·知本》，《饮冰室合集·专集》之二十六，中华书局，1989，第24、27页。

② 刘安：《淮南子·本经训》，《刘文典全集·淮南鸿烈集解》(1)，安徽大学出版社、云南大学出版社，1999，第249页。

巧使人的本心蒙上了一层尘垢，要恢复本心，合一天人，就必须进行存心养性活动，由此而发明本心。存心养性时，主体以恬淡寡欲、清静无为之心来克制欲壑，恢复本心；以回归自然、拥抱天地之心来求其放心、融身大化。如此"用力之久，而一旦豁然贯通焉，则众物之表里精粗无不到，而吾心之全体大用无不明矣"[①]。所以，这种思维实际上是一种灵感思维。梁启超提到的牛顿因见苹果坠地而悟出重力之原理，瓦特因见开水顶盖而忽明蒸气之作用，均属于这类思维。此即儒家所谓"静而能虑"，佛家所谓"定能生慧"。现代神经心理学的研究表明：人们在通常的工作与生活条件下，只运用了他大脑全部能力的5—10%，尚有90—95%的潜能有待我们去开发。灵感思维中的顿悟现象，是一种不思而来、恍惚而至的心智亮点，所以必须以存养的方法去培养静候。诺贝尔奖获得者约瑟夫森认为，灵感、顿悟是意识场不受干扰，让固有智能闪现的结果。我国学者牛实为进一步认为，存养后大脑产生激化效应，脑细胞核里的有关粒子被激发而释放出量子波，灵感、顿悟可能就是这些量子波传递固有智能派生的信息的结果。这样看来，梁启超的"慧观"认识论还有一定的科学道理，只是他本人不自觉罢了。

三、梁启超的史学思想

梁启超一生的文化学术研究，范围虽广，变化虽多，但都是围绕着一个核心——"史"。其好友林宰平在《饮冰室合集序》中说："知任公者，则知其为学虽数变，而固有其坚密自守者，即百变不离于史是观已。其髫年即喜读《史记》《汉书》，居江户草《中国通史》（此书未成，残稿尚在），又欲草世界史及政治史、文化史等，所为文如《中国史叙论》《新史学》及传记学案，乃至传奇小说，皆涵史性。其《历史研究法》则其治史之方法论，而《政治思想史》《美文及其历史》《近三百年学术史》《佛教

---

① 朱熹：《四书章句集注·大学章句》，中华书局，1983，第7页。

史》诸篇，皆为文化史之初稿。"①

梁启超一生治学，于史学用力最勤，贡献也最大。他是第一个比较系统地揭露和批判封建旧史学，要求建立资产阶级新史学的近代学者，是中国资产阶级史学理论的开路先锋。早在二十世纪初年，梁启超就发表了《中国史叙论》（1901年）和《新史学》（1902年）两部史学论著。在这两部被看作是"中国资产阶级史学理论的最早的两座纪念碑"的论著里，梁启超对封建旧史学进行了猛烈的批判，他历数了旧史学的四弊二病三恶果②，呼吁"史界革命"，初步提出了资产阶级新史学的观点。晚年，梁启超又将自己在南开大学和清华研究院讲授"史法研究"的讲义进行整理，先后出版了《中国历史研究法》（1922年）和《中国历史研究法补编》（1926年）。这两部书被视为"梁启超史学理论的代表作，也是中国近代资产阶级的史学理论宝典"③。前两部论著，重在批判封建旧史学的种种弊端，呼吁进行"史界革命"，因此破坏有余而建设不足；后两部著作，重在建立资产阶级新史学的理论体系，着力探讨史学方法，所以比前期的史学理论显得更加成熟、深刻和系统。这里主要依据后两部著作，对梁启超的"新史学"理论作一些分析。

（一）史学研究的目的

梁启超认为，无论研究何种学问都要有目的。他从资产阶级史学功用观出发，提出了研究历史的目的在于"资鉴"。《中国历史研究法》开篇就曰："史者何？记述人类社会赓续活动之体相，校其总成绩，求得其因果关系，以为现代一般人活动之资鉴者也。其专述中国先民之活动，供现代

---

① 林宰平：《饮冰室合集序》，《饮冰室合集·序》之一，中华书局，1989，第3页。

② 四弊者，一曰知有朝廷而不知有国家，二曰知有个人而不知有群体，三曰知有陈迹而不知有今务，四曰知有冲突而不知有理想。缘此四弊，复生二病：其一，能铺叙而不能别裁；其二，能因袭而不能创作。合此四弊二病，则所贻读者之恶果又有三端：一曰难读，二曰难别择，三曰无感触。

③ 孟祥才：《梁启超传》，北京出版社，1980，第354页。

中国国民之资鉴者，则曰中国史。"①《中国历史研究法（补编）》又曰：
"简单一句话，历史的目的在将过去的真事实予以新意义或新价值，以供
现代人活动之资鉴……吾人做新历史而无新目的，大大可以不作。历史所
以要常常去研究，历史所以值得研究，就是因为要不断地予以新意义及新
价值以供吾人活动的资鉴。"②现实是历史的延续。史学研究的是历史，但
其出发点应该是现实，决不能离开现实去研究历史。历史与现实的关系是
"源与流"的关系，谁也无法将它们割断，人们正是为了认识现实而去追
寻历史，为了满足现实的某种需要而去研究历史。所谓"鉴往知来""古
为今用"即是。梁启超正是在这个意义上强调了历史为现实服务，主张用
历史来教育国民、指导现实。他说，史家的任务就是通过总结人类历史活
动的因果联系，"使国民察知现代之生活与过去未来之生活息息相关，而
因以增加生活之兴味……夫如此，然后能将历史纳入现在生活界使生密切
之联锁"③。

　　历史事实是客观存在，不可改变的；但人们对历史认识，却是一代比
一代更深刻、更全面。历史研究之所以具有永恒的价值，是因为它能将过
去的真实事实赋予"新意义"或"新价值"，以供现代人参考。为了达到
这一目的，梁启超要求把历史从封建时代的"皇帝教科书"的狭隘目的中
解放出来。他指出，过去中国的史学不是把研究的重心放在多数国民身
上，而是放在少数帝王将相身上；不是为今人、生人服务，而是为古人、
死人服务。"故纪事以宫廷为中心，而主旨在隐恶扬善"，结果"费天地间
无限缣素，乃为千百年前已朽之骨校短量长"。因此，他号召"以生人本
位的历史代死人本位的历史"，即将历史由帝王的资治通鉴变为"国民资
治通鉴"或"人类资治通鉴"。

---

　　①梁启超：《中国历史研究法》，《饮冰室合集·专集》之七十三，中华书局，1989，
第1页。
　　②梁启超：《中国历史研究法补编》，《饮冰室合集·专集》之九十九，中华书局，1989，
第5页。
　　③梁启超：《中国历史研究法》，《饮冰室合集·专集》之七十三，中华书局，1989，
第3页。

梁启超强调史学研究的目的在于"资鉴"是与他构设和确立民族国家的社会理想联系在一起的，他试图通过强调史学研究的目的来关心中国应当成为一个怎样的国家，形成一种怎样的社会。在他看来，以王朝家谱和个别人物的墓志铭为特征的旧史学，目的太狭隘了。它使日常的史迹和民众的智慧，得不到记载和传承，因而已不适应历史发展的需要。在新的历史条件下，只有每一社会个体都有高度发达的道德和智慧，才能组成社会，才能求得发展。而这正是新史学的职志和特征。梁启超认为，除了客观的资料整理就是主观的观念革新，而观念革新就是要使历史与现实生活发生联系："以史为人类活态之再现，而非其僵迹之展览；为全社会之业影，而非一人一家之谱录。如此，然后历史与吾侪生活相密接，读之能亲切有味；如此，然后能使读者领会团体生活之意义，以助成其为一国民，为一世界人之资格也。"①

（二）历史因果的反思

梁启超认为，"说明事实之原因结果，为史家诸种职责中最重要者"。早年，他以进化论为史学的理论基础，认为新旧史学的根本区别在于新旧史家的历史哲学即理论基础的不同。旧史家信奉的是"一治一乱"、周而复始的历史循环论，新史家信奉的是由低级到高级不断发展的历史进化论。他在《过渡时代论》中说："人群进化，阶级相嬗，譬如水流，前波后波，相续不断，故进步无止境。"②在《新史学》中又指出："善为史者，必研究人群进化之现象，而求其公理公例之所在，于是有所谓历史哲学者出焉。历史与历史哲学虽殊科，要之，苟无哲学之理想者，必不能为良史，有断然也。"在他看来，世间万物都处于一种普遍的进化状态，故史家要以进化史观为指导来研究历史，"达到以过去之进化，导未来之进化"的目的。就人类社会而言，历史的进化主要是通过人种、民族、国家间优

① 梁启超:《中国历史研究法·自序》,《饮冰室合集·专集》之七十三,中华书局,1989,第1页。

② 梁启超:《过渡时代论》,《饮冰室合集·文集》之六,中华书局,1989,第27页。

胜劣败的斗争来实现的。所以，历史就是"叙述人种之发达与其竞争而已"，"叙述数千年来各种族盛衰兴亡之迹者，是历史之性质也。叙述数千年来各种族所以盛衰兴亡之故者，是历史之精神也"。①这种历史进化的规律，梁启超称之为因果律。明乎此，则可知历史之真相。

晚年，随着研究的深入和思想的变化，梁启超对历史进化和因果支配问题已不像早年那么乐观。他在《中国历史研究法》中说：

> 严格论之，若欲以因果律绝对的适用于历史，或竟为不可能的而且有害的，亦未可知。何则？历史为人类心力所造成，而人类心力之动，乃极自由而不可方物。心力既非物理的或数理的因果律所能完全支配，则其所产生之历史，自亦与之同一性质。今必强悬此律以驭历史，其道将有时而穷，故曰不可能。不可能而强应用之，将反失历史之真相，故曰有害也。然则吾侪竟不谈因果可乎？曰：断断不可。不谈因果，则无量数繁赜变幻之史迹，不能寻出一系统，而整理之术穷。不谈因果，则无以为鉴往知来之资，而史学之目的消灭。②

这段话表面上反映了梁启超在因果律上的矛盾态度，实则隐含了他对史学理论基础的探索在进一步深化，即"并未停留在承认历史进化这点上，而是试图由此而入，去探讨隐在历史表象之后的各种制约历史进化序列和程度的力量是什么"③。然而，由于梁启超史学理论的唯心主义倾向占了上风，所以这一探索并未得出正确的结论，而更多地显露出他在无法窥得历史奥秘时的彷徨和苦闷心情。他把历史进化的基本制约力分为二类，一类是心力，一类是物力。心力指支配人类历史活动的心理意识，包括个人心理、民族心理和社会心理等；物力则指与心力相对待的各种自然

---

① 梁启超：《新史学》，《饮冰室合集·文集》之九，中华书局，1989，第10、11—12页。

② 梁启超：《中国历史研究法》，《饮冰室合集·专集》之七十三，中华书局，1989，第111页。

③ 胡逢祥：《梁启超史学理论体系新探》，《学术月刊》1986年第12期。

环境和社会环境，包括地理作用、人种因素和文化传统力量等。但是，归根到底，历史乃"人类心力所造成"，是个人心理扩大化合为民族心理、社会心理的结果。而"心理之发动，极自由不可方物"。因此，探索历史因果律是极其困难的，但这正是史家的重要职责。梁启超说："史家最要之职务，在觑出此社会心理之实体，观其若何而蕴积，若何而发动，若何而变化，而更精察夫个人心理之所以作成之表出之者，其道何由。能致力于此，则史的因果之秘密藏，其可以略睹矣。"①

随着对早年简单的历史进化观的扬弃，梁启超进一步认识到因果律的复杂性。他意识到人类社会与自然界有着本质的不同，明确指出社会历史现象与自然科学事项有三大区别：第一，"自然科学的事项，常为反复的、完成的，历史事项反是，常为一度的、不完成的"。第二，"自然科学的事项常为普遍的，历史事项反是，常为个性的"。第三，"自然科学的事项为超时间空间的，历史事项反是，恒以时间空间关系为主要基件"。因而不能将自然界的因果律直接套用于人类社会。此外，他还朦胧地意识到，历史是由各个具有自由意志的人相互矛盾的意向集合在一起推动的。大人物的个性、人格只有渐次侵入全社会，与社会心理发生因果联系，在社会多数人产生"积极的同感"或"消极的盲从"时，"始能成为史迹"。至于说大人物的心理为什么能和社会心理发生联系，梁启超就无从回答了。不唯如此，他还被社会上各种不同的思想、意向、利益、要求之间的剧烈冲突，弄得眼花缭乱、困惑莫解，以至怀疑人类社会存在因果律。这样一来，他就陷入了两难境地：一面感到人类社会有无因果律很难确定，一面又必须找出因果律以供现代人资鉴。他为此而苦恼，但并不因此而消沉。恩格斯指出，"历史是这样创造的：最终的结果总是从许多单个的意志的相互冲突中产生出来的，而其中每一个意志，又是由于许多特殊的生活条件，才成为它所成为的那样。这样就有无数互相交错的力量，有无数个力的平行四边形，而由此就产生出一个总的结果，即历史事变，这个结果又

① 梁启超：《中国历史研究法》，《饮冰室合集·专集》之七十三，中华书局，1989，第114—115页。

可以看作一个作为整体的、不自觉地和不自主地起着作用的力量的产物"。社会上各个人的意志，"虽然都达不达自己的愿望，而是融合为一个总的平均数，一个总的合力，然而从这一事实中决不应作出结论说，这些意志等于零。相反地，每个意志都对合力有所贡献，因而是包括在这个合力里面的"①。恩格斯的这一论断就像一面镜子，将梁启超的上述观点的深刻之处和肤浅之处照得一清二楚。

（三）史学方法的总结

梁启超晚年的史学贡献主要在史学方法论上，《中国历史研究法》重点谈搜集、鉴定和整理史料的方法，《中国历史研究法补编》侧重谈编写史学论著的方法，通过这两部著作，梁启超提出了一套系统的史学研究的基本方法。

《新史学》有言："凡学问必须有客观、主观二界。客观者，谓所研究之事物也；主观者，谓能研究此事物之心灵也。和合二观，然后学问出焉。史学之客体，则过去、现在之事实是也。其主体，则作史、读史者心识中所怀之哲理是也。"②史料是史学研究的客体，以往的历史一去不再复返，史家只有详尽地占有史料，对史料进行具体的分析、研究，才能认识历史、研究历史。所以，梁启超说："史料为史之组织细胞，史料不具或不确，则无复史之可言。"为了尽可能全面地掌握史料，梁启超反对过去史家仅从旧史记载中搜寻史料的做法，主张按照西方近代史学理论，建立新的史料观念，认为"过去人类思想行事所留之痕迹，有证据传留至今日者"，均为史料。同时，还要充分吸收地质学、考古学、人种学、语言学等学科的最新研究成果，重新进行客观的史料整理工作。《中国历史研究法·自序》言："畴昔不认为史迹者，今则认之；畴昔认为史迹者，今或不认。举从前弃置散佚之迹，钩稽而比观之。其夙所因袭者，则重加鉴

---

① 马克思、恩格斯：《马克思恩格斯选集》（第四卷），人民出版社，1972，第478—479页。

② 梁启超：《新史学》，《饮冰室合集·文集》之九，中华书局，1989，第10页。

别，以估定其价值。如此则史学立于'真'的基础之上，而推论之功，乃不至枉施也。"①

明白史料的重要性是一回事，能否正确运用史料研究历史问题，撰写史学著作，则又是一回事。古往今来，各种史料层层累积，简直就是汗牛充栋，浩如烟海。前人已感叹："一部廿四史，不知从何读起。"加之史料在形成和流传的过程中，由于种种原因，又产生了许多讹误。这种丰富与讹误是史料的两大特征。史学研究首先要解决史料的搜集与鉴别问题，因为各种史料"散在各处，非用精密明敏的方法以搜集之，则不能得；又真赝错出，非经谨严之抉择，不能甄别适当"。史家搜集、鉴别史料是为了研究具体的历史问题，最终写成史学论著，此又涉及历史编纂学的方法问题。梁启超在《中国历史研究法》及其"补编"里，结合西方近代的"科学方法"，批判地吸收了乾嘉学派的治学方法，建立了一套新的史学方法论。这些方法主要包括四个方面的内容：

1.搜集史料的方法

梁启超把史料分为普通史料和特别史料两大类，普通史料就是散见于各史书的史料，特别史料则是反映某一时代中某些共性的史料以及记录"一人之言行，一事之始末"的具体史料。关于普通史料的搜集，梁启超着重谈了汇集类比的方法，即"汇集同类之若干事比而观之，则一时代之状况可以跳活表现"②。运用这种方法要开阔视野，不仅留意于公认的重要史料，而且"恒注意于常人所不注意之处"，在"常人向来不认为史料"的材料里"觅出可贵之史料"。此外还有两点要求，一是"须将脑筋操练纯熟，使常有锐敏的感觉。每一事项至吾前，常能以奇异之眼迎之，以引起特别观察之兴味"。二是"须耐烦。每遇一事，吾认为在史上成一问题有应研究之价值者，即从事于彻底精密的研究，搜集同类或相似之事项，

① 梁启超：《中国历史研究法》，《饮冰室合集·专集》之七十三，中华书局，1989，第1页。

② 梁启超：《中国历史研究法·史料之蒐集与鉴别》，《饮冰室合集·专集》之七十三，中华书局，1989，第64页。以下引文未注出处者，均见此章。

综析比较，非求得其真相不止"。对一些特别史料，梁启超要求史家"随处留心，无孔不入，每有所遇，断不放过"，以补充或纠正旧史家故意湮灭或搞错了的史料。

2.鉴别史料的方法

史料以求真为尚，然古来史料，不仅在记录或流传中会产生讹误，更有甚者，史德卑劣者还有意作伪。由是，则真之反面有误有伪，正误辨伪，即为史料鉴别工作。关于史料鉴别之法，梁启超论之甚详。正误方面，他说除了正面考察外，还可以运用反证的方法；反证的材料不足时，又可以运用假说的方法。同一史事，史料矛盾时，原则上"以最先最近者为最可信"，"先"者以时代言，"近"者以地方言。然而，在具体操作时，还要具体情况具体对待，特别要注意考察史家的史识、史德局限造成的失误。辨伪方面，梁启超提出了辨别伪书的十二条标准和证明真书的六条标准。接着又指出鉴别伪事之法。伪事与伪书不同，情况比较复杂。因为"伪书中有真事，真书中有伪事"，无意失误与有意作伪又有区别。为了把问题说清楚，他先列举了七种伪事的由来，然后又提出辨证伪事应采取的七种态度。这些标准至今仍有很大的参考价值。

3.论次史事的方法

梁启超认为研究历史的目的在于寻找史事的因果律，为现代人提供"资鉴"。寻找因果律"最要着眼于事实与事实之间"，即具体的专题研究，这就涉及论次史事的方法。为了给史家的专题研究指明路径，梁启超列出了专题研究方法的程序：（1）"当画出一史迹集团以为研究范围"，即确定一个有意义的研究专题，专题的含量要丰富广大，能反映时代、社会的动向；（2）"集团分子之整理与集团实体之把捉"，就是把本专题的史料搜集齐全，加以鉴别，然后融会贯通，把握本专题的本质和主流；（3）"常注意集团外之关系"，即注意本专题的纵横联系，把与这一专题有关的其他方面情况都搞清楚；（4）"认取各该史迹集团之人格者"，就是确定这个专题中影响最大的一个或几个人物、集团或党派，以便集中深入研究；（5）"精研一史迹之心的基件"，就是分析构成史迹的代表性人物或党派的心理状态；（6）"精研一史迹之物的基件"，就是分析促成史迹形成的客观历史条件和社会环境；（7）"量度心物两方面可能性之极限"，即衡量心与物两方面对史迹可能产生的影响，把握历史发展的趋势；（8）"观察所缘"，就是考察历史发展的偶然性因素。这是从佛学的"因缘"道出了历史的必然性与偶然性关系问题，谓历史的必然性须通过无数的偶然性来起作用。①梁启超认为，旧史学不重视研究历史发展的内在联系，因此旧的历史著作，"大率短句单辞，不相联属"。这样的历史著作不能记叙人类社会赓续活动，也就无法求得历史的因果关系。有见于此，他强调论次史事，提出上述八条历史专题研究的方法，要求把具体的史事放到时空的纵横坐标上，从而揭示历史发展的规律。这些方法富有辩证性，很值得我们借鉴。

4.撰写史著的方法

梁启超在《中国历史研究法补编》里，重点谈了五种专史的写作，即"人的专史""事的专史""文物的专史""地方的专史""断代的专史"。各种专史属于历史分类研究，梁启超感叹中国没有一部好的通史，一生都致力于撰写一部"中国通史"。在他看来，要写好一部通史，必须从分类研究开始，从专门史入手，尤其是上面提到的五种专史。在这五种专史中，他又特别重视"人的专史"和"文物的专史"。全书用近三分之二的篇幅详细论述了人物专史的编写方法，对列传、专传、合传、年谱、人表等体载的要求、特点和做法，作了全面的介绍。如此突出人物的专史，当然是与他的英雄史观分不开的。在他看来，推动历史进步的主体不是人民群众，而是英雄豪杰，历史首先是英雄人物的历史。所以，他的新史学是由资产阶级的英雄人物代替封建帝王将相来主宰历史。此外，梁启超对"文物的专史"也很重视，他从政治、经济、文化三个方面着手，认为政治为"社会骨干"，应研究社会的组织、民族、家族、阶级、党派的起源与发展，国家的形成和政治制度等。经济为"社会血脉"，应研究人类的物质生活，包括各个时代的衣、食、住、行等。文化为"社会精神"，应研究

---

① 梁启超：《中国历史研究法·史迹之论次》，《饮冰室合集·专集》之七十三，中华书局，1989，第118—128页。

语言、宗教、学术、文学、美术等。"文物的专史"内容上接近于他一直打算撰写的"中国文化史",所以论述得也比较周详,其他三个专史则有目无文。

总之,梁启超融合乾嘉考据方法、东洋微观研究方法和西洋宏观研究方法的长处,"在此基础上创立了一种学不分古今、亦无分中外,微观与宏观相结合、史料辨析与理论阐释融为一体的贯通法"①。正是这种"贯通法"使新史学方法的各种要素成为系统的理论观点。

(四)史家修养的强调

史料的搜集与鉴别还只是史学研究的客体,梁启超认为,"有客观而无主观,则其史有魄无魂,谓之非史焉可也。"鉴于此,他又提出史家修养的问题,在《中国历史研究法补编》里立专章论"史家的四长",要求史家具备"史德""史学""史识""史才"。关于史家之长,唐代刘知幾曾提出"史才""史学""史识"三长,清代章学诚又在三长之后添一"史德",并为四长。梁启超借用刘、章二人所说的话,给以新的解释,赋予新的意义。

在"四长"中,梁启超突出了"史德"的重要性。在他看来,"史家第一件道德,莫过于忠实",即"对于所叙述的史迹,纯采客观的态度,不丝毫参以自己意见"②。这一要求说起来容易,做起来却很难。因为人都有自己的思想观点,史家也不例外。虽然主观上知道忠于史实的重要,但是心之所趋,笔之所动,很容易把"忠实"二字忘掉。史家最常犯的毛病是"夸大""附会""武断",要忠于史迹,养成完美的史德,就应当时时注意铲除这些毛病,"把自己性格养成像镜子和天平一样"。

有了"史德",其次才是"史学"。梁启超对于"史学"的解释颇为独到,他认为过去人类一切活动的记载都是历史,因而史料范围极广,一个

---

① 胡伟希:《清华学派与中国现代思想文化》,《学术月刊》1996年第6期。
② 梁启超:《中国历史研究法补编·史家的四长》,《饮冰室合集·专集》之九十九,中华书局,1989,第14页。以下引文未注出处者,均见此章。

人要想将所有史料看一遍尚且绝对不可能，更不要说去研究著述了。所以，他劝史家要有一种觉悟："贵专精不贵杂博"。能专精一门就是有"史学"，切勿以为"一物不知，儒者之耻"。他告诫道："想要无所不知，必定一无所知。真是一无所知，那才可耻。"专精就要下苦功，其方法有三：一是"勤于抄录"，二是"练习注意"，三是"逐类搜求"。有了专门学问，还要讲点普通常识。"单有常识，没有专长，不能深入浅出；单有专长，常识不足，不能触类旁通。"就是要求博与约结合，专精与涉猎并进。

"史识"指的是史家的观察力。史家要善于观察，做到"旁人所不能观察的，我可以观察得出来"。这就要求史家"无论对何事何物，都要注意去观察，并且要继续不断地做细密功夫，去四面观察"。观察的程序可以分为"由全部到局部"和"由局部到全部"。另外，要养成正确精密的观察力，还要注意两点：（1）"不要为因袭传统的思想所蔽"；（2）"不要为自己的成见所蔽"。这样才能得到敏锐的观察，才能完成卓越的史识。

"史才"讲的是作史的技术。有了"史德"，可以忠实地去寻找史料；有了"史学"，研究起来才不费力；有了"史识"，观察方可敏锐。但是，仅此仍然做不出精美的史学著作来。要使做出来的史学论著，让人看了明白，读了感动，非有特别技术不可。这种技术就是写文章的技能。梁启超把文章技能分为"组织"和"文采"两个部分，组织方面要在史料的剪裁与排列上下功夫，文采方面要求简洁、求飞动。如何养成史才，前人谓"多读、多作、多改"，梁启超则易一字，谓"多读、少作、多改"。"少作"意思是作文要谨慎，要用心去作，有一篇算一篇，不要贪多。平时练习作文则不厌其多，天天作最好。

梁启超的上述意见，对于史家端正史学态度，提高史学修养，无疑具有积极的意义。但他在谈"史德"时，过分强调忠于史实，以致把史家的客观态度与客观主义混为一谈，没能区别出史家的主观意见与主观偏见的不同。其实，历史从来就不是纯客观的，史家的思想感情总是或显或隐地寄寓在他的史学著作中。司马迁、班固、刘知幾、司马光、章学诚如此，梁启超本人也不例外。

四、梁启超的报学思想

梁启超是以宣传家的身份登上政治舞台的，他一生的政治活动基本上都是与报刊联系在一起，从1895年编辑《万国公报》，到1920年回国主编《改造》杂志，他的"报馆生涯"长达二十七年，主编的报刊达十种以上①，可谓地地道道的报人。对报刊和报馆，梁启超有特殊的感情，他曾说："鄙人二十年来，固以报馆为生涯也。"②在长期的办报实践和舆论宣传活动中，梁启超形成了一套完整系统的报学理论，成为中国资产阶级新闻思想的开拓者。

（一）办报的原则与宗旨

在实际的办报经验基础上，梁启超提出衡量报纸好坏优劣的标准，即办好报纸的四项原则："一曰宗旨定而高，二曰思想新而正，三曰材料富而当，四曰报事确而速。若是者良，反是者劣。"③

所谓"宗旨定而高"：凡事均须立一宗旨，办报若能标一最高宗旨而守之，则"何坚不摧，何艰不成"？具体而言，办报不能以"牟利""媚权贵""悦市人"为宗旨，而要"以国民最多数之公益为目的。斯可谓真善良之宗旨"。

所谓"思想新而正"：报纸贵在"能以语言文字开将来之世界"，所以要"取万国之新思想以贡于其同胞"，并且对于新思想还要"校本国之历史，察国民之原质，审今后之时势"，择其"最有利而无病"者，"以全力

---

① 梁启超前后主编过的报刊计有：《万国公报》(1895)、《时务报》(1896)、《清议报》(1898)、《新中国报》(1900)、《新民丛报》、《新小说》(1902)、《政论》(1907)、《国风》(1910)、《庸言》(1912)、《大中华》(1915)、《改造》(1920)。

② 梁启超：《鄙人对于言论界之过去及将来》，《饮冰室合集·文集》之二十九，中华书局，1989，第1页。

③ 梁启超：《清议报一百册祝辞并论报馆之责任及本馆之经历》，《饮冰室合集·文集》之六，中华书局，1989，第50页。以下引文未注出处者，均见此文。

鼓吹之"。

所谓："材料富而当"：一份好报纸既要做到"全世界之知识无一不具备"，又要对材料严格选择，使读者省去无谓之目力，"阅一字则得一字之盖"。

所谓"报事确而速"：报纸不仅要重评论，更要重时事。"或访问、或通信、或电报，费重资以求一新事，不惜焉"。

这四项原则成了梁启超一生办报活动的行动指南，试就宗旨一项而言。梁启超一生办过很多报刊，不管接手什么样的报刊，他首先要确立一个高标准的宗旨。例如，《时务报》的宗旨是：广译五洲近事，详录各省新政，博搜交涉要案，旁载政治学艺要书。《清议报》的宗旨是：维持支那之清议，激发国民之正气；增长支那人之学识；交通支那日本两国之声气；发扬东亚学术。《国风报》的宗旨是：忠告政府，指导国民，灌输世界之常识，造就健全之舆论。《改造》杂志的宗旨是：从学术思想上谋根本的改造，以为将来中国的基础。那么，梁启超有没有一个总的办报宗旨呢？他在结束流亡生涯从日本回到国内不久，曾对言论界人士发表演说，其中有言："若夫立言之宗旨，则仍在浚瀹民智，薰陶民德，发扬民力，务使养成共和法治国国民之资格。"①这就是梁启超贯穿始终的办报宗旨。

总体上说，梁启超对报纸的社会责任，新闻的真实性和时效性，都有明确的认识。

(二)报刊的性质与作用

对报刊的性质与作用，梁启超有比较深刻的认识。关于报刊的性质，他认为报刊首先是一种强有力的舆论武器，所谓："报馆者，国家之耳目也，喉舌也，人群之镜也，文坛之王也，将来之灯也，现在之粮也。"②进

---

① 梁启超：《鄙人对于言论界之过去及将来》，《饮冰室合集·文集》之二十九，中华书局，1989，第4页。
② 梁启超：《清议报一百册祝辞并论报馆之责任及本馆之经历》，《饮冰室合集·文集》之六，中华书局，1989，第49页。以下引文未注出处者，均见此文。

而言之，报刊具有鲜明的政治性，是政治斗争的工具。梁启超的政治生涯是与他的报馆生涯叠合在一起的，他早年办《万国公报》和《时务报》，目的在于为变法运动制造舆论；流亡日本时办《清议报》和《新民丛报》，也是为了鼓吹改良、推行宪政；流亡归来所办的《庸言报》，则是进步党宣传其政治主张的舆论阵地；晚年主办《改造》杂志，目的还是想从文化角度寻找政治问题的根本解决。

在重视报刊政治性的基础上，梁启超公开承认报刊的党派性。他说："有一人之报，有一党之报，有一国之报，有世界之报。以一人或一公司之利益为目的者，一人之报也；以一党之利益为目的者，一党之报也；以国民之利益为目的者，一国之报也；以全世界人类之利益为目的者，世界之报也。"中国以前只有一人报而无党报、国报，更无世界报。他认为《时务报》《知新报》，"殆脱一人报之范围，而进入于一党报之范围"；《清议报》则"在党报与国报之间"。"党报"这一明确的概念最初就是由梁启超提出的。这表明，以梁启超为首的资产阶级改良派并不掩饰自己所办报刊的政治倾向性。

关于报刊的作用，梁启超认为报刊应当成为"摧陷专制之戈矛，防卫国民之甲胄"，就是说报刊具有两方面的作用："一曰对于政府而为其监督者，二曰对于国民而为其响导者。"[①]先看"监督政府"的作用。他说："政府者，受公众之委托而办理最高团体之事业者也。非授以全权，则事固不可得举；然权力既如此重且大，苟复无所以限制之，则虽有圣智，其不免于滥用其权。"因此，政府需要监督。但是，监督的途径各种各样，有法律上的监督，有宗教上的监督，有名誉上的监督。到底应该由谁来监督政府呢？梁启超认为："报馆即据言论出版两自由，以实行监督政府之天职也。"在他看来，报刊"非政府之臣属，而与政府立于平等之地位"；再者，政府受国民委托是国民的雇佣，而报刊则代表国民发表公意。所以，报刊监督政府，就像父兄之视子弟，"其不解事也，则教导之；其有

---

① 梁启超：《敬告我同业诸君》，《饮冰室合集·文集》之十一，中华书局，1989，第36页。以下引文未注出处者，均见此文。

过失也，则扑责之。"

再看"响导国民"的作用。梁启超认为学校、著书和报刊都具有响导国民、开启民智、培养人才的作用，但是三者之间又有区别。他说："抑报馆之所以响导国民也，与学校异，与著书亦异。学校者筑智识之基础，养具体之人物者也；报馆者作世界之动力，养普通之人物者也；著书者规久远明全义者也，报馆者救一时明一义者也。"报馆应当根据自己的特点，发扬"史家之精神，鉴既往，示将来，导国民以进化之途径"。如果说报刊对政府的监督作用，"如严父之督子弟，无所假借"；那么，它对国民的响导作用，就"如孝子之事两亲，不忘几谏，委曲焉，迁就焉，而务所以喻亲于道"。

（三）报馆的五本与八德

毛泽东指出："凡是要推翻一个政权，总要先造成舆论，总要先做意识形态方面的工作。"[①]1907年清廷宣布"预备立宪"后，梁启超根据西方资产阶级民主政治的理论，对舆论问题作了系统的研究。他认为："立宪政治者，质言之则舆论政治而已。"舆论之可贵在于其健全性，"欲求宪政之有成，亦曰务造成健全之舆论而已矣"。何谓"健全之舆论"？梁启超解释道："夫健全舆论云者，多数人之意思结合，而有统一性继续性者也。非多数意思结合，不足以名舆论；非统一继续，不足以名健全。"制造舆论的途径虽然多种多样，而报馆无疑是制造舆论的最有力的机关。报馆要想造成健全的舆论，必须具备"五本"和"八德"。

"五本"是健全舆论得以形成的五个要素："一曰常识"——报人要具备丰富的知识，对自然和社会中的重要现象，中外历史上的重大事件以及社会时事问题，都应略有所知。这样，持论才能有所凭借。"二曰真诚"——报人要以国家利益为目的，而不能以私人利益为目的。若心怀私欲，为少数人的利益而煽动舆论，是注定不会长久的。"三曰直道"——

---

① 毛泽东：《在八届十中全会上的讲话》，《人民日报》1966年8月9日。

舆论贵在能为国家造福御患，报人要有不侮鳏寡，不畏强暴的精神，"然后舆论得以发生"。"四曰公心"——报人必须抛弃个人的好恶，"然后天下之真是非乃可见"。若怀挟党派思想，排斥党外言论，则会损害舆论。"五曰节制"——报人对读者要"导之以真理"，不能"拨之以感情"，更不能为"迎合佻浅之性，故作偏至之论"。梁启超说："以上五者，实为健全舆论所不可缺之要素，故命之曰本。而前三者则其成全之要素，后二者则其保健之要素也。"

"八德"是使健全舆论发生影响的八种宣传方法，所谓"欲尽报馆之天职者，当具八德"。"一曰忠告"——无论政府还是国民，只要"其举动有不轨于正道不适于时势者"，报人就要尽力去规正。"二曰响导"——报人要努力引导国民的向上欲善之心，并且注意循序渐进的规律，不能操之过急。"三曰浸润"——浸润和煽动是两种相反相成的宣传方法。煽动方法收效快，但消失得也快；浸润方法收效慢，却能收到潜移默化之功。"四曰强聒"——就是要坚持不懈地进行宣传，"反复以谏，若孝子之事父母；再三以渎，若良师之诱童蒙。久之而熟于其耳，又久之而厌于其心矣"。"五曰见大"——大千世界，纷纭繁杂；社会物事，举不胜举。报人必须抓住大事要事，才能纲举目张。"六曰主一"——报人论事当"一以贯之，彻于终始"，如此方可"入人者深"。"七曰旁通"——报纸要搜集各种资料，为读者提供丰富的精神食粮，以广其智，以益其思。"八曰下逮"——报纸所登的文章要考虑到读者的知识水平和接受能力，不能一味"侈谈学理，广列异闻，自炫其博，而不顾读者之惟恐卧"。

最后，梁启超总结道："国中苟有多数报馆能谨彼五本而修此八德者，则必能造成一国健全之舆论，使上而政府大臣及一切官吏，下而有参政权之国民，皆得所相助，得所指导，而立宪政体，乃有所托命。"

（四）报章的文体与写作

梁启超倡导的"文界革命"是从报章文体的改革入手的，他利用所办的报纸，创作了大量雄放隽永、感情充沛而又通俗易懂的新体散文，形成了一种新颖明快的报章文体，影响了一代文风。此点将在介绍梁启超的"文学思想"时，另作详述。这里先集中分析他关于报章文体的写作要求。梁启超在《时报发刊例》中，对报刊评论和新闻记事分别提出了不同的写作要求。

关于报刊评论，梁启超提出了四条写作标准：

第一，"以公为主。不偏徇一党之意见，非好为模棱，实鉴乎挟党见以论国事，必将有辟于亲好、辟于所贱恶，非惟自蔽，抑其言亦不足取重于社会也，故勉避之。"

第二，"以要为主。凡所讨论，必一国一群之大问题。若辽豕白头之理想，邻猫产子之事实，概不置论，以严别裁。"

第三，"以周为主。凡每日所出事实，其关于一国一群之大问题，为国民所当厝意者，以次论之。或著之论说，或缀以批评，务献刍荛，以助达识。"

第四，"以适为主。虽有高尚之学理，恢奇之言论，苟其不适于中国今日社会之程度，则其言必无力而反以滋病，故同人相勖，必度可行者乃言之。"

关于新闻记事的写作，梁启超又提出了五条标准：

第一，"以博为主。……务期材料丰富，使读者不出户而知天下。"

第二，"以速为主。各处访事员，凡遇要事，必以电达，务供阅者先睹为快。"

第三，"以确为主。凡风闻影响之事，概不登录。若有访函一时失实者，必更正之。"

第四，"以直为主。凡事关大局者，必忠实报闻，无所隐讳。"

第五，"以正为主。凡攻讦他人阴私，或轻薄排挤，借端报复之言，概严屏绝，以全报馆之德义。"

这些具体的写作原则并没有随着时间的推移而成为历史陈迹，它对今天的新闻写作仍然具有一定的指导借鉴意义。

五、梁启超的文学思想

19世纪末20世纪初，资产阶级改良派为了配合变法维新运动，更有效地宣传他们的政治主张，曾发动并领导了一场声势浩大的文学革命运动。在这场运动中，梁启超先后提出了"诗界革命""文界革命""小说界革命"的口号，全面而又具体地阐述了各体文学革新的纲领和目标，为建立资产阶级新文学立下了头功。郭沫若说："文学革命是资产阶级革命的一种表征，所以这个革命的滥觞应该要追溯到满清末年资产阶级的意识觉醒的时候。这个滥觞时期的代表，我们当推数梁任公。"[①]

（一）"诗界革命"

梁启超虽不善于作诗，但善于论诗。东渡日本后，他于1899年在《夏威夷游记》（旧题《汗漫录》）中，明确提出了"诗界革命"的主张。他说："余虽不能诗，然尝好论诗。以为诗之境界，被千年来鹦鹉名士（予尝戏名词章家为鹦鹉名士，自觉过于尖刻）占尽矣。虽有佳章佳句，一读之，似在某集中曾相见者，是最可恨也。故今日不作诗则已，若作诗，必为诗界之哥仑布、玛赛郎然后可。"又说："欲为诗界之哥仑布、玛赛郎，不可不备三长：第一要新意境，第二要新语句，而又须以古人之风格入之，然后成其为诗。"最后强调："要之，支那非有诗界革命，则诗运殆将绝。"为了推动诗界革命，他自1902年至1907年又在《新民丛报》上连载《饮冰室诗话》，通过对当代诗人、诗作的分析评论，进一步阐发了"诗界革命"的理论主张，总结了"新诗"创作的实践经验。[②]

首先，梁启超指出："诗界革命"是诗歌发展的大势所趋。明末清初，

---

① 郭沫若：《文学革命之回顾》，《郭沫若全集·文学编》（16），人民文学出版社，1989，第88页。

② 《夏威夷游记》收入《饮冰室合集·专集》之二十二，《诗话》收入《饮冰室合集·文集》之四十五（上）。以下引文未注出处者，均见此二书。

文坛为复古思潮所笼罩，诗歌理论在"宗唐""宗宋"之间徘徊，诗歌创作严重脱离现实生活。这种状况一直持续到晚清，其间虽有龚自珍、魏源等人的反对，但终因积重难返，未能扭转局面。资产阶级维新派登上历史舞台，他们在开展变法维新运动的同时，要求诗歌反映现实生活，为政治斗争服务，并陆续创作了一些"新诗"。梁启超热情讴歌了这些诗人新作，称黄遵宪、夏曾佑、蒋智由为"近世诗界三杰"，认为以他们为代表的新诗创作开辟了诗界的新境，代表了诗歌的发展方向。在肯定"新诗"的同时，他又批评了诗坛"薄今爱古"的风气："中国积习，薄今爱古，无论学问文章事业，皆以古人为不可几及，余平生最恶闻此言。窃谓自今以往，其进步之远轶前代，固不等蓍龟，即并世人物，亦何遽让于古所云哉？"正因为如此，他在《诗话》开头即表示自己"于古人之诗能成诵者寥寥，而近人诗数倍之。"在他看来，杜甫的《北征》、韩愈的《南山》，都是最受欢迎的长篇诗，但其精深雄伟之气，尚有不足；古诗《孔雀东南飞》一千七百余言，号称古今第一长篇诗，虽也奇绝，但不过写些儿女之情，对社会并没有产生什么影响。相反，近人黄遵宪的长诗《锡兰岛卧佛》，"煌煌二千余言，真可谓空前之奇构"，为中国"有诗以来所未有"。他以事实证明今胜于昔，诗歌革新是文学发展的必然趋势，随着"诗界革命"时机的成熟，新的大诗人必将诞生。"今日者革命之机渐熟，而哥仑布、玛赛郎之出世必不远矣。"

其次，梁启超揭示了"诗界革命"的奋斗目标，即新意境、新语句、旧风格"三长兼备"。"新意境"主要指新的思想内容和描写对象，"新语句"主要指运用"欧洲语""新名词"，"旧风格"则意味着传统诗词中的韵味格律。概括地说，就是新的社会理想和名词概念与传统的诗学风格相融合。他曾强调："革命者，当革其精神，非革其形式……若以堆积满纸新名词为革命，是又满洲政府变法维新之类也。"诗界革命要由变法维新时期的"革其形式"发展到"革其精神"，尚需同人进一步努力奋斗。因为从"三长兼备"的标准来看，黄遵宪、夏曾佑和谭嗣同的"新诗"，都还存在不同程度的缺陷。黄诗"能镕铸新理想以入旧风格"，但"新语句尚少";夏、谭之诗"善选新语言",但已"不甚肖诗矣"。只有将"新意境""新语句"和"旧风格"三者融为一体,才能称为"二十世纪支那之诗王"。而这正是梁启超为"诗界革命"指出的方向。

梁启超倡导的"诗界革命"是直接服务于当前政治斗争的,"新境界"所要求的正是新的革命的思想内容,用他的话说就是尽量输入"欧洲之真精神真思想"。这种要求诗歌贴近社会政治,反映现实生活的诗学理论,一方面推动了中国诗歌近代化的进程,另一方面也存在忽视诗歌艺术形式的倾向。

(二)"文界革命"

在提出"诗界革命"口号的同时,梁启超又提出"文界革命"的口号,即要求把散文从八股时文和桐城派古文的禁锢下解放出来,以"报章文字"为范式,形成一种平易畅达、条理清晰的"新体散文"。梁启超倡导的"诗界革命"与"文界革命"在精神上基本上是相通的,然而就他个人与诗和文的关系而言,在方法上又有所区别。倡导"诗界革命"时,因他个人不善于为诗,因而主要以一部《诗话》在理论上予以指导;倡导"文界革命"时,因他创作的"新文体"早已誉满天下,故主要以大量的文章在实践上施以影响。他在《清代学术概论》中说,自他东渡日本后,"复专以宣传为业,为《新民丛报》《新小说》等诸杂志,畅其旨义,国人竟喜读之,清廷虽严禁,不能遏,每一册出,内地翻新本辄十数。二十年来学子之思想,颇蒙其影响"①。

梁启超在报刊文字基础上形成的"时务文体""新民文体"——"新文体",风靡一时,"对于读者,别有一种魔力"。这引起了封建顽固派文人的强烈不满,他们群起攻之,"诋为野狐"。这表明文化解放的阻力还相当大。为了扫除文体解放的障碍,为文界革命开辟道路,梁启超对以八股文和桐城古文为代表的旧体散文进行了猛烈的批判。废八股、变科举本是

---

① 梁启超:《清代学术概论》,《饮冰室合集·专集》之三十四,中华书局,1989,第62页。

变法维新的重要内容之一，梁启超不仅从政治角度多方揭露八股帖括的害处，而且从文体角度严厉批判时文制艺的弊端。他在《变法通议·论幼学》中说：

> 今之为教者，未授训诂，未授文法，闯然使代圣贤立言，朝甫听讲，夕即操觚……又限其格式，诡其题目，连上犯下以钤之，擒钓渡挽以凿之。意已尽而敷衍之，非三百字以上弗进也；意未尽而桎梏之，自七百字以外勿庸也。百家之书不必读，惧其用僻书也；当世之务不必讲，惧其触时事也。以此道教人，此所以学文数年，而下笔不能成一字者，比比然也。[①]

戊戌变法的一大功绩就是废除了这种束缚思想、有害文道的八股文，这当中自有梁启超的一份功劳。对桐城派古文，梁启超明确表示不喜欢。在他看来，古文派所谓的"双关法""单提法""抑扬顿挫法""波澜纵擒法"，等等，皆冬烘学究"以自家之胸臆，立一定之准绳"，"自识者观之，安有不喷饭者邪"。他认为古文之"法"的核心在于创作主体的"气"，所谓"其气充乎其中而溢乎其貌，动乎其言而见乎其文，而不自知也"。这种"气"的神秘作用就像西方文论里说的"灵感"一样。[②]

梁启超把散文创作看作是主体生命意识的流动和生命能量的迸发，文章的表达由中及貌、由言及文，也就是"气盛——志实——言宜"的过程，本不存在什么不变的"格式"和"定规"。从创作的角度说，艺术主体修身养气，使身心充实，情绪饱满，富有旺盛的生命活力，创作冲动也就油然而生，文章结构也就自然天成，此即庄子所谓"充实不可以已"。这样创作出来的散文，当然也就符合"新文体"的要求。时文和古文的共同弊端是用僵化的形式来桎梏思想的自由表达。因此，一旦摆脱了时文和

---

① 梁启超：《变法通议·论幼学》，《饮冰室合集·文集》之一，中华书局，1989，第48页。

② 梁启超：《自由书·烟士披里纯》，《饮冰室合集·专集》之二，中华书局，1989，第72页。

古文的束缚，心境便获得了解放。梁启超说他当年的"新文体"就是在这种心境下创作出来的，"至是自解放，务为平易畅达，时杂以俚语、韵语及外国语法，纵笔所至不检束……然其文条理明晰，笔锋常带情感"①。这种行云流水式的新式散文，正是解放思想的政治运动所必需的，而那种刻意雕琢，力求典雅的时文、古文，既难以索解，又怎么能将文明思想传播给国民呢？梁启超提倡"文界革命"的原因正在于此。由此也可以看出，梁启超关于"新文体"表现形式的认识是非常肤浅的。但既是为政治服务，梁启超也就顾不了那么多了。他明确地说："吾辈之为文，岂其欲藏之名山，俟诸百世之后也，应于时势，发其胸中所欲言。然时势逝而不留者也，转瞬之间悉为刍狗。"②从历史的角度看，"文界革命"适应了时代发展的需要，梁启超创作的"新文体"不仅影响了一代文风，还影响了一代人的思想。事实证明，"新文体"是成功的。

（三）"小说界革命"

梁启超在倡导"诗界革命"和"文界革命"的同时，又从变法图强的政治目的出发，根据当时小说界的实际情况，大力倡导"小说界革命"，掀起了一场轰轰烈烈的小说革新运动，开创了中国近代小说理论的新局面。

在各种文体中，小说因其通俗易懂，便于接受的特点，引起了梁启超的特别注意。戊戌变法前，他就在所著《变法通议》中，主张革新小说的内容与形式，发挥小说揭露黑暗、补益社会的作用。所谓："专用俚语，广著群书，上之可以借阐圣教，下之可以杂述史事，近之可以激发国耻，远之可以旁及彝情，乃至宦途丑态，试场恶趣，鸦片顽癖，缠足虐刑，皆可穷极异形，振厉末俗。其为补益，岂有量耶。"③东渡日本后，他将自己

---

① 梁启超：《清代学术概论》，《饮冰室合集·专集》之三十四，中华书局，1989，第62页。

② 梁启超：《饮冰室合集·文集·原序》，中华书局，1989，第1页。

③ 梁启超：《变法通议》，《饮冰室合集·文集》之一，中华书局，1989，第54页。

翻译的日本政治小说《佳人奇遇》在《清议报》上连载，并写了一篇《译印政治小说序》，重新提出革新小说的主张，强调了政治小说的社会作用，认为："美、英、德、法、奥、意、日本各国政界之日进，则政治小学为功最高焉。"[①]为推进小说革新运动，1902年11月，梁启超又在横滨创办了我国第一种近代新型的小说刊物——《新小说》。在《新小说》创刊号上，他发表了《论小说与群治之关系》的专论，明确提出"小说界革命"的口号，在整个文坛产生了巨大的影响，迅速形成了一个声势浩大的小说革新运动，促使小说创作和理论批评出现了空前繁荣的局面。《论小说与群治之关系》是一篇具有纲领性的小说理论文章，是梁启超小说理论的集大成之作，它全面系统地论述了一些重要的小说理论问题。

首先，充分强调了小说的社会作用。文章开头就说："欲新一国之民，不可不先新一国之小说。故欲新道德必新小说，欲新宗教必新小说，欲新政治必新小说，欲新风俗必新小说，欲新学艺必新小说，乃至欲新人心，欲新人格，必新小说。何以故？小说有不可思议之力支配人道故。"[②]梁启超对小说社会作用的强调有这样几个特色：一是比前人提得更高，看得更远。他认为，小说的作用可以渗透到道德、宗教、政治、风俗、学艺，乃至人心、人格各个方面。二是突出小说的社会政治作用，他提倡小说界革命主要是为变法维新服务，小说革新运动是与民族独立和发展资本主义这两个根本目的联系在一起的。所谓："今日欲改良群治，必自小说界革命始；欲新民，必自新小说始。"第三，对比中西小说的历史经验，指出中西小说具有不同的社会作用。他认为中国古代小说都是不好的，在实际生活中起了极坏的作用。中国人头脑中的状元宰相思想，佳人才子思想，江湖盗贼思想，妖巫狐鬼思想等等，都来自小说。因此，小说是"中国群治腐败之总根源"。相反，欧美及日本在"变革之始"所写的政治小说，则产生了积极的社会作用。所以，他大力提倡政治小说。

①　梁启超：《译印政治小说序》，《饮冰室合集·文集》之三，中华书局，1989，第35页。
②　梁启超：《论小说与群治之关系》，《饮冰室合集·文集》之十，中华书局，1989，第6页。

其次，多方分析了小说的艺术特征。"小说之道感人深矣。"原因何在？梁启超认为仅用"浅而易解""乐而多趣"不足以说明问题。他分析了人们爱好小说的关键，是因为小说具有如下两个特点：一是小说"常导人游于他境界，而变换其常触常受之空气也。"就是说小说能达到异境和理想，使读者大开眼界，了解身外之身、世外之世。二是小说能真实细致地描绘人生，将人的怀抱经历、喜怒哀乐，"和盘托出，彻底而发露之"，使人们对"行之不知，习矣不察"的思想行为，不仅"知其然"，而且"知其所以然"。小说的这两个特点，正好符合了人们希望广泛地了解世界和深切地认识自身的本性，因而小说倍受人们欢迎。根据小说的这两个特点，梁启超第一次在我国将小说分成理想派和写实派两种。凡是能表达异境和理想的，属于理想派小说；凡是真实细致地描绘人生的属于写实派小说。"小说种目虽多，未有能出此两派范围外者也。"这实际上是受西方文论的影响，粗略地区别了浪漫主义与现实主义两大流派。它与王国维《人间词话》里所说的"有造境，有写境，此理想与写实二派之所由分"相辉映。

此外，梁启超还总结了小说"支配人道"的四种艺术感染力。一曰"熏"。"熏也者，如入云烟中而为其所烘，如近墨朱处而为其所染。"这是说小说具有熏陶作用，使读者在不知不觉之中受其感染。二曰"浸"。熏以空间言，浸以时间而言。"浸也者，入而与之俱化者也。"这是说小说能使读者身临其境，思想感情受到渗透而不断变化。三曰"刺"。"刺也者，刺激之义也。"熏、浸之力为渐，使读者不觉；刺之力为顿，使读者骤觉，即作品突然间强烈地震动读者的心灵，使其情不自禁地受到感动。四曰"提"。"前三者之力，自外而灌之使入，提之力自内而脱之使出。"就是说作品产生一种"移人"的力量，使读者的感情完全融化在小说之中，与主人公产生共鸣。最后，梁启超总结说：此四者，"文家能得其一，则为文豪；能兼其四，则为文圣。有此四力而用之于善，则可以福亿兆人；有此四力而用之于恶，则可以毒万千载。而此四力所以最易寄者惟小说。"

总之，梁启超的小说理论重点在于强调小说的社会作用，他对小说艺术特征的分析也在于解释小说何以具有巨大的社会作用。这些分析大都是积极的，为此他成为中国近代小说理论的奠基人。但也有失之夸大的一面，他的政治倾向性和社会功利性完全左右了他的小说理论，因而有人说作为政治家的梁启超，"在艺术殿堂前尚未真正入室"[①]。这话是有道理的。

六、梁启超的教育思想

梁启超是一位"教育救国"论者，他将兴学校、开民智、育人才视为变法的根本，认为"今日为中国前途计，莫亟于教育"[②]，希望通过教育培养具有资本主义思想和科学文化知识的一代新人。为此，他不仅积极地筹办学校、执鞭任教，而且写下了大量的教育论著，从理论和实践两个方面，为中国的教育事业做出了重要的贡献。

（一）论教育作用和目的

梁启超素来重视教育的作用，在他看来，国家的强弱以教育为转移，变法的成败由教育来决定。学校教育是"开民智""育人才"之本。中国之所以贫穷落后，就是由于"教之未善"而导致的"民智未开""缺乏人才"所致。所谓："今日中国之大患，苦于人才之不足，而人才不足由学校不兴也。"他把学校教育视为变法图强的根本途径，认为当今天下，"亡而存之，废而举之，愚而智之，弱而强之，条理万端，皆归本于学校"。因而，他呼吁："苟欲自强，则悠悠万事，惟此为大。"[③]学校教育"以民智为第一义"，因为"权生于智"。变法的基本要求是"兴民权"，而"开民智"又是"兴民权"的前提和基础。他在上陈宝箴书中说："有一分之智，即有一分之权；有六七分之智，即有六七分之权；有十分之智，即有

---

① 黄霖：《近代文学批评史》，上海古籍出版社，1993，第392页。

② 梁启超：《教育政策私议》，《饮冰室合集·文集》之九，中华书局，1989，第32页。

③ 梁启超：《变法通议·学校总论》，《饮冰室合集·文集》之一，中华书局，1989，第19—20页。

十分之权。……是故权与智相倚者也。昔之欲抑民权，必以塞民智为第一义；今日欲伸民权，必以广民智为第一义。"①这实质上是将变法维新寄托在培养具有民主思想和文化知识的"新人"上，是一种教育决定政治论，明显夸大了教育的作用。梁启超后来东渡扶桑，鼓吹"新民"说，这种教育思想又有了进一步的发展。

梁启超认为，人类与动物，文明人与野蛮人之间，最大的区别在于有无目的性。人类社会之所以日益进步，就是因为人类的活动是有意识、有目的的。教育是人类一项极其复杂的活动，必须有正确的目的。他批评中国传统教育最大的特点，是培养出来的人缺少国家观念，"可以为一个人之资格"，"可以为一家人之资格"，"可以为一乡一族人之资格"，甚至"可以为天下人之资格"，"独无可以为一国国民之资格"。而在今日列国并立，弱肉强食，优胜劣汰的时代里，国家处于岌岌可危的境地，这就需要人人具有抗敌的思想、抗敌的知识、抗敌的能力。教育若要完成这一伟大使命，必须改变原来的宗旨，确立正确的教育目的。所以，梁启超在《新民说》里提出了培养新国民，即"新民"的教育目的。"新民"包括民德、民智、民力三个方面内容，主要标准是培养能自由、自主、自治、自立，具有"新道德、新思想、新精神"的新一代国民，以便把中国建设成为一个"完全高尚之自由平等国自主国"。"新民"的任务不是一蹴而就的，只有通过教育的途径慢慢养成一种"特色的国民"（新民），再由他们去改良社会，使国家走上富强之路。故曰："新民云者，非新者一人，而新之者又一人也，则在吾民之各自新而已。孟子曰：子力行之，亦以新子之国。自新之谓也，新民之谓也。"②

通过教育培养"新民"以达到救国的目的，这是梁启超改良主义思想在教育理论中的表现。他把人的自由、自尊观念，利群、爱国思想和进取、冒险精神，统统看成是先天的，只是由于长期的封建专制制度的压制和摧残，才使之呈现离散或隐伏状态，因而需要通过教育的途径，使人人

---

① 梁启超：《论湖南应办之事》，《饮冰室合集·文集》之三，中华书局，1989，第41页。

② 梁启超：《新民说》，《饮冰室合集·专集》之四，中华书局，1989，第6、3页。

"自克自修","剪劣下之根性",养"完粹之品格",就能逐渐恢复原来的完美本性,成为"新民"。这种先验主义的教育思想在理论上虽然是错误的,但梁启超毕竟首次提出了人的近代化问题,并把它作为社会变革的基本前提,这在当时无疑具有进步意义。

(二)论教育制度和科举

梁启超在《变法通议·学校总论》中,概括地提出了如何实施学校教育的意见和要求。后来,他又在《教育政策私议》中,进一步阐明了有关学校制度的问题。他认为,学校教育应该循序渐进,前后衔接,形成体系,并充分照顾到儿童的身心发展情况。根据日本的教育制度,梁启超设计了一个"教育期区分表",把学校教育分为四个时期:(1)五岁以下为幼儿期,受家庭教育或入幼稚园;(2)六至十三岁为儿童期,受小学教育;(3)十四至二十一岁为少年期,受中学教育;(4)二十二至二十五岁为成人期,受大学教育。

特别值得一提的是,梁启超不仅最早提出兴办近代学校的主张,而且还是最早提倡实行小学义务教育的人。他说:"各国小学,皆行义务教育。义务云者:其一,则及年之子弟,皆有不得不入学之义务也。其二,则团体之市民,皆有不得不担任学费之义务也。"[1]他认为,对于小学八年的教育,应以政府干涉之力强制推行。在千人以上的市镇村落,必设一所小学;大乡大镇规划为数区,每区设一所小学;小村落不足千人者,则数村合设一所学校。学校经费由村镇自筹,有公产者,则以公产收入支付;无公产者,则征学校税。梁启超在当时的历史条件下能提出这样明确具体的教育主张,确实是难能可贵的。

兴办学校是与改革科举联系在一起的,梁启超说:"变法之本,在育人才;人才之兴,在开学校;学校之立,在变科举。"[2]从古代选官制度的

---

① 梁启超:《教育政策私议》,《饮冰室合集·文集》之九,中华书局,1989,第36页。
② 梁启超:《变法通议·论变法不知本原之害》,《饮冰室合集·文集》之一,中华书局,1989,第10页。

发展看,"科举"取代"世卿"是一大进步,所谓:"世卿为据乱世之政,科举为升平世之政。"①后来,科举代替学校,特别是明清之际,采用八股取士制度,科举之弊随之而起,以致人谓:"八股之害甚于焚书坑儒","八股取士为中国锢蔽文明之一大根源"。由于八股体式,其体只重代圣贤立言,其格只求清真雅正,"不得用秦汉以后之书,不得言秦汉以后之事。于是士人皆束书不观,争事贴括,至有通籍高第,而不知汉祖唐宗为何物者,更无论地球各国矣"②。通过这种方式选出来的官员,既不通内政外交,又不能治兵理财,当然也就无法使国家富强起来。此其一。再者,科举制度,从其取士之数目看,举人之额每省不过数十人,进士之额每科不过数百人,而落第之数千人中,又不乏真才实学者。如此,"幸中"与"遗珠"并存。所以,科举考试根本就不是选官之良途。"故欲兴学校,养人才,以强中国,惟变科举为第一义。大变则大效,小变则小效。"③

如何变革科举制度呢?梁启超在《变法通议·论科举》一节中,提出了改革科举制度的上、中、下三策。所谓"上策",即"合科举于学校"。就是自京师以至州县广立学校,并把学校毕业学生与科举录取士子同样看待,给以出身和职务,"入小学者比诸生,入大学者比举人,大学学成比进士,选其优异者,出洋学习比庶吉士"。学校毕业生可以在各部任职。这样,几年之后,"人才盈廷矣"。所谓"中策",即"多设诸科,与今日贴括一科并行"。诸科有:明经、明算、明字、明法、绝域、通礼、技艺、学究、明医、兵法等等。分别选取理论、数学、中外语文、中外刑律、各国公法条约、礼仪、制造技术、师范、医学、军事等各方面人才。这样,就可以促使人们学习"为天下用"的实学。所谓"下策"即"一仍今日取士之法,而略变其取士之具"。就是在各级考试中,都要加试政治、历史、算术、农、工、商、兵等实学,而"不拘格式,不论楷法",也就是打破

---

① 梁启超:《变法通议·论科举》,《饮冰室合集·文集》之一,中华书局,1989,第21页。

② 梁启超:《戊戌政变记·新政诏书恭跋》,《饮冰室合集·专集》之一,中华书局,1989,第25页。

③ 梁启超:《变法通议·论科举》,《饮冰室合集·文集》之一,中华书局,1989,第27页。

八股文的死板格式，使应试者稍知实用知识。他告诫说："由上策者强，由中策者安，由下策者存"。若墨守旧法，不变科举，"则虽铁舰圆海，谁与为战？枪炮如林，谁与为用？数万里地，谁与为守？数百兆人，谁与为理？"经过梁启超等人的不懈努力，清廷终于废除了科举取士制度，近代学校制度遂得以逐渐确立。

(三)论师范教育和女子教育

梁启超的教育思想还有一个显著的特点，就是对师范教育和女子教育十分重视，《变法通议》中有《论师范》《论女学》两节。学校是教育的基地，教师是学校的灵魂。而教师要由师范学校来培养，"政欲革旧习，兴智学，必以立师范学堂为第一义"[①]。师范教育为"群学之基"，必须予以高度重视。然而，中国"师范不立"，由来已久，以致近世学堂，"一切教习，多用西人"。梁启超认为，聘西人教习，弊多利少。因为师生之间语言不通，中西方文化背景不同等因素，都会影响教学效果。更重要的是，"以四万万之大众……而才任教习者，乃至乏人，天下事之可伤可耻，孰过此矣"。鉴于中国缺乏师范教育的经验，梁启超介绍了日本师范学校的课程内容，计有十七种。他主张以此为基础，结合中国文化"而损益之"，以形成中国师范学校的教学内容："一须通习六经大义，二须讲求历朝掌故，三须通达文字源流，四须周知列国情状，五须分学格致专门，六须仞习诸国言语"。梁启超对师范教育的重视是一贯的，1902年，他设计的"教育制度表"里，就有师范学校、寻常师范学校、高等师范学校和师范大学之设，形成了一个由初级、中级到高级的完整的师范教育体系。辛亥革命后，他在起草《政府大政方针宣言书》时，又强调："国民教育，以培养师范为先"；指出："今日大患，在国中才智之士，罕肯从事教育。故师范愈隳，而学基愈坏。故城镇乡之自治事业，其十之八九宜集中于教

① 梁启超：《变法通议·论师范》，《饮冰室合集·文集》之一，中华书局，1989，第37页。以下引文未注出处者，均见此节。

育，而尤以养成单级教授之师范为下手第一著。"①这些都表明了他发展教育以师范为先的远见卓识。

梁启超主张"男女平权"，提倡妇女解放，因而也很重视女子教育。他说："推极天下积弱之本，则必自妇人不学始。"②他把中国积弱的原因归结为女子未受教育，在他看来，要强国强种就必须抓好女子教育，因为女子教育的好坏直接关系到家庭、后代和种族。女子教育搞好了，"上可相夫，下可教子，近可宜家，远可善种"③，所谓"女学最盛者，其国最强"。相反，"女学衰，母教失，无业众，智民少"，其国必弱。"故妇学实天下存亡强弱之大原也。"从这一观点出发，梁启超批判了"女子无才即是德"的腐朽思想，认为"此实祸天下之道也"。假如占人口半数的女子都没有受教育，那还谈什么"教之为善"？而在封建社会里，中国女子不但没有受教育的权利，还要惨遭摧残，"戕其肢体，蔀其耳目，黜其聪慧，绝其学业"。他呼吁，必须立即改变这种歧视女子、奴役女子的现状，并以美、日等国为例，说明女子不仅可以受教育，而且可以和男子教育相一致。为了表示对女学的重视，梁启超计划在上海创办一所女子学堂，以便各省、州、县仿照建立类似学堂。为此，他写了一篇《倡设女学堂启》，并附《女学堂试办略章》，对女学堂的办学宗旨、课程设置、教职人员、管理制度、招生对象等都有明确的规定。按计划，这所女学堂拟招收四十名八至十五岁的"良家闺秀"。学习内容有："中文西文各半，皆先识字，次方法，次读各门学问启蒙粗浅之书，次读史志艺术治法性理之书"。学堂设有算术、医学、法学三科，另有师范科，以培养师资。梁启超有关女子教育的思想和主张，在当时封建意识非常浓厚的中国教育界，无疑具有巨大的开风气的作用。

---

① 梁启超：《政府大政方针宣言书》，《饮冰室合集·文集》之二十九，中华书局，1989，第122页。

② 梁启超：《变法通议·论女学》，《饮冰室合集·文集》之一，中华书局，1989，第38页。以下引文未注出处者，均见此节。

③ 梁启超：《倡设女学堂启》，《饮冰室合集·文集》之二，中华书局，1989，第19页。

七、梁启超的学术史研究

梁启超在《清代学术概论·第二自序》中说他"久抱著中国学术史之志",并计划在一年内完成一部学术通史,包括下列五个部分:一、先秦学术;二、两汉六朝经学及魏晋玄学;三、隋唐佛学;四、宋明理学;五、清学。这一计划最终虽未实现,但中国学术史却始终是他学术研究中的重头戏。他认为:"学术思想之在一国,犹人之有精神也。而政事、法律、风俗及历史上种种之现象,则其形质也。故欲觇其国文野强弱之程度如何,必于学术思想焉求之。"①如果说史学研究在他一生的学术活动中占首位,那么紧随其后的就是学术史研究。他一生尤其是晚年写下了大量的学术史方面的论著,学术通史方面,早期的《论中国学术思想变迁之大势》,对三千余年中国学术思想的发展大势作了全面评价;晚年的《儒家哲学》,系统分析了两千五百年儒学的变迁概略。学术断代史方面,先秦学术与清代学术是他研究的重点。《老孔墨以后学派概观》《先秦政治思想史》《先秦学术年表》《老子哲学》《子墨子学说》《墨经校释》《孔子》《读孟子界说》《庄子天下篇释义》《荀子评诸子汇释》《韩非子显学篇释义》等,都是研究先秦学术思想方面的论著;而《清代学术概论》《中国近三百年学术史》,则是清代学术史研究方面的传世之作。这些学术史研究方面的大量论著,是继黄宗羲《明儒学案》《宋元学案》之后的进一步发展,对近代研究中国学术发展史起了开创性作用。

（一）中国学术思想总论

梁启超于1902年发表了《论中国学术思想变迁之大势》,这一长篇论著实际上是他整个学术史研究的一个导论,是中国学术史的一个鸟瞰式的提纲。书中将中国学术思想的变迁分为七个时期:一、春秋以前为"胚胎

---

① 梁启超:《论中国学术思想变迁之大势》,《饮冰室合集·文集》之七,中华书局,1989,第1页。以下引文未注出处者,均见此文。

时代"；二、春秋末至战国为"全盛时代"；三、两汉为"儒学统一时代"；四、魏晋为"老学时代"；五、南北朝至唐为"佛学时代"；六、宋元明为"儒佛混合时代"；七、清以来的二百五十年为"衰落时代"。梁启超粗线条地勾勒了三千余年中国学术思想发展的脉络，分析总结了各时期学术思想的特色和形成原因，为以后的断代学术史研究奠定了基础。关于本书，梁启超本来打算写十六章，后来因故只写到"佛学时代"便搁笔。两年后，即1904年，他又续作《近世之学术》评述"衰落时代"的清学史，而宋元明"儒佛混合时代"的理学则始终未写成，实属遗憾。

梁启超认为，学术思想的发展与历史的进程关系密切，大体上呈上升趋势。"上古之历史，至黄帝而一变，至夏禹而一变，至周初而一变，至春秋而一变。故文明精神之发达，亦缘之以为界焉。"他将"胚胎时代"的学术文化依历史的发展划为四个小时代，即黄帝时代、夏禹时代、周初时代、春秋时代。这一时期的学术思想虽然还处于萌芽状态，但"实为我民族一切道德、法律、制度、学艺之源泉"。其核心思想观念有三：一曰天道，二曰人伦，三曰天人相与之际。其特色是宗教色彩淡薄，迷信之力不强。因为，"胚胎时代之文明，以重实际为第一义。重实际故重人事，其敬天也，皆取以为人伦之模范也；重实际故重经验，其尊祖也，皆取以为先例之典型也。"当时掌握学术关键的是两种人，一为祝官，掌天事；一为史官，掌人事。

春秋末年，学术思想开始勃兴，至战国达到全盛状态。梁启超描绘道："孔北老南，对垒互峙，九流十家，继轨并作。如春雷一声，万绿齐苗于广野；如火山乍裂，热石竞飞于天外。壮哉盛哉！非特中华学界之大观，抑亦世界学史之伟绩也。"战国学术繁荣的原因约有七端：一由于蕴蓄之宏富，二由于社会之变迁，三由于思想言论之自由，四由于交通之频繁，五由于人才之见重，六由于文字之趋简，七由于讲学之风盛。这一时期，诸子百家，争鸣对峙，学术竞相发展，文化空前繁荣，学派之多，观点之富，令人目不暇接。梁启超则高屋建瓴，以"两派三宗"概而论之。所谓"两派"，即"北派"和"南派"。北派以孔子、孟子、荀子为代表的邹鲁派为正宗。另有齐派、宋郑派等。南派以老子、庄子为正宗,另有许行、屈原等支派。所谓"三宗",即"孔学""老学""墨学"。孔学包括小康派、大同派、天人相与派、心性派、考证派、记纂派;老学包括哲理派、厌世派、权谋派、纵乐派、神秘派;墨学包括兼爱派、游侠派、名理派。以上就横向而言,就纵向来说,北南两派为全盛时代第一期,孔、老、墨三宗为第二期,三宗后又发展为儒、墨、名、法、阴阳、道六家,则为第三期,六家经过分裂混合又为七家,最终汇合于秦,是为第四期。

"泰西之政治,常随学术思想为转移;中国之学术思想,常随政治为转移。"随着汉代大一统政治局面的形成,统一代替了竞争,学术上也进入"儒学统一时代"。没有竞争,学术就难以进步,"故儒学统一者,非中国学界之幸,而实中国学界之大不幸"。儒学统一,他学消沉,一兴一亡,原因何在?梁启超认为:"周末大家,足与孔并者,无如老、墨。然墨氏主平等,大不利于专制;老氏主放任,亦不利于干涉。与霸者所持之术,固已异矣。"就是说,墨学、老学都不是专制君主喜欢的工具。法家主耕战、专制,其"为利也显而骤",但流弊多,难于持久,所以也不是理想的统治工具。"惟孔学则严等差,道中庸,与民言服从,与君言仁政,其道可久,其法易行"。故"孔学所以独行,殆教竞君择,适者生存"之公例。汉儒流派繁多,综其大别,可分两种:一为说经之儒,一为著书之儒。说经之儒,皆凭口述,师徒相传,最重家法;著书之儒,有创意者,不过董仲舒、司马迁、刘向、扬雄、王充、王符、仲长统七人而已。

三国六朝时期,道家中兴,道言猖披,道术盛行,老子哲学被重新阐释,获得了新的生命,庄子哲学也由冷而热,成为学界关注的中心,人们竞相排登李室,驰骋庄门,以至出现"户咏怡旷之辞,家画老庄之象"(《晋书·嵇含传》)。梁启超以"老学时代"概括魏晋学术思潮,原因即在于此。他认为,这一时期怀疑主义、厌世主义、破坏主义、隐诡主义盛行,"实中国数千年学术思想最衰落之时也"。儒学由盛转衰,玄学中道兴起的原因,梁启超概括了五点:"一由训诂学之反动也";"一由魏氏之提倡恶俗也";"一由杀戮过甚人心皇惑也";"一由天下大乱民苦有生也"。

以上四端，再加上两汉帝王儒者，崇尚谶纬，迷信休咎，以至阴阳五行之说深入人心，权势、道德则两无可凭，"民志皇皇，以为殆有司命之者存"。于是乎，祈禳之术、炼养之术、服食之术，相率而行，仙风道气笼罩整个社会。此其五者。"此五者，殆当时学术堕落之最大原因"。儒学衰落，老学兴起，其派别则有玄理派、丹鼎派、符箓派、占验派诸种。

佛学自东汉传入中国后，经过魏晋南北朝时期的发展，至隋唐进入鼎盛时期。这一时期，佛学与中国传统文化进一步融合，衍变成中国化的佛教，并相继出现许多宗派。梁启超谓之为"佛学时代"。他对佛学情有独钟，认为"隋唐之交，为先秦以后学术思想最盛时代"，原因就是有佛学的兴起。在他看来，此前的两汉经学不及佛学，余则更无论；此后的宋明理学也不足与佛学相比，他则更不用说。梁启超先对佛学在我国的流传发展作了简短的回顾，接着列表将六朝隋唐间的佛学宗派作了系统展示，然后分述俱舍宗、成实宗、律宗、法相宗、三论宗、华严宗、天台宗、真言宗、净土宗、禅宗十个"经过极光大之时代"，并"支配数百年间之思想界"的宗派的历史，最后总结中国佛学的四大特色——自唐以后，印度无佛学，其传皆在中国；诸国所传佛学皆小乘，唯中国独传大乘；中国之诸宗派，多由中国自创，非袭印度之唾馀；中国之佛学，以宗教而兼有哲学之长。

梁启超把明亡以来的学术称为"近世之学术"，实即清代学术。在论清学时，他高度评价了清初三大思想家黄宗羲、王夫之、顾炎武在批判宋明理学，提倡"经世致用"学风方面所起的巨大作用。至乾嘉学派，治学方法"由演绎的进于归纳的"，虽"饶有科学之精神"，"而惜其仅用诸琐琐之考据"，故有明察秋毫而不见舆薪之弊。在他看来，从清初诸大师到乾嘉学派，清学是在走下坡路。他还以时间先后为序，将清学史划分为四个时期：第一期为顺康间，主要研究程朱陆王问题；第二期为雍乾嘉间，主要研究汉宋学问题；第三期为道咸同间，主要研究今古文问题；第四期为光绪间，主要研究孟荀问题、孔老墨问题。不过这样的分期和归纳，他自己也不满意，所以特别加注说明："上表不过勉分时代，其实各期衔接掺杂，有相互之关系，非能划若鸿沟，读者勿刻舟求之。"

梁启超本人为晚清今文经学营垒中的重镇，因此他对清代今文经学的源流演变分析得头头是道："首倡之者，为武进庄方耕，者《春秋正辞》。方耕与东原同时，相友善，然其学不相师也。戴学治经训，而博通群经；庄学治经义，而约取《春秋公羊传》。东原弟子孔巽轩，虽尝为《公羊通义》，然不达今文家法，肤浅无条理，不足道也。方耕弟子刘申受，始专主董仲舒、李育，为《公羊释例》，实为治今文学者不祧之祖。逮道光间，其学寝盛，最著者曰仁和龚定庵，曰邵阳魏默深。"龚自珍、魏源之后，集今文经学之大成者当推井研廖平，而将其用之于变法改制，则自康有为始。所谓："康先生之治《公羊》，治今文也，其渊源颇出自井研，不可诬也。然所治同，而所以治之者不同。畴昔治《公羊》者皆言例，南海则言义。惟牵于例，故还珠而买椟；惟究于义，故藏往而知来。以改制言《春秋》，以三世言《春秋》者，自南海始也。"在中国近代学术史上，能把清代今文经学的源流利弊梳理得如此丝丝入扣、有条不紊，梁启超堪称第一人。此外，他还试图对清代学术的基本特征作出概括，以考证作为清学正统派的学风，认为"本朝二百年之学术，实取前此二千年之学术，倒影而缫演之，如剥春笋，愈剥而愈近里，如啖甘蔗，愈啖而愈有味，不可谓非一奇异之现象也"。从总体上说，这时他对清学的评价是不高的，认为"综举有清一代之学术，大抵述而无作，学而不思，故可谓之为思想最衰时代"。到了晚年，他著《清代学术概论》和《中国近代三百年学术史》时，对清学的分期和价值又进行了重新思考。尽管如此，他还是从进化的立场，对清代学术乃至整个中国学术思想的趋势，作了乐观的预测。在他看来，继"衰落时代"而起的将是第八个时期，即二十世纪初期的"复兴时代"。对这个时代，梁启超倾注了全部的热情，献上了深情的颂歌，寄予了无限的希望："自今以后，思想界之革命，沛乎莫之能御矣。今始萌芽，虽庞杂不可方物，莫能成一家言。顾吾侪今日，只能对于后辈而尽播种之义务。耘之获之，自有人焉，但使国不忘，则新政府建立后二十年，必将有放大光明持大名誉于全世界学者者。"

（二）先秦学术思想研究

先秦是中国学术思想发展的全盛期，也是梁启超研究的重点。《老孔墨以后学派概观》（1920）和《先秦学术年表》（1926）就是有关先秦学术的两部断代史研究论著。《年表》以表格的形式，对先秦学术人物的活动年代及主要事迹作了系统的展示，使人们对先秦学术变迁之大势一目了然。①《概观》则对老子、孔子和墨子以后道家、儒家和墨家三个学派的蜕变衍生作了比较详细的考证，从史的角度揭示了先秦主要学术流派的发展变化过程。梁启超认为："古代学术，老、孔、墨三圣集其大成。言夫理想，老子近唯心，墨子近唯物，孔子则其折中也；言夫作用，老子任自然，墨子尊人为，孔子则其折中也。三圣以后，百家竞作，各有其独到之处。观其一节，时或视三圣所造为深。然思想渊源，盖罔不导自三圣。"②

"三圣"为古代学术的集大成者，对"三圣"各自的学术思想，梁启超分别有专论，如《老子哲学》一书探讨老子的学术思想，《孔子》一书探讨孔子的学术思想，《子墨子学说》和《墨子学案》两书探讨墨子的学术思想。③至于"三圣"以后，道、儒、墨三个流派的发展演变情况，前人论述得并不多，《概观》之作，目的就在弥补这一不足，所谓："以三圣为纲，述其流传以观其变焉"。由于《概观》本身系未完成之作，所以我们据书后所附《先秦诸子表》，先来看看梁启超关于道、儒、墨三派流变的总观点。先秦道家的发展有四期：第一期为老子、关尹；第二期为杨朱、列御寇、老莱子、黔娄子；第三期为它嚣、魏公子牟、彭蒙、田骈、慎到、庄周；第四期为蜎渊、捷子、宫孙子、鹖冠。先秦儒家的发展也分四期：第一期为孔子；第二期为子夏、子游、子张、子弓、曾子、漆雕开、宓子；第三期为子思、景子、李克、世硕、公孙尼子、魏文侯、孟

---

① 梁启超：《先秦学术年表》，《饮冰室合集·专集》之七十六。

② 梁启超：《老孔墨以后学派概观》，《饮冰室合集·专集》之四十，中华书局，1989，第1页。以下引文未注出处者，均见此书。

③ 以上各书分别收入《饮冰室合集·专集》之三十五、三十六、三十七、三十九。

子、乐正子春、颜氏、仲良氏、芊婴、告子；第四期为虞卿、荀卿、鲁仲连、徐子、朱建、董无心。先秦墨家的发展第一期无相应的人物，第二期为墨子；第三期为禽滑釐、随巢子、胡非子、宋钘；第四期为田俅子、我子、相里勤、相夫氏、邓陵氏、缠子。①这些流派的分类与分期，梁启超认为并不完全合适，只是为了便于学者检览罢了，不可太过拘泥。

老子所衍生的学派主要有：极端个人享乐主义的杨朱一派，出世间法的庄周一派，自然断灭主义的彭蒙、田骈、慎到一派。关于杨朱学派，梁启超的论述有两点值得注意。一者，杨朱标榜"拔一毛而利天下不为"，故被认为极端的个人主义、为我主义。梁则认为："杨朱之所谓'为人'，实与浅薄之自私自利观念不同，吾得名之曰'无我的为我主义'。"无我而复为我，这就是杨朱"为我"主义的妙谛。因为有我之见存而为我，则是有意为我，则是大愚；苟无我之见存而为我，则是无意为我，则是"从心而动不违自然"，"从性而游不逆万物"。此即杨朱学说之主脑。二者，杨朱为老学中最盛一派，所谓"杨朱墨翟之言盈天下，天下之言不归杨则归墨"（《孟子·滕文公下》）。老学中杨朱一派之所以独盛，是因为慎到一派修证太苦，庄周一派理想太玄，"独杨朱全以顺应人类低级之本能为教，又值其时社会混乱，一般浅薄之厌世观甚盛，闻其风而悦之者自众，故其言能盈天下也"。

人生活于现实之中，灵肉交战，矛盾重重，苦痛由此而来。如何解决苦痛，杨朱的方法是享乐主义，庄子的方法则是理想主义，即确认现实之外有一"真我"存在，此"真我"即人生最后的安慰之所。关于现实与真我的关系，有谓两者为二物，"必脱离现境，始能与之相交"，小乘佛教如是说；有谓两者非一非异，"吾侪可以不舍离现境而与此真我契合"，大乘佛教如是说。梁启超认为，庄学近于大乘，所谓"独与天地精神往来"，"充实不可以已，上与造物者游，而下与外死生无终始者为友"，皆言契合真我之义。所谓"不傲倪于万物，不遣是非以与世俗处"，"应于化而解于

---

① 姓名下带点号者为学说完全可考者,带横线者为学说部分可考者。

物也，其理不竭"，皆言不舍离现境之义。一言以蔽之，则"内圣外王之道也"。"合真我者，内圣也；不离现境者，外王也。"此即庄学精神之所在。明此纲领，方可读《庄子》。关于庄学，梁启超的另一高论是："庄子之对于社会，非徒消极的顺应而已，彼实具一副救热肠……彼盖见众生不明自性，甘没苦海，深可怜悯，故出其所自证，翻广长舌，以觉群迷。此正所谓行菩萨行者，与孔墨殊途同归矣。"人们常常根据庄子遁世的态度，认为他是一个不食人间烟火的无情的哲学家。事实恰恰相反，庄子哲学充满了对生命的怜悯和对人生的感伤，具有深厚的情感。庄子本人正是为了帮助世人解脱人生的悲剧，走出文明的误区，才凭着他对生命内在本原的感悟和人世间灾难根源的认识，而提倡一种自然适性的生活方式，以寻找失落的精神家园。

彭蒙、田骈及慎到，梁启超认为都出于老子，由于他们的著作均已亡佚，因而难以作深入的分析，不论可也。稍嫌特别的是，梁启超把屈原也归为老学支流，认为其思想"一大部分受老子之影响"，"深有得于老氏之学，而其厌世思想，与庄子之乐天思想正殊途同归也"。

孔子所衍生的学派有五：一为内业派，颜回为其首，注重心理研究，至孟子和荀子两家论性观心之说出，此派遂大盛；二为武侠派，此派为孔门直传，子路、漆雕开均问强直怒，开武侠之先河，鲁仲连、虞卿言论行事，皆任侠尚气，为此派之末流，并与墨家结合；三为经世派，孔子志在用世救民，治国平天下，故此派在孔门独盛；四为文献派，孔子最重历史观念，喜欢搜罗已往文献，故其门人多重古代典章制度和政治史之研究；五为传注派，孔子既删述六经，并传与其门人，故孔门有子夏、商瞿、公明高者，皆恪守师道，潜心传经，而荀子即此派承前启后之人物，后世经学实肇自于此。五派之中影响较大者惟孟、荀。梁启超本拟独论孟、荀，可惜孟子还没论完，就不知何故而搁笔了。这样，儒家学派没有分析完，墨家则根本未谈到。而墨子与墨学又是梁启超先秦学术研究中的重中之重，他除了撰《子墨子学说》和《墨子学案》分析墨子的学术思想外，还在张惠言、孙诒让等人校释《墨经》的基础上，对《墨经》进行整理和考订，撰成《墨经校释》（1921）一书，取众家之长而自发新义，书中"很有许多新颖的校改，很可供治墨学的人参考"①。《墨经》经上下和经说上下四篇，错简缺略，讹误甚多。梁启超引"说"就"经"，才使"说"与"经"的解释与正文的关系涣然冰释。关于墨者及墨学别派，《墨子学案》附录一有表，列示如下：

$$
\text{墨学}
\begin{cases}
(-)\text{正统派}
\begin{cases}
\text{(甲)直　系}\cdots\cdots\text{禽滑釐、孟胜等} \\
\text{(乙)著 述 家}\cdots\cdots\text{胡 非、随巢等} \\
\text{(丙)部分实行家}\cdots\cdots\text{宋钘等}
\end{cases} \\
(\text{二})\text{别 派}
\begin{cases}
\text{(丁)法　家}\cdots\cdots\text{尹文等} \\
\text{(戊)名　家}\cdots\cdots\text{惠 施、公孙龙等} \\
\text{(己)无政府主义}\cdots\cdots\text{许 行} \\
\text{(庚)游 侠 家}\cdots\cdots
\end{cases}
\end{cases}
$$

（三）清代学术思想研究

清代学术思想史是梁启超后期学术研究的又一重要领域，他在早期研究的基础上，先后写成《清代学术概论》和《中国近三百年学术史》两部传世之作，对清学史作了开创性研究。这两部论史互补、相映生辉的姐妹篇，是他一生研究清学史心得的精粹所在。正是这两部著作，使他成为该领域的卓然大家和杰出的奠基人。

《清代学术概论》著成于1920年10月，它本是梁启超应蒋方震之请，为其所作《欧洲文艺复兴史》所作的序言。写序时，梁启超兴致一来，便将清代学术思想与欧洲文艺复兴时代的文化相比附，大加发挥，"下笔不能自休"，仅半月功夫就写成五万余字的论著，篇幅几与原书相当，"天下古今，固无此等序文"，梁启超只好以《前清一代思想界之蜕变》为题，在《改造》杂志上单独发表后由商务印书馆出版单行本，改为今题。这就是我们现在看到的负有盛名的《清代学术概论》一书。该书以高屋建瓴之势，对明末以来二百多年学术思想的演进发展作了鸟瞰式的勾勒，轨迹彰明，脉络清晰，是近代有关清学史研究的第一部专著，也是梁启超晚年治

---

① 胡适：《墨经校释后序》，《饮冰室合集·专集》之三十八，中华书局，1989，第99页。

清学史的纲领性著作。

在《清代学术概论》里，梁启超始终把清代学术与欧洲"文艺复兴"相比附，对清学的历史价值给予了高度评价。他这样揭示清学的精义：

> "清代思潮"果何物耶？简单言之，则对于宋明理学之一大反动，而以"复古"为其职志也。其动机及其内容，皆与欧洲之"文艺复兴"绝相类。[1]

得益于欧洲文艺复兴否定之否定定律的启示，梁启超对中国学术史上"文化重演"现象所作的诠释，超越了古代循环论的水平。[2]他是按照"正—反—合"的过程来研究清代学术理路的，所谓："纵观二百余年之学史，其影响及于全思想界者，一言蔽之，曰：'以复古为解放'。第一步，复宋之古，对于王学而得解放；第二步，复汉唐之古，对于程朱而得解放；第三步，复西汉之古，对于许郑而得解放；第四步，复先秦之古，对于一切传注而得解放。夫既已复先秦之古，则非至对于孔孟而得解放焉不止矣。然其所以能著著奏解放之效者，则科学的研究精神实启之。"这就把清学看作是以学术复古为名，行思想解放之实，在复古中求解放，层层剥笋，直至从千百年经典圣贤的锢蔽下走出来，完成传统文化的近代转型。因此，清学"总可命为中国之文艺复兴"。这样的阐释显然带有明显的主观臆断的印记，并不完全符合清学的特征，但其思想之新颖，立论之高超，却是前无古人的，作为一种理论探索，也自有其价值。

关于清学史的划分，梁启超放弃了早期的年代划分法，借用"佛说一切流转相，例分四期，曰生、住、异、灭"的说法，将清学也重新划分为四个时期：一、启蒙期（生）；二、全盛期（住）；三、蜕分期（异）；四、

---

[1] 梁启超：《清代学术概论》，《饮冰室合集·专集》之三十四，中华书局，1989，第3页。以下引文未注出处者，均见此书。

[2] 参见冯天瑜：《梁启超对近世中国"文化重演"现象的诠释》，《学术月刊》1996年第5期。

衰落期（灭）。启蒙期代表人物有顾炎武、王夫之、黄宗羲、颜元、阎若璩、胡渭，其特色在于对旧思潮起反动，破坏有余而建设不足，学术条理尚未确立，研究方法正在试验中，"故此期之著作，恒驳而不纯，但在凌乱粗糙之中，自然一种元气淋漓之象"。全盛期代表人物有惠栋、戴震、段玉裁、王念孙、王引之，其特色在于在前期酝酿的基础上，"思想内容，日以充实，研究方法，亦日以精密。门户堂奥，次第建树，继长增高"。蜕分期代表人物是康有为、梁启超、谭嗣同等，其特色在于学术研究的境界国土已被前期人士开辟殆尽，学者只能取局部问题作"窄而深"的研究，或取其方法应用于其他方面，于是"派中小派出焉"，而"晚出之派，进取气较盛，易与环境顺应，故往往以附庸蔚为大国"。过此以往，则为衰落期。所以，蜕分伴随着衰落，新的启蒙又将出现。这种以学术思潮发展的盛衰来划分时期的方法，比前期的时序划分法自然高出一截，它表明梁启超试图揭示有清一代学术思潮发展的内在规律。

值得赞许的是，梁启超身为清学蜕分期今文经派的健将，在行文时却能突破今文经派的眼界和师法，尽量客观公正地分析评价清学启蒙、全盛、蜕分三期的演变发展情况，并以乐观的态度对清学作出总结，以预测今后的学术发展趋势。他认为，清学衰落"乃势之必然，亦事之有益者也，无所容其痛惜留恋"，只要能将清学科学的研究精神转用于其他方面，"则清学亡而不亡也矣"。对未来学术的发展，他充满信心，"吾对于我国学术界之前途，实抱非常乐观。盖吾稽诸历史，征诸时势，按诸我国民性，而信其于最近之将来，必能演出数种潮流，各为充量之发展"。通过展望，梁启超把既往与现实以及将来一以贯之。他具体预测的结果未必全然正确，但这种研究方法无疑是正确的。

《中国近三百年学术史》原为梁启超在清华和南开大学授课时所编的讲义，约撰于1923年至1925年春之间。其中《清代学者整理旧学之总成绩》四章，曾于1924年在《东方杂志》上连载。但在作者生前，全书未以完帙形式公开发表过。这部书是作者继《清代学术概论》之后，研究清学史的又一部重要论著。两部书所讨论的范围差不多，"但材料和组织，很有些不同"。《概论》侧重于"论",且篇幅较小,约五万余字,只能算是清学史的一个纲要;《学术史》侧重于"史,且篇幅较大,近三十万言,可以看作较为完备的清学专史。既是清学史专著,为何叫《中国近三百年学术史》呢?梁启超解释道:"这部讲义,是要说明清朝一代学术变迁之大势及其在文化上所贡献的分量和价值。为什么题目不叫做清代学术呢?因为晚明的二十多年,已经开清学的先河,民国的十来年,也可以算清学的结束和蜕化,把最近三百年认做学术史上一个时代的单位,似还适当,所以定名为近三百年学术史。"①

《中国近代三百年学史》全书共十六章,而概括起来不外讲了三个专题:一是讲清代学术变迁与政治的影响,二是清初经世思潮及主要学者的成就,三是清代学者整理旧学的总成绩。梁启超在评黄宗羲《明儒学案》时,提出了著学术史的四个必要条件:"第一,叙一个时代的学术,须把那时代重要各学派全数网罗,不可以爱憎为去取;第二,叙某家学说,须将其特点提挈出来,令读者有很明晰的观念;第三,要忠实传写各家真相,勿以主观上下其手;第四,要把各人的时代和他一生经历大概叙述,看出那人的全人格。"他本人写清学史正是以这四项原则为指导思想,摆脱门户之见的羁绊,避免孤陋寡闻的武断,力求做到冷静的思考、缜密的分析、客观的评价。全书无论是对清代学术主流的把握,还是对各时期学术思想的分析;无论是对清初诸大师,如顾炎武、黄宗羲、王夫之、颜元等的研究,还是对为论者所忽视的方以智、费密、唐甄、陈确、潘平格等的表彰;无论是对与自己观点相同或相近的学派的评价,还是对与自己观点相反或矛盾的学派的解剖,都随处显示出作者基于深厚研究基础上的卓越识断。

具体而言,《中国近三百年学术史》有以下几方面值得注意。首先,梁启超将进化论引进学术史研究领域,探索清代学术思想发展的规律,把清学的发展视为一个正——反——合,即否定之否定的历史演进过程。在

---

① 梁启超:《中国近三百年学术史》,《饮冰室合集·专集》之七十五,中华书局,1989,第1页。以下引文未注出处者,均见此书。

他看来，从明末清初顾炎武、黄宗羲、王夫之为代表的"经世致用"之学，到乾嘉时期惠栋、戴震、段玉裁、王念孙为代表的"汉学"或"朴学"，再到道咸以来崛起至晚清蔚为大观的近世"今文经学"，清学的发展经历了从密切联系实际（正）到完全与现实脱节（反），再到主张变法改良（合）的螺旋上升过程，即否定之否定过程。这样的概括就把清学史的研究导向了一个崭新的境界，引入了一片广阔的天地。

其次，梁启超特别强调清代学术的变迁与政治形势的联系。他认为，明末清初学风的转变是"因为时势突变"，学人把明亡的原因归结为阳明之学，"于是抛弃明心见性的空谈，专讲经世致用的实务。他们不是为学问而做学问，是为政治而做学问"。所以，"元气极旺盛，象用大刀阔斧打开局面，但条理不免疏阔"。此后，"经世致用"的学风又被"碎义逃难"的考据学风所取代，这也是因为"康熙二十年以后，形势渐渐变了。遗老大师，雕谢略尽，后起之秀，多半在新朝生长，对于新朝的仇恨，自然减轻，先辈所讲经世致用之学，本来预备推倒满洲后实践施行，到这时候，眼见满洲不是一时推得倒的，在当时政府之下实现他们理想的政治，也是无望。那么，这些经世学都成为空谈了。况且谈到经世，不能不论到时政，开口便触忌讳。经过屡次文字狱之后，人人都有戒心。一面社会日趋安宁，人人都有安心求学的余裕，又有康熙这种'右文之主'极力提倡，所以这个时候的学术界，虽没有前次之波澜壮阔，然而日趋于健实而有条理"。咸同以后，乾嘉学风衰落，今文经学勃兴，其根本原因还是"因政治的剧变，酿成思想的巨变"。梁启超说："光绪初年，内部虽暂告安宁，外力的压迫却日紧一日。自六年中俄交涉改订伊犁条约起，跟着十年中法开战，失掉安南。十四年中英交涉强争西藏。这些事件，已经给关心国事的人不少的刺激。其最甚者，二十年中日战役，割去台湾及辽东半岛，俄法德干涉还辽之后转而为胶州、旅顺、威海之分别租借。这几场接二连三的大飓风，把空气振荡得异常剧烈，于是思想界根本动摇起来。"随着残明遗献思想的复活和西学的输入，旨在为变法维新服务的今文经学复又大兴，学风由侧重辑佚考证而转入讲求微言大义。这种从时代政治形势的发展变化中寻求学术史递相嬗变的原因，正是梁启超治学术史的一大特色。他的学术史研究之所以富有时代气息而远远超出前人，原因正在于此。

复次，《中国近三百年学术史》有两个研究重心，一是明末清初经世致用的思潮，一是乾嘉学派整理旧学的成绩。对前者的重视，寄寓了梁启超清学史研究的倾向性；对后者的赞许，又体现了他的清学史研究的客观性。这种倾向性与客观性的结合互补，是他的学术史研究为前人所不及的又一原因。

梁启超因不慊于《清代学术概论》的简略，而久有改写的志愿，《中国近三百年学术史》使这一志愿得以部分实现。这部著作既保留了《概论》中对清学史进行宏观研究的气派和特色，又以专人、专题的研究，弥补了《概论》的不足，从而将宏观把握与微观研究、全面分析与局部考证结合起来。全书纵横论列，巨细兼顾，数十种学科，几百种专著放在一起，而能做到头绪清楚，体系粗具，足见梁启超的学问识见绝非那些明察秋毫而不见舆薪的考据学家所能比。然而，从严格的意义上说，这又是一部形式上完成而实际上仍未完成的著作。因为作者本来"要将清学各部分稍为详细解剖一番"，"要将各时期重要人物和他的学术成绩分别说明"。可是，书的下半部仅为清代学林的掠影，丛举枝叶，一语带过，既无说明，更无解剖，简直令人如读"录鬼薄"或"书目表"。①

八、梁启超的文化史研究

近世学者中，梁启超是较早运用资产阶级新观点、新方法，对中国传统文化进行清理、研究的人。他拟编写一部规模宏大包括二十五类内容的真正的《中国文化史》。这一写作计划得到了后来以治"中国文化史"享誉天下的柳诒徵的推崇，他说：

---

① 以上分别参见朱维铮校注：《梁启超论清学史二种》（复旦大学出版社1985年版）中《校注引言》；陈祖武：《清初学术思辨录》（中国社会科学出版社1992年版）附录二《梁启超对清代学术史研究的贡献》。

新会梁氏，殚精国闻，创为一书，分类标目，自朝代都邑，政术宗教，以泊文艺军备、农业商市、工艺美术、戏剧歌曲，骈罗并举，竟委穷原，杜郑以来，无斯鸿著。采其规画，已叹观止。济以新识，运以眇笔，杀青之后，必无古人。①

然而，正像柳诒徵担心的那样，全书"综摄既多，钩纂匪易，体大思精，骤难卒业"，加之作者晚年疾病深缠，所以只留下一篇《原拟中国文化史目录》（收入《饮冰室合集·专集》之四十九）和已撰成的《社会组织篇》，便撒手而去。尽管如此，梁启超还是在文化概念、文化史做法以及中国文化史研究方面作出了有益的探索，成为近代资产阶级在该领域的开拓者和先驱者之一。

（一）什么是文化

1922年11月，梁启超在南京金陵大学第一中学作了题为《什么是文化》的讲演，集中阐述了文化的概念和内容。关于"文化"的概念，众说纷纭，莫衷一是。梁启超没有陷在无谓的争论中，而是截断众流，劈头提出他的看法："文化者，人类心能所开积出来之有价值的共业也。"②"共业"为佛教术语，与"别业"相对。人的一切身心活动都将在宇宙间留下痕迹，不能磨灭。这些痕迹大部分遗传到人的今生、来生或其子孙，此为"别业"。还有一部分则像细雾一般，霏洒在人所属的社会乃至人类全体活动中，也是永不磨灭，此为"共业"。

文化是"共业"中有价值的一部分。那么，价值由何而定？梁启超说："必须人类自由意志选择，且创造出来的东西才算有价值。自由意志

① 柳诒徵：《中国史学之双轨》，柳曾符、柳定生选编《柳诒徵史学论文集》，上海古籍出版社，1991，第93页。

② 梁启超：《什么是文化》，《饮冰室合集·文集》之三十九，中华书局，1989，第98页。以下引文未注出处者，均见此文。

所无如之何的东西，我们便没有法子说出他的价值。"根据这一标准，人类的活动可以分为两系，一是自然系，二是文化系。自然系是为因果法则所支配，文化系则为自由意志所支配。表示如下：

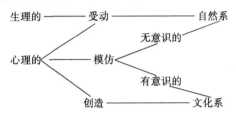

生理上的受动，如饥则食、渴则饮等，与文化无关；心理作用下的无意识模仿，或属于"自然而然如此"，或属于生物进化的规律，也与文化无关。人类所以能独称为文化的动物，全在其能创造且能为有意识的模仿"创造"。一句话，创造是文化之母。"人类能对自然界宣告独立，开拓出所谓文化领域"，全靠有了创造的意志和力量。同时要注意，"凡有意识的模仿，都是经过自由意志选择才发生的，所以他的本质已经是和创造同类"。更进一步，"模仿是复性的创造"。"复"有两义，一是个体的复集，二是时间的复现。所以，没有"复性的创造"，即有意识的模仿，任何伟大的创造也只能限于一时或限于一人，无法成为文化。到此，可以给"文化"的含义作一个小结："人类有创造、模仿两种'心能'，都是本着他的自由意志，不断的自动互发，因以'开拓'其所欲得之价值，而'积厚'其所已得之价值。随开随积，随积随开，于是文化系统以成。所以说：'文化者，人类心能所开积出来之有价值的共业也'。"

关于文化的内容，梁启超认为："文化是包含人类物质、精神两面的业种业果而言。""业种""业果"均为佛教术语，前者指种子，后者谓果实。人类用创造或模仿的方式开积文化，那创造心、模仿心及其表现出来的活动便是业种，也即文化种，活动一定会产生结果，这结果便是创造力变成的结晶，是为业果，也即文化果。"文化种与文化果有很不同的性质，文化种是活的，文化果是呆的。"

文化之所以包括物质和精神两方面，是由人类的需要决定的。人类有意识的创造活动首先要满足生存的需要，即人类的最低欲望，人类还要求秩序、求愉快、求安慰、求拓展。所以又要有精神和文化，如言语、伦理、政治、学术、美感、宗教等。这两部分结合起来便是文化的总量，梁启超列表如下：

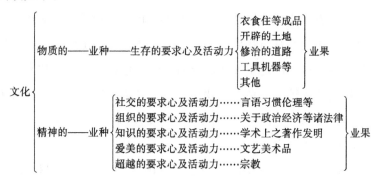

由上可见，梁启超所指的文化范围极其广泛。有认识方面的，也的规范方面的；有艺术方面的，也有器用方面。概而言之，则不外物质与精神两大系统。这实际上是一种广义的文化观，即从人之所以为人的意义上立论，认为："文化的出现，将动物的人变为创造的人、组织的人、思想的人、说话的人以及计划的人。"①因而将人类社会——历史生活的全部内容统统摄入"文化"的定义域。与此相对，狭义的文化观则将人类社会——历史生活中关于物质创造活动及其结果排除在文化之外，专注于精神创造活动及其结果。英国文化学家泰勒在《原始文化》（1871）一书中就持这样的观点，他说，文化是一个复杂的总体，包括知识、信仰、艺术、道德、法律、风俗以及人类在社会里所得到的能力和习惯。梁启超对狭义的文化观也很重视，指出："狭义的文化譬如人体的精神，可依精神系发展的次第以求分类的方法。文化是人类思想的结晶，思想的发展最初靠语言，次靠神话，又次靠文字；思想的表现有宗教、哲学、史学、科学、文学、美术等。"②并在《中国历史研究法（补编）》里，列专章介绍狭义文

---

① 马林诺夫斯基：《在文化诞生和成长中的自由》，庄锡昌等编《多维视野中的文化理论》，浙江人民出版社，1987，第107页。

② 梁启超：《中国历史研究法补编》，《饮冰室合集·专集》之九十九，中华书局，1989，第134页。

化所辖各专史及其做法。

（二）中国文化史

对精神思想文化的重视并不意味着梁启超忽视物质制度文化，因为他毕竟把文化看作是精神与物质的二层次结合体，是一定生活方式和社会活动的完整过程。这就决定了文化研究对象既要包括学术思想和文艺作品及其与特定社会和传统的关系，又要包括被狭义文化排斥在外的日常生活方式、生产机制、家庭结构、社会组织等。梁启超晚年撰写的《中国文化史》，正是从"社会组织"入手，分析了原始社会发展的两个阶段——"母系与父系"，并以发展的眼光考察了中国古代的家庭结构和社会组织，前者如"婚姻""家族""宗法"，后者如"阶级""乡治""都市"。此外，书中还对中国古代"姓氏"的起源与流变，作了详细论述。

梁启超的《中国文化史》以《社会组织篇》作为开端，正表现了他的卓识。因为各种其他文化现象皆以社会组织为基础，且与社会组织关系密切。"语言的发达最有赖于社会，宗教信仰也须有社会的条件，经济生活须赖社会上的协作方能成功，知识技术的发明须赖社会上的传播方能改进，艺术创作的动机也不是只由于个人的自赏而有赖于社会的共鸣。"[1]因此，《社会组织篇》实际上是梁启超原拟撰写而又未能完成的整部《中国文化史》的背景篇，其意义十分重要。下面选取几个片段，以窥梁启超治"中国文化史"的思想、观点和方法。

婚姻是文化人类学研究的重点之一，梁启超对中国文化史的探索即从古代婚姻开始。原始社会初期的婚姻形式是群婚，即整个原始游群的男女互相发生性交行为。由于生产力水平低下，个人的防御力量软弱，原始初民只能过着"其民聚生群处，知母不知父，无亲戚兄弟男女之别"（《吕氏春秋·持君览》）的群婚生活。由此形成"知母不知父"，"以母为家族中心"的母系氏族社会。关于人类社会初期是否存在"母系"与"父系"、

---

[1] 林惠祥：《文化人类学》，商务印书馆，1991，第136页。

"母权"与"父权"的区别，西方学者从17世纪下半叶一直到20世纪上半叶都有不同的意见。梁启超站在进化论立场，从文化学的角度，对我国古代婚姻制度进行了考察，指出古籍中确有关于母系社会的材料。他从文献记载和神话传说中的"无父感天"说起，认为此说之由来，可作两种解释："其一，后人欲推尊其祖为神圣以示别于凡人，乃谓非由精血交感所产而为特种神灵所托化……此则全属宗教的作用，无与于事实也。其二，则当婚姻制度未兴以前，只能知母为谁氏，不能知父为谁氏，此则母系时代自然之数也。"并判曰："之二说者，后说为近之"。接着又从少数民族的传说和古人著"姓"两方面作一步的考证，推想母系社会的婚姻状况，"必以亲属牝交为最便利"[①]。经过长期的历史发展，母系群婚对后代的不良影响渐为人知，《左传》有"同姓不婚，其生不蕃"之语；《国语》也有"同姓不婚，惧不殖也"之说。虞夏之际，"父系代母系而兴，自婚姻始也"。至周代，"同姓不婚"之制正式确立，并一直延续至今。从古代婚礼仪式观察，我国婚姻制度的主要特点有三：一是以婚姻为旧家庭之扩大及继续，不认为新家庭之创立；二是绝对承认男女平等之原则；三是男女作合，皆由父母或长亲主之。梁启超的三点归纳有正有误。具体而言，一、三两点基本是正确的。在我国长期的封建社会里，男女双方的结合必须恪守"父母之命，媒妁之言"，所谓"自媒之女，丑而不信"，男女自由为婚是不合封建礼法的。因为，对于家族来说，婚姻绝非男女本身私情的结晶，而是关系到传宗接代的大事，即"上以事宗庙，下以继后世也"（《礼记·昏义》）。故而，在婚姻问题上，家族的利益远远超过夫妻双方的个人利益。但梁启超说的第二点则是偏颇的。从字义上看"婚"即黄昏的"昏"；"姻"同"因"，友、爱、亲的意思。"婚姻"二字，表示男女在黄昏约会成伴，即诗中所描绘的："昏以为期，明星煌煌"（《诗经·东门之杨》）；"月上柳梢头，人约黄昏后"（欧阳修《生查子》）。这样的婚姻当然是以爱情为基础的，以平等为原则的。然而，这也只是诗人的美好

---

① 梁启超：《中国文化史·社会组织篇》，《饮冰室合集·专集》之八十六，中华书局，1989，第1—2页。以下引文未注出处者，均见此书。

愿望罢了。实际上，整个封建社会里，父权、夫权占支配地位，男性家长为一家之主宰，女性则处于卑贱的地位，婚姻中的"男尊女卑""夫义妻柔"的不平等现象很普遍，不能说"绝对承认男女平等"。

梁启超著《中国文化史》，探讨中国文化，是与构设和确立民族国家的理想联系在一起的，他试图通过文化研究来探讨中国应当成为一个怎样的国家，形成一种怎样的社会。在《乡治》一章中，梁启超对中国古代的乡治进行了系统的考察。他引《管子》《孟子》及《公羊传》等古籍中有关"乡治"的论述，将古代乡治的主要事业概括为四项：一、农耕合作；二、义务教育；三、办警察；四、练乡兵。指出："其精神则在互助，其实行则恃自动，其在于道德上法律上则一团之人咸负连带责任，因人类互相依赖、互相友爱、互相督责的本能而充分利用之、潜发之，以构成一美满而巩固的社会。"这种乡治简直就像陶渊明笔下的世外桃源。遗憾的是，清末模仿西风，以行"官办的乡治"，使其"固有精神，泯然尽矣"。于是只能束手以待盗之鱼肉，田畴且鞠为茂草，其他建设更何有？如此下去，"二千年来社会存立之元气自此尽矣"。梁启超为历史上乡治的兴盛而大唱赞歌，又为眼下乡治的衰落而谱奏挽曲，其目的就是希望在全国实行乡绅自治，幻想通过乡治来清弭战乱，维持社会的安定。至此，他的文化史研究中的政治目的和阶级立场也就暴露无遗。

《中国文化史·社会组织篇》的做法用的是"纲目体"，即顶格一语是正文，是断案，短则几个字，长则几百字，低两格作注解，征引史料，说明正文，字数一般较正文为多。我们引《阶段（下）》一章中说明中国奴隶身份沿革的片段看一下，便一目了然。

奴之名始见于《尚书》及《论语》，隶之名始见于《周礼》及《左传》。

《书·甘誓》："予则奴戮女。"《汤誓》文同。《论语》："箕子为之奴。"《周礼》《左传》言隶者别见下文所引。

然又有种种异名，曰臣妾，曰臣仆。

《易·遯九三》："畜臣妾吉。"《书·费誓》："臣妾逋逃。"《周官·太宰》："臣妾聚敛疏财。"《左传·僖十七年》："男为人臣，女为人妾。"《书·微子》："为罔为臣仆。"

曰童仆。

《易·旅六二》："得童仆贞。"秦始皇时，徐市将童男童女三千人入海求蓬莱。后人解为幼男女，非也。盖谓奴婢耳。《论语》："夫人自称曰小童。"盖自谦之辞，犹秦穆公夫人自称"婢子"。

这种方法很容易，很自由，在正文上不必多下功夫，倒是注语费力颇多，"做得好，可以把自己研究的结果，畅所欲言"。文采略逊是其不足，改动较易是其优点。①

总之，《中国文化史》虽然是一部未完成的著作，仅存的《社会组织篇》范围有限，叙述也较简略，但它毕竟是用资产阶级新观点和新方法，去探索中国文化史的一个大胆尝试。所以有人说它"在一定程度上是近代资产阶级学者研究中国文化史的开拓性著作，在许多方面超出了以前的封建史家"②。

九、梁启超的佛教史研究

梁启超一生，无论是前期还是后期，都对佛教抱有浓厚的兴趣。1891年，正在万木草堂求学的他就与同学陈千秋等"相与治周秦诸子及佛典"，听老师康有为讲授精奥博大的佛学，接受佛教的启蒙。那一年他十九岁，因"夙根浅薄，不能多所受"③。1895年，他在北京奔走国事之余，还与朋辈夏曾佑、谭嗣同、吴季清等切磋佛学、研求佛典，逐渐形成佛教救世

① 参见梁启超：《中国历史研究法补编》，《饮冰室合集·专集》之九十九，中华书局，1989，第26页。

② 孟祥才：《梁启超传》，北京出版社，1980，第351页。

③ 参见梁启超：《清代学术概论》和《三十自述》，收入《饮冰室合集·专集》之三十四和《饮冰室合集·文集》之十一，中华书局，1989。

思想。①东渡日本后，他于1902年写了《论佛教与群治之关系》，列举了佛教的六大优点，对佛教大唱赞歌。1918年，他离开段阁，脱离政坛，从林宰平修习净土，发愿以净土宗集起信心。1920年回国后，他更是苦嗜佛学、精研佛典，一面在南京从欧阳渐学大乘法相宗教理，一面为编写《中国佛教史》准备材料，写下了大量的佛学研究文章。

梁启超一生笃信佛教、研求佛典、宣扬佛学的原因约有二端：一是政治需要。他认识到佛教的一些教理、教义，若加以利用改造，可以作为救世良药。如佛教的众生平等思想、自贵其心精神和普度众生的宗旨，分别与近世社会兴起的民权思想、个性解放思潮和救亡图存的要求相契合，这就为他借助佛学进行政治改良提供了可能性。二是个人需要。梁启超一生经历坎坷，政治上一波三折。宦海沉浮、人生无常的残酷现实，迫使他要借助宗教宣泄心中的不平，慰藉悲凉的心境，思索幻灭的原因，最终求得思想上的大彻大悟和精神上的彻底解放。而以否定现世为根本精神，认为人生皆苦、四大皆空的佛教，正好投合了他的心理需要，成了他解释现实和人生的思想武器，寄托心灵和理想的立命之所。

梁启超的佛学论著，主要为晚年所作，集中收录在他的《佛学研究十八篇》（上、下册）一书中②，后他又从中抽出十二篇，另行编辑为《中国

---

① 参见梁启超：《亡友夏穗卿先生》，收入《饮冰室合集·文集》之四十四（上），中华书局，1989。

② 十八篇篇目如下：1.《中国佛法兴衰沿革说略》（附录：《佛教大事表》）；2.《佛教之初输入》（附录一：《汉明求法说辨伪》，附录二：《四十二章经辨伪》，附录三：《牟子理惑论辨伪》）；3.《印度佛教概观》；4.《佛陀时代及原始佛教教理纲要》（附录：《说无我》）；5.《佛教与西域》；6.《又佛教与西域》；7.《中国印度之交通》（亦题《千五百年前之中国留学生》）；8.《佛教教理在中国之发展》；9.《翻译文学与佛典》（以上为上册）；10.《佛典之翻译》（附录：《佛教典籍谱录考》）；11.《读〈异部宗轮论述记〉》；12.《读〈四阿含〉》；13.《说〈六足〉、〈发智〉》；14.《说〈大毗婆沙〉》；15.《读〈修行道地经〉》；16.《〈那先比丘经〉书》；17.《佛家〈经录〉在中国目录学之位置》；18.《见于〈高僧传〉中之支那著述》（以上为下册，另有附录四篇：一、《〈大乘起信论考证〉序》，二、《佛教心理学浅测》，三、《支那内学院精校本〈玄奘传〉书后》，四、《〈大宝积经·迦叶品〉梵藏汉文六种合刻序》。）这些文章俱收入《饮冰室合集·专集》之五十一至六十八。

佛学研究史》一书。①此外，他还著有佛典考释专著：《大乘起信论考证》。这些论著内容上大致可以分为三类：一、中印佛教史探索；二、佛教经义研究；三、佛教典籍考释。其中，无论在数量上还是质量上，佛教史和佛教典籍的研究，都远远超过佛教经义和佛教哲学的研究，这也体现了梁启超作为名副其实的学问家而非严格意义上的思想家的治学特色。

（一）中国佛教史研究

佛教史研究是梁启超整个佛学研究的重点。他说："吾以为今后而欲果明佛法者，其第一步当自历史的研究始。"而"印度有印度之佛学，中国有中国之佛学，其所宗向虽一，其所趣发各殊。谓宜分别部居，溯源竟流，观夫同一教义中而各派因时因地应机蜕变之迹为何如"②。印度佛教史和中国佛教史中，他对后者用力更勤，原拟撰写的《中国学术史》第三部"隋唐佛学"即为"中国佛教史"，至1920年已草创一半，后又陆续成书诸种。我们现在看到的《佛教之初输入》《中国佛法兴衰沿革说略》《佛教教理在中国之发展》以及一批佛典考释论著，均属于此。作者以进化的观点和考证的方法，深入细致地分析了佛教在中国的发生、发展和兴衰沿革的历史，把佛教史的研究推向了一个新的阶段。

梁启超认为一切文化学术思潮都遵循一个发展轨迹，即佛说一切流转相——生、住、异、灭，递相流转。"佛教二千年来，循进化之公例，常为不断的发展。"③这一发展就宗派而论，则表现为由小乘发展为大乘；就时期而言，则经历了启蒙、全盛、蜕分和衰落四期。他在《中国佛法兴衰

---

① 这十二篇文章为：1.《佛教之初输入》（附录：《牟子理惑论辨伪》）；2.《千五百年前之中国留学生》（即《中国印度之交通》）；3.《翻译文学与佛典》；4.《佛教与西域》；5.《佛典与翻译》（即《佛典之翻译》）；6.《读〈异部宗轮论述记〉》；7.《读〈四阿含〉》；8.《说〈六足〉、〈发智〉》；9.《说〈大毗婆沙〉》；10.《读〈修行道地经〉》；11.《〈那先比丘经〉书》；12.《〈大乘起信论考证〉序》。

② 梁启超：《大乘起信论考证序》，《饮冰室合集·专集》之六十八，中华书局，1989，第38页。

③ 梁启超：《读异部宗轮论述记》，《饮冰室合集·专集》之六十一，中华书局，1989，第1页。

沿革说略》一文中，就把佛教在中国的发生、发展分为四期：两晋南北朝
为输入期，即启蒙期（生相）；隋唐为建设期，即全盛期（住相）；"唐以
后殆无佛学"，即蜕分期或衰落期（异相、灭相）。

关于佛教最初传入中国的时代及地点问题，梁启超结合文献和史料的
考察提出了自己的观点，即佛教输入的时间，"当以汉末恒灵以后为断"，
"其最初根据地，不在京洛而在江淮"①。当然，两汉之交，佛教教义已渐
渐传入中国各地，并有少数诵佛祀佛者，"秦景宪为中国人诵佛经之始，
楚王英为中国人祀佛之始"。不过，楚王英前后的佛教，只是粗浅的迷信
之谈。此时，佛教在社会上势力极微薄，谈不上什么影响，故"士大夫殆
不知有此事"。"至于创译经典，广度沙门，断非彼时所能有事也"②。而
在梁启超看来，只有广译佛典，播扬佛理，才表明佛教真正输入中国。就
此而言，西域名僧安世高实为佛教开山之祖。他在汉末桓灵之时来洛阳，
译出佛典九十五部，一百多卷，使佛教义理在各地得以传播，于是佛教影
响大增，遂有可能摆脱对黄老的依附，成为真正的佛教。至东晋道安出，
总结汉以来流行的禅法和般若二系学说，整理新旧译的经典，编纂目录，
确立戒规，主张僧侣以"释"为姓，佛法遂大昌。所以，梁启超说："佛
法确立，实自东晋"，并谓："中国佛教史，当以道安以前为一时期，道安
以后为一时期。前此稍有事业可纪者皆西僧耳，本国僧徒为弘教之中坚活
动实自安始。前此佛学为沙门专业，自安以后，乃公之于士大夫，成为时
代思潮。"道安以后，名僧接踵，或事翻译，或开宗派，演至隋唐而蔚为
大观。故梁启超把两晋南北朝作为佛教的输入期，隋唐作为佛教的建
设期。

对于佛教能行于中国并在南北朝发达兴盛起来的原因，梁启超又结合
朝代政治背景和社会文化思潮作了合理的解释。思想文化方面，自汉武帝

---

① 梁启超：《佛教之初输入》，《饮冰室合集·专集》之五十二，中华书局，1989，第1—
12页。

② 梁启超：《中国佛法兴衰沿革说略》，《饮冰室合集·专集》之五十一，中华书局，
1989，第2—3页。以下引文未注出处者，均见此文。

"表彰六艺，罢黜百家"，学术定于一尊，文化的竞争繁荣机制被窒息。两汉学术，号称极盛，内容则不过儒生注释经传，方士凿谈术数。术数支离妄诞，为笃学者所鄙弃；经学碎义逃难，又岂能久餍人心。

> 凡属文化发展之国民，其学问欲曾无止息。破碎之学既为社会所厌倦，则其反动必趋于高玄。我国民根本思想，本酷信宇宙间有一种必然之大法则，可以范围天地而不过，曲成万物而不遗。孔子之易，老子之五千言，无非欲发明此法则而已。魏晋间学者，亦欲向此方面以事追求，故所谓"易老"之学，入此时代而忽大昌，王弼、何晏辈，其最著也。正在缥缈彷徨，若无归宿之时，而此智德巍巍之佛法，忽于此时输入，则群趋之，若水归壑，固其所也。

就是说，中国文化中本有一种适合佛教生长的要素，而两汉经学的衰落又为佛教在中国落户生长提供了契机。社会政治方面，汉末社会动乱，民不聊生，"有史以来，人类惨遇，未有过于彼时者也"。处此翻云覆雨的社会背景之下，各阶层人士都有一种危机感，整个民族心理开始趋于对佛教的认同。一般小民，汲汲顾影，且不保夕，"闻有佛如来能救苦难，谁不愿托以自庇"；帝王将相，身处宦海，自怵祸害，亦渐信因果报应，祈佛保佑；文化人士，悲天悯人，无力回天，忽闻"万行无常""诸法无我"之佛教，"还证以己身所处之环境，感受深刻，而愈觉亲切有味"。"夫佛教本非厌世教也，然信仰佛教者，十九皆以厌世为动机……故世愈乱而逃入之者愈众。此士大夫奉佛之原因。"有了上述思想文化的契机和时代政治的背景，再加上佛教输入已有数百年，至南北朝酝酿渐臻成熟，"此所以一二大德起而振之，其兴也，沛乎莫之能御也"。

隋唐时期，佛教由输入转为建设，其表现就是具有中国特色的佛教宗派相继建立。梁启超依次叙述如下：隋代，吉藏（嘉祥大师）继承鸠摩罗什介绍的中观宗学说，创"三论宗"；智顗（智者大师）依《法华经》创"四教五时"之义，立止观之法，后学命之为"天台宗"。唐代，高僧玄奘，"孤游天竺，十有七年，归而译书千三百卷，为我学界第一恩人，而其所最服膺者为戒贤显识之论，于是大阐之，立'法相宗'，亦称'唯识宗'"。法藏（贤首国师）与实义难陀重译《华严经》，创立"华严宗"，可谓中国自创之宗派。"自道安提倡戒律，至唐道宣大成之，是为'律宗'。自唐善无畏、金刚智传授密咒真言，是为'密宗'。"以上诸派皆盛于唐，"而其传最广而其流最长者，则'禅宗'也"。达摩于梁时来华，不译经说教，惟物色传法之人，六传至唐慧能（六祖大鉴禅师），道法大弘。该派主张"直指人心，不立文字"，号为"禅宗"，亦称"心宗"。慧远门下，有南岳怀让、青原行思两系。后南岳系下分"沩仰""临济"两派，青原系下分"曹洞""云门""法眼"三派，世称五家。"此宗虽称来自印度，然自六祖以前，既一无传布，则虽谓中国自创之宗焉可耳。禅宗与'天台''华严''法相'皆极盛于唐，彼三者称'教下三家'，禅宗则称'教外别传'。此为唐代之重要事业。"

唐代，佛教的发展进入全盛期，随之而来的便是蜕化或衰落期。所谓："教下三家，鼎立盛行，诸经义解，发挥略尽。然诵习愈广，渐陷贫子说金之讥。故禅宗出而荡其障，惟密传心印，取信实难，呵佛骂祖，滋疑尤众……及夫两干开基，五花结实，禅宗掩袭天下而诸宗俱废，公案如麻，语录充栋，佛法于兹极盛，而佛法即于是就衰矣。"唐以后佛学式微，其内部原因即在"禅宗盛行，诸派俱绝"；共外部原因则是儒者"剽窃佛理，自立门户"。宋代佛教史上有价值者，"惟数一延寿（永明禅师）"；元代师礼蕃僧欲兴密教，终未成显说；明末诸禅师先后崛起，禅宗有中兴之象，然也不过是回光返照，入清即衰。如此说来，中国佛教莫非从此灭绝？在《清代学术概论》里，梁启超对中国佛教发展的趋势作了"分段进化、循环上升"的展望。他认为，佛教因"发达太过，末流滋弊，故清代学者，对于彼而生剧烈之反动"。清学兴起，佛教衰落，此乃大势所趋。然而，"及清学发达太过，末流亦弊，则还元的反动又起"。清学衰微，佛教复活，又属必然。因此，"我国今后之新机运当从两途开拓，一为情感的方面，即新文学新美术也；一为理性的方面，即新佛教是也"。如此，佛教又进入第二阶段的启蒙（生相）。

（二）论佛典翻译及其影响

梁启超把教理的传入视为佛教输入的根本标志，而教理的传入又取决于佛典的翻译。所以他对佛典翻译特别重视，除了撰写大量的佛典考释文章外，还有《翻译文学与佛典》和《佛典之翻译》两个专论。在《佛典之翻译》一文中，梁启超开宗明义地指出："佛教为外来之学，其托命在翻译，自然之数也。"①据唐开元《释教录》所述，汉末至中唐七百年间，从事佛典翻译的人就有一百七十六位，共翻译佛典二千二百七十八部，七千零四十六卷，亡佚重出者除外，至开元间尚存真本九百六十八部，四千五百零七卷。对这七百年间的佛教翻译史和大量文献，梁启超进行了详细的考证，并依据译经事业的内部变化和不同特色，将其分为三期四段。

东汉至西晋为第一期，即译经事业的启蒙时代。最初译经大师有安世高、支娄迦谶，二公以后之大译家则为支谶的再传弟子支谦，朱士行也为此时译经的重要人物，竺法护为此期译事之殿军。这一时期所译经典虽不少，但多系零品断简，不成系统，翻译文体亦未确定。此乃启蒙期固有的特色。

东晋南北朝为第二期，即译经事业的发展时代。其中又可分为两个阶段，前一阶段为东晋二秦，后一阶段为刘宋元魏。分述如下：第二期之前段，罗什、佛驮、耶舍、无忏诸大德，接踵东来；法显、法勇、智严、宝云诸名贤，捐身西迈。无论是大德、名贤，还是东来、西迈，都是为了寻求宝典，繁荣译事。概而观之，此期译学渐趋独立，译本日臻完整。例如："（一）四阿含全部译出；（二）华严全部译出；（三）法华第二译定本出；（四）涅槃初出，且有两部；（五）大集译出过半；（六）宝积续译不少；（七）般若之小品大品皆经再治；（八）其他重要单本大乘经十数部；（九）律藏初译；（十）大乘论初译，'空宗'特盛；（十一）小乘论初

①　梁启超：《佛典之翻译》，《饮冰室合集·专集》之六十，中华书局，1989，第1页。以下引文未注出处者，均见此文。

译，'有部宗'特盛。"译事成绩至丰，宗派门户确立，大道弘盛，实在于斯。然，开此风气者，"则道安及其弟子慧远"。道安、慧远两公虽皆不通梵语，未尝躬与译事。不过，安公弟子五百，后来译经求法之人多出自其中。他对已译诸经，"整理品隲，最为精审"；于"翻译文体，最所注意"。他"以研究批评之结果，深感旧译之不备不尽，译事开新纪元，实安公之精神及其言论有以启之"。安公倡之于北，远公承业，和之于南。其与译事，关系尤甚。"遗弟子法领等西行求经，赍华严以返者，远也；佛驮见摈，为之排解延誉，成其大业者，远也；指挥监督完成两阿含及阿毗昙者，远也；在庐山创立般若台译场，常与罗什商榷义例者，远也。"就此而论，安、远二公，虽无一译本，实为译界无名之元勋。第二期之后段，"则要籍既已略具，学者务研索而会贯之……故此期之特色，在诸宗之酝酿草创而不在翻译。其翻译事业，不过继前期末竟之绪而已"。整个译事的趋势则由经部渐移于论部，由专弘"法性宗"转而输入"法相宗"，其最重要的人物为真谛。

自唐贞观至贞元为第三期，即译经事业的全盛期，也是全体佛教的全盛期。此期诸宗完全建立，"卓然为'中国的佛教'之一大建设"，而译事亦登峰造极。其中，空前绝后之伟大人物则为玄奘。梁启超曾谓译界有名之元勋，前有鸠摩罗什，后有玄奘。什译范围虽广于奘，奘译卷帙则富于什。"奘师孤征求法，历十七年，遍参各大师，亲受业于戒贤智光，既而在彼土大弘宗风，所至各国，皆待以国师之礼。"回国后，赍归经籍计六百五十七部，以十九年时光，译出七十三部，一千三百三十卷，平均每年译七十卷，其绝笔之时距圆寂仅一个月。梁启超赞曰："呜呼！武士当死于战场，学者当死于讲座。自古及今，为学献身，弘法利物，未有如吾奘师者也。"

翻译事业至玄奘已达到最高潮，后此盖难以为继。然百余年间，流风未泯，尚有数家，值得一提。"（一）实叉难陀——重译八十卷本华严，今为定本；重译起信论，与真谛本互有短长。（二）义净——将'有部宗'毗奈耶十一种全行译出，凡百余卷，律藏于是大备焉；'法相宗'诸论，亦多续译，补奘师所不及。(三)菩提流志——完成大宝积经。(四)不空——译密部经咒百四十余种，密宗于是成立。(五)般剌密帝——译大佛顶首楞严，此经真伪，虽滋疑问，然其在我国佛学界有最大势力，则众所同认。(六)般若——译华严普贤行愿品，华严遂以完成。"综上所论，译经事业实积数百年不断的进化，千数人相继的努力，终使佛教文化成为中国文化的一个有机组成部分。

佛教翻译事业不仅是佛教建设发展的大事，而且具有广泛的文化意义。梁启超指出："我民族对于外来文化之容纳性惟佛学输入时代最能发挥，故不惟思想界生莫大之变化，即文学界亦然。"[①]他还从三个方面分析了译经对我国语言文学的重大影响。

第一，国语实质之扩大。初期译经，除固有名词对音转译外，其抽象语，多袭旧名。"及所研日益深入，则觉旧语与新义，断不能适相吻合，而袭用之必不免于笼统失真，于是共努力从事于新语之创造……或缀华语而别赋新义，如'真如''无明''法界''众''因缘''果报'等；或存梵音而变为熟语，如'涅槃''般若''瑜伽''禅那''刹那''由旬'等。"从汉晋迄唐八百年间，诸师所创新语约三万五千个。而语言是表达观念的，译经事业的发展不仅丰富了我们的语言，而且也大大地丰富了我们的思想。所谓："增加三万五千语，即增加三万五千个观念也。由此观之，则自译业勃兴后，我国语实质之扩大，其程度为何如者"。

第二，语法及文体之变化。译经在语法文体上颇特殊，给当时国人耳目一新的感觉。例如：一概不用"之乎者也矣焉哉"，即不用骈文家之绮词丽句，也不采古文家之绳墨格调，倒装句法和提挈句法极多，一句或一段中含解释语，一篇之中散文诗歌交错等等。凡此皆在文章构造形式上开辟一新国土。再者，佛典为科学组织的著述，分章分节分段，备极精密。"我国学者，亦以科学的方法研究之，故条理愈剖而愈精。此种著述法，其影响于学界之他方面者亦不少。"如隋唐义疏之学在经学界有特别价值，

---

①梁启超：《翻译文学与佛典》，《饮冰室合集·专集》之五十九，中华书局，1989，第27页。以下引文未注出处者，均见此文。

其与译经"最少必有彼此相互之影响，则可断言也"。另外，"自禅宗语录兴，宋儒效焉，实为中国文学界一大革命。然此殆可谓为翻译文学之直接产物也"。因为，"禅宗之教，既以大刀阔斧，抉破尘藩，即其现于文字者，亦以极大胆的态度，掉臂游行，故纯粹的'语体文'完全成立"。这种"语体文"即白话新文体，它为我国文学界开出一片新天地，"然其动机实导自翻译"。

第三，文学的情趣之发展。梁启超确信："我国近代之纯文学——若小说、若歌曲，皆与佛典之翻译文学有密切关系。"接着，他对自己的观点作了说明。首先，"我国佛教，自罗什以后，几为大乘派所独占，此尽人所能知矣。须知大乘在印度本为晚出，其所以能盛行者，固由其教义顺应时势以开拓，而借助于文学之力者亦甚多"。大乘首创，共推马鸣。"彼实一大文学家、大音乐家，其弘法事业恒借此为利器"；"其《佛本行赞》，实一首三万余言之长歌，今译本虽不用韵，然吾辈读之，犹觉其与《孔雀东南飞》等古乐府相仿佛。其《大乘庄严论》，则直是《儒林外史》式之一部小说，其原料皆采自《四阿含》，而经彼点缀之后，能令读者肉飞神动"。其次，马鸣以后，"大乘经典，尽汲其流，皆以极壮阔之文澜，演极微渺之教理。若华严、涅槃、般若等，其尤著也。此等富于文学性的经典，复经译家宗匠以极优美之国语为之移写，社会上人人嗜读，即不信解教理者，亦靡不心醉于其词缋。故想象力不期而增进，诠写法不期而革新。其影响乃直接表见于一般文艺。"例如，我国《搜神记》以下一派小说，与《大庄严经论》有因缘；近代一二巨制像《水浒传》《红楼梦》之类，其结体运笔受《华严》、《涅槃》影响甚多；宋元明以降，杂剧、传奇、弹词等长篇歌曲，也间接汲《佛本行赞》等书之流。梁启超的上述观点是否荒诞离奇呢？我们还是看看对佛教和中国文学都有较深造诣的胡适是怎么说的——"中国固有的文学很少是富于幻想力的，象印度人那种上天下地毫无拘束的幻想能力，中国古代文学里竟寻不出一个例，（屈原、庄周都远不够资格！）……在这一点上，印度人的幻想文学之输入确有绝大的解放力。试看中古时代的神仙文学如《列仙传》《神仙传》，何等简单，何等拘谨？从《列仙传》到《西游记》《封神传》，这里面才是印度的幻想文学的大影响呵。"①这里所说的"印度的幻想文学"，就是指的各种充满神奇色彩的神话故事的佛经，尤其是大乘佛经。此可证梁启超所云，大多是言之有据的。

结　语

以上有选择地对梁启超一生的部分文化学术思想作了分析和介绍，目的在于展示其作为通儒硕彦的学者风姿，故落笔多在其治学成就、学术贡献上。事实上，单就学术研究而言，梁启超的不足也是非常明显的。对此，他本人深有感触。《清代学术概论》有言："启超之在思想界，其破坏力确不小，而建设则未有闻。晚清思想界之粗率浅薄，启超与有罪焉。……启超务广而荒，每一学稍涉其樊，便加论列；故其所述著，多模糊影响笼统之谈，甚者纯然错误；及其自发现而自谋矫正，则已前后矛盾矣。平心论之，以二十年前思想界之闭塞委靡，非用此种卤莽疏阔手段，不能烈山泽以辟新局，就此点论梁启超，可谓新思想界之陈涉。"②以上是梁启超对他早年文字著述的总结，在一些著作的序言里，他又以同样的态度指出自己晚年治学活动的不足：

> 若启超者，性虽嗜学，而爱博不专，事事仅涉其樊，而无所刻入，何足以言著述。③

我对于学问，件件都有兴趣，因为方面太多，结果没有一方面做得成功。著述更不别说，始终没有专心致志好好的著成一部书。近几

① 胡适：《白话文学史》，东方出版社，1996，第140页。
② 梁启超：《清代学术概论》，《饮冰室合集·专集》之三十四，中华书局，1989，第65页。
③ 梁启超：《墨子学案·自叙》，《饮冰室合集·专集》之三十九，中华书局，1989，第1页。

年来我名下的出版物，都不过一个学期中在一个学校的讲义，而且每学期所讲总是两门以上的功课，所编总是两种以上的讲义。我生平有种坏癖气，曾经讲过的功课，下次便不愿再讲，每次所讲总是新编的，匆匆忙忙，现蒸热卖，哪里能有满意之作。①

这当然是学术大师从严要求自己而说出的自谦之词。其实，无论是早期还是晚年，梁启超都写下了一些传世之作。尽管如此，由于他治学活动中都存在着为学屡变、急功近利、务广贪多、匆忙应急等因素，致使他的学术著作，包括那些盛名籍籍的传世著作中，都存在着诸多不足。

首先，梁启超常把政治与学术混为一谈，以学术论证时势，使学术研究为其政治目的服务。他说："吾二十年来之生涯，皆政治生涯也。政治谈以外，虽非无言论，然匣剑帷灯，意固有所属，凡归于政治而已。"②这种"学术即政治"的治学态度，不仅使他的时论政评"应于时势"，"每每数月前之文，阅数月后读之，已自觉期期以为不可"，以致"至今偶一检视，辄欲作呕，否亦汗流浃背矣"③。更有甚者，学术研究也多有此病。他往往为印证自己的某一政治观点而到古籍中去找材料，如他断言韩非主张社会主义，反对势治，甚至认为孔子、孟子、荀子、墨子、商鞅、许行、白圭之流，无一不带社会主义色彩。这显然是采取"六经注我"的方法，把古人现代化了。而这恰是他的一贯做法。

其次，梁启超常将思想与学术混为一谈，把事后的思想资源当成了当时的思想活动。他的《清代学术概论》以学术研究为题，而述思想变迁之事。因为要将清代学术思想与欧洲的"文艺复兴"相比附，"便把阎若璩对《尚书》的参证说成是'思想界之一大解放'，把胡渭对《周易》的考证也说成是'思想界之一大解放'，依此类推，方苞的《周官辩》、惠栋的

---

① 梁启超：《要籍解题及其读法·自序》，《饮冰室合集·专集》之七十二，中华书局，1989，第1页。

② 梁启超：《吾今后所以报国者》，《饮冰室合集·文集》之三十三，中华书局，1989，第51—52页。

③ 梁启超：《饮冰室合集·文集·原序》，中华书局，1989，第1页。

《古文尚书考》也可以说是思想解放的著作，而戴震的《孟子字义疏证》和崔述的《考信录》更不必说，更是'思想界之一大解放'，可是那么多的思想解放，为什么就没有解放了思想，反而要等到十九世纪才出现真正的思想史的大变化？"①因为，思想和学术之间有联系，但毕竟不是一回事。

第三，梁启超的治学活动常为自身的感情所刺激，主观色彩甚为浓厚，甚至以主观臆想代替客观分析。他曾引言自嘲："我读到'性本善'，则教人以'人之初'而已。殊不思'性相近'以下尚未读通，恐并'人之初'一句亦不能解。"②据蔡尚思回忆，梁启超曾对他表示："王船山极其伟大，我却到现在也未曾读其全部遗书。"③不先全面掌握材料，就大谈其学术思想，结果只能是主观上的想当然。他著《先秦政治思想史》一书，本应客观地评价先秦诸子的政治思想，但其书主观色彩太浓，几乎等于他自己的思想史，所以蔡尚思一直把它当作梁启超晚年的思想来读。再如，他所著《戊戌政变记》一书，本为对晚清历史上一场政治运动的记载，应抱极客观的态度从事著述，方可成为信史。事实恰恰相反，书中不仅有记事不确、言之过当的毛病，甚至还存在有意改窜、掩饰真迹的劣端。同一部书，日本《清议报》本与中华书局重排本就有很大的差异，尤其是在一些关键情节上互相矛盾。他自己也直言不讳地说："吾二十年前所著《戊戌政变记》，后之作清史者记戊戌事，谁不认为可贵之史料？然谓所记悉为信史，吾已不敢自承。何则？感情作用所支配，不免将真迹放大也。"④

最后，由于梁启超著书多在匆忙之间，不及对典籍史料进行认真仔细的鉴别考订，加之带有一定的政治目的和主观好恶，这就使他的一些堪称

---

① 葛兆光：《十八世纪的学术与思想》，《读书》1996年第6期。

② 梁启超：《清代学术概论》，《饮冰室合集·专集》之三十四，中华书局，1989，第65页。

③ 蔡尚思：《对梁启超的评价》，《论戊戌维新运动及康有为、梁启超》，广东人民出版社，1985，第301页。

④ 梁启超：《中国历史研究法》，《饮冰室合集·专集》之七十三，中华书局，1989，第91页。

名篇佳制的学术论著中，也都不同程度地存在着"粗率浅薄"之病。"诸如以兄字为弟号，以子著为父书，以既死为方生，引文删略而不予标明，修改原文以牵合所论等等。"①

当然，大师也不是完人，何况梁启超无论在政治上还是在学术上都是有争议的人物。我们评议梁启超的文化学术思想，既要总结他在文化学术方面所做出的成绩，也应指出他治学活动中的不足之处。这才是"评议"，也正是梁启超本人对评议提出的要求。

（李平）

---

① 朱维铮：《梁启超论清学史二种·校注引言》，复旦大学出版社，1985，第2页。

陈寅恪对"宋学"的现代诠释

陈寅恪先生1943年曾对中国学术文化的发展趋势作出了一个大判断："华夏民族之文化，历数千载之演进，造极于赵宋之世。后渐衰微，终必复振"，"将来所止之境，今固未敢断论。惟可一言蔽之曰，宋代学术之复兴，或新宋学之建立是已"。①此处之"宋学"，意即以宋代儒学为代表的宋代学术文化。其实，早在1919年，他就已明确指出："宋元之学问、文艺均大盛……而今人以宋、元为衰世，学术文章，卑劣不足道者，则实大误也。"②直至晚年的1964年，他依然坚持："天水（按，即赵宋）一朝之文化，竟为我民族遗留之瑰宝。"③可见，对以宋代儒学为代表的宋代学术文化即"宋学"的肯定赞美之情贯穿于寅恪先生之一生。那么，作为对中国历史文化有着通解通识的一代史学宗师，寅恪先生何以作出如此之大判断、大预言呢？探求寅恪先生作出此一大判断、大预言之原因，不仅可以进一步深入寅恪先生的思想世界，且对中国传统文化的更新与重建之思考也具有重要的启迪意义。

寅恪先生之所以对"宋学"评价极高，是与他一生的"治学之特色"紧密相关的。寅恪先生的忠笃弟子和托命之人蒋天枢先生曾较为准确地

① 陈寅恪：《邓广铭宋史职官志考证序》，《金明馆丛稿二编》，生活·读书·新知三联书店，2001，第277页。

② 吴宓1919年12月14日日记，见吴学昭整理《吴宓日记》第二册（1917—1924），生活·读书·新知三联书店，1998，第103页。

③ 陈寅恪：《赠蒋秉南序》，《寒柳堂集》，生活·读书·新知三联书店，2001，第182页。

"综括先生治学之特色"为"四端",即"以淑世为怀","探索自由之义谛","珍惜传统历史文化","'续命河汾'之向往"。[①]"宋学"正是最能充分体现寅恪先生"治学之特色"的一种学术文化类型。要而言之,寅恪先生所倾心诠释的"宋学",主要蕴涵着以下五个方面的内容与精神:

一、民族本位的文化理念

在"内感民族文化之衰颓,外受世界思潮之激荡"[②]的现实情势下,寅恪先生认为,中国文化之重建与更新,"必须一方面吸收输入外来之学说,一方面不忘本来民族之地位"[③]。寅恪先生此种民族本位的文化理念之形成,不仅仅是对其祖其父变革中国旧法思想之继承,也不仅仅是对张之洞等人"中体西用"思想之发展,更重要的,是他对宋代学术文化深入研究后的理论总结。

寅恪先生1934年曾在《冯友兰中国哲学史下册审查报告》中自述其学言:"寅恪平生为不古不今之学,思想囿于咸丰同治之世,议论近乎湘乡南皮之间,承审查此书,草此报告,陈述所见,殆所谓'以新瓶而装旧酒'者。"[④]早在1927年,于《王观堂先生挽词》中又谓:"当日英贤谁北斗,南皮太保方迁叟。忠顺勤劳矢素衷,中西体用资循诱。"[⑤]1961年吴宓又记陈寅恪印象云:"寅恪兄之思想及主张,毫未改变,即仍遵守昔年

---

① 蒋天枢:《陈寅恪先生传》,《陈寅恪先生编年事辑》(增订本),上海古籍出版社,1997,第234页。

② 陈寅恪:《陈垣元西域人华化考序》,《金明馆丛稿二编》,生活·读书·新知三联书店,2001,第270页。

③ 陈寅恪:《冯友兰中国哲学史下册审查报告》,《金明馆丛稿二编》,生活·读书·新知三联书店,2001,第284—285页。

④ 陈寅恪:《冯友兰中国哲学史下册审查报告》,《金明馆丛稿二编》,生活·读书·新知三联书店,2001,第285页。

⑤ 陈寅恪:《王观堂先生挽词》,《陈寅恪集·诗集》,生活·读书·新知三联书店,2001,第13—14页。

'中学为体，西学为用'之说（中国文化本位论）。"①寅恪先生之所以赞同南皮太保张之洞，实与其家学渊源紧密相关，是和其祖其父陈宝箴、陈三立变革中国旧法之思想一脉相承的。关于此，寅恪先生在1945年所作的《读吴其昌撰梁启超传书后》②以及在1965年所作的《寒柳堂记梦未定稿》③中有明确的说明。但应该指出，在20世纪新的情势下，寅恪先生对张之洞等人的"中体西用"说作了富于时代超越性的全新发挥。寅恪先生在前述之《读吴其昌撰梁启超传书后》中又说："余少喜临川新法之新，而老同涑水迂叟之迂。……是以论学论治，迥异时流，而迫于事势，噤不得发。"④此段话可以看作是"寅恪平生为不古不今之学，思想囿于咸丰同治之世，议论近乎湘乡南皮之间"的注脚。

"不古不今之学"，多被学界视为先生的中国中古史研究，其实可能并非如此，我们不能简单地认为"不古不今之学"就是指"寅恪不敢观三代两汉之书，而喜谈中古以降民族文化之史"⑤。综观寅恪先生的著述及论说，不难发现，我们实在不能将精研文史、博通国学的寅恪先生之学局限于中国中古史研究。要真实理解"不古不今之学"的含义，需结合"议论近乎湘乡南皮之间""以新瓶而装旧酒"的述说以及当时的学术文化潮流来分析。牟润孙先生释"不古不今"为学术之"贯通中西，综合古今"⑥，诚精辟之见解。此乃寅恪先生"不古不今之学"在"论学"方面的"迥异

---

① 吴宓1961年8月30日日记，见吴学昭《吴宓与陈寅恪》，清华大学出版社，1992，第143页。

② 陈寅恪：《读吴其昌撰梁启超传书后》，《寒柳堂集》，生活·读书·新知三联书店，2001，第167页。

③ 陈寅恪：《寒柳堂记梦未定稿》，《寒柳堂集》，生活·读书·新知三联书店，2001，第203—204页。

④ 陈寅恪：《读吴其昌撰梁启超传书后》，《寒柳堂集》，生活·读书·新知三联书店，2001，第168页。

⑤ 陈寅恪：《陈垣元西域人华化考序》，《金明馆丛稿二编》，生活·读书·新知三联书店，2001，第270页。

⑥ 牟润孙：《读〈陈寅恪先生论集〉》，见钱文忠编《陈寅恪印象》，学林出版社，1997，第192页。

时流"。而更重要的，则是寅恪先生在"论治"方面的"迥异时流"。文化之"时流"，主要是指康有为之托古改制思想和胡适之等的全盘西化说，前者主托古，后者"全心全意地现代化"，要求向西方之"今"发展。二者各走其极，均无益于中国文化之复兴重建。寅恪先生所主与康之"古"、胡之"今"迥异，故而自称"不古不今之学"。①其实，从寅恪先生自己的著述中，也可以见出"不古不今之学"的此一意涵。在寅恪先生的著述中有关于"守伧僧之旧义"②和"幸俱未树新义"③的言论。"旧义"，即"江东旧义"，是著名的学术典故，出自《世说新语·假谲篇》，寅恪先生在《支愍度学说考》④中曾详加考证。所谓"守伧僧之旧义"，若从文化理念的角度来看，"即严守中国本土学术立场"；所谓"未树新义"，意即反对"由今文经学到疑古思潮的近现代浪漫主义文化思潮"以及"以胡适为典型的'强中学以就西学'时尚"。⑤显然，寅恪先生是认同老僧，主张保持中国文化本色，而反对对中国传统文化任意"树新义"的。可见，从文化理念的角度来看，寅恪先生之"守伧僧之旧义"，"幸俱未树新义"的心念，也就是其"不古不今之学"，"迥异时流"之学。总之，"不古不今之学"体现了寅恪先生的中西观、古今观，"论学论治，迥异时流"之学，乃贯通古今、融合中西之学，其核心在于强调，中国文化之复兴与重建必须"一方面吸收输入外来之学说，一方面不忘本来民族之地位"。

寅恪先生的此种文化态度与文化理念，已不同于张之洞等人更多出于治略考虑、更多着眼于科技实用层面上的"中体西用"之说，而是更多地

---

① 李锦绣：《陈寅恪学案》，见杨向奎等著《百年学案》，辽宁人民出版社，2003，第380—381页。

② 陈寅恪：《先君致邓子竹丈手札二通书后》，《金明馆丛稿二编》，生活·读书·新知三联书店，2001，第286页。

③ 陈寅恪：《陈垣明季滇黔佛教考序》，《金明馆丛稿二编》，生活·读书·新知三联书店，2001，第273页。

④ 陈寅恪：《支愍度学说考》，《金明馆丛稿初编》，生活·读书·新知三联书店，2001，第159—187页。

⑤ 胡晓明：《陈寅恪"守老僧之旧义"诗文释证——一个富涵思想意义的学术史典掌》，见王元化主编《学术集林》（卷十），上海远东出版社，1997，第329—330页。

富于文化重建性与时代超越性。此种文化理念之形成，是建立在寅恪先生对中国文化历史及其特性的通解通识的基础上的，尤其是奠基于寅恪先生对宋代学术文化（主要是宋代新儒学之产生）的深入钻研与科学总结。其实，在前引的一段话中已约略透露出此中消息，所谓："余少喜临川新法之新，而老同涑水迂叟之迂。"关于此，寅恪先生在《冯友兰中国哲学史下册审查报告》中有最为集中、最为明确的表述："窃疑中国自今日以后，即使能忠实输入北美或东欧之思想，其结局当亦等于玄奘唯识之学，在吾国思想史上，既不能居最高之地位，且亦终归于歇绝者。其真能于思想上自成系统，有所创获者，必须一方面吸收输入外来之学说，一方面不忘本来民族之地位。此二种相反而适相成之态度，乃道教之真精神，新儒家之旧途径，而二千年吾民族与他民族思想接触史之所昭示者也。"①寅恪先生指出，"一方面吸收输入外来之学说，一方面不忘本来民族之地位"，此种文化更新与重建之态度，乃"二千年吾民族与他民族思想接触史之所昭示者也"，尤其是"新儒家之旧途径"。在同文中，寅恪先生又作了进一步阐说，强调宋代新儒学由于能融入道教精神，能对外来之佛教思想尽情地加以吸收融贯，而又不忘本来民族之地位，在新的基础上进行再创造和再整合，由此逐渐形成并进而"能大成者"，终成为秦汉以来思想史上"一大事因缘"。而玄奘创立的法相宗即唯识之学，就承继印度"有宗"来说是完全忠实的，但由于照搬原典，不肯"改造"，与中国的思想实际状况不相契合，结果在中国"归于消沉歇绝"。释迦之"无父无君"思想与我国传统伦理道德实相冲突，不经"变易"，则"绝难保持"。②

关于宋代新儒学吸收、改造、融贯外来佛教思想之历程与方法，寅恪先生早在1919年便有"取珠还椟"之说，其言曰："宋儒若程若朱，皆深通佛教者，既喜其义理之高明详尽，足以救中国之缺失，而又忧其用夷变

---

① 陈寅恪：《冯友兰中国哲学史下册审查报告》，《金明馆丛稿二编》，生活·读书·新知三联书店，2001，第284—285页。

② 陈寅恪：《冯友兰中国哲学史下册审查报告》，《金明馆丛稿二编》，生活·读书·新知三联书店，2001，第282—284页。

夏也。乃求得两全之法，避其名而居其实，取其珠而还其椟。采佛理之精粹，以之注解四书五经，名为阐明古学，实则吸收异教，声言尊孔辟佛，实则佛之义理，已浸渍濡染，与佛教之宗传，合而为一。此先儒爱国济世之苦心，至可尊敬而曲谅之者也。故佛教实有功于中国甚大。而常人未之通晓，未之觉察，而以中国为真无教之国，误矣。自得佛教之裨助，而中国之学问，立时增长元气，别开生面。"①由此可见，寅恪先生十分认同和赞赏宋儒对待异教文明之态度：既积极吸收融合外来佛教文化之精粹而使中国儒学"增长元气，别开生面"，又坚持民族本位之文化立场，以"爱国济世之苦心"，"忧其用夷变夏"，乃"避其名而居其实，取其珠而还其椟"。此外，寅恪先生在1951年所作《论韩愈》一文中，仍不忘旧话重提，强调韩愈吸收、改造、融合外来佛教并严夷夏之辨之法，奠定了"宋代新儒学之基础"。②

佛教的传入中土并为民族固有文化所吸收、改造、融合而衍生宋代新儒学之过程，是中国思想文化史上的"一大事因缘"，向来为研究中外思想接触史的学者所看重。寅恪先生的这些论说，看来好像是老生常谈，并不新鲜，其实却是意味深长的。在他看来，在当时的情势下老调仍不能不重弹。更重要的是，寅恪先生将老调弹出了新意，将"旧酒"注入了"新瓶"，其"一方面吸收输入外来之学说，一方面不忘本来民族之地位"的民族本位的文化理念，强调保持中国文化本色，既不同于全盘西化论，也有力地摒弃了故步自封的国粹主义态度。寅恪先生"对外来文化吸纳的气度和开放的胸襟，曾、张等人是无法望其项背的。他所总结的这条'吾民族与他民族思想接触史'的成功经验，具有很强的生命力，不仅深刻地解释了宋代文化繁荣的原因，而且历久弥新，直到今天仍具有实际的指导意义"③。

① 吴宓1919年12月14日日记，见吴学昭整理《吴宓日记》第二册(1917—1924)，生活·读书·新知三联书店，1998，第102—103页。

② 陈寅恪：《论韩愈》，《金明馆丛稿初编》，生活·读书·新知三联书店，2001，第322页。

③ 王水照：《陈寅恪先生的宋代观》，《王水照自选集》，上海教育出版社，2000，第263页。

二、独立自由的思想精神

"独立之精神，自由之思想"，是寅恪先生一生崇奉、坚守并践履的理想抽象之境，他的学术与人格之魅力主要即来源于此。寅恪先生在20世纪中国学术文化史上不可移易之地位的确立，不仅仅是因其渊博的学识、卓越的文史成就和深刻的历史洞察力，更重要的，是因其一以贯之地表彰并践履了中国文化中的"独立之精神，自由之思想"。

"独立之精神，自由之思想"的字语屡见于寅恪先生的著述与论说之中，也贯穿于先生之一生而不以时代为转移。若细绎这些述说，我们会发现，寅恪先生所表彰的中国文化中的"独立之精神，自由之思想"，主要包括三个层面的意涵，即人格的独立自由、学术的独立自由和民族的独立自由。关于此，寅恪先生最为集中而明确的论说见于1929年所撰《清华大学王观堂先生纪念碑铭》："士之读书治学，盖将以脱心志于俗谛之桎梏，真理因得以发扬。思想而不自由，毋宁死耳。斯古今仁圣所同殉之精义，夫岂庸鄙之敢望。先生以一死见其独立自由之意志，非所论于一人之恩怨，一姓之兴亡。呜呼！树兹石于讲舍，系哀思而不忘。表哲人之奇节，诉真宰之茫茫。来世不可知者也。先生之著述，或有时而不章。先生之学说，或有时而可商。惟此独立之精神，自由之思想，历千万祀，与天壤而同久，共三光而永光。"①关于"思想而不自由，毋宁死耳"，"先生以一死见其独立自由之意志"，寅恪先生在1927年所撰《王观堂先生挽词序》中还有更具体的解说②。从寅恪先生对王国维人格、学术的评价以及对其死因的解说中，我们可以看出，寅恪先生是多么地崇奉"独立之精神，自由之思想"！其实，寅恪先生也是"为此文化所化之人"，关于王国维先生人

---

① 陈寅恪：《清华大学王观堂先生纪念碑铭》，《金明馆丛稿二编》，生活·读书·新知三联书店，2001，第246页。

② 陈寅恪：《王观堂先生挽词序》，《陈寅恪集·诗集》，生活·读书·新知三联书店，2001，第12—13页。

格、学术的评价也完全适用于他自己。1953年，在《对科学院的答复》的自述中，寅恪先生就明确指出："我的思想，我的主张完全见于我写的王国维纪念碑中。……我认为研究学术，最主要的是要具有自由的意志和独立的精神。……没有自由思想，没有独立精神，即不能发扬真理，即不能研究学术。……对于独立精神，自由思想，我认为是最重要的……独立精神和自由意志是必须争的，且须以生死力争。……一切都是小事，惟此是大事，碑文中所持之宗旨，至今并未改易。"①

关于"独立之精神，自由之思想"的明确强调，又见于寅恪先生晚年最重要的两部"颂红妆"②之作《论再生缘》和《柳如是别传》中。《论再生缘》云："端生心中于吾国当日奉为金科玉律之君父夫三纲，皆欲藉此等描写以摧破之也。端生此等自由及自尊即独立之思想，在当日及其后百余年间，俱足惊世骇俗，自为一般人所非议。"③《柳如是别传》"缘起"又有言："虽然，披寻钱柳之篇什于残阙毁禁之余，往往窥见其孤怀遗恨，有可以令人感泣不能自已者焉。夫三户亡秦之志，九章哀郢之辞，即发自当日之士大夫，犹应珍惜引申，以表彰我民族独立之精神，自由之思想。"④曾因1958年撰写《陈寅恪〈论再生缘〉书后》而得到寅恪先生"作者知我"⑤四字心许的余英时先生，这样评析《论再生缘》《柳如是别传》以及上引的两段话："这里他不但重弹'独立精神''自由思想'的旧调，而且其言哀、其志悲，使人不忍卒读。所以合两书读之，他晚年治史不仅不是为考证而考证，也不止于为史学而史学。他是要通过史学来维护平生持之极坚的文化价值，独立精神与自由思想便是其中最重要的两大项

---

① 陈寅恪：《对科学院的答复》，转引自陆键东《陈寅恪的最后二十年》，生活·读书·新知三联书店，1995，第111—112页。

② 陈寅恪：《辛丑七月雨僧老友重庆来广州承询近况赋此答之》，《陈寅恪集·诗集》，生活·读书·新知三联书店，2001，第137页。

③ 陈寅恪：《论再生缘》，《寒柳堂集》，生活·读书·新知三联书店，2001，第66页。

④ 陈寅恪：《柳如是别传》，生活·读书·新知三联书店，2001，第4页。

⑤ 余英时：《陈寅恪晚年诗文释证》，东大图书公司，1998，第6页。

目。"①余先生所见,诚卓识也。又据吴宓1961年9月1日日记,寅恪先生自己也曾明确谈述,"坚信并力持:必须保有中华民族之独立与自由,而后可言政治与文化"。②

而寅恪先生之所以对宋代学术文化有极高的评价,其中一个重要原因就是,他认为宋代是中国历朝中思想最自由、最独立的时期之一,宋代学术文化是最能体现"独立之精神,自由之思想"的学术文化类型。如前所述的"新儒家之旧途径",宋儒对待外来佛教的"取珠还椟"之态度,不仅是集中体现了宋儒民族本位的文化理念,同时也典型体现了宋学独立自由的思想精神:"一方面吸收输入外来之学说",体现了宋代新儒学"自由之思想";"一方面不忘本来民族之地位",体现了宋代新儒学"独立之精神"。

在《论再生缘》中,寅恪先生又明确指出:"六朝及天水一代思想最为自由,故文章亦臻上乘,其骈俪之文遂亦无敌于数千年之间矣。"并举南宋汪藻《代皇太后告天下手书》为证云:此文"词藻固甚优美,其不可及之处,实在家国兴亡哀痛之情感,于一篇之中,能融化贯彻,而其所以能运用此情感,融化贯通无所阻滞者,又系乎思想之自由灵活。故此等之文,必思想自由灵活之人始得为之。非通常工于骈四俪六,而思想不离于方罫之间者,便能操笔成篇也。"③寅恪先生意在说明,"无自由之思想,则无优美之文学"④,赵宋一代骈俪之文之所以能无敌于数千年之间,就是因为其作者具有自由灵活之思想,而归根到底在于赵宋一代是最具独立精神、自由思想之时代。

史实也的确如此,不少史料表明,宋代君臣之间的谈话和议论,的确充满着相当民主、相当自由的气氛。司马光《手录》"吕惠卿讲咸有一德

---

① 余英时:《试述陈寅恪的史学三变》,《现代危机与思想人物》,生活·读书·新知三联书店,2005,第474页。

② 吴宓1961年9月1日日记,见吴学昭《吴宓与陈寅恪》,清华大学出版社,1992,第145页。

③ 陈寅恪:《论再生缘》,《寒柳堂集》,生活·读书·新知三联书店,2001,第72—73页。

④ 陈寅恪:《论再生缘》,《寒柳堂集》,生活·读书·新知三联书店,2001,第73页。

录"条（《增广司马温公全集》卷一），就生动地记录了熙宁二年（1069）十一月司马光与吕惠卿、王珪在神宗面前的争辩过程，这场剑拔弩张的舌战最终在神宗的圆场中结束。又如，庆元党禁时期的朱熹在激烈的竞争中败下阵来，还能"与朋友讲习古书，说这道理"，还敢说"屋下合说底话"（《朱子语类》卷一〇七），这是只有宋代士大夫才能享受的自由。再如，乾道八年（1172）陆九渊在省试中答"德仁功利"之问，末云："至于'帝王之德之仁，岂但如匹夫见于修身齐家而已'之说，愚窃以为不然。"（《象山先生全集》卷三一）而《问德仁功利》是孝宗在乾道七年（1171）亲拟的试题（李心传：《建炎以来朝野杂记》乙集卷三）。陆九渊对其中"修身齐家"之解竟"窃以为不然"，则寅恪先生所谓"天水一代思想最为自由"之论断于此又得一显证。在此值得一提的是，余英时先生在近年完成的70万言巨著《朱熹的历史世界》中，从"文化史"与"政治史"综合贯通之研究视角，通过大量的第一手史料，令人信服地回答了有宋一代何以被称为思想最为自由之时代的问题，为寅恪先生"天水一代思想最为自由"的断语作出了最好的注解。余先生指出："以礼遇执政大臣及士大夫而言，宋代不仅超越汉唐，如叶适所云，更远非专制高峰时代的明、清所能望其项背"[1]；"宋代是士阶层在中国史上最能自由发挥其文化和政治功能的时代，这一论断建立在大量史实的基础之上，是很难动摇的"[2]。

三、尊德崇节的人文理想

作为素以气节见称于世的义宁陈氏忠义之家的后代，寅恪先生是最具忧患意识和悲剧意识的现代学者，其家国之悲、兴亡之感更较时人深痛，

---

[1] 余英时：《朱熹的历史世界——宋代士大夫政治文化的研究》，生活·读书·新知三联书店，2004，第381页。

[2] 余英时：《朱熹的历史世界——宋代士大夫政治文化的研究》，生活·读书·新知三联书店，2004，第378页。

对道义沦丧之忧虑，对廉耻尽失之痛心，贯穿于他特立独行、坎坷悲苦之一生。贬斥势利，尊崇气节，彰显道德主体精神，匡浇漓，返淳正，是其始终持守、期冀并坚信的人文理想。诚如余英时先生所说："陈先生不是思想家，更从不标榜某家某派，但从他一生的言行来衡量，他可以说是近代极少数真正符合儒家标准的知识分子之一。"①因此，我们可以说，"他不仅是一位学问家，而且是一位真正的新儒家；他的精神气质，乃是一位伟大的人文主义者"②。

在《元白诗笺证稿》中，寅恪先生论元稹"艳诗及悼亡诗"时有言："纵览史乘，凡士大夫阶级之转移升降，往往与道德标准及社会风习之变迁有关。当其新旧蜕嬗之间际，常呈一纷纭综错之情态，即新道德标准与旧道德标准，新社会风习与旧社会风习并存杂用。各是其是，而互非其非也。斯诚亦事实之无可如何者。虽然，值此道德标准社会风习纷乱变易之时，此转移升降之士大夫阶级之人，有贤不肖拙巧之分别，而其贤者拙者，常感受苦痛，终于消灭而后已。其不肖者巧者，则多享受欢乐，往往富贵荣显，身泰名遂。其故何也？由于善利用或不善利用此两种以上不同之标准及习俗，以应付此环境而已。"③这一段议论又未尝不是身处"新旧蜕嬗之间际"和"社会风习纷乱变易之时"的"贤者拙者"寅恪先生，从自身的经历中得出的一种认识、忧虑与警示。在《王观堂先生挽词序》和《王静安先生遗书序》中，寅恪先生由有相关论述。《王观堂先生挽词序》云："凡一种文化值衰落之时，为此文化所化之人，必感苦痛，其表现此文化之程量愈宏，则其所受之苦痛亦愈甚；迨既达极深之度，殆非出于自杀无以求一己之心安而义尽也。吾中国文化之定义，具于《白虎通》三纲六纪之说，其意义为抽象理想最高之境，犹希腊柏拉图所谓 Idea

---

① 余英时：《陈寅恪的学术精神和晚年心境》，《现代危机与思想人物》，生活·读书·新知三联书店，2005，第367页。

② 胡晓明：《寒柳诗的境界》，载《学术月刊》1995年第7期。

③ 陈寅恪：《元白诗笺证稿》，生活·读书·新知三联书店，2001，第85页。

者……"①《王静安先生遗书序》云："寅恪以谓古今中外志士仁人，往往憔悴忧伤，继之以死。其所伤之事，所死之故，不止局于一时间一地域而已。盖别有超越时间地域之理性存焉。而此超越时间地域之理性，必非其同时间地域之众人所能共喻。"②

值得注意的是，寅恪先生"用《白虎通》的三纲六纪来界说'中国文化'；但同时却又下一转语曰：'其意义为抽象理想最高之境，犹希腊柏拉图所谓Idea者。'这一转语立刻便显示出他心中的'纲纪'已非儒家相传之旧物，而是通过柏拉图的Idea化成超越时空的抽象理境了"。③那么，寅恪先生所念兹在兹的"抽象理想最高之境""超越时间地域之理性"究竟是指什么呢？关于此，王元化先生有精辟的见解。王先生指出："中国的伦理观念，并不是把一定的条件底下所形成的角色固定死。中国讲到人，都在关系网络、道义网络里去讲人和人之间的态度、道德、操守等等"④；"等级制度、君臣关系等等，只是一定时代一定社会所派生的条件，而不是理念"⑤；陈寅恪的"抽象理想最高之境"即"理念"，"实际上也就是排除了封建时代的派生条件，而从道德主体中抽象出来的'和谐意识'"⑥。由此可知，寅恪先生所忧虑和强调的，实质上是中国传统文化中的道德主体精神及其和谐意识的现代承传与现代意义。

在"道德标准社会风习纷乱变易之时"，寅恪先生对"道义沦丧"倍感忧虑，对"廉耻道尽"倍感痛心：1919年在与吴宓纵论中西文化时，他说："而救国经世，尤必以精神之学问（谓形而上之学）为根基。而吾国留学生不知研究，且鄙弃之，不自伤其愚陋，皆由偏重实用积习未改之

---

① 陈寅恪：《王观堂先生挽词序》，《陈寅恪集·诗集》，生活·读书·新知三联书店，2001，第12页。

② 陈寅恪：《王静安先生遗书序》，《金明馆丛稿二编》，生活·读书·新知三联书店，2001，第248页。

③ 余英时：《陈寅恪与儒学实践》，《现代危机与思想人物》，生活·读书·新知三联书店，2005，第425页。

④ 王元化：《清园近作集》，文汇出版社，2004，第50页。

⑤ 王元化：《清园近思录》，中国社会科学出版社，1998，第32页。

⑥ 王元化：《清园近思录》，中国社会科学出版社，1998，第51页。

故。……今人误谓中国过重虚理，专谋以功利机械之事输入，而不图精神之救药，势必至人欲横流、道义沦丧，即求其输诚爱国，且不能得。"①1945年在《读吴其昌撰梁启超传书后》中，又说："忆洪宪称帝之日，余适旅居旧都，其时颂美袁氏功德者，极丑怪之奇观。深感廉耻道尽，至为痛心。"②而寅恪先生自己，一生"论学论治，迥异时流"③，"大节巍然，操持峻洁，自少至老始终如一，有非视衣食若父母者所能喻"④。亦诚如先生之自述："默念平生固未尝侮食自矜，曲学阿世，似可告慰友朋。"⑤

而在中国学术文化史上，最符合寅恪先生尊德崇节之人文理想的正是"宋学"，表彰宋代士人的道德主体精神与气节秉持意识，是寅恪先生"宋学"新诠的又一重要内容。1964年五、六月间，寅恪先生最忠笃、最知心的弟子蒋天枢南来广州"问疾"，寅恪先生向其作了一生事业的"生命之托"，并"奉贻"《赠蒋秉南序》一文。我们"可以将这篇不足千字的短文，理解为陈寅恪在生命结束之前向这个世界所作的一次自述"，"作者数十年寄寓身世之感、现实之慨、兴亡之叹，都浓缩在此文之中"。⑥文中有言："欧阳永叔少学韩昌黎之文，晚撰《五代史记》，作义儿冯道诸传，贬斥势利，尊崇气节，遂一匡五代之浇漓，返之淳正。故天水一朝之文化，竟为我民族遗留之瑰宝。孰谓空文于治道学术无裨益耶？"⑦寅恪先生在"神州沸腾，寰宇纷扰"之时，以"奄奄垂死"之心态，却慷慨写下了此等掷地有声的文字，道出了深植于心底的人文理想和宋学认同。在此，寅

① 吴宓1919年12月14日记，见吴学昭整理《吴宓日记》第二册(1917—1924)，生活·读书·新知三联书店，1998，第101—102页。

② 陈寅恪:《读吴其昌撰梁启超传书后》,《寒柳堂集》,生活·读书·新知三联书店,2001,第166页。

③ 陈寅恪:《读吴其昌撰梁启超传书后》,《寒柳堂集》,生活·读书·新知三联书店,2001,第168页。

④ 蒋天枢:《陈寅恪先生编年事辑》(增订本),上海古籍出版社,1997,第187页。

⑤ 陈寅恪:《赠蒋秉南序》,《寒柳堂集》,生活·读书·新知三联书店,2001,第182页。

⑥ 陆键东:《陈寅恪的最后二十年》,生活·读书·新知三联书店,1995,第423—424页。

⑦ 陈寅恪:《赠蒋秉南序》,《寒柳堂集》,生活·读书·新知三联书店,2001,第182页。

恪先生"从道德的观点对宋学的贡献作了最高的礼赞"①，"他显然相信传统儒家的道德理想即使在今天的中国也仍然可以发挥移风易俗的作用"②。同时，寅恪先生对宋代士人"贬斥势利，尊崇气节"之精神品格的表彰之情，也溢于言表。

寅恪先生不仅以欧阳修为例阐明宋学道德主体精神与尊崇气节意识的影响意义，使人感受到宋代儒家凛凛然之生气，还以司马光为例来进一步阐说宋代士人立身行事之大节和贞下起元之理想。在《读吴其昌撰梁启超传书后》中，寅恪先生云："余少喜临川新法之新，而老同涑水迂叟之迂。……因读此传，略书数语，付稚女美延藏之。美延当知乃翁此时悲往事，思来者，其忧伤苦痛，不仅如陆务观所云，以元祐党家话贞元朝士之感已也。"③寅恪先生年少受父祖影响，接受变法思想，此即"余少喜临川（王安石）新法之新"之谓；而晚年历经世变，又认同司马光之"迂"。此一"迂"字，"从政治思想派别的角度，殆指变法派中之稳健派而言"；"而从政治气节的角度，'迂'则是指士大夫的关怀时局，勇于任事的历史责任感和坚韧不拔、不改初衷的政治品格"④。"陆务观"即陆游，其祖陆佃，原是王安石门人，后又为司马光之党，名列元祐党人碑，故陆游自称"元祐党家"。所谓"贞元朝士"云云，原是刘禹锡对当时同具变法改革倾向之人士的怀念，经过宋代汪藻、洪迈、陆游等的反复引用，此词已被赋予了"志士仁人"之类的特定内涵。而在寅恪先生的笔下，"更成为献身革新弊政、壮志未酬而又志节自守的悲剧性政治人格的象征"。总之，"'司马迂叟''元祐党家''贞元朝士'一再在陈寅恪的著作中出现，伴

① 余英时：《陈寅恪的学术精神和晚年心境》，《现代危机与思想人物》，生活·读书·新知三联书店，2005，第372页。

② 余英时：《陈寅恪的学术精神和晚年心境》，《现代危机与思想人物》，生活·读书·新知三联书店，2005，第371页。

③ 陈寅恪：《读吴其昌撰梁启超传书后》，《寒柳堂集》，生活·读书·新知三联书店，2001，第168页。

④ 王水照：《陈寅恪先生的宋代观》，《王水照自选集》，上海教育出版社，2000，第270页。

随着他俯仰古今、刻骨铭心的深沉感喟,其意义最终指向于士子立身之大节"。①

史实也的确表明,"宋代不但是'士'最能自由舒展的时代,而且也是儒家的理想和价值在历史上发挥了实际影响的时代"②。《宋史·太祖本纪》云:"三代而降,考论声明文物之治,道德仁义之风,宋于汉、唐,盖无让焉。"(《宋史》卷三)《宋史·忠义传序》又言:"士大夫忠义之气,至于五季,变化殆尽。宋之初兴,范质、王溥,犹有馀憾,况其他哉!艺祖首褒韩通,次表卫融,足示意向。厥后西北疆场之臣,勇于死敌,往往无惧。真、仁之世,田锡、王禹偁、范仲淹、欧阳修、唐介诸贤,以真言谠论倡于朝,于是中外缙绅知以名节相高、廉耻相尚,尽去五季之陋矣。故靖康之变,志士投袂,起而勤王,临难不屈,所在有之。及宋之亡,忠节相望,班班可书,匡直辅翼之功,盖非一日之积也。"(《宋史》卷四四六)由此可见,寅恪先生所论确也。在《朱熹的历史世界》中,余英时先生也一再强调和表彰宋代士大夫"以天下为己任"、变"天下无道"为"天下有道"而重建一个合理的人间秩序的崇高气节与人文理想③。

四、续命河汾的学术使命

寅恪先生以为,学术兴衰关系着民族与文化的生死存亡,知识分子应当以学术的承传与发展为自己的历史使命,因此,他一直向往着"大师巨子"的学术境界,此即寅恪先生在《王静安先生遗书序》中所言:"自昔大师巨子,其关系于民族盛衰学术兴废者,不仅在能承续先哲将坠之业,

---

① 王水照:《陈寅恪先生的宋代观》,《王水照自选集》,上海教育出版社,2000,第271页。

② 余英时:《朱熹的历史世界——宋代士大夫政治文化的研究》,生活·读书·新知三联书店,2004,第290页。

③ 余英时:《朱熹的历史世界——宋代士大夫政治文化的研究》,生活·读书·新知三联书店,2004,第219、220、109、118页。

为其托命之人，而尤在能开拓学术之区宇，补前修所未逮。故其著作可以转移一时之风气，而示来者以轨则也。"①在《隋唐制度渊源略论稿》中，寅恪先生之所以高度赞赏和重视魏晋南北朝时以刘昞为代表的"河西一隅"之大儒，主要即因为要阐明和表彰他们讲学著书不辍而能保存学术文化于荒乱之世的功绩②。同样的原因，寅恪先生又深羡"易堂九子"之事，"以为魏丘诸子值明清嬗蜕之际，犹能兄弟戚友保聚一地，相与从容讲文论学于乾撼坤岌之际，不谓为天下之至乐大幸，不可也"。③

更为寅恪先生所向往的学术文化之保存方式则是"续命河汾"，他晚年在诗文中多次表达了对"续命河汾"之憧憬与慨叹，所谓："招魂楚泽心虽在，续命河汾梦亦休"④；"疏属汾南何等事，衰残无命敢追攀"⑤；"俗学阿时似楚咻，可怜无力障东流。河汾洛社同邱貉，此恨绵绵死未休。"⑥"河汾"者，黄河与汾水之并称，此指隋末战乱之中王通隐居之地。世传隋末大儒王通设教于河汾之间，门徒超过千人，唐初名臣有大功于贞观之治者如房玄龄、魏征、李靖等均出其门下。寅恪先生所向往的正是仿效王通的河汾讲学，守先待后以延续民族学术文化的一线命脉。可惜的是，在"神州沸腾，寰宇纷扰"之际，"俗学阿时似楚咻"，寅恪先生"续命河汾"的理想化作了泡影，因此，在《赠蒋秉南序》中，他痛惜地慨叹道："至若追踪昔贤，幽居疏属之南，汾水之曲，守先哲之遗范，托末契于后生者，则有如方丈蓬莱，渺不可即，徒寄之梦寐，存乎遐想而

---

① 陈寅恪：《王静安先生遗书序》，《金明馆丛稿二编》，生活·读书·新知三联书店，2001，第247页。

② 陈寅恪：《隋唐制度渊源略论稿》，《隋唐制度渊源略论稿·唐代政治史述论稿》，生活·读书·新知三联书店，2001，第22页。

③ 陈寅恪：《赠蒋秉南序》，《寒柳堂集》，生活·读书·新知三联书店，2001，第182页。

④ 陈寅恪：《叶遐庵自香港寄诗询近状赋此答之》，《陈寅恪集·诗集》，生活·读书·新知三联书店，2001，第70页。

⑤ 陈寅恪：《壬寅小雪夜病榻作》，《陈寅恪集·诗集》，生活·读书·新知三联书店，2001，第143页。

⑥ 陈寅恪：《甲辰四月赠蒋秉南教授》，《陈寅恪集·诗集》，生活·读书·新知三联书店，2001，第151页。

已。呜呼！此岂寅恪少时所自待及异日他人所望于寅恪者哉？"①在中国学术文化史上，王通讲学河汾而卒开唐代贞观之治，"此固未必可信"，而韩愈"奖掖后进，开启来学"则"史证明确"。寅恪先生十分推重韩愈，作《论韩愈》一文，以证明"退之者，唐代文化学术史上承先启后转旧为新关捩点之人物也"。②"奖掖后进，开启来学"，"文化学术史上承先启后转旧为新"，这也正是寅恪先生晚年梦寐以求的"续命河汾"之学术理想。

而在中国学术文化史上，真正符合并实现了"续命河汾"之学术理想的人，在寅恪先生看来，莫过于以欧阳修和朱熹等人为代表的宋儒。在《赠蒋秉南序》中，寅恪先生在痛惜自身"续命河汾"之理想的破灭而发出慨叹之后，紧接着，下一转语而说道："虽然，欧阳永叔少学韩昌黎之文，晚撰《五代史记》，作义儿冯道诸传，贬斥势利，尊崇气节，遂一匡五代之浇漓，返之淳正。故天水一朝之文化，竟为我民族遗留之瑰宝。孰谓空文于治道学术无裨益耶？"③这段话意涵丰富而深刻，不仅如前文所析，"是从道德的观点对宋学的贡献作了最高的礼赞"，还从学术承传及其文化意义的角度对宋学作了极高的评价，并且，也可看出，"遭际世变"的寅恪先生对宋儒凛凛然之生气以及民族历史文化之未来依然抱有坚定的信念。以欧阳修为代表的宋儒正是以学术文化的传承为历史使命："少学韩昌黎之文"，继承唐代古文运动之"道统"而为宋代古文运动之领袖，正是欧阳修"承续先哲将坠之业"；"晚撰《五代史记》"，独自修撰《新五代史》（原名《五代史记》）而开宋代史学之先风，正是欧阳修"开拓学术之区宇"。还应当指出的是，欧阳修等人的宋代古文运动不仅具有文学史意义，还具有儒学史意义，在宋代儒学的发展史上起到了重要的作用。关于此，余英时先生在《朱熹的历史世界》中有极为精审的阐发。余先生不仅指出了以欧阳修为领袖的宋代古文运动"是韩、柳古文运动的直

①陈寅恪：《赠蒋秉南序》，《寒柳堂集》，生活·读书·新知三联书店，2001，第182页。

②陈寅恪：《论韩愈》，《金明馆丛稿初编》，生活·读书·新知三联书店，2001，第332页。

③陈寅恪：《赠蒋秉南序》，《寒柳堂集》，生活·读书·新知三联书店，2001，第182页。

接延续"，"奠定了宋代儒学的基调"，而且指出了他们所"发出重建秩序的呼声"，其"原动力则是长期混乱下民间期待文治秩序的迫切心理"。①余先生所论，正是对寅恪先生"欧阳永叔少学韩昌黎之文"，"一匡五代之浇漓，返之淳正"之说的注解与阐发。由上所述，可见欧阳修在唐、宋古文运动史和儒学发展史上承先启后之独特地位，同时也可看出欧阳修自觉承传学术文化的使命意识。难怪寅恪先生在读完了欧阳修、宋祁所撰《新唐书》之后，发出如此叹惜："读《旧唐书》，略检此书以审其异同，似能稍窥作者之用心。惜时日、精力及工具俱不足，故未得详悉言之，以张大欧、宋之学术也。"②

在寅恪先生的言谈中，还透露出他对朱熹的极端推重。可以说，朱熹是寅恪先生心目中真正实现"续命河汾"之学术理想的又一宋儒。寅恪先生曾明确指出："宋、元之学问、文艺均大盛，而以朱子集其大成。朱子之在中国，犹西洋中世之Thomas Aquinas（按，即托马斯·阿奎那），其功至不可没。"③寅恪先生在此充分肯定了朱熹在中国学术文化史上之重要地位，可惜的是，他未作具体阐说，但我们可以从托马斯·阿奎那在西方宗教哲学思想史上的地位，来稍稍揭开寅恪先生关于朱熹之论的"未发之覆"。托马斯·阿奎那（1225？—1274），是中世纪最重要的哲学家，"托马斯主义不仅是经验哲学的最高成果，也是中世纪神学与哲学的最大、最全面的体系"。④罗素尽管对托马斯·阿奎那的某些哲学观点不能赞同，甚至认为没有什么真正的哲学精神，但还是不能不客观地给予托马斯·阿奎那在哲学史上以崇高的地位："圣托马斯·阿奎那被认为是最伟大的经院哲学家。……圣托马斯不仅有历史上的重要性，而且还具有当前的影响，

---

① 余英时：《朱熹的历史世界——宋代士大夫政治文化的研究》，生活·读书·新知三联书店，2004，第39—45页。

② 陈寅恪：《新唐书之部·寅恪读讫题记》，《陈寅恪集·读书札记一集》，生活·读书·新知三联书店，2001，第649页。

③ 吴宓1919年12月14日日记，见吴学昭整理《吴宓日记》第二册（1917—1924），生活·读书·新知三联书店，1998，第103页。

④ 赵敦华：《西方哲学简史》，北京大学出版社，2001，第135页。

正像柏拉图、亚里士多德、康德、黑格尔一样,事实上,还超过后两人。"①由托马斯·阿奎那在西方宗教哲学思想史上之崇高地位,我们可以想见朱熹在中国学术文化史上继往开来之重要地位。另外,应当注意的是,寅恪先生在《冯友兰中国哲学史下册审查报告》中也提及了"朱子之学",他评价冯著道:"此书于朱子之学,多所发明。……今此书作者,取西洋哲学观念,以阐明紫阳之学,宜其成系统而多新解。"②既然如此,那么冯著关于"朱子之学"("紫阳之学")的论断,理当大都为寅恪先生所赞同。翻检冯著,从其关于"朱子之学"("紫阳之学")的论说中,我们就会发现,冯友兰充分地肯定了朱熹在中国学术文化史上集大成的、继往开来的崇高地位。③

后来钱穆先生和余英时先生的朱熹研究,则可以看作是对寅恪先生关于朱熹的"未发之覆"的最卓有成效的揭示。钱先生晚年巨著《朱子新学案》和余先生近年巨著《朱熹的历史世界》,均以朱子为中心,但主题和角度不同,"钱著的注意力仍在朱子的学术、思想的世界,余著的关注则在朱子的政治、历史的世界"。④杜维明先生评钱著有言:"钱穆的著作做到了把朱熹在整个儒学传统中承前启后的主要关系都加以展现。"⑤余英时先生自述其著云:"本书的重点在研究宋代儒学的整体动向与士大夫政治文化的交互影响,朱熹则在其中占据着承前启后的轴心位置。"⑥综合钱先生和余先生所论,我们可以说,朱子之学完全达到了寅恪先生所称颂的"大师巨子"的学术境界。

① 罗素:《西方哲学史》(上卷),何兆武、李约瑟译,商务印书馆,1963,第549页。
② 陈寅恪:《冯友兰中国哲学史下册审查报告》,《金明馆丛稿二编》,生活·读书·新知三联书店,2001,第282页。
③ 冯友兰:《中国哲学史》(下册),华东师范大学出版社,2000,第254、284页。
④ 陈来:《从"思想世界"到"历史世界"——余英时〈朱熹的历史世界〉述评》,载《二十一世纪》,第79期(2003年10月号)。
⑤ 杜维明:《儒学传统的重建——钱穆〈朱子新学案〉评介》,见李振声编《钱穆印象》,学林出版社,1997,第240—241页。
⑥ 余英时:《朱熹的历史世界——宋代士大夫政治文化的研究》,生活·读书·新知三联书店,2004,第36页。

五、通古鉴今的史学方法

作为一代史学宗师，寅恪先生对"宋学"的高度评价，自然有其史学方面的原因。王永兴先生曾准确地总结了寅恪先生的史学渊源："陈寅恪史学植根于华夏民族优良的学术传统之中，植根于华夏民族优良的史学传统之中，特别是宋贤史学。宋代史学是陈寅恪史学的主要渊源。宋贤史学的代表为司马光和欧阳修，在史学思想和治史方法两方面，陈寅恪直接继承了这两位大师，并有较大的发展。"[①]寅恪先生自己也曾一再表示出对宋贤史学的崇敬与赞誉之情，所谓："中国史学莫盛于宋"[②]，"宋贤史学，今古罕匹"[③]。

那么，宋贤史学什么样的思想和方法，受寅恪先生如此推崇并自觉加以继承和发展呢？综观寅恪先生的相关论说及著述，我们可将之概括为"通古鉴今"。寅恪先生在《唐代政治史述论稿》"自序"中曾云："夫吾国旧史多属于政治史类，而《资治通鉴》一书，尤为空前杰作。今草兹稿，可谓不自量之至！然区区之意，仅欲令初学之读《通鉴》者得此参考，或可有所启发。"[④]寅恪先生"平生的志愿，是写一部'中国通史'，及'中国历史的教训'"[⑤]，而"通史"与"教训"合起来，正是"通鉴"之意。并且，《资治通鉴》本就是十分注重贯通古今的历史名著，诚如司马光自己所言，此书意在"列于户牖之间而尽古今之统"（《资治通鉴序》），

---

① 王永兴：《斯文自有千秋业——陈寅恪史学的渊源和史学思想述略》，见张杰、杨燕丽选编《解析陈寅恪》，社会科学文献出版社，1999，第90—91页。

② 陈寅恪：《陈垣明季滇黔佛教考序》，《金明馆丛稿二编》，生活·读书·新知三联书店，2001，第272页。

③ 陈寅恪：《隋唐制度渊源略论稿》，《隋唐制度渊源略论稿·唐代政治史述论稿》，生活·读书·新知三联书店，2001，第148页。

④ 陈寅恪：《唐代政治史述论稿》，《隋唐制度渊源略论稿·唐代政治史述论稿》，生活·读·新知三联书店，2001，第179页。

⑤ 俞大维：《怀念陈寅恪先生》，见张杰、杨燕丽选编《追忆陈寅恪》，社会科学文献出版社，1999，第9页。

"鉴前世之兴衰,考当今之得失,嘉善矜恶,取是舍非"(《进〈资治通鉴〉表》)。从寅恪先生对《资治通鉴》的极高赞誉以及自己一生的志愿中,我们已经可以捕捉到他志在继承并发展宋贤史学"通古鉴今"方法之消息。在《唐代政治史述略论稿》下篇,论述"外族盛衰之连环性"时,寅恪先生则明确提出了"探求真实,以供鉴诫"的史学思想①。

与寅恪先生"两代姻亲,三代世交,七年同学"的俞大维先生说,"'国史'乃寅恪先生一生治学研究的重心",而寅恪先生治中国史的主要目的"是在历史中寻求历史的教训",所以"他常说:'在史中求史识'"。②不过,他同时也强调史家在发挥"微言大义"之前,必须先把"基本的材料"考证得一清二楚。③余英时先生则明确指出:"陈先生的史学观点与方法从早年到晚年都是一以贯之的,只有具体的研究对象先后不同:他要通过最严格最精致的考据工作来研究中国史上的一些关键性的大问题,并尽量企图从其中获得关于当前处境的启示。这正是司马迁以来所谓'通古今之变'的中国史学传统;因此陈先生在他的历史论著中常常在有意无意之间发出'通识古今'的感慨。……从早期的中古史研究到晚年关于明、清文学的专著,其中都贯穿着这一'通古今之变'的精神。"④

关于"通古今之变""求真实,供鉴诫"之史学思想精神的运用,寅恪先生在1941年岁末困居香港时所作《坊本建炎以来系年要录跋》⑤以及

---

① 陈寅恪:《唐代政治史述论稿》,《隋唐制度渊源略论稿·唐代政治史述论稿》,生活·读书·新知三联书店,2001,第322页。

② 俞大维:《怀念陈寅恪先生》,见张杰、杨燕丽选编《追忆陈寅恪》,社会科学文献出版社,1999,第3—6页。

③ 赵元任:《忆寅恪》,见张杰、杨燕丽选编《追忆陈寅恪》,社会科学文献出版社,1999,第22页。

④ 余英时:《陈寅恪的学术精神和晚年心境》,《现代危机与思想人物》,生活·读书·新知三联书店,2005,第375页。

⑤ 陈寅恪:《坊本建炎以来系年要录跋》,《陈寅恪集·讲义及杂稿》,生活·读书·新知三联书店,2001,第445页。

1942年在《陈述辽史补注序》①中，曾有一番很亲切的自白。这是寅恪先生随时随地以古今互相印证来治史的最明白的第一手证据。他之所以特别对北宋亡国的往事感到"亲切有味"，显然是因为取1941年底困居香港之"身历目睹之事"，"以相印证"，从而那一段往事已不再是死的历史，而变成活的现在了。应当指出的是，我们所说的寅恪先生所继承并发展的宋贤史学的"通古鉴今"之史学思想，不仅仅包含"通古今之变"的史学精神和"求真实，供鉴诫"的史学思想，更重要的，是指其中蕴涵的"通古鉴今"的具体史学方法。所谓"通古鉴今"之法，也就是寅恪先生所说的"释证""解释文句，讨论问题""广搜群籍，考订解释""长编考异""合本子注""古典今事"等方法。

寅恪先生曾用"释证"、"补正"、"参证"三种方法来概括王国维遗书的学术内容及治学方法："一曰取地下之遗物与纸上之遗文互相释证"；"二曰取异族之故书与吾国之旧籍互相补正"；"三曰取外来之观念与固有之材料互相参证"。②其实，此三种方法也是寅恪先生治史乃至说诗经常采用的方法。但需要指出的是，"寅恪先生用以释证材料的这三种方法虽然与吾国传统文史考据之学相重合，但统率此方法的证释观念和精神指归颇为不同"③。这种不同主要就是，寅恪先生强调"在史中求史识"，"在历史中寻求历史的教训"。正是这种不同，才使得寅恪先生能"较乾嘉诸老，更上一层"④。并且，"如果用我们今天熟悉的观念来说明他的治学方法，我们可以说他是'实证'和'诠释'参伍以求，交互为用的"，"把'实证'与'诠释'有机地结合起来，加以灵活运用；我们根本不能分清何处

① 陈寅恪：《陈述辽史补注序》，《金明馆丛稿二编》，生活·读书·新知三联书店，2001，第264页。

② 陈寅恪：《王静安先生遗书序》，《金明馆丛稿二编》，生活·读书·新知三联书店，2001，第247页。

③ 刘梦溪：《一代文化所托命之人——陈寅恪先生的学术创获和研究方法》，见张杰、杨燕丽选编《解析陈寅恪》，社会科学文献出版社，1999，第427页。

④ 陈寅恪：《与妹书》，《金明馆丛稿二编》，生活·读书·新知三联书店，2001，第355页。

是'证',何处是'释'。"①

也正是基于此"新考证"和"新诠释",寅恪先生十分赞许宋儒治史的方法,而不认同清儒治经的方法。他认为,"有清一代经学号称极盛,而史学则远不逮宋人"。寅恪先生所哀叹的正是,那些有余力而治史学的人,也只能以经学的方法治史学,这种治史方法往往"止于解释文句,而不能讨论问题"。②寅恪先生自然不是一般地反对"解释文句",在现代史学大师中他自己就是以精湛的考据见长的,但在他看来,史学更重要的职能乃是"讨论问题"。因此,他心目中的史学应当是"解释文句"与"讨论问题"的统一,实证与议论的统一,以达到"在史中求史识"。从这个意义上,寅恪先生便十分推重以司马光为代表的宋贤史学传统。也正因如此,当他看到陈垣《元西域人华化考》之书时推服道:"盖先生之精思博识,吾国学者,自钱晓征以来,未之有也。……至于先生是书之材料丰实,条理明辨,分析与综合二者俱极其工力,庶几宋贤著述之规模。"③

从"解释文句"与"讨论问题"统一的思想出发,寅恪先生指出:"一时代之学术,必有其新材料与新问题。取用此材料,以研求问题,则为此时代学术之新潮流。"④寅恪先生最为推重的治史方法就是将问题讨论寓于资料排比、考订之中,这正是"宋贤治史之法"。当他看到杨树达《论语疏证》是用此法来治经,不胜感慨,欣然为序,认为"先生治经之法,殆与宋贤治史之法冥会","诚可为治经者辟一新途径,树一新模楷"。寅恪先生在此特别推重的治史之法是:既"广搜群籍",又"考订解释";既"考订是非",又"解释疑滞";既"取事实以证之",又"采意旨相同之语以参之"。并认为此法颇得"司马君实、李仁甫长编考异之法"的

① 余英时:《陈寅恪晚年诗文释证》,东大图书公司,1998,第7—8页。
② 陈寅恪:《陈垣元西域人华化考序》,《金明馆丛稿二编》,生活·读书·新知三联书店,2001,第269—270页。
③ 陈寅恪:《陈垣元西域人华化考序》,《金明馆丛稿二编》,生活·读书·新知三联书店,2001,第270页。
④ 陈寅恪:《陈垣敦煌劫余录序》,《金明馆丛稿二编》,生活·读书·新知三联书店,2001,第266页。

精义。①

所谓"司马君实、李仁甫长编考异之法",更确切地说,即《资治通鉴》《续资治通鉴长编》《三朝北盟会编》《建炎以来系年要录》等书考异述史之法。据寅恪先生考证,长编考异形式本源于"魏晋南北朝僧徒合本子注之体"。此即寅恪先生1942年在《陈述辽史补注序》所言:"赵宋史家著述,如《续资治通鉴》,《三朝北盟会编》,《建炎以来系年要录》,最能得昔人合本子注之遗意。"②所谓"合本子注体",依寅恪先生的诠释,即取同源异流的某一稿本为正文,其他有参考价值的做子注,按正本章句以附合,依有关事类以相从。③应当强调的是,寅恪先生之所以钟爱长编考异体裁,"不仅由于此法可令史料源流自明,异同自别,与史事演变自现,更重要的,是它最易予人以身历其境的实感"④。如在前文述及之《陈述辽史补注序》中,寅恪先生曾明确地述说他阅读《坊本建炎以来系年要录》时所得的这一体验。在"平生读史凡四十年,从无似此亲切有味之快感,而死亡饥饿之苦,遂亦置诸度量之外矣"这一段话之后,寅恪先生紧接着又说了一句话:"由今思之,倘非其书喜聚异同,取材详备,曷足以臻是耶?"⑤可见,寅恪先生之所以特别对北宋亡国的往事感到"亲切有味",除了是因为他取1941年底困居香港之"身历目睹之事""以相印证"外,还与《建炎以来系年要录》之"喜聚异同,取材详备"的长编考异体裁密不可分。

将长编考异之法运用于解诗,寓证史于笺诗,这正是寅恪先生所特创的"古典今事(今情或今典)"之法。寅恪先生以为,即令是诂解文学作

①陈寅恪:《杨树达论语疏证序》,《金明馆丛稿二编》,生活·读书·新知三联书店,2001,第262页。

②陈寅恪:《陈述辽史补注序》,《金明馆丛稿二编》,生活·读书·新知三联书店,2001,第264页。

③许冠三:《新史学九十年》,岳麓书社,2003,第272—273页。

④许冠三:《新史学九十年》,岳麓书社,2003,第273页。

⑤陈寅恪:《陈述辽史补注序》,《金明馆丛稿二编》,生活·读书·新知三联书店,2001,第264页。

品，亦"须旁采史实人情以为参证，不可仅于文句之间反覆研求"①。故笺证诗词不宜只注古典出处，尚需兼考今典所在，取当日实事为证。亦唯有兼索今典，方能收寓证史于笺诗之效。寅恪先生最明确地揭示古典、今典之概念的文字有两段：一是1939年所作的《读哀江南赋》，其中有言曰："古今读哀江南赋者众矣，莫不为其所感，而所感之情，则有浅深之异焉。其所感较深者，其所通解亦必较多。兰成作赋，用古典以述今事。古事今情，虽不同物，若于异中求同，同中见异，融会异同，混合古今，别造一同异俱冥、今古合流之幻觉，斯实文章之绝诣，而作者之能事也。"②二是寅恪先生晚年所作《柳如是别传》，其"缘起"有言曰："自来诂释诗章，可别为二。一为考证本事，一为解释辞句。质言之，前者乃考今典，即当时之事实。后者乃释古典，即旧籍之出处。"③融合古典今事，别造"今古合流之幻觉"，乃文学的最高境界。就史学而言，研治历史，探求古今，辨今古同异，以古鉴今，应是史学之绝诣。寅恪先生之《柳如是别传》，对钱柳因缘诗所涉及的古典和今典的辨认、疏解就非常有系统性，也可以说这就是《柳如是别传》的撰著义例。

由上所述，可知寅恪先生治史，注重"在史中求史识"，治古史而立足于今，推尊并继承宋贤史学，喜聚异同，融合古今，通古而鉴今，从而"较乾嘉诸老，更上一层"。最后，应当指出的是，细绎寅恪先生著述中的"通古鉴今"之方法，我们会发现，寅恪先生的史学方法，不仅继承宋贤史学而"较乾嘉诸老，更上一层"，还发展并超越了宋贤史学而独树一帜，其中一个最重要的体现，就是他提出了"神游冥想""了解之同情"的方法。在这个意义上，我们完全可以说，先生之学已是"新宋学"。在寅恪先生看来，即使"广搜群籍"，结果也只能是"当时所遗存最小之一部"，要想"真了解"古人立说之用意与对象，史家必须"神游冥想"，"具了解

---

① 陈寅恪：《蓟丘之植物于汶篁之最简易解释》，《金明馆丛稿二编》，生活·读书·新知三联书店，2001，第299页。

② 陈寅恪：《读哀江南赋》，《金明馆丛稿初编》，生活·读书·新知三联书店，2001，第234页。

③ 陈寅恪：《柳如是别传》，生活·读书·新知三联书店，2001，第7页。

之同情"，而"与立说之古人，处于同一境界"。①其实，寅恪先生所强调的"神游冥想"，就是一种历史想象力，这种历史想象力乃史家融合古今、通古鉴今的一种重要能力。寅恪先生之所以能以自己主观性的见解穿透客观性的史实，之所以能够通识古今，自由地运用"通古鉴今"的史学方法，其中一个很重要的原因，就是寅恪先生具有卓越的历史想象力。寅恪先生运用历史想象力重建历史的例子，在其著作中随处可见，其中最为突出的就是十年心血凝聚而成之晚年巨著《柳如是别传》。诚如余英时先生所指出的，在《柳如是别传》中，"陈寅恪之能重建这样一个有血有泪的人间世界则不是依靠考据的功夫。他的凭借是什么呢？一言以蔽之，是历史的想象力"②。

（侯宏堂）

---

① 陈寅恪：《冯友兰中国哲学史上册审查报告》，《金明馆丛稿二编》，生活·读书·新知三联书店，2001，第279页。
② 余英时：《试述陈寅恪的史学三变》，《现代危机与思想人物》，生活·读书·新知三联书店，2005，第487页。

钱穆对"宋学"的现代诠释

钱穆（1895—1990），是成就卓越、影响深远的一代国史大师和国学宗师，一生为故国招魂，对中国历史文化满怀温情与敬意。其学术人生有一鲜明特征，那就是对"宋学"（以包括理学在内的宋代新儒学为核心的宋代学术文化）的高度认同与极力推崇。钱穆说："宋代是我国历史上文化最为发达的朝代"[1]；"讲中国学术史，宋代是一个极盛时期。上比唐代，下比明代，都来得像样"[2]。钱穆不仅明确推尊"宋学"，更在自己的众多著述与讲演中具体论涉了"宋学"问题，对宋代学术文化作了广博而精微的研究。综观钱穆一生之学思历程与立身行事，我们不难发现，他对"宋学"用力最勤，用功甚深，受其影响亦极大。关于此，钱穆自己也曾有亲切的自叙："顾余自念，数十年孤陋穷饿，于古今学术略有所窥，其得力最深者莫如宋明儒。"[3]那么，钱穆一生何以对以宋代新儒学为核心的宋代学术文化即"宋学"如此推尊呢？又是如何对"宋学"进行富于创造性的现代诠释的呢？对这些问题的考察，不仅可以进一步深入钱穆的思想世界，深切感受他的学术理想与文化关怀，而且对中国学术文化传统的更新与重建之思考也具有重要的启迪意义。综合钱穆的论说与诠释，我们认

---

① 转引自罗义俊《钱宾四先生传略》，中国人民政治协商会议江苏省无锡县委员会编：《钱穆纪念文集》，上海人民出版社，1992，第302页。

② 钱穆：《中国史学名著》，生活·读书·新知三联书店，2005，第192页。

③ 钱穆：《宋明理学概述》，台湾学生书局，1977，第2页。

为，他所念兹在兹的"宋学"，其意涵可以概括为五大要点，即：融释归儒的宋学血脉，开创近代的宋学地位，明体达用的宋学精神，综汇贯通的宋学气象，天人合一的宋学境界。

一、融释归儒的宋学血脉

（一）"融释归儒"，此乃宋儒之"真血脉""大贡献"

宋代新儒学是"宋学"的核心，宋代新儒学之所以"新"的一个重要原因就在于它融化进了佛学。钱穆在关于宋学的著述与讲演中尤其凸显和肯定了宋儒"融释归儒"的特出功绩，认为这是宋儒的"大贡献"、宋学的"真血脉"。

钱穆说："禅宗冲淡了佛学的宗教精神，挽回到日常人生方面来。但到底是佛学，到底在求清静，求涅槃。宋明儒沿接禅宗，向人生界更进一步，回复到先秦儒身、家、国、天下的实际大群人生上来。但仍须吸纳融化佛学上对心性研析的一切意见与成就。宋明儒会通佛学来扩大儒家，正如《易传》《中庸》会通庄老来扩大儒家一般。宋明儒对中国思想史上的贡献，正在这一点，在其能把佛学全部融化了。因此有了宋明儒，佛学才真走上衰运，而儒家则另有一番新生命与新气象。"[1]又云："禅宗主张本分为人，已扭转了许多佛家的出世倾向，又主张自性自悟，自心自佛，早已从信外在之教转向到明内在之理。宋明儒则由此更进一步，乃由佛转回儒，此乃宋明儒真血脉"[2]；"融释归儒，是宋明儒在中国思想史上的大贡献"[3]。首先应当说明的是，钱穆虽将"宋、明儒"合而言之，但综观钱

---

① 钱穆：《中国思想史》，《钱宾四先生全集》第24册，联经出版事业公司，1998，第163页。

② 钱穆：《宋明儒学之总评骘》，《中国学术思想史论丛》卷七，安徽教育出版社，2004，第273页。

③ 钱穆：《中国思想史》，《钱宾四先生全集》第24册，联经出版事业公司，1998，第231页。

穆的相关论述，我们不难发现，他是把"融释归儒"的功绩主要归功于
"宋儒"的。钱穆的这几段话极为重要，至少表明了他关于宋代儒释关系
的两大观点：其一，禅宗冲淡了佛学的宗教精神，把佛法挽向现实人生
化，开启了宋代新儒学；其二，宋儒在中国思想文化史上的重大贡献是
"融释归儒"，开出了儒家的新生命与新气象。

关于宋代新儒学之兴起，钱穆特别凸显了禅宗的作用，而反对流行的
一般见解，即将宋代新儒学之开启归功于韩愈辟佛。他说："禅宗时期，
正是中国佛学的最盛时期，却被那辈祖师们都无情地毒骂痛打。打醒了，
打出山门，各各还去本分做人，遂开出此后宋代的新儒学。后人却把宋学
归功到韩愈辟佛，这不免又是一番糊涂，又是一番冤枉。"①值得注意的
是，钱穆同时又认为，宋学最初之姿态，要远溯到韩愈的提倡师道、辟佛
卫道。他说："宋学最先姿态，是偏重在教育的一种师道运动。这一运动，
应该远溯到唐代之韩愈"②；"韩退之大声疾呼，斥佛排老，反对进士诗
赋，尊儒术，唱古文，继孟子立师道。在当时虽无多大影响，而宋学则远
承韩氏而起"③。钱穆同时兼持的这两种观点，看似自相矛盾，其实是一
脉贯通的。钱穆认为，宋代新儒学不等同于宋代理学，还理应包括理学出
现之前的北宋初期儒学④，宋代新儒学可以分为三个时期，即北宋初期儒
学（"初期宋学"）、北宋理学（"中期宋学"）和南宋理学（"南渡宋
学"）。由此，我们就不难理解钱穆上面所说的看似矛盾的两种观点了。
若整体综合地来看，钱穆其实是在强调："禅宗"开启了"宋代理学"，理
学之兴起，实自禅宗启之，而不能归功到韩愈辟佛；"韩愈"影响了"初
期宋学"之姿态，宋学"初期风气，颇多导源于韩愈"⑤，而不是由禅宗

① 钱穆：《中国思想史》，《钱宾四先生全集》第24册，联经出版事业公司，1998，第
162页。

② 钱穆：《宋明理学概述》，台湾学生书局，1977，第2页。

③ 钱穆：《汉学与宋学》，《中国学术思想史论丛》（八），《钱宾四先生全集》第22册，联
经出版事业公司，1998，第576页。

④ 钱穆：《朱子新学案》，巴蜀书社，1986，第7页。

⑤ 钱穆：《宋明理学概述》，台湾学生书局，1977，第31页。

开出。

在钱穆看来，无论是韩愈所影响的初期宋学，还是禅宗所开启的宋代理学，都对中国儒家思想文化之发展作出了重大贡献，但他们"融释归儒"的功绩可以分别来看：初期宋学外于释老而求发扬孔子之大道与儒学之正统，侧重于立儒归儒；理学则针对释老而求发扬孔子之大道与儒学之正统，侧重于辟释融释。

让我们先来看看初期宋学之立儒归儒。钱穆在论及宋代新儒学之时，非常强调"初期宋学"（北宋初期儒学）重要的历史地位。在《宋明理学概述》中，钱穆有言："北宋初期诸儒，其中有教育家，有大师，有政治家，有文学家，有诗人，有史学家，有经学家，有卫道的志士，有社会活动家，有策士，有道士，有居士，有各式各样的人物。五光十色，而又元气淋漓。这是宋学初兴的气象。但他们中间，有一共同趋向之目标，即为重整中国旧传统，再建立人文社会政治教育之理论中心，把私人生活和群众生活再纽合上一条线。换言之，即是重兴儒学来代替佛教作为人生之指导。这可说是远从南北朝隋唐以来学术思想史上一大变动。至其对于唐末五代一段黑暗消沉，学绝道丧的长时期之振奋与挽救，那还是小事。我们必须注意到这一时期那些人物之多方面的努力与探究，才能了解此后宋学之真渊源与真精神"；"后代所谓理学或道学先生们"，"这些人，其实还是从初期宋学中转来。不了解宋学的初期，也将不了解他们"。[①]在此，钱穆突出了两点：其一，初期宋学多方面的活动与努力重整了儒学传统，扭转了魏晋以来儒学衰败的局面。其二，初期宋学尊师重道，从学术和政治等方面正面重整儒家传统以代替佛教作为人生之指导，从而光大发扬了韩愈的道统说，直接影响到后起的理学。在《朱子学提纲》中，钱穆在归纳简介了北宋初期儒学三个方面的内容和成就（一曰政事治平之学，一曰经史博古之学，一曰文章子集之学）之后，又总结道："宋儒为学，实乃兼经史子集四部之学而并包为一。若衡量之以汉唐儒之旧绳尺，若不免于博

①钱穆：《宋明理学概述》，台湾学生书局，1977，第30—31页。

杂。又好创新说，竞标己见。然其要则归于明儒道以尊孔，拨乱世以返治。"①钱穆在此强调指出，尽管北宋初期诸儒之学"若不免于博杂"，然其要则归于"明儒道以尊孔，拨乱世以返治"。总之，钱穆认为，初期宋学"重整中国旧传统"，"明儒道以尊孔"，"重兴儒学来代替佛教作为人生之指导"，在发扬与回归孔子之大道与儒学之正统上作出了重大贡献。

再看宋代理学之辟释融释。

北宋初期诸儒虽然对发扬与回归儒学传统作出了不可磨灭之贡献，但由于他们毕竟外于释老而只是正面立说，所以，宋代重振儒学、辟禅辟佛之任务完成，主要还当归功于理学之兴起。钱穆指出："宋儒可分先后两期。胡瑗、孙复、石介、范仲淹开其先，大率从经学阐儒学，通经致用，近似汉儒轨辙。周张二程承其后，始有所谓'理学'。理学家与前期诸儒异者，在其能入虎穴，得虎子，旁采老释，还以申阐儒义。复以儒义纠弹老释，汇三派为一流，卓然成为一种新儒学。"②又说："北宋诸儒，只重在阐孔子，扬儒学，比较似置老释于一旁，认为昌于此则息于彼。……理学家之主要对象与其重大用意，则正在于辟禅辟佛，余锋及于老氏道家。亦可谓北宋诸儒乃外于释老而求发扬孔子之大道与儒学之正统。理学诸儒则在针对释老而求发扬孔子之大道与儒学之正统。明得此一分辨，乃能进而略述理学家之所以为学，与其所谓为学之所在，亦即理学家之用心与其贡献之所在。"③较之于北宋初期诸儒"从经学阐儒学""外于释老而求发扬孔子之大道与儒学之正统"，理学家"入虎穴，得虎子，旁采老释，还以申阐儒义""复以儒义纠弹老释""针对释老而求发扬孔子之大道与儒学之正统"的任务更为艰巨、更为深细。他说："禅宗的新宗教，不啻叫人回头，由真返俗。而进士轻薄，终于担当不了天下大事。在这情形下，须待北宋知识分子再来打开新风气，寻觅新生命。书院讲学，由此酝酿。他们要把和尚寺里的宗教精神，正式转移到现实社会。要把清净寂灭究竟涅

① 钱穆：《朱子新学案》，巴蜀书社，1986，第10—11页。

② 钱穆：《双溪独语》，素书楼文教基金会、兰台出版社，2001，第247—248页。

③ 钱穆：《朱子新学案》，巴蜀书社，1986，第13—14页。

槃的最高出世观念，正式转变成修身、齐家、治国、平天下的中国传统人文中心的旧理想。唐代禅宗诸祖师，只在佛教教理方面翻一身，先为宋人开路。至于正式离开和尚寺，回头再走进政治社会现实人生的圈子，而仍须不放弃那一段对大群关切的宗教热忱，又须在理论上彻底破坏他们的，建立我们的，拔赵帜，立汉赤帜，那是宋儒当前第一工作。那是一番够艰巨，够深细的工作呀！"①

可见，在此一番艰巨而深细的工作中，理学与佛教禅宗的关系极为复杂：一方面，禅宗把佛法挽向现实人生化，开启了理学，理学要沿接禅宗进一步走向现实人生；另一方面，理学又要辟禅辟佛，在心性修养理论上从佛学那里夺回儒学的主导权，而理学在建立自己的理论时还须融会佛学心性理论的成就以扩大儒学。也正是因为理学与佛教禅宗之间有着紧密而复杂的关系，"乃使后人有疑理学为禅学之化身者"②。钱穆则强调：理学家言性言理，融化佛学，尽管有近禅处，但就人文本位精神而言，则陆王确然为儒而非禅，"程朱决未失孔孟人文本位之大传统"③；"要其宗旨血脉所在，则与夫老、释者不同也。后世或专以迹涉老、释为理学家病，亦岂为知理学之真哉？"④钱穆明确指出，"以淑人拯世为本""辟佛言理"之理学家与禅宗有着根本的差异："禅宗不脱佛学传统，以出世离尘为主，理学家则以淑人拯世为本。因此禅宗推论宇宙，必归之于寂灭空虚，而理学家论宇宙，则不忽其悠久性与复杂性。此乃双方之大异处"⑤；"宋儒辟佛，是要在此心明觉之外提示一所觉之'理'来。……这是宋儒辟佛一最大根据。儒言理，佛学则不言理。后人称之为儒、佛疆界"⑥。而理学家

① 钱穆：《中国知识分子》，《国史新论》，生活·读书·新知三联书店，2005，第143页。
② 钱穆：《中国学术通义》，素书楼文教基金会、兰台出版社，2000，第332页。
③ 钱穆：《禅宗与理学》，《中国学术思想史论丛》卷四，安徽教育出版社，2004，第210页。
④ 钱穆：《国学概论》，商务印书馆，1997，第245页。
⑤ 钱穆：《读宗密〈原人论〉》，《中国学术思想史论丛》卷四，安徽教育出版社，2004，第188页。
⑥ 钱穆：《中国思想史》，《钱宾四先生全集》第24册，联经出版事业公司，1998，第194页。

之所以要体贴出一个“理”来，“实别有一番苦心”[①]，要由此而真正建立起自家的宇宙论与心性论，从而真正与佛禅抗衡。钱穆之所以如此强调理学家确然未失孔孟人文本位之大传统以及儒释疆界，是因为“融释”最终必须“归儒”，如果融释而不能归儒，那么理学家就不得谓之为儒，理学对中国儒学之发展也就无所谓贡献了。既“融释”而又“归儒”，才是理学对中国儒家思想文化发展之“大贡献”。

（二）宋儒之“融释归儒”，体现了“更生之变”的文化理念

“融释归儒”，不只是宋儒对于中国儒学发展的客观贡献，同时也是他们自觉的主观努力，从中也明显体现了宋儒的文化理念：“融释”，体现了宋儒融化佛禅以扩大儒学的开阔胸襟；“归儒”，体现了宋儒“严夷夏之防”的民族本位意识。从文化理念的视角来看，宋儒之“融释归儒”，也最当钱穆所谓“更生之变”也。

钱穆对宋儒之“融释归儒”一再给予了极高的评价。他说：“以中国史比之西洋史，唐末五代，俨如罗马帝国之崩溃，而自宋以下，学术重兴，文化再起，迄于今千年以来，中国之为中国，依然如故，是惟宋儒之功”[②]；“宋代国势积弱，虽未能全部扭转中、晚唐之颓运，但此后一千年，中国文化仍得传统勿辍，实胥赖于宋人”[③]；“中国社会到了宋代，可说是纯净化了。不像唐代，有新的外国宗教，有许多异血统、异民族，宋朝都把来纯化，学术领导是儒家，整个社会是中国传统”[④]。从这几段话中，我们可以明显见出，钱穆对宋儒“严夷夏之防”的民族本位意识的认同与表彰。钱穆又明确有言：“宋代新儒学之主要目标，在于重新发扬古

---

① 钱穆：《禅宗与理学》，《中国学术思想史论丛》卷四，安徽教育出版社，2004，第206页。

② 钱穆：《中国学术通义》，素书楼文教基金会、兰台出版社，2000，第190页。

③ 钱穆：《民族与文化》，《钱宾四先生全集》第37册，联经出版事业公司，1998，第32页。

④ 钱穆：《中国文化之成长与发展》，《中国文化丛谈》，素书楼文教基金会、兰台出版社，2001，第53页。

代儒家之人生理想，俾其再与政治理想通会一贯，把孔子教理来排斥释迦教理。"①但应当强调的是，宋儒的排佛不是一味的对外来文化的拒斥，他们的"严夷夏之防"也不是狭隘的民族主义，而是对佛教冲击的忧虑、对抗与回应，他们要为中国儒学争道统，其最终目的是复兴儒学，守持民族本位。

钱穆之所以推重宋儒之"融释归儒"，是和钱穆自己所持守的文化发展理念及其时代感受密切相关的。钱穆所持守的文化发展理念即"更生之变"与宋儒之"融释归儒"的文化精神息息相通，钱穆所处之国家、民族和文化的现实情势也与宋儒所面临的国家危机、佛教挑战有很多相似之处。钱穆认为，博古可以通今，鉴古可以知今，宋儒如何应付佛教的挑战，如何融会佛学而开出儒学之新生命，多少会留下一些历史的经验与教训。钱穆说："中国儒学最大精神，正因其在衰乱之世而仍能守先待后，以开创下一时代，而显现其大用。此乃中国文化与中国儒学之特殊伟大处，吾人应郑重认取。"②

面对西方文化的冲击和中国的变局，中国的文化传统究竟将何去何从？这是钱穆心中最放不下的一个大问题，也是他的"终极关怀"。钱穆毕生治学，分析到最后，可以说就是为了解答此一大问题。③钱穆自己在晚年所著《师友杂忆》的一开始就明确有言："东西文化孰得孰失，孰优孰劣，此一问题围困住近一百年来之全中国人，余之一生亦被困在此一问题内。"④钱穆认为，面对西方文化的挑战和中国的变局，中国文化自不能不进行调整和更新，但是调整和更新的动力必须来自中国文化系统的内部。他称这种文化变化与更新为"更生之变"："所谓更生之变者，非徒于外面为涂饰模拟、矫揉造作之谓，乃国家民族内部自身一种新生命力之发

　① 钱穆：《中国学术通义》，素书楼文教基金会、兰台出版社，2000，第8页。
　② 钱穆：《中国学术通义》，素书楼文教基金会、兰台出版社，2000，第80页。
　③ 余英时：《钱穆与新儒家》，《钱穆与中国文化》，上海远东出版社，1994，第37—38页。
　④ 钱穆：《师友杂忆》，《八十忆双亲 师友杂忆》，生活·读书·新知三联书店，2005，第46页。

舒与成长。"①基于"更生之变"的文化发展理念，钱穆强调，中国文化传统之更新与发展，必须由己之旧而达于新，必须守持民族本位，必须充分抉发中国文化传统内部的生命精神。钱穆坚决反对"打倒一切，赤地创新"的论说，主张"从历史中求变，从文化传统中求新，从民族本身求新生命"②，强调"就中国人立场，当由中国之旧传统而现代化，不应废弃旧传统，而慕效为西方之现代化。不当喜新厌旧，而当由己之旧而达于新"③。钱穆所谓之"更生之变"，不仅内在地蕴涵着持守民族本位的文化理念，更强调要充分掘发中国历史文化传统内部的生命精神。他说："我民族国家之前途，仍将于我先民文化所贻自身内部获得其生机"④；"我们的文化前途，要用我们自己内部的力量来补救"⑤；"中国文化重在其内部生命力之一气贯通"⑥；"中国历史文化传统源远流长，在其内里，实有一种一贯趋向的发展"⑦。

由上所述，宋儒之"融释归儒"最能体现钱穆"更生之变"的文化发展理念，宋儒"融释归儒"的文化态度依然富于现代启示意义。值得注意的是，钱穆又进一步指出："到近代，另一套新的文化系统与思想体系，从西欧传入，中国知识界才又激起了一种新变动。此一番新传入，较之以前佛教东来，远为丰富复杂，又兼带一种强力冲击，使中国人无法不接受，但又无法从容咀嚼消化，来作一番清明的、理智的调和与综合。遂使中国思想界，走进一个前所未有的混乱情况中，而急切澄清稳定不下。"⑧也正因如此，"一生为故国招魂"的钱穆，其承担是沉重的。不过，对中

---

① 钱穆:《国史大纲》,商务印书馆,1996,第30页。

② 钱穆:《中国文化与国运》,《中国文化丛谈》,素书楼文教基金会、兰台出版社,2001,第74页。

③ 钱穆:《现代中国学术论衡》,生活·读书·新知三联书店,2001,第144页。

④ 钱穆:《国史大纲》,商务印书馆,1996,第32页。

⑤ 钱穆:《中国文化史导论》,商务印书馆,1994,第255页。

⑥ 钱穆:《民族与文化》,《钱宾四先生全集》第37册,联经出版事业公司,1998,第28页。

⑦ 钱穆:《中国历史研究法》,生活·读书·新知三联书店,2001,第75页。

⑧ 钱穆:《中国学术通义》,素书楼文教基金会、兰台出版社,2000,第45页。

国文化始终持有坚定信念的钱穆，还是对近代中国思想界之未来工作抱着乐观的态度的。他说："但就中国人以往的智慧来看，此下的中国思想界，应能运用他们以前那一套综合的、融和的心情与方法，来自找出路。只要待以时日，中国人对于此项工作，应该是仍可乐观的。"[1]而宋儒之"融释归儒"，正是"一套综合的、融和的心情与方法"，正是"中国人以往的智慧"。

二、开创近代的宋学地位

（一）"不识宋学，即无以识近代也"

钱穆治史之对象，虽为中国通史，但他更注重于历史上的大变动时代，尤其是注重宋代。因为在他看来，宋代是中国历史上之大转折时代，"宋开创了近代"[2]，宋学对近代之学术文化产生了深远的影响。早在1937年所著的《中国近三百年学术史》中，钱穆就明确提出了关于宋代学术文化地位的两个重要论断：一是"不识宋学，即无以识近代也"；一是"不知宋学，则无以平汉宋之是非"。[3]前一论断，侧重于文化地位，主要论说宋代对近代的影响；后一论断，侧重于学术影响，主要论说宋学与汉学的关系。

先看前一论断"不识宋学，即无以识近代也"。

与此相关的论断，还屡屡见诸钱穆后来之著述。《理学与艺术》一文有言："论中国古今社会之变，最要在宋代。宋以前，大体可称为古代中国。宋以后，乃为后代中国。"[4]《唐宋时代的中国文化》一文，强调唐宋时代是中国文化一个大变动的时代，安史之乱以前之唐代是一个样，五代

---

① 钱穆：《中国学术通义》，素书楼文教基金会、兰台出版社，2000，第45页。

② 钱穆：《宋明理学概述》，台湾学生书局，1977，第1页。

③ 钱穆：《中国近三百年学术史》，商务印书馆，1997，第1页。

④ 钱穆：《理学与艺术》，《中国学术思想史论丛》卷六，安徽教育出版社，2004，第209页。

后之宋另是一个样。①《〈崔东壁遗书〉序》曰:"天宝以往,内乱外忧纷起迭乘,陷极于五季,宛转于北宋,而乃有大谋所以振起之者,于是而为北宋中叶以下之学术。……挽近世之学术、人才、政事,胥于是焉奠之基。或者谓近世之中国乃程朱之中国,其言殆非尽诬。"②"中国文化之成长与发展"讲演辞曰:"今天的中国社会,实可以说是由宋代一路下来的,与汉唐各不同。现在由我们的社会往上推,推到宋朝,是近代的中国。"③《宋明理学概述》一书中更明确有言:"中国历史,应该以战国至秦为一大变,战国结束了古代,秦汉开创了中世。应该以唐末五代至宋为又一大变,唐末五代结束了中世,宋开创了近代。……我们若要明白近代的中国,先须明白宋。"④

钱穆一再强调,宋代是中国学术文化史上的大转折时代,宋代的学术文化对近代产生了深远的影响,"宋开创了近代":"近世之中国乃程朱之中国";"今天的中国社会,实可以说是由宋代一路下来的";"我们若要明白近代的中国,先须明白宋"。

钱穆"宋开创了近代"之观点,最集中最具体地体现于他对清学史的梳理与评介上。在《中国近三百年学术史》"引论"中,钱穆说:"治近代学术者当何自始?曰:必始于宋。何以当始于宋?曰:近世揭橥汉学之名以与宋学敌,不知宋学,则无以平汉宋之是非。且言汉学渊源者,必溯诸晚明诸遗老。然其时如夏峰、梨洲、二曲、船山、桴亭、亭林、蒿庵、习斋,一世魁儒耆硕,靡不寝馈于宋学。继此而降,如恕谷、望溪、穆堂、谢山乃至慎修诸人,皆于宋学有甚深契谐。而于时已及乾隆。汉学之名,始稍稍起。而汉学诸家之高下浅深,亦往往视其所得于宋学之高下浅深以

① 钱穆:《唐宋时代的中国文化》,《中国学术思想史论丛》(四),《钱宾四先生全集》第19册,联经出版事业公司,1998,第391—404页。

② 钱穆:《〈崔东壁遗书〉序》,《中国学术思想史论丛》卷八,安徽教育出版社,2004,第287页。

③ 钱穆:《中国文化之成长与发展》,《中国文化丛谈》,素书楼文教基金会、兰台出版社,2001,第53—54页。

④ 钱穆:《宋明理学概述》,台湾学生书局,1977,第1页。

为判。道咸以下，则汉宋兼采之说渐盛，抑且多尊宋贬汉，对乾嘉为平反者。故不识宋学，即无以识近代也。"①钱穆"不识宋学，即无以识近代也"的命题，不只是着眼于学术思想之发展，内在地蕴涵了"不知宋学，则无以平汉宋之是非"的思想，强调由宋学与清代学术之间的连续性与继承性，体现了"每转益进"的学术观念（关于此，下文将专门述论）；同时，还涵蕴着"鉴古知今"的史学思想和文化关怀。在此，让我们先考察钱穆"鉴古知今"的史学思想和文化关怀。

在钱穆看来，宋代学术文化面临的佛学挑战之情势跟近代的西学东渐十分类似，博古可以通今，鉴古可以知今。所以，钱穆明确指出，"治史不及宋，终是与下面少交涉也"②；"我们若要明白近代的中国，先须明白宋"。钱穆这些论说，旨在强调宋学研究对于当下现实有着特殊的启示、意义与价值。关于宋儒在面临佛学挑战时所持守与实践的"融释归儒"之文化观念对于近代的启示，我们在上文已有所论略，此不赘析。1986年"端午节"前夕，钱穆在告别杏坛的"最后一课"中，着重讲述了"有关王荆公、司马温公两人新旧党争的经过"。钱穆之所以要讲论这样的历史问题与历史人物，是因为在他看来，"鉴"宋学之"古"可以"知"现实之"今"。钱穆表面上是在"谈古"，实质上是要"诫今"。面对现实情势中"惊心动魄"的"求新求变"和"早已西洋化了"的屈原纪念活动，钱穆感叹不已！他通过"历史"的讲述，强调"新""旧"两字实在难加分辨，不能只听"新"与"旧"一名称，谆谆告诫"现在"的中国人：当深思而明辨"我中华民族的文化传统"，"可谓与欧西民族大相异"；"你们不要忘了自己是一中国人"！③"鉴古知今"的史学思想与文化关怀，贯穿于钱穆一生之著述与讲演中。在《国史大纲》"引论"中，钱穆之所以强调国民要具有"历史智识"，强调"历史智识"与"历史材料"之不同，主

① 钱穆：《中国近三百年学术史》，商务印书馆，1997，第1页。
② 钱穆1972年9月30日致严耕望书，见《素书楼余沈》，《钱宾四先生全集》第53册，联经出版事业公司，1998，第390页。
③ 钱穆：《今年我的最后一课》，《世界局势与中国文化》，《钱宾四先生全集》第43册，联经出版事业公司，1998，第403—417页。

要就是因为"历史智识,随时变迁,应与当身现代种种问题,有亲切之联
络。历史智识,贵能鉴古而知今"①。

那么,钱穆何以如此重视和强调"鉴古知今"呢?这是和他对历史和
史学的看法密不可分的。钱穆认为,"历史是一种经验,是一个生命。更
透澈一点讲,'历史就是我们的生命'",而"生命一定会'从过去透过现
在直达到未来'"②。因此,"历史上之过去非过去,而历史上之未来非未
来,历史学者当凝合过去、未来为一大现在,而后始克当历史研究之任
务"③。关于史学,钱穆指出:"史学必以国家民族大群体长时期上下古今
直及将来为其学问之对象"④;"治古史本求通今,苟能于史乘有通识,始
能对当身时务有贡献,如是乃为史学之真贡献"⑤;"治平大道,则本源于
人类以往之历史。治乱兴亡,鉴古知今,此为史学"⑥。在钱穆看来,"史
学在中国,乃成为一种鉴往知来、经世致用之大学问"⑦。

(二)"不知宋学,则无以平汉宋之是非"

再看"不知宋学,则无以平汉宋之是非"的论断。与此一论断极其类
似,钱穆在《中国近三百年学术史》"自序"中,又明确有言:"窃谓近代
学者每分汉宋疆域,不知宋学,则亦不能知汉学,更无以平汉宋之是
非。"⑧钱穆的这一主张,主要包括两层意涵:从纵向的学术演进来看,钱
穆此一主张强调宋学在清代的延续性和清代学风对宋明的继承性,彰显了

① 钱穆:《国史大纲》,商务印书馆,1996,第2页。
② 钱穆:《中国历史精神》,《钱宾四先生全集》第29册,联经出版事业公司,1998,第
10页。
③ 钱穆:《中国今日所需的新史学与新史学家》,《中国历史研究法》,《钱宾四先生全
集》第31册,联经出版事业公司,1998,第203页。
④ 钱穆:《中国史学发微》,《钱宾四先生全集》第32册,联经出版事业公司,1998,第
74页。
⑤ 钱穆:《中国历史研究法》,生活·读书·新知三联书店,2001,第53页。
⑥ 钱穆:《晚学盲言》,广西师范大学出版社,2004,第550页。
⑦ 钱穆:《中国学术通义》,素书楼文教基金会、兰台出版社,2000,第151页。
⑧ 钱穆:《中国近三百年学术史》,商务印书馆,1997,第1页。

宋学对有清一代学术的深刻影响，体现了钱穆推尊宋学的衡评立场；从横向的学派关系来看，此一主张蕴涵着钱穆对宋学与汉学之关系的深刻思考，也流露出钱穆对"近代学者每分汉宋疆域"的门户之见的明显不满。

钱穆从宋学的立场来看清代学术的观点，迥异时流。对于清代汉学的学术渊源及其与宋学的关系，近代学术界有一种流行的看法，即认为清代汉学是对宋明理学的全面反动。此种"理学反动说"以梁启超为突出代表。梁启超在《清代学术概论》中就提出了"清学之出发点，在对于宋明理学一大反动"①的主张。钱穆则不赞同梁启超这一观点。钱穆强调，学术思想发展有着明显的前后继承性，宋学的传统在清代并没有中断；不仅没有中断，而且对清代汉学仍然有很深的影响，就是在汉学盛行的乾嘉时期也是如此。所谓："宋明以来相传八百年理学道统，其精光浩气，仍自不可掩，一时学人终亦不忍舍置而不道。故当乾嘉考据极盛之际，而理学旧公案之讨究亦复起。"②

钱穆的《中国近三百年学术史》，就明确强调宋学在清代的延续性和清代学风对宋明的继承性。该书第一章"引论"即明确有言："今自乾、嘉上溯康、雍，以及于明末诸遗老；自诸遗老上溯东林以及于阳明，更自阳明上溯朱、陆以及北宋之诸儒，求其学术之迁变而考合之于世事，则承先启后，如绳秩然，自有条贯，可不如持门户道统之见者所云云也。"③《中国近三百年学术史》的内容安排，更明显地体现了钱穆力主清学导源于宋学的思想。钱著第八章以戴东原为题，而以江慎修（永）、惠定宇（栋）、程易畴（瑶田）附之。江、戴、程三人皆歙人，以江、程附戴，目的在于厘清戴学的学术渊源，因为"徽歙乃朱子故里，流风未歇，学者故多守朱子圭臬也"④。钱穆述东原之学源于徽歙，戴学源出朱子，其用意主要落在宋学对戴氏的影响上。钱著第十章以焦里堂（循）、阮芸台

① 梁启超：《清代学术概论》，上海古籍出版社，1998，第7页。

② 钱穆：《〈清儒学案〉序》，《中国学术思想史论丛》卷八，安徽教育出版社，2004，第358页。

③ 钱穆：《中国近三百年学术史》，商务印书馆，1997，第21页。

④ 钱穆：《中国近三百年学术史》，商务印书馆，1997，第340页。

（元）、凌次仲（廷堪）为题而附之以许周生（宗彦）、方植之（东树），也体现了这种安排。焦循、阮元、凌廷堪学尊东原，为考据名家，但钱穆看重的并不是他们在考据学上的成就，而是把眼光投注到他们对汉学流弊的反思和批评上。此章又以考据学风的批评者许宗彦附于三人之后，以攻击乾嘉汉学最烈的方东树殿尾。无非是要向人们表露这样一个信息：乾嘉汉学发展到此时已流弊重重，逐渐失去了学术界的支持，路穷必变，此后的学术路向必然要向汉宋兼采的方向发展。①钱穆强调指出："其实有清一代，承接宋明理学的，还成一伏流，虽不能与经学考据相抗衡，依然有其相当的流量与流力，始终没有断。这又告诉了我们，宋明七百年理学，在清代仍有其生命。"②

　　钱穆强调宋学在清代的延续性和清代学风对宋明的继承性，明显体现了他"每转益进"的学术发展观。在《〈清儒学案〉序》中，钱穆明确指出："要之有清三百年学术大流，论其精神，仍自沿续宋明理学一派，不当与汉唐经学等量并拟，则昭昭无可疑者。抑学术之事，每转而益进，途穷而必变。"③钱穆之"每转益进"说，旨在强调学术思想的发展与继承。在他看来，两汉经学，并不是蔑弃先秦诸子百家之说而别创所谓经学，而是包孕先秦百家而始为经学之新生。宋明理学，并不是蔑弃汉唐而另创一种新说，而是包孕两汉隋唐之经学和魏晋以来流布中土之佛学而再生。清代学术也当作如是观。所以，钱穆说，"理学本包孕经学为再生，则清代乾嘉经学考据之盛，亦理学进展中应有之一节目"④；"有清三百年学术大流，论其精神，仍自沿续宋明理学一派"。钱穆同时指出，学术之发展也伴有"途穷必变"的一面，但他强调，理学尽管已出现途穷当变之候，其

----

　　① 路新生：《梁任公、钱宾四〈中国近三百年学术史〉合论》，《孔孟学报》1994，第68期。

　　② 钱穆：《宋明理学概述》，台湾学生书局，1977，第436页。

　　③ 钱穆：《〈清儒学案〉序》，《中国学术思想史论丛》卷八，安徽教育出版社，2004，第359页。

　　④ 钱穆：《〈清儒学案〉序》，《中国学术思想史论丛》卷八，安徽教育出版社，2004，第357页。

发展也绝对不能走上固守门户私见的进考据，退义理之汉学道路，而是必须走破除门户、尽罗众有、包孕一切之路，不仅要吸纳融会西方新学，更要继承发扬中国文化优秀传统、兼采汉宋学术遗产，唯其如此，才能益进而再得其新生。

以上是从纵向的学术演进的视角，来看钱穆"不知宋学，则无以平汉宋之是非"的论断所蕴涵的清学导源于宋学的思想及其"每转益进"的学术发展理念。下面，再从横向的学派关系的视角，来看"不知宋学，则无以平汉宋之是非"的论断所蕴涵的钱穆对宋学与汉学之关系的深刻思考。

钱穆关于汉学与宋学关系之思考，值得我们注意的有以下三点：

其一，钱穆明确反对在汉学与宋学之间立门户、树壁垒、分疆域，主张汉、宋学术之融会与贯通，强调汉学不足以竟学问之全体，明体达用之宋学乃真学问从人之大道。"论学不立门户"，是钱穆从早年到晚年一直坚持的观点[1]。在汉学与宋学之关系问题上，更是集中体现了钱穆的论学不立门户的观点。他说："近人论学，好争汉宋。谓宋儒尚义理，清儒重考据，各有所偏，可也。若立门户，树壁垒，欲尊于此而绝于彼，则未见其可也。"[2]钱穆又指出，"当时考据学家之大病，正在持门户之见过深，过分排斥宋儒，读书专重训诂考据，而忽略了义理，因此其所学于身世乃两无关益"[3]。鉴于汉学之弊端，钱穆进一步指出："学问之事，不尽于训诂考释，则所谓汉学方法者，亦惟治学之一端，不足以竟学问之全体也"[4]；"考据仅为从事学问之一方法。……然不当即以考据代学问"[5]。钱穆认为，正确的学问之道，当是汉学与宋学兼采，考据与义理融会。由此，钱穆对曾国藩学术"为汉、宋谋会通"褒奖有加，谓其"绾经世、考核、义

① 余英时：《钱穆与新儒家》，《钱穆与中国文化》，上海远东出版社，1994，第31页。
② 钱穆：《庄老通辨》，生活·读书·新知三联书店，2005，第1页。
③ 钱穆：《近百年来诸儒论读书》，《学籥》，素书楼文教基金会、兰台出版社，2000，第65页。
④ 钱穆：《中国近三百年学术史》，商务印书馆，1997，第444页。
⑤ 钱穆：《学术与心术》，《学籥》，素书楼文教基金会、兰台出版社，2000，第133页。

理于一纽，尤为体大思精，足为学者开一瑰境"。①而相比较而言，在主张汉、宋会通的前提下，钱穆显然比较推崇注重义理大体之宋学，强调明体达用的宋学乃真学问从入之大道，所谓："学问必先通晓前人之大体"；"求以明道，求以济世，博古通今，明体达用，此真学问从入之大道"。②

其二，钱穆在汉、宋学术关系上之所以持守上述之观点，是与其一贯的"史学立场"密不可分的，他是从史学的立场来探寻汉、宋学术之真精神的。钱穆研治中国文化的"史学立场"非常鲜明。他说："什么是中国文化？要解答这问题，不单要用哲学的眼光，而且更要用历史的眼光。"③在钱穆看来，"民族""历史"和"文化"是"三名一体"的④，"求深切体会中国民族精神与其文化传统，非治中国史学无以悟入"⑤；"中国文化，表现在中国已往全部历史过程中，除却历史，无从谈文化。我们应从全部历史之客观方面来指陈中国文化之真相"⑥。由"史学立场"出发，钱穆对经学与史学之关系有着特别的理解："治经终不能不通史"，"经学上之问题，同时即为史学上之问题"，"于史学立场，而为经学显真是"⑦。具体到汉、宋学术及其关系的问题，钱穆强调，这个"经学上之问题，同时即为史学上之问题"；无论"汉学"还是"宋学"都属于儒家"经学"，"我们若欲脱离经学上的见解（即'训诂考据'的见解，即谁解释书本对的见解）而要另寻汉、宋学术之真精神，应该从历史上看去"⑧。从历史

---

① 钱穆：《中国近三百年学术史》，商务印书馆，1997，第649、651页。
② 钱穆：《学术与心术》，《学籥》，素书楼文教基金会、兰台出版社，2000，第135、136页。
③ 钱穆：《中国文化传统之演进》，《中国文化史导论》，商务印书馆，1994，第232页。
④ 钱穆：《中国史学发微》，《钱宾四先生全集》第32册，联经出版事业公司，1998，第243页。
⑤ 钱穆：《现代中国学术论衡》，生活·读书·新知三联书店，2001，第106页。
⑥ 钱穆：《中国文化史导论》，商务印书馆，1994，第6页。
⑦ 钱穆：《〈两汉经学今古文平议〉自序》，《两汉经学今古文平议》，商务印书馆，2001，第6页。
⑧ 钱穆：《汉学与宋学》，《中国学术思想史论丛》（八），《钱宾四先生全集》第22册，联经出版事业公司，1998，第572—573页。

上看，"汉儒学术，是以政治社会，即整个人生为对象之学问，并非专为'解释书本'之学"；"宋儒学术亦以政治社会，即整个人生为对象之学问，并非专为'解释书本'之学"。①由此，钱穆总结道："汉学派的精神在'通经致用'，宋学派的精神在'明体达用'，两派学者均注重在'用'字。……这就是'儒学'的精神，即是'经学'的家法。至于书本子的训释与考据，亦学者所应有的工作，惟非学者主要之急务。"②基于此，钱穆指出："乾嘉时代自称其经学为汉学，其实汉儒经学，用心在治平实事上，乾嘉经学用心在训诂考据上，远不相俟。所以论儒学，当以清代乾嘉以下为最衰。因其既不讲心性，又不讲治平，而只在故纸堆中做考据工夫。又抱很深的门户见解，贡献少过了损伤。"③

其三，钱穆的汉、宋学术观，特别是其中对清代汉学弊病之揭露与批评，既与他当时遭受国难之刺激密切相关，也与其对当时科学史学和考据学风之反思密切相关。在20世纪30年代后期、40年代初期，钱穆的致思兴趣和治学路向发生了一次重大转折，即由历史性的考据求真转向文化性的意义探究，由以考史扬名学界转向对考据学风的批评。关于此，钱穆曾有明白的自述："余自《国史大纲》以前所为，乃属历史性论文，仅为古人伸冤，作不平鸣，如是而已。此后造论著书，多属文化性，提倡复兴中国文化，或作中西文化比较，其开始转机，则当自为《思想与时代》撰文始，此下遂有《中国文化史导论》一书，该书后由正中书局出版。是则余一人生平学问思想，先后转捩一大要点所在。"④值得注意的是，钱穆自己不仅自言其学思转折之时间与标志，还明确道出了其学思转折之缘由："及抗日军兴，避至昆明，时欧洲第二次大战继起……国

---

① 钱穆：《汉学与宋学》，《中国学术思想史论丛》(八)，《钱宾四先生全集》第22册，联经出版事业公司，1998，第575、577页。

② 钱穆：《汉学与宋学》，《中国学术思想史论丛》(八)，《钱宾四先生全集》第22册，联经出版事业公司，1998，第578—579页。

③ 钱穆：《中国史学名著》，生活·读书·新知三联书店，2005，第325页。

④ 钱穆：《八十忆双亲师友杂忆合刊》，《钱宾四先生全集》第51册，联经出版事业公司1998，第412页。

内纷哎，已有与国外混一难辨之势。而我国家民族四五千年之历史传统文化精义，乃绝不见有独立自主之望。此后治学，似当先于国家民族文化大体有所认识，有所把捉，始能由源寻委，由本达末，于各项学问有入门，有出路。余之一知半解，乃始有转向于文化学之研究。在成都开始有《中国文化史导论》一书之试探，及五〇年来台北，乃有《文化学大义》一演讲，是为余晚年学问蕲求转向一因缘。亦自国内之社会潮流有以启之也。"①钱穆之致思兴趣和治学路向之所以会发生重大转折，还与他反思与回应当时的科学史学和考据学风之流弊息息相关。在《国史大纲》"引论"中，钱穆对"承'以科学方法整理国故'之潮流而起"的近世史学之"科学派"（考订派），提出了严厉的批评："此派与传统派，同偏于历史材料方面，路径较近；博洽有所不逮，而精密时或过之。二派之治史，同于缺乏系统，无意义，乃纯为一种书本文字之学，与当身现实无预。……至'考订派'则震于'科学方法'之美名，往往割裂史实，为局部窄狭之追究。以活的人事，换为死的材料。治史譬如治岩矿，治电力，既无以见前人整段之活动，亦于先民文化精神，漠然无所用其情。彼惟尚实证，夸创获，号客观，既无意于成体之全史，亦不论自己民族国家之文化成绩也。"②而在后来所撰写的《学术与心术》一文中，钱穆则更是充分地发挥了《国史大纲》"引论"中对科学史学的批评意见，系统而集中地批判了科学史学和考据学风的诸多流弊。③由此，钱穆对近世科学史学和考据学风表示出了深切的忧虑，认为"只此'考据'二字，怕要害尽了今天中国的学术界"④。

①钱穆：《师友杂忆》，《八十忆双亲 师友杂忆》，生活·读书·新知三联书店，2005，第345—346页。

②钱穆：《国史大纲》，商务印书馆，1996，第3—4页。

③钱穆：《学术与心术》，《学籥》，素书楼文教基金会、兰台出版社，2000，第130—138页。

④钱穆：《中国史学名著》，生活·读书·新知三联书店，2005，第323—324页。

三、明体达用的宋学精神

(一)"宋学派的精神在'明体达用'"

钱穆之所以推重宋学,又在于他对宋学精神的认同与赞赏。那么,什么是"宋学精神"呢?在《中国近三百年学术史》中,钱穆明确指出:"宋学精神,厥有两端:一曰革新政令,二曰创通经义,而精神之所寄则在书院。革新政治,其事至荆公而止;创通经义,其业至晦庵而遂。而书院讲学,则其风至明末之东林而始竭。东林者,亦本经义推之政事,则仍北宋学术真源之所灌注也。"①在《国史大纲》中,钱穆论及宋代士大夫与唐代士大夫之不同时,又曾有言:"唐人在政治上表现的是'事功',而他们则要把事功消融于学术里,说成一种'义理'。'尊王'与'明道',遂为他们当时学术之两骨干";"尊王明道,即宋学之内圣外王。一进一退,在朝在野,均在此两点着眼"。②综合这两段话可知,钱穆所概括的"宋学精神"主要包括两个方面的意涵:其一,政治事功方面,即"革新政令","尊王","外王";其二,学术义理方面,即"创通经义","明道","内圣",而书院讲学对于创通经义、传播学术具有重要意义。从时间上来看,北宋于前者表现突出,王安石最为典型;南宋于后者成就显著,朱熹集其大成。而明末东林讲学,乃承宋学精神之余绪。

若再简要言之,可以将"宋学精神"名之为"明体达用":"创通经义"即是"明体","革新政令"即是"达用"。在《汉学与宋学》一文中,钱穆就直接说:"宋学派的精神在'明体达用'。"③虽然与"汉学"相对的"宋学",不能涵盖我们所说的广义的"宋学"即以宋代新儒学为核心的宋

---

① 钱穆:《中国近三百年学术史》,商务印书馆,1997,第7页。
② 钱穆:《国史大纲》,商务印书馆,1996,第560—561页。
③ 钱穆:《汉学与宋学》,《中国学术思想史论丛》(八),《钱宾四先生全集》第22册,联经出版事业公司,1998,第578页。

代学术文化，但二者的精神是一致的，与汉学相对的"宋学"确能明显体现宋代学术文化"明体达用"的基本精神。

在论述"初期宋学"时，钱穆又有言："达而在朝，则为大政治家如范文正。穷而在野，则为大教育家如胡安定。此乃初期宋学所谓明体达用之最要标准也。"①钱穆还曾多次援引胡瑗弟子刘彝之言来说明和表彰胡瑗身上所体现的"明体达用"的宋学精神。《中国近三百年学术史》第一章述及"两宋学术"时，钱穆援引《宋元学案·安定学案》中所载刘彝之言，写道："神宗问安定高弟刘彝：'胡瑗与王安石孰优？'对曰：'臣师胡瑗，以道德仁义教东南诸生时，王安石方在场屋中，修进士业。……国家累朝取士，不以体用为本，而尚声律浮华之词，是以风俗偷薄。臣师当宝元、明道之间，尤病其失。遂以明体达用之学授诸生，夙夜勤瘁，二十余年。……出其门者无虑数千余人。故今学者明夫圣人体用以为政教之本，皆臣师之功，非安石比也。'"钱穆紧接着指出，"刘氏此言，不徒善道其师，盖宋学精神，刘氏数言亦足尽之"②。《宋明理学概述》开篇论述"宋学之兴起"时，钱穆又谈及此事道："刘彝这一对，可说已很扼要地道出了胡瑗讲学的精神，也可说是当时宋学兴起的精神。胡瑗的经义斋，便是要人明体；治事斋，则要人达用。晚唐五代以来，进士轻薄，只知以声律浮华之词，在场屋中猎取富贵，那不算是用。稍高的便逃向道院佛寺，求长生出世，讲虚无寂灭，那不算是体。"③钱穆强调指出，宋儒精神就是要从"进士"与"和尚"的两面中间打寻出路，以"经学"来代替《文选》和佛经，以"修、齐、治、平"来代替考进士做官和当和尚出家。④

钱穆在论述初期宋学的重要代表人物王安石时，又有言："刘静春谓：'介甫不凭注疏，欲修圣人之经，不凭今之法令，欲新天下之法，可谓知务。'……此言评介甫，良为谛当。'修圣人之经'，即安定之经义其体也；

① 钱穆：《初期宋学》，《中国学术思想史论丛》卷五，安徽教育出版社，2004，第4页。
② 钱穆：《中国近三百年学术史》，商务印书馆，1997，第2—3页。
③ 钱穆：《宋明理学概述》，台湾学生书局，1977，第4—5页。
④ 钱穆：《汉学与宋学》，《中国学术思想史论丛》(八)，《钱宾四先生全集》第22册，联经出版事业公司，1998，第576页。

'新天下之法'，即安定之时务其用也。……关、洛之学，亦不过曰不凭注疏而修圣人之经，不凭今之法令而新天下之法，之二者而已。"①可见，钱穆认为，"修圣人之经"与"新天下之法"，即"明体达用"，乃贯穿宋学始终之精神也。只不过，不同时期的宋学，其"明体达用"之精神各有特色与侧重而已："辜较言之，北宋学术，不外经术、政事两端。大抵荆公新法以前，所重在政事；而新法以后，则所重尤在经术"；"迄乎南宋，心性之辨愈精，事功之味愈淡"，"自是学者争务为鞭辟向里，而北宋诸儒一新天下之法以返之唐虞三代之意，则稍稍疏焉"。②

值得注意的是，钱穆又指出，王安石政治改革失败之后，宋代士大夫虽侧重于学术义理之研究，"心性之辨愈精"，但并没有真正放弃政治事功之抱负；南宋诸儒"其一新天下之法令以返之三代之上者，如痿人之不忘起，瘖者之不忘言，固非绝然无意于斯也"③。钱穆说："他们实在想要拿他们的一套理论与态度，来改革当时的现实。在范仲淹、王安石继续失败之后，他们觉悟到要改革现实，更重要的功夫应先从教育上下手。所以关洛学者便一意走上讲学的路。直到南宋，此意始终为讲学者所保持"；"他们对在野的传播学术，较之在朝的革新政治，兴味还要浓厚，并不是他们无心于政治之革新"。④另外，钱穆又特别突出了朱熹弥补中期宋学"精微有余，博大转逊"之缺陷，而回转初期宋学之"气魄阔大"的功绩。钱穆指出，"熹宗主二程，不主张冥思力索，他才提出读书一项工夫，来补救程门教法之偏。那是他在当时学术界绝大的贡献。由此遂使他由中期宋学，再回到初期宋学去"；并强调，他曾"特提大业二字来补救专重盛德之偏"，很像王安石大人论。⑤正是因为有了朱熹的回转与纠偏，宋学精神才臻于完善、完整。

---

① 钱穆：《中国近三百年学术史》，商务印书馆，1997，第4—5页。
② 钱穆：《中国近三百年学术史》，商务印书馆，1997，第5、6页。
③ 钱穆：《中国近三百年学术史》，商务印书馆，1997，第6页。
④ 钱穆：《国史大纲》，商务印书馆，1996，第796—798页。
⑤ 钱穆：《宋明理学概述》，台湾学生书局，1977，第149页。

(二)"'以天下为己任',此乃宋、明学者惟一精神所寄"

综观钱穆的著述与讲演,我们不难看出,他一直给予"明体达用"的宋学精神特别是"以天下为己任"的宋儒精神以高度的认同与表彰。在《中国近三百年学术史》一书"自序"中,钱穆说:"夫不为相则为师,得君行道,以天下为己任,此宋明学者帜志也。"①在《国史大纲》中,钱穆又明确指出:"自宋以下的学术,一变南北朝、隋、唐以来之态度,都带有一种严正的淑世主义";"以天下为己任,此乃宋、明学者惟一精神所寄"。②

也正是基于推尊宋学精神之衡评立场,在明清学术文化发展的进程中,钱穆特别表彰了晚明东林学派与清初诸儒之学。论晚明东林学派,钱穆说:"盖东林讲学大体,约而述之,厥有两端:一在矫挽王学之末流。一在抨弹政治之现状";"重气节,尚名检,尤为东林讲学特色";"盖东林承王学末流空疏之弊,早有避虚归实之意,惟东林诸贤之所重在实行,而其后世变相乘,学者随时消息,相率以'实学'为标榜,而实行顾非所重。舍实行而言实学,则非东林之所谓实学也。……盖清初诸儒,尚得东林遗风之一二。康、雍以往,极于乾、嘉,考证之学既盛,乃与东林若渺不相涉。东林之学,起于山林,讲于书院,坚持于牢狱刀绳,而康、雍、乾、嘉之学,则主张于庙堂,鼓吹于鸿博,而播扬于翰林诸学士。其意趣之不同可知矣"。③钱穆之所以推重东林学派,主要即在于东林学者能秉承宋儒明体达用之精神,是真正有志经世、重在实行、坚守气节的学者,且对清初诸儒产生了重要影响。

述清初诸儒之学,钱穆说:"言神州学风者,莫尚于清初。上承宋明理学之绪,下启乾嘉朴学之端。……道德、经济、学问兼而有之,惟清初诸儒而已。言其环境,正值国家颠覆,中原陆沉,创巨痛深,莫可告语。

① 钱穆:《中国近三百年学术史》,商务印书馆,1997,第2页。

② 钱穆:《国史大纲》,商务印书馆,1996,第793、861页。

③ 钱穆:《中国近三百年学术史》,商务印书馆,1997,第10、18、21页。

故一时魁杰，其心思气力，莫不一注于学问，以为守先待后之想。而其行己持躬，刻苦卓励，坚贞不拔之概，尤足为百世所仰慕。"①显然，钱穆的衡评与推崇都是以宋学精神为其标准。以宋学精神来衡评清初诸儒，钱穆以为，最有建树的，当推黄梨洲（宗羲）、顾亭林（炎武）、王船山（夫之）、颜习斋（元）四家，这四家"在清代早期，开拓了一片新天地，其精神直可上追晚明诸遗老，间接承袭了宋明儒思想的积极治学传统"②。所以，他的《中国近三百年学术史》将这四家列在了前四位。在具体论述顾亭林时，钱穆又说："亭林论学宗旨，大要尽于两语，一曰'行己有耻'，一曰'博学于文'"；"盖亭林论学，本悬两的：一曰明道，一曰救世。其为《日知录》，又分三部：曰经术，治道，博闻。……若论亭林本意，则显然以讲治道救世为主。故后之学亭林者，忘其'行己'之教，而师其'博文'之训，已为得半而失半。又于其所以为博文者，弃其研治道、论救世，而专趋于讲经术、务博闻，则半之中又失其半焉。且所失者胥其所重，所取胥其所轻。取舍之间，亦有运会，非尽人力。而近人率推亭林为汉学开山，其语要非亭林所乐闻也"。③钱穆指出，亭林论学本承宋学精神，以明道救世为旨归，既重"博文"，又重"行己"；可是，亭林后学、乾嘉诸老仅师其"博文"之训，而忘其"行己"之教，为学问而学问，为考据而考据，已失去了宋明儒学明体达用、以天下为己任的真精神。

另外，在早年所著《国学概论》第九章"清代考据学"中，钱穆开篇就说："言清代学术者，率盛夸其经学考据，固也。然此在乾、嘉以下则然耳。若夫清初诸儒，虽已启考证之渐，其学术中心，固不在是，不得以经学考证限也。盖当其时，正值国家颠覆，中原陆沉，斯民涂炭，沦于夷狄，创巨痛深，莫可控诉。一时魁儒畸士，遗民逸老，抱故国之感，坚长

---

① 钱穆：《述清初诸儒之学》，《中国学术思想史论丛》（八），《钱宾四先生全集》第22册，联经出版事业公司，1998，第1页。

② 钱穆：《前期清儒思想之新天地》，《中国学术思想史论丛》卷八，安徽教育出版社，2004，第1页。

③ 钱穆：《中国近三百年学术史》，商务印书馆，1997，第136、160—161页。

遁之志，心思气力，无所放泄，乃一注于学问，以寄其守先待后之想。其精神意气，自与夫乾、嘉诸儒，优游于太平禄食之境者不同也。"①在《中国近三百年学术史》中，钱穆又指出："盖清初学术所以胜乾、嘉者，正以其犹有宋学之精神。"②钱穆认为，不能将有清一代的学术思想笼统地概括为考证学，清初诸儒的学术中心并不在考证学，充其量，只能说是开启了后世考证研究的风气；并且，他们之所以走上文献考证之路，主要是因为他们骤陷"国亡种沦之惨"，以"一注于学问"来转移深巨的精神创痛，"寄其守先待后之想"；他们的精神意气，"犹有宋学之精神"，因此也不同于"优游于太平禄食之境"的乾、嘉诸儒。

对宋学精神的推崇，不仅见诸钱穆一生之著述，也见诸钱穆一生之行动。钱穆的一生受宋学精神影响甚深。在1953年初版的《宋明理学概述》

钱穆之所以尤其推崇宋儒与"犹有宋学之精神"的清初诸儒，表彰其以天下为己任、明体达用之精神，与当时所受国难之刺激密切相关。1928年在"述清初诸儒之学"时，钱穆明确说："世乱无极，横流在眼，每读史至此六七君子者，而使人低徊向往于不能已。"③钱穆的《中国近三百年学术史》写于"九·一八事变"之后，面对日寇的步步侵逼，具有强烈民族忧患意识和一腔爱国热忱的他，痛心疾首，愤慨尤深，所谓"斯编初讲，正值'九·一八事变'骤起。五载以来，身处故都，不啻边塞，大难目击，别有会心"④。1971年，钱穆在《中国文化精神》"序"中，还明确有言："凡我所讲，无不自我对国家民族之一腔热忱中来"；"我之一生，即常在此外患纷乘，国难深重之困境中"；"我之演讲，则皆是从我一生在不断的国难之鼓励与指导下困心衡虑而得"。⑤

对宋学精神的推崇，不仅见诸钱穆一生之著述，也见诸钱穆一生之行动。钱穆的一生受宋学精神影响甚深。在1953年初版的《宋明理学概述》

---

① 钱穆：《国学概论》，商务印书馆，1997，第246页。
② 钱穆：《中国近三百年学术史》，商务印书馆，1997，第697页。
③ 钱穆：《述清初诸儒之学》，《中国学术思想史论丛》（八），《钱宾四先生全集》第22册，联经出版事业公司，1998，第4页。
④ 钱穆：《中国近三百年学术史》，商务印书馆，1997，第4页。
⑤ 钱穆：《中国文化精神·序》，《中国文化精神》，素书楼文教基金会、兰台出版社，2001，第3—4页。

"序"中，钱穆曾明确说，受宋明儒之影响，数十年来，"虽居乡僻，未尝敢一日废学。虽经乱离困厄，未尝敢一日颓其志。虽或名利当前，未尝敢动其心。虽或毁誉横生，未尝敢馁其气。虽学不足以自成立，未尝或忘先儒之矩矱，时切其向慕。虽垂老无以自靖献，未尝不于国家民族世道人心，自任以匹夫之有其责。虽数十年光阴浪掷，已如白驹之过隙，而幼年童真，犹往来于我心，知天良之未泯。自问薄有一得，莫匪宋明儒之所赐"[1]。

四、综汇贯通的宋学气象

(一)"欲以综汇之功而完成其别出之大业"

宋代学术气象之开阔、博大、贯通，是钱穆之所以认同和推重宋学的又一重要原因。钱穆曾明确有言："宋学之博，远超唐贤，只观《通志堂经解》所收，可见宋代经学之一斑。至史学如司马光《资治通鉴》、郑樵《通志》、李焘《续资治通鉴长编》等，其博大精深，尤非唐人所及。而南宋尤盛于北宋。即易代之际人物，如王应麟、胡身之、马端临等，其博洽淹雅，皆冠绝一代。世疑宋学为疏陋，非也。即如朱子，其学浩博，岂易窥其涯涘？"[2]钱穆关于宋学气象之赞赏与推崇，突出地表现于他对初期宋学和朱熹学术的评价之中，尤其体现于后者。

翻开中国学术史，我们不难发现，初期宋学确然呈现出开阔博大之气象，北宋诸儒在"政事治平之学""经史博古之学""文章子集之学"等三大方面都取得了辉煌的成就[3]。钱穆明确指出："初期宋学气派之开阔，如胡瑗之道德，欧阳修之文章，范仲淹之气节，堪称鼎足之三峙"[4]；"五光

---

① 钱穆：《宋明理学概述》，台湾学生书局，1977，第2页。

② 钱穆：《国史大纲》，商务印书馆，1996，第859页。

③ 钱穆：《朱子新学案》，巴蜀书社，1986，第10页。

④ 钱穆：《初期宋学》，《中国学术思想史论丛》卷五，安徽教育出版社，2004，第4页。

十色，而又元气淋漓。这是宋学初兴的气象"①；北宋诸儒，"眼光开放，兴趣横逸"，其学术门径"极开阔，能向多方面发展"，其为学"实乃兼经史子集四部之学而并包为一"②。

正因为初期宋学具有开阔博大之气象，所以钱穆称北宋初期诸儒为"综汇儒"。钱穆认为，从中国儒学发展史来看，宋代新儒学可称之为"综汇期与别出期"。所谓"综汇"，乃指其综合汇通两汉、魏晋南北朝下迄隋、唐之经、史、文学以为儒学之发挥之一方面而言。在钱穆看来，此方面之代表人物，可举欧阳修为例。我们固可说欧阳氏乃一文学家，同时亦可说其是一史学家与经学家。而北宋诸儒，大体全如此，他们都能在经、史、文学三方面兼通汇合，创造出宋儒一套新面目。所谓"别出儒"，指别一种新儒家，以别于上述之"综汇儒"。如周濂溪、张横渠、程明道、伊川诸儒皆是，他们之所学所创，后人又别称之为"理学"。钱穆认为，如果就两汉以下儒学大传统言，那么可以说宋代理学诸儒乃系儒学中之"别出派"。③

而钱穆晚年所归宗的朱熹，其学术不仅有"综汇"之功，更有"贯通"之绩，可谓是"欲以综汇之功而完成其别出之大业者"。钱穆说："朱子乃中国儒学史中一杰出之博通大儒，至今读其全书，便可窥见其学术路径之宏通博大，及其诗文辞章之渊雅典懿。朱子在此方面，可谓实是承续北宋欧阳一派综汇之儒之学脉而来。但朱子之特所宗主钦奉者，则在濂溪、横渠、二程，所谓别出之儒之一支。于二程尤所推尊。其所著《伊洛渊源录》一书，即以孔、孟道统直归二程。朱子之学，可谓是欲以综汇之功而完成其别出之大业者。"④具体而言，钱穆对朱熹学术综汇贯通之气象的表彰，突出地体现于以下三个方面：

其一，指出朱子之学集理学、初期宋学、汉唐儒学之大成。钱穆说：

---

① 钱穆：《宋明理学概述》，台湾学生书局，1977，第30页。
② 钱穆：《朱子新学案》，巴蜀书社，1986，第8—10页。
③ 钱穆：《中国学术通义》，素书楼文教基金会、兰台出版社，2000，第75—76页。
④ 钱穆：《中国学术通义》，素书楼文教基金会、兰台出版社，2000，第77—78页。

"朱子不仅欲创造出一番新经学，实欲发展出一番新理学。经学与理学相结合，又增之以百家文史之学。至其直接先秦，以孟子学庸羽翼孔门论语之传，而使当时儒学达于理想的新颠峰，其事尤非汉唐以迄北宋诸儒之所及。故谓朱子乃是孔子以下集儒学之大成，其言决非过夸而逾量。"①关于朱子之集理学之大成、集宋学（"此乃指理学兴起以前北宋诸儒之学言"）之大成、集汉唐儒学之大成，钱穆在《朱子学提纲》"（六）"中有集中而专门的述论②。此外，钱穆还有诸多著述论涉了此一问题。如《孔子思想与此下中国学术思想之演变》一文有言："理学家长处，在能入虎穴，得虎子。兼采道、释两家有关宇宙真理、人生原则方面，还本儒学，加以吸收或扬弃。遂使孔子思想崭然以一新体貌、新精神，超然卓出于道、释两家之上，而又获一新综合。此事成于南宋之朱子。"③《中国儒学与文化传统》一文又谓朱熹"在经、史、文学三方面，皆有极深远之贡献，所影响于后来儒学者，可谓已远超北宋欧阳一派综汇诸儒之上"④。

其二，强调朱熹理气与心性一体浑成理论之特色与贡献。钱穆说："后人又多说，程朱主性即理，陆王主心即理，因此分别程朱为理学，陆王为心学。此一分别，实亦不甚恰当。理学家中善言心者莫过于朱子"⑤；"后人都称程、朱为'理学'，陆、王为'心学'，其实朱子讲心学方面的话是最精彩的。他讲理先于气的本体论上，我们通其全体而观，也可说他讲的是'理气混合的一元论'，也可说其是讲的'性理一元论'"⑥。在此，钱穆主要强调了两点：一是朱熹也讲心学，并且讲得最精彩；二是朱熹的理论体系最重要的是"理气混合的一元论"。这两个重要观点在《朱

---

① 钱穆：《朱子新学案》，巴蜀书社，1986，第24页。

② 钱穆：《朱子新学案》，巴蜀书社，1986，第17—25页

③ 钱穆：《孔子思想与此下中国学术思想之演变》，《孔子与论语》，素书楼文教基金会、兰台出版社，2000，第269—270页。

④ 钱穆：《中国学术通义》，素书楼文教基金会、兰台出版社，2000，第78页。

⑤ 钱穆：《朱子新学案》，巴蜀书社，1986，第34页。

⑥ 钱穆：《中国思想史》，《钱宾四先生全集》第24册，联经出版事业公司，1998，第209页。

子新学案》中都得到了具体的展开。钱穆说:"朱子虽理气分言,但认为只是一体浑成,而非两体对立",而"性属理,心属气",要探究朱子之心性论,必先明白朱子之理气论。①钱穆强调,在朱熹那里,无论是宇宙论之"理气",还是人生论之"心性",都是一体浑成,而非两体对立;并且,"宇宙界之与人生界,自朱子理想言,仍当是一体两分,非两体对立"②。钱穆此论,泯合了朱熹与陆九渊之间的门户之见,对过分夸大朱陆差异、将理学传统划分为程朱学派与陆王学派的习惯主张提出了重大挑战,无疑对完整准确地理解朱熹及理学思想具有重大意义。

其三,凸显朱熹在中国学术文化史上承前启后之地位。钱穆在《朱子新学案》中,一开篇就说:"在中国历史上,前古有孔子,近古有朱子,此两人,皆在中国学术思想史及中国文化史上发出莫大声光,留下莫大影响。旷观全史,恐无第三人堪与伦比。孔子集前古学术思想之大成,开创儒学,成为中国文化传统中一主要骨干。北宋理学兴起,乃儒学之重光。朱子崛起南宋,不仅能集北宋以来理学之大成,并亦可谓其乃集孔子以下学术思想之大成。此两人,先后矗立,皆能汇纳群流,归之一趋。自有朱子,而后孔子以下之儒学,乃重获新生机,发挥新精神,直迄于今。"③在《中国学术通义》中,钱穆又说:"自魏晋以下,儒、释、道三家之相争,乃由朱子而融会归一。此下八百年,述朱反朱,亦莫不以朱子为中心。明乎朱子之学,则先秦以下中国学术关键,胥莫外于此矣";"一方面和会旧说,一方面开辟新趋,这是朱子之大气魄处,亦是朱子学说之所以为集大成处"。④在《宋明理学概述》中,钱穆还明确有言:"宋学乃中国下半期学术思想之总起点,而熹则为宋学中之集大成。"⑤具体到儒家思想发展而言,朱熹之综汇贯通与承前启后,不仅表现在集孔子以来儒学之大成,还在于他对儒家道统之承传与儒学传统之融贯。钱穆说:"朱子在中国学术

① 钱穆:《朱子新学案》,巴蜀书社,1986,第25、31页。
② 钱穆:《朱子新学案》,巴蜀书社,1986,第33页。
③ 钱穆:《朱子新学案》,巴蜀书社,1986,第1页。
④ 钱穆:《中国学术通义》,素书楼文教基金会、兰台出版社,2000,第7、117页。
⑤ 钱穆:《宋明理学概述》,台湾学生书局,1977,第159页。

思想史上贡献最大而最宜注意者，厥为其对儒家新道统之组成"；"若说到朱子自己的思想，则他的最大贡献，尚不重在他自己个人的创辟，而更重在其能把他自己理想中的儒学传统，上自《五经》《四书》，下及宋代周、张、二程，完全融成一气，互相发明，归之条贯"。①

(二)"中国学术尚通学为通人之传统,至宋代乃更见为完成"

钱穆之所以推崇和表彰宋学特别是朱子之学综汇贯通之气象，是和他对中国学术文化传统的认识以及他自己的学问趣尚密不可分的。钱穆认为，中国学术传统尚通学为通人。钱穆自己之学术志向，也是如此。而在钱穆看来，具有综汇贯通之气象的宋学，正是中国学术尚通学为通人之传统的范型。

钱穆指出，"中国学问主通不主专，故中国学术界贵通人，不贵专家"②。关于中国学术尚通不尚专，钱穆还曾有形象的说明："今若把人群中宗教、哲学、文学、艺术一一专业化，皆使成一专家小匠，如各滴水皆从同一泉源出，而分散横溢，不成大流，则其涸可立而待。必当使各滴水从同一泉源出，而仍然汇成一大流，不论宗教、哲学、文学、艺术，各各成为通人大匠，而后此一大流乃可安然以达于海。中国文化学术主要传统精神之所寄望者乃在此。"③那么，中国学术何以尚通不尚专呢？钱穆认为，这是与中国文化传统密不可分的。在《中国学术通义》"序"中，钱穆指出："中国文化之独特性，偏重在人文精神一面，中国学术亦然。……中国传统，重视其人所为之学，而更重视为此学之人。中国传统，每认为学属于人，而非人属于学。故人之为学，必能以人为主而学为从。当以人为学之中心，而不以学为人之中心。故中国学术乃亦尚通不尚专。既贵其学之能专，尤更贵其人之能通。故学问所尚，在能完成人人之

---

① 钱穆：《中国学术通义》，素书楼文教基金会、兰台出版社，2000，第91、94页。

② 钱穆：《师友杂忆》，《八十忆双亲 师友杂忆》，生活·读书·新知三联书店，2005，第314页。

③ 钱穆：《中国学术通义》，素书楼文教基金会、兰台出版社，2000，第206页。

德性，而不尚为学术分门类，使人人获有其部分之智识。苟其仅见学，不见人，人隐于学，而不能以学显人，斯即非中国传统之所贵。"①

而在钱穆看来，如果从全部中国学术文化史着眼，中国学术尚通学为通人之传统到宋代才真正得以完成。他说："下迄宋代，儒术复兴，于是自古相传尚通学为通人之面貌精神乃益彰。即专以治学一途径言，如胡瑗、范仲淹、欧阳修、司马光、苏轼、辙兄弟，于经、史、集部，皆所兼涉，固不专务于在近人心目中所谓哲学、文学、史学之某一专业。又其为学必兼通政事，有体有用。然亦不纯为一政治家，亦不纯为一学者。抑且不论治学从政，又必有志德行。凡此诸人之为学，途径虽殊，而其遵循孔门四科，有志乎希圣希贤、志道依仁之大统则一。实则即论两晋、南北朝、隋、唐以来，学术人品，大体亦自一致。惟汉、宋两代独尊儒，无老、释之抗衡，学者又皆来自田间，与门第子弟不同，故其为学之风格气度，最足为中国学统正规。惟汉人专崇经，学术进步至于宋，又兼尚文史，风格更宽，气度更大，故中国学术尚通学为通人之传统，至宋代乃更见为完成。"②而在宋代诸儒中，要数北宋之欧阳修和南宋之朱熹最称得上是尚通学为通人的典范："中国学问经史子集四部，欧阳修已一人兼之"③，"故由欧阳一人，而中国四部之学之可得达成于一家，亦即明白可证矣"④；"朱子学，广大精深，无所不包，亦无所不透"⑤，"朱子为学，经、史、子、集，无所不治，无所不通"，"故朱子之学乃显然孔门四科旧规，一面发扬北宋理学之新统，一面承袭汉、唐乃至北宋初期理学未兴以前之旧传，而集其大成。斯诚可以当中国学术传统尚通学为通人之高标上

① 钱穆：《中国学术通义》，素书楼文教基金会、兰台出版社，2000，第6页。
② 钱穆：《中国学术通义》，素书楼文教基金会、兰台出版社，2000，第189页。
③ 钱穆：《师友杂忆》，《八十忆双亲 师友杂忆》，生活·读书·新知三联书店，2005，第314页。
④ 钱穆：《中国史学发微》，《钱宾四先生全集》第32册，联经出版事业公司，1998，第9页。
⑤ 钱穆：《朱子新学案》，巴蜀书社，1986，第2页。

选矣"①。

钱穆之所以要强调中国学术尚通不尚专之传统，大力表彰宋儒尚通学为通人之风范，其中一个很重要的原因，就是他要回应和纠正民国以来"分门别类，务为专家"之学风。钱穆曾明确有言："文化异，斯学术亦异。中国重和合，西方重分别。民国以来，中国学术界分门别类，务为专家，与中国传统通人通儒之学大相违异。循至返读古籍，格不相入。此其影响将来学术之发展实大，不可不加以讨论。"②钱穆强调："我们千万不能接受新文化运动以来的推翻、打倒，也不要被'科学方法'四个字吓得我们去做专家，不能做真专家，就得做假专家，这是须要纠正的风气"；"今天我们需要的是'通人'，要有'通学'"，"不要一辈子做一个哲学家，或者文学家、史学家，那与社会隔得太远了"。③

钱穆不仅在著述中表彰了宋儒尚通学为通人之风范，还在自己的学问人生中加以仿效。钱穆自己曾明确有言："中国传统上做学问要讲'通'，我不是专研究想要学近代人所谓的一文学专家或史学专家。亦可说，我只求学在大群中做一'人'，如中国传统之儒学子学，至于其他如文学史学亦都得相通。"④钱穆毕生治学，志在仿效宋儒特别是朱子，以博通四部、综汇贯通为追求，以中国学术文化的传承与弘扬为己任。其实，从钱穆整个的学问人生来看，他真正地称得上一代通儒、国学宗师。如果按中国传统的分类法，钱穆博通经、史、子、集四部之学，为传统国学中的"通儒之学"，以致在他逝世之际，他的弟子逯耀东如此感叹："绝了，绝了，四部之学从此绝了！"⑤

---

① 钱穆：《中国学术通义》，素书楼文教基金会、兰台出版社，2000，第190页。

② 钱穆：《现代中国学术论衡》，生活·读书·新知三联书店，2001，第1页。

③ 钱穆：《学术与人才》，《中国文化丛谈》，素书楼文教基金会、兰台出版社，2001，第296—297页。

④ 钱穆：《八十忆双亲师友杂忆合刊》，《钱宾四先生全集》第51册，联经出版事业公司，1998，第472页。

⑤ 逯耀东：《夫子百年——钱穆与香港的中国文化传承》，李振声编《钱穆印象》，学林出版社，1997，第124页。

五、天人合一的宋学境界

(一)"'万物一体',为宋学命脉所寄"

"天人合一",是宋代学者特别是宋儒学问人生的最终归宿与最高境界，也是钱穆著述中屡屡提及的中国传统文化的基本精神。钱穆明确有言："宋、明儒喜讲'天人合一'之学，要'存天理，灭人欲'，最后进至'天人合一'之境界。"[1]

要真正把握宋学"天人合一"的论说与境界，我们不能不从宋儒的"万物一体"说开始谈起，因为"万物一体"说乃"宋学命脉所寄"，也是宋儒"天人合一"观的理论基础。钱穆在总结宋学所探讨的问题时，这样说道："大体扼要地说来，宋代学者所热烈讨论的问题，不外两部：一部是属于本体论的，一部是属于修养论的。他们虽说是意见纷歧，不相统一；但是到底有他们全体一致的见解。……他们对于本体论共同的见解是'万物一体'，他们对于修养论共同的见解是'变化气质'，许多问题便从这上面发生。"[2]

在宋代，最先提出"万物一体"的主张的，可说是周敦颐的《太极图说》，其次便是张载的《西铭》。钱穆认为，宋儒关于"万物一体"说的纷歧意见，也便从这里引逗。周敦颐《太极图说》是从"唯物"的观点上说明"万物一体"的，而张载《西铭》则直言天地万物之与吾为一体。到后来二程手里，他们极推尊张载《西铭》，而对周敦颐《太极图说》生平并未道及一字。原来二程讲学，爱从自己心坎上说起，他们以为要指点天地万物之一体，不必从天地万物着想，只叫人反认心体，便已见得。南宋之朱熹和陆象山之兄陆梭山对于张载《西铭》也有一番争辩，大抵梭山以为

---

① 钱穆：《学术思想遗稿》，素书楼文教基金会、兰台出版社，2000，第188页。

② 钱穆：《阳明学述要》，《钱宾四先生全集》第4册，联经出版事业公司，1998，第1—2页。

《西铭》不当谓乾坤为父母，失之胶固，而朱熹则认"万物一体"之理，是外面的实在本体如此，并非吾心以意会之的。[①]关于此，钱穆有简明扼要的总结："盖《西铭》言'万物一体'，为宋学命脉所寄。然此万物一体者，将体之以吾心乎？抑求之于外物之实理乎？明道虽取《西铭》，而不以谓'有德之言'，此主体之以吾心者也。二陆承明道而益进，故疑'乾坤父母'之说为胶固；伊川谓'物我一理，才明彼即晓此'，此已开向外一路，而犹不取濂溪太极；至朱子推申伊川致知之意，乃并周子太极而尊之也"；"夫'以天地万物为一体'者，此北宋以来理学家精神命脉之所寄也。濂溪、横渠求之外，明道识之心，伊川为明道补偏而言致知格物，晦庵承之，推极其说，乃复通于濂溪、横渠"。[②]可见，"万物一体"说，虽说是本体论上的问题，其实已关涉到修养的方法上去。天地万物与我一体，这是宋儒所公认的。只是怎样去认识或说明，才有异同。有些主张从吾心去体认，有些主张从万物去参究。[③]

那么，天地万物一体之理，究竟应该格之外物呢？还是应该立之吾心？这是宋儒争论未决的一个重要问题。宋儒讲学，原是侧重在方法一面的。这个问题，虽说是本体论上的问题，而宋儒精神所注，也只是方法论一边的意味为多。钱穆分析道："照理论说来，天地万物是与我一体的了；但是照事实讲，却依旧有小我之私，与天地万物隔阂。如何打通这一层隔阂，泯化小我，还复大我？宋儒有一句扼要的话，叫作'变化气质'。"[④]这样，宋儒之宇宙论与修养论、"万物一体"说与"变化气质"说，也就密切结合而贯通起来了。

宋儒所谓的"治怒""治惧"等，都是变化气质的实际工夫。"克己"是泯其小我，"明理"是复归大我。于是宋儒又提出一句口号，叫作"存

① 钱穆：《阳明学述要》，《钱宾四先生全集》第4册，联经出版事业公司，1998，第2—8页。

② 钱穆：《国学概论》，商务印书馆，1997，第225—226、236页。

③ 钱穆：《阳明学述要》，《钱宾四先生全集》第4册，联经出版事业公司，1998，第6页。

④ 钱穆：《阳明学述要》，《钱宾四先生全集》第4册，联经出版事业公司，1998，第9页。

天理，去人欲"。也便是这个意见。①钱穆明确有言："宋代新儒学崛兴，他们讲的是万物一体之道，故说：'民吾同胞，物吾与也。'他们的工夫则从'存天理，去人欲'入手。"②而宋儒所谓"敬"与"致知""尊德性"与"道问学"等，也不过要我们"去人欲，存天理"，泯化小我，还归大我，达到"变化气质"的理想。③总之，这些全只是变化气质的方法，变化气质只是要泯化小我，复归大我。

钱穆又把"万物一体"说放到中国学术思想史的长程中去观察，得出这样的结论："今要以言之，则宋明六百年理学，自濂溪《太极图说》，康节《皇极经世》，横渠《正蒙》，下至阳明之'致良知'，心斋之'安身'，蕺山之'慎独'，皆不出寻求'天地万物一体'之意，惟渐寻渐细，渐求渐近，乃舍本体而专论工夫，舍外物而专重我心，乃归结于即以我心独知之独体，为天地万物一体之体焉。此则六百年理学趋势之大要也。余论先秦子学，为'阶级之觉醒'，魏晋清谈，为'个人之发见'，则此六百年之理学，亦可以一语括之曰：'大我之寻证'是已。"④钱穆强调指出，宋明理学之旨归与特色，"皆不出寻求'天地万物一体'之意"，一言以蔽之，"大我之寻证"。

(二)"仁者浑然与物同体"："天人合一"之人生境界

而宋儒所寻求的"万物一体"之境界，他们所寻证的"大我"，其实就是"仁"的境界，就是"天人合一"的境界。这可从被称之为宋学正统的理学的代表人物二程和朱熹的言论中明显见出，所谓"仁者浑然与物同体"。

程颢曰："医书言手足痿痹为不仁，此言最善名状。仁者，以天地万物为一体，莫非己也。认得为己，何所不至？若不有诸己，自不与己相

---

① 钱穆:《阳明学述要》,《钱宾四先生全集》第4册,联经出版事业公司,1998,第10—12页。

② 钱穆:《中国文化史导论》,商务印书馆,1994,第188页。

③ 钱穆:《阳明学述要》,《钱宾四先生全集》第4册,联经出版事业公司,1998,第13—21页。

④ 钱穆:《国学概论》,商务印书馆,1997,第245页。

干。如手足不仁，气已不贯，皆不属己"；"学者须先识仁。仁者，浑然与物同体"。（《河南程氏遗书》卷二）"仁"在根本上就是一种最高的精神境界，这种境界的基本特征是要把自己和宇宙万物看成息息相关的一个生命整体，把宇宙每一部分看做与自己有直接的联系，甚至就如同自己的四肢一样。程颢又用中医理论以手足痿痹为"不仁"，来从反面加以形象地说明：在肢体麻痹的情况下，人就不会感到肢体是自己的一部分，这就是"不仁"。而达到"仁"之境界的人，就自然有普遍的关怀，施其仁爱于万物，就能真切地感受到"与物同体""莫非己也"，他所了解的"我"或"己"不再是个体的小我，万物都是"我"的一部分，也就是寻证和体认到了"大我"。所以，钱穆说："'仁者浑然与物同体'，则仍是体认大我之意。"①这个"仁"的境界就是宋儒所追求的"天人合一"的最高境界。

朱熹继承并发展了二程"仁者浑然与物同体"的思想。朱熹之"仁"说是和前揭之"理气与心性一体浑成论"紧密结合在一起的。钱穆强调："宇宙界之与人生界，自朱子理想言，仍当是一体两分，非两体对立。其贯通处在性。性是体，其发而为工夫则在心，心属用"；"就宇宙界论，则理在气。就人生界论，则理在心。……此心所觉之理，不仅是宇宙自然方面者，亦复涉及人生文化方面。人生文化方面之理，亦即在宇宙自然之理之中……人心能明觉到此理，一面可自尽己性，一面可上达天理，则既可宏扬文化，亦可宣赞自然。儒家精义之所异于老释异端者在此，而理学家之终极目标亦在此"。②这里的分析，已经明显地将宇宙与人生、理气与心性、天理与人性、自然与人文，亦即"天"与"人"和合贯通起来了。通过钱穆的分析与抉发，朱熹理气与心性一体浑成理论中所蕴涵的"天人合一"思想豁然彰显。这种性天合一的思想与人生境界，是儒家思想之"精义"，也是"理学家之终极目标"。

朱熹正是从理气与心性一体浑成的理论出发，来论宇宙之仁与人心之仁的。他说："人之所以为人，其理则天地之理，其气则天地之气。理无

---

① 钱穆：《国学概论》，商务印书馆，1997，第208页。
② 钱穆：《朱子新学案》，巴蜀书社，1986，第33、35页。

迹，不可见，故以气观之。要识仁之意思，是一个浑然温和之气，其气则天地阳春之气，其理则天地生物之心。"（《朱子语类》卷六）朱熹不仅从"宇宙界"言"仁"，认为天地有生理，仁乃"天地之生气"，仁乃"天地生物之心"，而且将"仁"转落到"人生界"，言人心之仁，以爱言仁，认为仁乃"心之德爱之理"，仁乃"爱人利物之心"。尤其是，朱熹所论宇宙之仁和人心之仁，二者又是相通和合的。

朱熹说："仁者"，"在天地则盎然生物之心，在人则温然爱人利物之心，包四德而贯四端者也"（《朱文公文集》卷六七）；"爱之理便是心之德"（《朱子语类》卷二〇）；"吾之心，即天地之心"（《朱子语类》卷三六）；"天即人，人即天。人之始生，得之于天也；既生此人，则天又在人矣"（《朱子语类》卷十七）。在朱熹看来，人心得之于天心又要体证天心，天心生出人心又要依赖人心来彰显，天道就是人道，天道由人道来实现，人为天地之心，要为天地立心，天人一心，天人合一。因此，人生的目的就在于实现"天心"，人生的意义就在于体证"天道"，人生的价值就在于成就"天命"。诚如钱穆所言："中国古代人，可称为抱有一种'天即是人，人即是天，一切人生尽是天命的天人合一观'"；"就人生论之，人生最大目标、最高宗旨，即在能发明天命"。[1]人如能有温然爱人利物之心，表里心事合一，当理而无私心，参天地赞化育，就可谓之为"仁者"，就能浑然与物同体，就能寻证到大我，而至"天人合一"的最高人生境界，此即朱子所谓："仁，便如天地发育万物。人无私意，便与天地相似"（《朱子语类》卷九五）；"做到私欲净尽，天理流行，便是仁"，"无私，是仁之前事；与天地万物为一体，是仁之后事。惟无私，然后仁；惟仁，然后与天地万物为一体"。（《朱子语类》卷六）

在钱穆看来，"以人心窥天心，天地只是一仁"[2]，宋儒将"仁"与"万物一体"密切结合起来的思想学说，既把先秦儒家的仁学由人生道德

---

① 钱穆：《中国文化对人类未来可有的贡献》，中国人民政治协商会议江苏省无锡县委员会编《钱穆纪念文集》，上海人民出版社，1992，第251、252页。

② 钱穆：《晚学盲言》，广西师范大学出版社，2004，第36页。

境界提升到形上宇宙境界，更将宇宙界与人生界会通合一，从而也进一步丰富了中国文化中的天人合一思想。钱穆曾明确指出："自孔孟以下，儒家言仁，皆指人生界，言人心、人事，朱子乃以言宇宙界"[①]；"程朱言性即理，乃绾合人生论与宇宙论而一之"[②]。又说："孔孟屡言仁，未尝言与物同体也"；"孔孟只是人文本位论者，本未牵涉及宇宙本体论范围"；"若论本体，则万物一体。若论工夫，则此万物一体又实际归落在心上。程朱乃主以此心工夫体会到万物一体，从人生论上来建立宇宙论。故大程言，天理二字，由己体贴出来，朱子言天即理也。以心合理，即是以人合天。其立论之主要精神，仍不失孔孟人本位宗旨。惟从人本位上添进了宇宙论形上学一套，故其言似较孔孟复杂"。[③]

钱穆之所以推重并抉发宋学的"天人合一"思想与境界，是和他对中国文化中"天人合一"观的重大意义的认识分不开的。钱穆在一生的著述和讲演中，屡屡提及和强调中国文化传统的"天人合一"精神，尤其值得注意的是，钱穆在生命的最后时刻，"澈悟"中国文化的天人合一思想。1989年9月底，钱穆赴港参加香港新亚书院创校四十周年庆期间澈悟了中国"天人合一观"的伟大，于是有了生前最后一篇文稿，即《中国文化对人类未来可有的贡献》。此文就是集中而扼要地谈论中国文化中的"天人合一"观。该文一开篇，钱穆就强调指出："中国文化中，'天人合一'观，虽是我早年已屡次讲到，惟到最近始澈悟此一观念实是整个中国传统文化思想之归宿处。……我深信中国文化对世界人类未来求生存之贡献，主要亦即在此。"[④]这是钱穆生前最后之心声！

（侯宏堂）

---

① 钱穆：《朱子新学案》，巴蜀书社，1986，第237页。

② 钱穆：《禅宗与理学》，《中国学术思想史论丛》卷四，安徽教育出版社，2004，第209页。

③ 钱穆：《禅宗与理学》，《中国学术思想史论丛》卷四，安徽教育出版社，2004，第204—205页。

④ 钱穆：《中国文化对人类未来可有的贡献》，中国人民政治协商会议江苏省无锡县委员会编：《钱穆纪念文集》，上海人民出版社，1992，第250页。

余英时对"宋学"的现代诠释

余英时先生，是当今最有成就、最有影响力的中国史研究大家之一，其学术与思想的根本特色在于，从史学的立场去认识与诠释中国思想文化传统的民族特色、内在变迁与现代价值，试图为中国文化传统的现代更新与重建奠定历史与思想的基础。而在中国学术的发展脉络和文化传统的历史演进中，余英时先生尤其推重"宋学"（即以包括理学在内的宋代新儒学为核心的宋代学术文化）。他说："宋代在政治史上虽不能和汉、唐争辉，但在文化史上则有超越汉、唐的成就。这一历史断案是通过长时期的讨论而逐渐形成的。……'中国文化之演进造极于宋世'之说便建立在传统的论断之上。"①余先生不仅明确推尊"宋学"，更在自己的众多著述中具体论涉了"宋学"问题，对宋代学术文化作了广博而精微的研究。那么，余先生何以对"宋学"如此推尊呢？又是如何对"宋学"进行富于创造性的现代诠释的呢？对这些问题的考察，不仅可以进一步深入余先生的思想世界，深切感受他的学术理想与文化关怀，而且对中国学术文化传统的更新与重建之思考也具有重要的启迪意义。综合余先生的著述与论说，他对"宋学"的现代诠释主要包括五个方面的内容与精神，即：援释入儒的文化贡献，内外连续的儒学理想，天下己任的士人精神，释证结合的经学方法，朱陆之争的思想线索。

---

① 余英时：《朱熹的历史世界——宋代士大夫政治文化的研究》，生活·读书·新知三联书店，2004，第189页。

一、援释入儒的文化贡献

宋代儒学与佛学之关系，特别是理学与禅宗之关系问题，是中国学术文化史上的重大课题。余英时先生对于此一问题给予了特别的关注，尤其表彰了宋代新儒家"援释入儒"的历史功绩与文化贡献。

关于宋代新儒家的兴起，余先生尤其突出了"入世转向"的新禅宗的影响作用。余先生认为，如果从内在理路来审视，漫长的中国思想传统可以划分出三个主要的突破：最早的突破大约发生在孔子时代，当时各种哲学派别如儒家、墨家和道家开始创造出最基本的文化传统；第二次大的突破发生在魏晋时期，那时作为整个汉代统治思想模式的儒学让位于玄学清谈，不久玄、佛合流而成为此后几个世纪中国思想的主流；传统中国第三次，也是最后一次重要的思想突破就是新儒家之崛起与发展。余先生强调，这第三次突破，"可以广义地定义为一次采取明确的'入世转向'的精神运动"；但是，"这次转型的'发起人'不是儒家，而是惠能创建的新禅宗"。①余先生又进一步指出："在更深一层上，新儒学的突破可以理解为新禅宗最早始于8世纪的入世转向的继续。事实上，在宋代的大部分时期，禅宗的突破范式在许多方面继续激励着新儒家。"②

在《中国近世宗教伦理与商人精神》中，余先生又曾从入世伦理的角度对新禅宗与新儒家的关系作了专门的观察，强调新儒家是继承了新禅宗的入世精神而发展出来的。但是，从韩愈以至宋代的新儒家明明都是全力排斥佛教的。那么，这两种说法是不是有矛盾呢？在余先生看来，其实并无矛盾。新禅宗虽已承认"担水及砍柴"都是"神通与妙用"，甚至也承认"种种营生，无非善法"，但是它并没有、也不可能改变其否定"此

---

① 余英时：《唐宋转型中的思想突破》，《人文与理性的中国》，上海古籍出版社，2007，第50—51页。

② 余英时：《唐宋转型中的思想突破》，《人文与理性的中国》，上海古籍出版社，2007，第62页。

世"、舍离"此世"的基本态度。他们对于儒家所最重视的"事父事君"的人伦世界仍不能正面地予以肯定，他们所能达到的极限是不去破坏"世教"而已。①余先生强调："新儒家正是要在新禅宗止步之地，再向前跨出一步，全幅地肯定'人伦''世事'是真实而非'幻妄'。从这一点来看，新儒家在终极归趋的方面是和新禅宗处于截然相反的位置，但就整个历史进程而论，则又是因为受到新禅宗'入世转向'的冲击而激发了内在的动力。"②不过，余先生又特别强调，"新禅宗对新儒家的最大影响不在'此岸'而在'彼岸'"③。儒家自始即在"此岸"，是所谓"世教"，在这一方面自无待于佛教的启发。但是，自南北朝以来，佛教徒以及一般士大夫几乎都认定儒家只有"此岸"而无"彼岸"。以宋儒习用的语言表示，即是有"用"而无"体"，有"事"而无"理"。这当然是一个极其严重的问题。年辈在周、张、二程之前的释智圆就明确有言："儒者，饰身之教，故谓之外典也；释者，修心之教，故谓之内典也。"（释智圆：《闲居编》卷十九《中庸子传》上）这是"佛教为体，儒学为用"的两分论。这种"身"属儒家、"心"属释家的两分观念一直到北宋初期依然是很流行的。这便是宋代新儒家不得不努力建立自己的"彼岸"的基本原因。韩愈虽首倡复兴儒道，也与李翱两人共同提倡儒家关于心、性的学说，但韩、李对于心性论方面并无多大成就与贡献。在韩愈的时代，新禅宗最以心性工夫见长，儒家在这一方面是完全空白的。新禅宗对俗世士大夫的吸引力便在这里，因为"求心见性"给他们提供了一个精神上的最后归宿之地，也就是所谓"安身立命"。④新儒家想要从佛教手上夺回久已失去的精神阵地，除了发展一套自己的心性论之外，实别无其他的途径可走。余先生指出："很显然，新儒学只有成功地发展出一套自己的超越现实的精神学说来取代禅宗，新儒学的突破才是完满的。换言之，在人生领域里，新儒学同禅

---

① 余英时：《中国近世宗教伦理与商人精神》，安徽教育出版社，2001，第129页。
② 余英时：《中国近世宗教伦理与商人精神》，安徽教育出版社，2001，第130页。
③ 余英时：《中国近世宗教伦理与商人精神》，安徽教育出版社，2001，第138页。
④ 余英时：《中国近世宗教伦理与商人精神》，安徽教育出版社，2001，第137页。

宗竞争的不是此世而是来世。"①

宋代新儒家之"新",他们和南北朝隋唐以来旧儒家的最大不同之处,正在于心性论的发展与成熟,在于他们构建了儒家自己超越的精神学说。而这也正是宋代新儒家对中国儒学发展的特出贡献。我们在这里不拟全面展现新儒家心性理论的具体成就,只关注新儒家在建立心性论过程中的"援释入儒",这是他们儒学理论的最大成功,也是他们对中国文化的伟大贡献。余先生指出:"宋代新儒家'援释入儒',开创了理学的新传统;从历史的观点说,这是早在宋代即已成定案的了。程伊川撰《明道先生行状》和吕与叔撰《横渠先生行状》都不讳言明道、横渠早年出入释、老,最后才'返求诸六经'。宋儒'援释入儒'的成功正是他们对中国文化的伟大贡献。"②

那么,宋代新儒家是如何"援释入儒"的呢? 佛教内部对于"心"虽有种种不同的说法,但以究竟义言,它还是归于空寂的,因为佛教的最后目的是舍"此岸"而登"彼岸"。新禅宗也不可能是例外。新儒家的"彼岸"因此决不能同于佛教的"彼岸",它只能是实有而不是空寂,否则将无从肯定"此岸"。此即朱子所谓:"儒释言性异处,只是释言空,儒言实;释言无,儒言有。吾儒心虽虚而理则实。若释氏则一向归空寂了。"(《朱子语类》卷一二六)所以,新儒家最后所建立的"彼岸"必然是一个"理"的世界或"形而上"的世界。程颐对判划儒释的疆界曾提出一个极具影响力的说法。他说:"天有是理,圣人循而行之,所谓道也。圣人本天,释氏本心。"(《河南程氏遗书》卷二一)此处在"理"上添出一个"天"字即为保证此世界为客观实有而设。因此,宋明的新儒家无论其对"理"字持何种解释,都无法完全丢开"天"字。于此,余先生指出:主张"性即理"的程朱和主张"心即理"的陆王,"这两派虽各有其内在的困难,但皆欲建立一超越的'理'的世界,以取代新禅宗之'道',则并

① 余英时:《唐宋转型中的思想突破》,《人文与理性的中国》,上海古籍出版社,2007,第61页。

② 余英时:《中国近世宗教伦理与商人精神》,安徽教育出版社,2001,第58页。

无二致";"宋代新儒家的理论建构便以展示'人生之远理'为其中心任务,以破'佛教为体,儒学为用'之说。其具体结果之一则是上面所提到的'释氏本心,圣人本天'的判划。'天理'是超越而又实有的世界,它为儒家的'人伦近事'提供了一个形而上的保证"。①总之,新儒家因新禅宗的挑战而全面地发展了自己的"天理"世界,这是新儒家的"彼世"。不可否认地,新儒家的"彼世",其最后根据当然是原始儒家的经典,特别是《论语》《孟子》《大学》和《中庸》。这些儒家经典都是在佛教进入中国以前撰成的,代表了中国本土的智慧。然而,"这一原始智慧的再发现和新发展是由新禅宗促成的"②;"新儒家的'彼世'虽有古代经典的根据,但它之所以发展成为宋明理学那种特殊的形态则是和佛教的转向——新禅宗——分不开的"③。与陷溺在此世之"事"中而无超越此世之"理"为依据的隋唐时代的庸俗儒家不同,"宋代新儒家强调超越之'理'的重要即从佛教的超越的'心'移形换步而来"④;新儒家的修养工夫也颇有得于禅宗,"其案已定"⑤。不过,余先生又强调指出:"在形式上新儒家借镜于佛教(禅宗之外还有华严宗)而建立了自己的'理世界'和'事世界',但是在实质上,他们则从内部根本改造了佛教的两个世界。"⑥用最简单的话来表示,新儒家把佛教的"空幻"化为儒家"实有"。更重要的是,新儒家的"彼世"是面对"此世"的,与"此世"不相隔绝的,新儒家已把"理世界"与"事世界"之间的隔阂打通。也正因如此,新儒家才能发展出一种更积极的"入世作事"的精神。

由上所述,新儒家与新禅宗之间的关系具有微妙的多重性:"一方面,

① 余英时:《中国近世宗教伦理与商人精神》,安徽教育出版社,2001,第140—141页。

② 余英时:《"士魂商才"——〈中国近世宗教伦理与商人精神〉日译本自序》,《钱穆与中国文化》,上海远东出版社,1994,第305页。

③ 余英时:《中国近世宗教伦理与商人精神》,安徽教育出版社,2001,第149页。

④ 余英时:《中国近世宗教伦理与商人精神》,安徽教育出版社,2001,第151页。

⑤ 余英时:《朱熹的历史世界——宋代士大夫政治文化的研究》,生活·读书·新知三联书店,2004,第100页。

⑥ 余英时:《中国近世宗教伦理与商人精神》,安徽教育出版社,2001,第149页。

新儒家乃闻新禅宗而起，但另一方面新儒家又批判并超越了新禅宗，而将入世精神推到了尽处。新儒家不但参照新禅宗的规模而重新调整了自己的思想结构，并且在修养方法以至俗世伦理各方面也都根据自己的需要而吸收了新禅宗的成分"[1]；"新儒家一方面固然成功地取代了新禅宗，另一方面也融会了新禅宗的精神"[2]。这是余先生关于新禅宗与新儒家关系的总结性观点。

宋代新儒家的"援释入儒"，虽然在概念和分析方式上假途于佛教，却并没有用佛教的理论或观点取代儒家传统的旧义。相反，他们通过已经本土化了的佛教概念和分析方式，成功地吸收了佛教这一精微艰深的外来思想系统，把儒家传统中引而未发的"心性之学"全面地建立了起来，从而丰富并更新了儒学的传统。余先生在谈到中国思想传统的"现代诠释"时，明确指出宋代新儒家的这种业绩对于现代诠释富于启示意义。他说："宋明新儒家曾通过佛教的概念和分析方式以彰显儒学的特性。今天我们对中国的思想传统进行现代的诠释自然不能不援引西方的概念和分析方式。理由很简单：现代诠释的要求即直接起于西方思想的挑战，这和宋明新儒学之起于对佛教的回应基本上是相类似的"；"中国的思想传统今天必须通过现代诠释才能在世界背景中显出它的文化特色"，"在这一诠释过程中，我们已不可能避开西方的概念，正如宋代新儒家无法不借用佛教的概念一样"，"但是现代诠释如果希望取得和宋代新儒学相同的成就，西方的概念和分析方式最后必须能和中国思想传统融化成一体，而不是出之以安排牵凑。这正是宋代理学家所再三强调的'莫安排'之教。现代诠释尤其必须避免把中国的思想安排在任何西方现成的理论之中，因为那样做不但无从彰显中国传统的特色，而且是适得其反，把它和西方传统的相异之处完全抹杀了"[3]。

---

[1] 余英时：《中国近世宗教伦理与商人精神》，安徽教育出版社，2001，第150页。

[2] 余英时："士魂商才"——〈中国近世宗教伦理与商人精神〉日译本自序》，《钱穆与中国文化》，上海远东出版社，1994，第306页。

[3] 余英时：《〈中国思想传统的现代诠释〉自序》，《中国思想传统及其现代变迁》（《余英时文集》第二卷），广西师范大学出版社，2004，第3、5页。

二、内外连续的儒学理想

"内外连续",即"内圣外王的连续体"的简称。"内圣外王的连续体",是余先生所提出的一个著名概念。在《朱熹的历史世界》中,余先生以历史的视野和整体的观点,将学术史、文化史与政治史贯通起来研究,通过对史料与文献的"政治文化"解读,重构了朱熹及宋儒群体的历史世界与政治世界。而贯穿宋儒历史世界与政治世界的主轴与动向,便是重建合理的人间秩序。"内圣外王的连续体",就是宋儒重建合理人间秩序的思考方式与具体展现。

余先生之所以要提出"内圣外王的连续体"这样一个概念,主要是想在理学(道学)的研究方法与观测角度上,进行一次"哥白尼式的回转"①,从哲学化的"内圣"回转到历史化的"内圣外王的连续体"。长期以来,对于理学的研究,在一般哲学史或理学史的论述中,我们通常只看到关于心、性、理、气等等观念的分析与解说;在道统"大叙事"的浸润之下,我们早已不知不觉地将理学理解为专讲心、性、理、气之类的"内圣"之学。余先生则强调指出:宋代儒学的整体动向是秩序重建,理学虽然以"内圣"显其特色,但"内圣"的终极目的仍然是合理的人间秩序的重建,理学其实是一个"内圣外王的连续体"。

余先生关于"内圣外王的连续体"的观察与研究,概而言之,主要体现在以下三个方面:

其一,从历史脉络看"内圣外王的连续体"。

余先生之所以强调要将儒学放置在当时的"历史脉络"之中以观察其动态,之所以要在重构"朱熹的历史世界"中实践"历史脉络"法,主要是针对"哲学化"理学研究的局限而言的。在余先生看来,近百年来的理学的"哲学化"研究,付出了很大的代价,即"使它的形上思维和理学整

① 余英时:《朱熹的历史世界——宋代士大夫政治文化的研究》,生活·读书·新知三联书店,2004,第117页。

体分了家，更和儒学大传统脱了钩"。① 余先生尤其指出了哲学化儒学研究的"两度抽离"之弊端："'道体'是道学的最抽象的一端，而道学则是整个宋代儒学中最具创新的部分。哲学史家关于'道体'的现代诠释虽然加深了我们对于中国哲学传统的理解，但就中国儒学的全体而言，至少已经历了两度抽离的过程：首先是将道学从儒学中抽离出来，其次再将'道体'从道学中抽离出来。至于道学家与他们的实际生活方式之间的关联则自始便未曾进入哲学史家的视野。"② 以往关于宋代理学的性质有两个流传最广的论点：第一，在"道统大叙事"中，论者假定理学家的主要旨趣在"上接孔、孟不传之学"。第二，现代哲学史家则假定理学家所讨论的相当于西方形上学或宇宙论的问题。余先生认为，"这两种研究方式各有所见，但却具有一个共同之点，即将理学从宋代的历史脉络中抽离了出来"③。针对"哲学化""大叙事"下的理学研究之"抽离"弊端，余先生强调"从整体的（holistic）观点将理学放回它原有的历史脉络（context）中重新加以认识"，"使道学的出现成为一个可以理解的历史现象"，因为"儒学从来不是纯思辨的产物，只有放置在生活实践的历史脉络中，它的意义才能全幅展现，宋代尤其如此"。④

余先生强调，将理学放回它原有的"历史脉络"中来看，理学只是宋代儒学整体动向的一个阶段。从宋代儒学的整体动向与士大夫政治文化的交互影响着眼，宋代儒学可以分为三个主要阶段，即宋初古文运动、王安石改革运动（"新学"）、理学的形成与兴起。余先生指出："从现代的观点说，古文运动属于文学史，改革运动属于政治史，道学则属于哲学史，

---

① 余英时：《朱熹的历史世界——宋代士大夫政治文化的研究》，生活·读书·新知三联书店，2004，第3页。

② 余英时：《朱熹的历史世界——宋代士大夫政治文化的研究》，生活·读书·新知三联书店，2004，第8页。

③ 余英时：《朱熹的历史世界——宋代士大夫政治文化的研究》，生活·读书·新知三联书店，2004，第182—183页。

④ 余英时：《朱熹的历史世界——宋代士大夫政治文化的研究》，生活·读书·新知三联书店，2004，第3、107、407页。

不但专门范围互别，而且在时间上也各成段落，似乎都可以分别处理，不相牵涉。但是深一层观察，这三者之间却贯穿着一条主线，即儒家要求重建一个合理的人间秩序。"①又说："宋代儒学以重建秩序为其最主要的关怀，从古文运动、改革运动到道学的形成无不如此。如果进一步观察这一动向，其间显然有一发展历程，即儒家思想的重点从前期的'外王'向往转入后期的'外王'与'内圣'并重的阶段，而王安石则是这一转折中的关键人物。"②王安石之所以是这一转折中的关键人物，正是在于他强调"外王"必须具备"内圣"的精神基础，倡导"内圣外王"应当互为表里。宋代儒学发展至王安石，虽已越过古文运动而跳上了一个更高的层次，但一直要到以朱熹为代表的理学时代，它才达到了完全成熟的境界。而宋代理学有两项最突出的特点：一是建构了一个形而上的"理"的世界；二是发展了种种关于精神修养的理论和方法，指点人如何"成圣成贤"。余先生认为，"这两点毫无疑问都属于'内圣'的领域。但深一层观察，这两条开拓'内圣'的道路，同是为了通过'治道'以导向人间秩序的重建。这是宋代儒学的主流所在，自古文运动一直贯通到朱熹时代"③。余先生强调："道学虽然以'内圣'显其特色，但'内圣'的终极目的不是人人都成圣成贤，而仍然是合理的人间秩序的重建。用原始儒家的语言来表达，便是变'天下无道'为'天下有道'"；"道学家之所以全力发展儒家'内圣'之学，其首要目的是为重建人间秩序寻求宇宙论及形而上的根据……道学的兴起不能离开北宋儒学的整体动向而得到比较完整的了解，这是毫无可疑的"④。余先生还将宋儒之"内圣外王的连续体"放到儒家思

① 余英时：《朱熹的历史世界——宋代士大夫政治文化的研究》，生活·读书·新知三联书店，2004，第45页。

② 余英时：《朱熹的历史世界——宋代士大夫政治文化的研究》，生活·读书·新知三联书店，2004，第56页。

③ 余英时：《〈宋明理学与政治文化〉自序》，《宋明理学与政治文化》（《余英时文集》第十卷），广西师范大学出版社，2006，第4页。

④ 余英时：《朱熹的历史世界——宋代士大夫政治文化的研究》，生活·读书·新知三联书店，2004，第118、109页。

想发展的历史长程中去考察，这主要体现于他的另一观念，即"儒家的整体规划"。余先生指出："通过'内圣外王'以重建秩序，是孔子最先为儒家创立的整体规划"；"宋代儒学的复兴基本上便是这一古典规划的复活"[①]；"所谓'儒学复兴'必须理解为'儒家整体规划'的全面复活"[②]。

其二，从政治解读看"内圣外王的连续体"。

余先生在研究了南宋理学家的政治活动之后，不禁发生了一个重大的疑问：如果说理学是"内圣"之学，那么怎样理解熙宁初年北宋理学家曾一度参与变法运动？又怎样理解大批理学家在孝、光、宁三朝权力世界中异常活跃这一现象？通过进一步研究，余先生指出，理学（或道学）的起源和发展首先必须置于宋代特有的政治文化的大纲维之中，然后才能得到比较全面的认识；理学家上承宋初儒学的主流，要求改变现实，重建一个合理的人间秩序，而整顿"治道"则构成了秩序重建的始点："'天下有道'自然是指合理的人间秩序的全面建立，并不止于政治秩序。但儒家自始便有另一预设，即政治秩序是'天下有道'的始点。北宋儒学复兴仍然继承了这一预设"[③]。于是，余先生强调："我并不否认理学家曾认真探求原始经典的'本义'，以期'上接孔、孟'，我也不否认他们曾同样认真地试建形上系统。但分析到最后，无论'上接孔、孟'，或形上系统，都不是理学家追求的终点，二者同是为秩序重建这一终极目的服务的。前者为这一秩序所提供的是经典依据，后者则是超越而永恒的保证。一言以蔽之，'上接孔、孟'和建立形上世界虽然重要，但在整个理学系统中却只能居于第二序（'second order'）的位置；第一序的身份则非秩序重建莫

---

① 余英时：《试说儒家的整体规划》，《朱熹的历史世界——宋代士大夫政治文化的研究》，生活·读书·新知三联书店，2004，第923、924页。

② 余英时：《从政治生态看朱熹学与王阳明学之间的异同》，《宋明理学与政治文化》（《余英时文集》第十卷），广西师范大学出版社，2006，第347页。

③ 余英时：《从政治生态看朱熹学与王阳明学之间的异同》，《宋明理学与政治文化》（《余英时文集》第十卷），广西师范大学出版社，2006，第347页。

属。"①为了证明此一观点，余先生从政治文化的角度重新检视了宋代最有代表性的理学家朱熹与陆九渊的关系，得出结论："即以最有代表性的理学家如朱熹和陆九渊两人而言，他们对儒学的不朽贡献虽然毫无疑问是在'内圣'方面，但是他们生前念兹在兹的仍然是追求'外王'的实现。更重要的，他们转向'内圣'主要是为'外王'的实现作准备的，因此他们深信'外王'首先必须建立在'内圣'的基础之上"②。

从政治文化的角度来看宋儒的"内圣外王的连续体"，还突出地表现在余先生对宋儒所重视的儒家经典的"政治解读"。余先生认为，宋儒之所以特别重视《大学》，并将《大学》纳入理学系统，其根本原因即在于《大学》在"内圣"与"外王"之间提供了一往一来的双轨通道，是"内圣"通向"外王"的津梁。③通过关于《大学》的分析，余先生断定："理学家的特殊贡献虽在'内圣'之学，但他们并未脱离宋代儒家政治文化的主流，因此如何从'内圣'转回'外王'成为他们必须面对的新课题。他们继承了北宋儒家重建理想秩序的运动，'回向三代'也依然是他们的共同要求。"④

其三，从整体观点看"内圣外王的连续体"。

余先生认为，必须从整体的观点来看理学家"内圣外王的连续体"，才能把握其真命脉。如前所揭，余先生强调要把理学放回它原有的历史脉络，将其看作宋代儒学整体动向的一个阶段，没有离开宋代儒学的秩序重建的整体动向，这同时也明显体现了他的整体观点。

此外，余先生还一再强调"内圣"与"外王"是"连续体"，是不可

---

① 余英时：《朱熹的历史世界——宋代士大夫政治文化的研究》，生活·读书·新知三联书店，2004，第183页。

② 余英时：《朱熹的历史世界——宋代士大夫政治文化的研究》，生活·读书·新知三联书店，2004，第11—12页。

③ 余英时：《朱熹的历史世界——宋代士大夫政治文化的研究》，生活·读书·新知三联书店，2004，第419—420页。

④ 余英时：《朱熹的历史世界——宋代士大夫政治文化的研究》，生活·读书·新知三联书店，2004，第422页。

分割的"整体"。余先生说:"'道学'(或'理学')则代表了宋代儒学的最新面貌,和北宋初期相对照,增添了'内圣'这一重要向度。但作为一整体而言,'内圣'和'外王'是一连续体,绝对不能分割成两截。我所谓'回转'不是从'内圣'回转到'外王',而是回转到'内圣外王'的整体"①;"理学其实是一个'内圣外王的连续体',我是要从'内圣'回转到这个连续整体,并不是完全撇开'内圣',只重'外王'"②;"'内圣'只是儒学的一半,另一半则是所谓'外王',而且'内圣外王'构成一连续体,根本不能彼此孤立而绝缘"③;"'内圣''外王'为一连续体而归宿于秩序重建,是一个经得起反复勘查的断案"④。朱熹以《大学》"明德""新民"分指"内圣"与"外王"两大领域,并说:"新民必本于明德,而明德所以为新民也。"(《朱子语类》卷六一)在余先生看来,"宋代理学家关于'内圣外王'的整体认识,在此已一语道尽"⑤。

余先生之所以强调宋代儒学内圣与外王的"连续"并加以"历史脉络"的梳理与"政治文化"的解读,首先是因为要在研究方法上进行"哥白尼式的回转",以客观而全面地展现宋代儒学的整体动向,凸显宋代儒家发展了的高度政治主体意识;同时还在于,余先生对宋代儒家回转"内圣与外王的连续体"、重建合理人间秩序的整体规划的认同,以及对其中涵蕴的儒家士人文化承当精神和社会参与意识的表彰。余英时学术与思想的终极关怀是中国文化重建。余先生曾明确有言:"我们所看到的中国问题乃是一个'全面的社会重建'的问题",而"社会重建同时也还是文化

① 余英时:《"抽离""回转"与"内圣外王"》,《朱熹的历史世界——宋代士大夫政治文化的研究》,生活·读书·新知三联书店,2004,第871页。

② 余英时:《我摧毁了朱熹的价值世界吗?》,《朱熹的历史世界——宋代士大夫政治文化的研究》,生活·读书·新知三联书店,2004,第879页。

③ 余英时:《从政治生态看朱熹学与王阳明学之间的异同》,《宋明理学与政治文化》(《余英时文集》第十卷),广西师范大学出版社,2006,第347页。

④ 余英时:《我摧毁了朱熹的价值世界吗?》,《朱熹的历史世界——宋代士大夫政治文化的研究》,生活·读书·新知三联书店,2004,第882页。

⑤ 余英时:《我摧毁了朱熹的价值世界吗?》,《朱熹的历史世界——宋代士大夫政治文化的研究》,生活·读书·新知三联书店,2004,第883页。

问题"。①仅从字面而言，这个表述与宋儒的"合理的人间秩序重建"是多么的相似！余先生认为，今天的中国已没有了亡国灭种的危机，今天中国的危机毋宁是文化的危机。②因此，无论是回顾历史，还是着眼现在，自觉深入地思考中国文化的重建问题，都显得相当的重要和迫切。

三、天下己任的士人精神

余先生在自己的著述中，一再强调和表彰宋代士大夫特别是新儒家"以天下为己任"的精神，并认为，"'以天下为己任'是一把钥匙，可以打开通向宋代士大夫内心世界之门"③。"以天下为己任"是朱熹对范仲淹的论断。余先生认为，这句话事实上也可以看作宋代新儒家对自己的社会功能所下的一种规范性的定义，朱熹用此语来描述范仲淹则是因为后者恰好合乎这一规范。"士当先天下之忧而忧，后天下之乐而乐"，则是范仲淹自己的话，出于他的《岳阳楼记》，其中"当"字更显然是规范性的语词了。④

新儒家无疑是宋代士大夫的典型，在他们身上突出地体现了"以天下为己任"的士人精神。余先生说："新儒家以'先觉'自居，他们的社会身份则是'士'（'士'如果作了官便是'士大夫'），所以他们才在主观方面发展出这样高度的自负。这种'士'的宗教精神是新儒家的一个极其显著的特色，这是在南北朝隋唐的儒家身上绝对看不到的。我这样说，其用意绝不是美化新儒家。我只是要指出这一精神的出现确是一个无可否认

① 余英时：《我对中国问题的反省》，《文化评论与中国情怀（上）》（《余英时文集》第七卷），广西师范大学出版社，2006，第196、197页。

② 余英时：《论文化超越》，《文史传统与文化重建》，生活·读书·新知三联书店，2004，第506页。

③ 余英时：《朱熹的历史世界——宋代士大夫政治文化的研究》，生活·读书·新知三联书店，2004，第220页。

④ 余英时：《中国近世宗教伦理与商人精神》，安徽教育出版社，2001，第160—161页。

的历史事实。"①这一客观事实的本身便充分说明一个崭新的精神面貌已浮现于宋代的儒家社群之中。

余先生关于宋代士大夫特别是新儒家之"以天下为己任"的精神意涵与具体表现的论析，最值得注意的有以下三点：

其一，余先生强调，宋代的新儒家已不复出自门第贵族，他们的"天下"和"众生"是指社会上所有的人而言的，包括所谓士、农、工、商的"四民"，新儒家立教是以"四民"为对象的。②余先生认为，新儒家立教之所以必须以"四民"为对象，和佛教的挑战紧密相关。佛教在中国社会上是无孔不入的，其社会基础极为广大。新儒家起而与新禅宗相竞，自不能不争取社会上各阶层、各行业的人民，包括绝大多数不识字的人在内。新儒家都有张载所谓的"民吾同胞"的基本观念，他们都以"天民之先觉"自居，把"觉后觉"（包括士、农、工、商四民）看作是当仁不让的神圣使命。

其二，余先生指出，宋代士大夫特别是新儒家的"以天下为己任"的精神突出地表现为他们的"经世"意识，即重建社会秩序的全面要求。余先生说："新儒家伦理的普遍性不但表现在对'众生'一视同仁的态度上，而且也表现在重建社会秩序的全面要求上（用他们的名词说，即所谓'经世'）。"③余先生强调，儒家自始即是一种有体有用之学，宋代儒学复兴尤在体用并重上面见精神，儒学之用决不专在少数知识分子"成德"或"成学"一方面，其最终目的是要"措之天下"，"润泽斯民"（黄宗羲、全祖望：《宋元学案》卷一《安定学案》），这便是所谓"经世"或"经世致用"④；"宋代从中央到地方的许多革新活动，背后都有一股共同的精神力

---

① 余英时：《中国近世宗教伦理与商人精神》，安徽教育出版社，2001，第161页。

② 余英时：《中国近世宗教伦理与商人精神》，安徽教育出版社，2001，第165—166页。

③ 余英时：《中国近世宗教伦理与商人精神》，安徽教育出版社，2001，第167—168页。

④ 余英时：《清代学术思想史重要观念通释》，《中国思想传统的现代诠释》，江苏人民出版社，1998，第239页。

量。这便是当时所谓'以天下为己任'"①。

其三，余先生尤其关注的是，"以天下为己任"的"经世"意识落实到政治文化上，就体现为宋代的"士"不但以文化主体自居，而且也发展了高度的政治主体的意识：他们期待"得君行道"，主张与皇帝"同治天下""共定国是"。关于此，余先生在其名著《朱熹的历史世界》中有集中的论述。在介绍此书时，余先生说："它的焦距集中在以宋代新儒学为中心的文化发展和以改革为基本取向的政治动态。由于背后的最大动力来自当时新兴的'士'阶层，所以本书的副题是'宋代士大夫的政治文化'。宋代的'士'不但以文化主体自居，而且也发展了高度的政治主体的意识；'以天下为己任'便是其最显著的标帜。"②

尤其值得注意的是，余先生对宋代士大夫"以道进退""引势入道"与皇帝"同治天下"风尚与精神给予了特别的关注与表彰。余先生强调，士大夫与皇帝同治天下是宋代政治文化的一大特色，并说："'君臣同治'与'君为臣纲'之间存在着一道不可跨越的鸿沟，这是宋代理学家对于传统儒家政治思想的重大修改。"③"同治"或"共治"所显示的是宋代士大夫的政治主体意识，他们虽然接受了"权源在君"的事实，却毫不迟疑地将"治天下"的大任直接放在自己身上。这显然是"以天下为己任"的精神在"治道"方面的体现。当神宗之世，王安石以道自重，"平时每欲以道进退"（叶梦得：《石林燕语》卷七），在神宗没有完全接受他的"新法"建议之前，绝不肯轻就相位；而司马光由于反对"新法"，也坚决不肯奉神宗之召，所谓"新法不罢，义不可起"（邵伯温：《闻见录》卷十一）。如果由王安石和司马光两例推之，那么"重'进退之道'必须理解为宋代

　①余英时：《朱熹的历史世界——宋代士大夫政治文化的研究》，生活·读书·新知三联书店，2004，第220页。

　②余英时：《〈余英时作品系列〉总序》，《朱熹的历史世界——宋代士大夫政治文化的研究》，生活·读书·新知三联书店，2004，第3页。

　③余英时：《朱熹的历史世界——宋代士大夫政治文化的研究》，生活·读书·新知三联书店，2004，第161页。

士大夫政治文化的一个基本构成部分"①；"士大夫持'道'或'义'为出处的最高原则而能形成一种风尚，这也是宋代特有的政治现象"②。由此观之，"以天下为己任"的宋代士大夫"以道进退""引势入道"的风尚，"得君行道"的观念，与皇帝"同治天下"的原则，真是凛凛然可畏！这当是余先生之所以要重构朱熹的历史世界、彰显宋代士大夫政治文化的重要动因。

余先生之所以要表彰宋代士大夫尤其是新儒家"以天下为己任""以道进退""引势入道"的精神，是同他对中国知识分子问题的关注与研究密不可分的。余先生对中国知识分子问题的关注与研究，集中地体现于他对传统之"士"精神特征的疏解和对现代中国知识分子边缘化问题的思考：一方面揭出和感叹"现代知识分子"的"边缘化"③，另一方面又强调和表彰传统之"士"的"以天下为己任"精神传统。而无论是对中国传统知识分子特征的疏解，还是对中国现代知识分子边缘化问题的思考，其旨归都在于对中国知识分子"社会承当"精神的表彰和倡导。值得注意的是，从传统之士的"以天下为己任"到现代知识分子的"社会承当"，其间的内在精神是一脉相承的。朱熹就直接将张载《西铭》之"吾其体，吾其性"释为"有我去承当之意"（《朱子语类》卷九八）。余先生认为，这是"一针见血的话"，"《西铭》的一个中心论旨便是要发扬'士'的'承当'精神，其源头则在范仲淹的'以天下为己任'的意识"。④余先生又曾云："如果用现代观念作类比，我们不妨说'以天下为己任'涵蕴着'士'对于国家和社会事务的处理有直接参预的资格，因此它相当于一种'公民'意识。这一意识在宋以前虽存在而不够明确，直到'以天下为己任'

---

① 余英时：《朱熹的历史世界——宋代士大夫政治文化的研究》，生活·读书·新知三联书店，2004，第162页。

② 余英时：《朱熹的历史世界——宋代士大夫政治文化的研究》，生活·读书·新知三联书店，2004，第225页。

③ 余英时：《中国知识分子的边缘化》，载《二十一世纪》，第6期（1991年8月号）。

④ 余英时：《朱熹的历史世界——宋代士大夫政治文化的研究》，生活·读书·新知三联书店，2004，第154页。

一语出现才完全明朗化了。"①显而易见，余先生意谓传统之士的"以天下为己任"精神已经蕴涵着"社会承当"的现代意识，中国现代知识分子的"社会承当"精神的源头即在于传统之士的"以天下为己任"的意识。

四、释证结合的经学方法

宋学气象博大开阔，在理学、经学、史学、文学等诸多学术领域都成就卓著，诚如余先生所云，宋代新儒学在"'道'的三个方面，即体、用和包括经典传统的文各自成形"②。"然而说到'文'，宋代的成绩却一直被低估了"，所以，余先生强调指出："在经史研究中，宋代学者至少在两方面做得很好：第一，他们的考证和重估几乎涉及了古代文化遗产的各个方面；第二，即使在方法创新上，他们也预见了许多被看作是清代考据学家独特贡献的东西。"③具体而言，余先生又云："北宋可以说在疑经和考古方面都有重要的开始。欧阳修、司马光这些人整理儒家传统中的文献，而成就了他们的经史之学。特别是欧阳修，开始了经学的辨伪门径。他的《易童子问》辨系辞非圣人之言，又疑周礼为最晚出之书，这些都是净化儒家原始经典的重要努力。下至南宋，朱子也还是继承了这种传统。"④可见，余先生特别肯定了宋学在"文"的方面的成就，尤其是注意到了宋代经学之成就。

如果概括言之，宋代经学之特色与贡献突出地表现在三个方面，即以义理解经之方法，疑经思潮之兴起，"四书"学之形成。而朱熹集宋代经

① 余英时：《朱熹的历史世界——宋代士大夫政治文化的研究》，生活·读书·新知三联书店，2004，第211页。

② 余英时：《清代儒家智识主义的兴起初论》，《人文与理性的中国》，上海古籍出版社，2007，第121页。

③ 余英时：《清代儒家智识主义的兴起初论》，《人文与理性的中国》，上海古籍出版社，2007，第122页。

④ 余英时：《清代思想史的一个新解释》，《中国思想传统的现代诠释》，江苏人民出版社，1998，第206页。

学之大成，在这三个方面都有突出之成就与表现。尤其是在经典解释上，朱熹有特出的贡献。我们在此也无法全面展现朱熹经典解释的具体成就，只将注意力投向他的解经之方法。

朱熹在解经方法上的创新与贡献突出地表现为，兼采汉宋，把章句训诂之学与义理之学相结合。虽然说朱熹兼采汉宋两家之说，但朱熹经学并不是把汉学与宋学杂糅相兼，混合而成，而是站在宋学的立场，从具有时代特色的义理思想出发，来吸取汉学训诂考释之长，即把义理的阐发建立在对经书文字和经文本义训诂考释的基础上。[①]如果从现代诠释学的角度来观察，那么我们完全可以说，朱熹的经典诠释实践中已经蕴涵着丰富而深刻的诠释学思想。不唯如此，朱熹在其《语类》和《文集》中，还相对集中地谈论过理解和解释的问题，包括诠释的依据、目的、原则、方法等等，已相当深入地探讨了现代诠释学的一系列重要问题。余先生曾给予朱熹的诠释思想以特别的关注与表彰，一再强调其在中国诠释学思想发展史上的重要地位："'诠释'传统在中国不但一直没有中断过，并且在朱子手中更得到了各种层次的开展"，"但他在中国诠释学上的贡献则尚待我们作有系统的研究"[②]；"我曾经比较过朱子读书法和今天西方所谓'诠释学'的异同，发现彼此相通之处甚多。'诠释学'所分析的各种层次，大致都可以在朱子的《语类》和《文集》中找得到"[③]；"朱子解经、注《楚辞》、考《韩文》都结合着'实证'与'诠释'两种成分。近人较重视朱子为考证开先河，但他在中国诠释学上的贡献则尚待我们作有系统的研究"[④]。

在《朱熹哲学体系中的道德与知识》一文中，余先生还专门探讨了朱熹"新儒学的解释学"，并说："朱熹的解释学实际上包括了阐释的所有层

---

① 蔡方鹿：《朱熹经学与中国经学》，人民出版社，2004，第582—584页。

② 余英时：《"明明直照吾家路"——1986年版自序》，《陈寅恪晚年诗文释证》，东大图书公司，1998，第7—8页。

③ 余英时：《怎样读中国书》，《钱穆与中国文化》，上海远东出版社，1994，第310页。

④ 余英时：《"明明直照吾家路"——1986年版自序》，《陈寅恪晚年诗文释证》，东大图书公司，1998，第8页。

面，从文献的、历史的、字面的、重建的，直到存在意义上的阐释。"①余先生认为，在朱熹的文化等级中，知识仅次于道德。而朱熹所说的知识主要是指通过读书，尤其是读儒家经典所获得的知识。因而，这就需要一套理解和解释文本的全面而系统的方法。事实上，"正是到了朱熹这里，读书的范围被大大扩展了。而且，他建立起一套全面地理解儒家文本的方法体系"②。由此，余先生指出："正是在这方面，朱熹为新儒学做出了一项十分重要的贡献。在他那里，知识的自主性几乎完全依赖于他的读书方法。这一套方法得到了十分充分的发展，我们可以称之为新儒学的解释学。"③

余先生对朱熹"新儒学的解释学"的论析，主要是从阅读经典文本的过程入手的。在余先生看来，朱熹所谓的阅读文本的过程，可以分为三个阶段：在初始阶段，学者要学会如何将心思专注于文本。在第二阶段，至少包含两个层面的理解，即文本的字面意义和作者的思想本意。学者要依遵分析原文的正确规则深入文本，在这些规则的制约和指导下，能描述文本自身的大纲要领，但是这一描述是无生命的。到达了最后阶段，学者重新予文本以生命，经典本身最终被超越。④值得注意的是，一方面，文献的阐释在朱熹的解释学中虽然只是第一步，但不能被忽略，对文本的字面含义和作者的思想本意的理解必须重视；另一方面，在朱熹看来，文献的阐释不能被忽略，但必须被超越，这样文本才将获得重生。朱熹云："人之为学，也是难。若不从文字上做工夫，又茫然不知下手处；若是字字而求，句句而论，不于身心上著切体认，则又无所益"（《朱子语类》卷十

---

① 余英时：《朱熹哲学体系中的道德与知识》，田浩编《宋代思想史论》，社会科学文献出版社，2003，第266页。

② 余英时：《朱熹哲学体系中的道德与知识》，田浩编《宋代思想史论》，社会科学文献出版社，2003，第263页。

③ 余英时：《朱熹哲学体系中的道德与知识》，田浩编《宋代思想史论》，社会科学文献出版社，2003，第266页。

④ 余英时：《朱熹哲学体系中的道德与知识》，田浩编《宋代思想史论》，社会科学文献出版社，2003，第267—268页。

九）；"读书，须要切已体验，不可只作文字看"（《朱子语类》卷十一）。显然，朱熹的经典诠释思想，既重视文字训诂，更强调义理阐发；既尊重作者"本意"，更强调超越文本；既体现了解释的客观性，更体现了解释的超越性。一言以蔽之，"实证"与"诠释"的有机结合。

此外，余先生还在著述中多次提到了朱熹经典诠释中的所蕴涵的另一个重要思想，即强调"心"在经典诠释中的重要作用，认为通过古今相通之"心"最终可以达致作者"本意"。在《方以智晚节考》"增订版自序"中，余先生指出："关于诠释之理论与方法，近年来西方流派虽繁，然亦颇有悠谬恣肆之说，可喜而未必皆可用也。实则中国之诠释传统源远流长，孟子已启其端，故曰：'说诗者，不以文害辞，不以辞害志，以意逆志，是为得之。'故吾人今日引西说为参证，可也，若抛却自家无尽藏而效贫儿之沿门托钵，则未见其可也。此书所用诠释之法则一依中土之旧传。昔朱子为《韩文考异》《楚辞集注》，即由古人之'言'以通其'心'于千百年之上；既得其'心'焉，又转据之以定其'言'之真伪。此亦考证之一道也。盖西方实证与诠释出于二源，常互为排斥；中国则不然，二者同在考证传统之内而相辅相成焉。"①在《"明明直照吾家路"》一文中，余先生又强调：伽达默尔"否认我们有了解作者'本意'的任何可能"，而中国的诠释传统则不同："作者'本意'不易把捉，这是中国古人早已承认的。但是因为困难而完全放弃这种努力，甚至进而饰说'本意'根本无足轻重，这在中国传统中无论如何是站不稳的。从孟子、司马迁、朱熹，以至陈先生（按：即陈寅恪先生）都注重如何遥接作者之心于千百年之上。通过'实证'与'诠释'在不同层次上的交互为用，古人文字的'本意'在多数情形下是可以为后世之人所共见的。"②

而"实证"与"诠释"的有机结合，也正是余英时学术最重要的方法。余先生对"释证结合"法的自觉运用与努力实践，最集中地体现于他

---

① 余英时：《方以智晚节考》（增订本），生活·读书·新知三联书店，2004，第3—4页。
② 余英时：《"明明直照吾家路"——1986年版自序》，《陈寅恪晚年诗文释证》，东大图书公司，1998，第9页。

的两部著作，即《陈寅恪晚年诗文释证》和《方以智晚节考》。在《方以智晚节考》"增订版自序"中，余先生明确有言："惟有实证与诠释参伍以求、交互为用，庶几有以知古人之言，而见古人之心耳。陈寅恪先生撰《柳如是别传》，即溶实证与诠释于一炉而卓著成效者也。余初考密之晚节时虽未见其书，然拙工之斧斲亦竟有合于公输之准绳，私心颇用自壮。其后余以偶然因缘，而有《陈寅恪晚年诗文释证》之作，即以陈先生之法还读陈先生之诗文，乃益信实证与诠释殆如两束芦苇之相倚不倒。"①余先生不仅自觉地运用和实践"释证结合"之法，还在理论上积极地加以强调、表彰和倡导。这尤其体现于他对史学领域里运用"释证结合"法的强调、表彰与倡导："尝试论之，史者，知人论世之学也。……余孤陋，治思想史仍守知人论世之旧义而不欲堕于一偏。论世必尚外在之客观，故实证之法为不可废；知人必重内在之主观，故诠释之法亦不可少。然此不过理论上之强为分别耳。以言思想史之实际研究，则实证与诠释固不可须臾离者也。何以故？内外合一、主客交融即思维之所由起也；使内外不合、主客不交，则思维之道绝矣，更何思想史之可言乎？"②

可以说，余先生所倡导和实践的"释证结合"法，正渊源于以朱熹为代表的宋学释证传统。不过，余先生之"释证结合"虽渊源于以朱熹为代表的宋学释证传统，但已富于现代意味。这可以从余先生对陈寅恪先生释证结合之法的评价中明显见出。余先生强调："陈先生考释文史的方法虽然不可避免地受到西方学风的波动，但基本上是从中国传统中发展出来的。他在这一方面也做出了化传统为现代的贡献。如果用我们今天熟悉的观念来说明他的治学方法，我们可以说他是'实证'和'诠释'参伍以求，交互为用的。'实证'是求取知识的常法，'诠释'则是通解文献涵意的窍门。这两种方法在中国和西方都各有传统，而源流则彼此不同。陈先生在德国留学很久，对西方'实证'与'诠释'的两大传统至少都有过接触。……然而我们细读他的著作，他的'证'与'释'的两部分则显然都

---

① 余英时：《方以智晚节考》（增订本），生活·读书·新知三联书店，2004，第4页。
② 余英时：《方以智晚节考》（增订本），生活·读书·新知三联书店，2004，第5页。

是中国传统的'推陈出新'。他在'实证'方面自然凭借了乾嘉考据学的基础，但他的'诠释'也是'汉家故物'的现代发展。……特别值得注意的是：中国的'实证'与'诠释'和西方的情况不同，二者不是互相对立、互相排斥的。相反地，它们是相反而又适相成的。……陈先生也和朱子一样把'实证'与'诠释'有机地结合起来，加以灵活运用；我们根本不能分清何处是'证'，何处是'释'。"①余先生在此明确指出，"陈先生也和朱子一样把'实证'与'诠释'有机地结合起来，加以灵活运用"，并认为陈先生此一方法之"'证'与'释'的两部分则显然都是中国传统的'推陈出新'"，因而，"他在这一方面也做出了化传统为现代的贡献"。

五、朱陆之争的思想线索

朱陆之争，是南宋以来儒学的中心问题。章学诚云："宋儒有朱、陆，千古不可合之同异，亦千古不可无之同异也。"②余先生评论此言曰："恐怕要算是最有哲学智慧的历史论断之一了。"③朱陆之歧见，一般的儒者将其简化为"尊德性"与"道问学"之别。余先生则指出，"以'尊德性'和'道问学'区分朱陆之不同的传统看法是表面化的，其正确性仅限于一定范围"④，"并没有触及朱陆两家理论系统的内层。因此，从哲学史的观点看，也许很少意义可说。然而，由于这种常识上的分别长期地存在于一般儒者的意识之中，并对后世朱陆异同的争论有深远的影响，它们反而成了思想史上必须讨论的题旨"⑤。下面我们就根据余先生的分析来简要梳

① 余英时：《"明明直照吾家路"——1986年版自序》，《陈寅恪晚年诗文释证》，东大图书公司，1998，第7—8页。

② 叶瑛：《文史通义校注》，中华书局，1994，第262页。

③ 余英时：《中国近代思想史上的胡适》，《重寻胡适历程》，广西师范大学出版社，2004，第219页。

④ 余英时：《朱熹哲学体系中的道德与知识》，田浩编《宋代思想史论》，社会科学文献出版社，2003，第259页。

⑤ 余英时：《从宋明儒学的发展论清代思想史》，《中国思想传统的现代诠释》，江苏人民出版社，1998，第174页。

理一下朱陆之争这条思想史的内在线索，以及其中蕴涵的主要问题。

余先生认为，无论是明代还是清代，学术思想之争论与发展，都承续了朱陆之争。在余先生看来，朱陆之争在明代的继续发展，最好的说明就是罗整庵和王阳明在思想上的对峙。而罗整庵与王阳明在思想理论上的冲突，最后不免要牵涉到经典文献上面去。罗整庵是程、朱一派的思想家，服膺"性即理"的说法，然而，他觉得只从理论上争辩这个问题已得不到什么结论，因此他在《困知记》中征引了《易经》和《孟子》等经典，然后下断语说：论学一定要"取证于经书"。余先生认为，"这是一个非常值得注意的转变。"①方以智晚年则曰："藏理学于经学。"（《青原山志略•凡例》"书院"条）再则曰："朱、陆诤而阳明之后又诤，何以定之？曰：且衍圣人之教而深造焉……圣人之经即圣人之道。（《青原山志略》卷三《仁树楼别录》）尤其值得注意的是，方氏明白指出，只有回到经典始能"定"程朱陆王之"诤"。这正是罗整庵"取证于经书"的主张。明代理学内部的争辩不可避免地要逼出清代的经学考证，观罗、方诸家之说而益无可疑了。②

由"朱陆之争"到必须"取证于经书"，清代表现得更加明显。余先生指出："当时的考证是直接为义理、思想服务的，也可以说是理学争论的战火蔓延到文献研究方面来了。……顾亭林、阎百诗的考证是反陆、王的，陈乾初、毛西河的考证是反程、朱的，他们在很大的程度上依然继承了理学传统中程、朱和陆、王的对垒。"③其实，清代思想性比较强的学者自己对清代学术在整个儒学传统中的位置和意义有深刻的自觉，比如最善于辨识古今学术流变的章学诚就是突出的一个，在他那里，清代朱、陆变成了浙西和浙东的分流，博雅和专家的对峙，经学和史学的殊途。对此，

---

① 余英时：《清代思想史的一个新解释》，《中国思想传统的现代诠释》，江苏人民出版社，1998，第209页。

② 余英时：《清代学术思想史重要观念通释》，《文史传统与文化重建》，生活•读书•新知三联书店，2004，第207页。

③ 余英时：《清代思想史的一个新解释》，《中国思想传统的现代诠释》，江苏人民出版社，1998，第222页。

余先生明确指出："实斋的浙东、浙西之分，朱陆异同之辨，虽不必尽合于儒学发展的实况，却首先揭开了一项重大的历史隐秘：即清代经史考证之学乃从程朱、陆王两派的义理争辩中逐渐演变而来，不过面目已殊，辨识不易而已。"①清初儒学处于从"尊德性"转入"道问学"的过渡阶段，所以理学与考证学之间的接榫处，痕迹犹宛然可见。下逮乾嘉之世，此一重大转变已在暗中完成，而思想史上的问题也随之而异。以前程朱与陆王之争至此已失去中心意义，代之而起的是所谓汉学与宋学之争。但是，余先生指出："汉宋之争只是表象，实质上则是考证与义理之争；而考证与义理之争仍未能尽其底蕴，其究极之义则当于儒学内部'道问学'与'尊德性'两个传统的互相争持中求之。……把汉宋之争还原到'道问学'与'尊德性'之争，我们便可以清楚地看到宋明理学转化为清代考证学的内在线索。"②

由上所述，余先生把朱陆之争看成由宋到清一以贯之的思想线索。只不过在不同的时代有一层重要的分别而已。"如果我们把宋代看成'尊德性'与'道问学'并重的时代，明代是以'尊德性'为主导的时代，那么清代则可以说是'道问学'独霸的时代。近世儒学并没有终于明亡，清代正是它的最后的一个历史阶段。龚自珍（1792—1841）说：'孔门之道，尊德性、道问学二大端而已矣。二端之初，不相非而相用，祈同所归；识其初，又总其归，代不数人，或数代一人，其余则规世运为法。入我朝，儒术博矣，然其运实为道问学。'（《龚自珍全集》第三辑《江子屏所著书序》）这是清代学者的自我评价，没有别的历史判断比它更恰当、更亲切的了。"③

这种贯穿于宋明以迄清代的朱陆之争对于近世儒家思想之发展具有重

① 余英时：《〈论戴震与章学诚〉内篇后论》，《论戴震与章学诚：清代中期学术思想史研究》，生活·读书·新知三联书店，2005，第149页。

② 余英时：《〈论戴震与章学诚〉内篇后论》，《论戴震与章学诚：清代中期学术思想史研究》，生活·读书·新知三联书店，2005，第150页。

③ 余英时：《清代学术思想史重要观念通释》，《文史传统与文化重建》，生活·读书·新知三联书店，2004，第202—203页。

大的意义，因为"尊德性"与"道问学"的论争转出了儒家思想史上两个重大问题：纵向地看，是儒家智识主义的兴起问题；横向地看，是道德与知识的紧张和平衡问题。

余先生说："朱陆的异同，若从此浅显处去说，便必须要归结到读书的问题上。所以鹅湖之会上，象山最后提出了'尧舜之前何书可读'的质难。这里转出了思想史上一个带有普遍性的问题：即智识主义（Intellectualism）与反智识主义（Anti-intellectualism）的冲突。"①就整个宋代儒学来看，规模较广，同时包罗了"尊德性"和"道问学"两方面，比较能不堕于一边，所以智识主义与反智识主义的对立，虽然存在，但并不十分尖锐。而到了明代以后，儒学所入较深，把"尊德性"领域内的各种境界开拓到了尽头，儒学内部智识主义与反智识主义两派的分裂既显，斗争亦剧，自然是反智识主义占了上风。②陈白沙、王阳明所代表的反智识主义，诚然在明代儒学史上占有主导的地位，但当时持异议者亦大有人在。罗整庵理气之说虽与朱子不同，但其主"道问学"为"尊德性"的基础，则确然是朱学的后劲。所以，整庵与阳明的对立，实可说是儒家智识主义与反智识主义的对立；从历史的线索看，则也可说是宋代朱陆异同的重现。余先生明确指出，若从思想史的综合观点看，"清学正是在'尊德性'与'道问学'两派争执不决的情形下，儒学发展的必然归趋，即义理的是非取决于经典。但是这一发展的结果，不仅儒家的智识主义得到了实践的机会，因而从伏流转变为主流，并且传统的朱陆之争也随之而起了一种根本的变化"③。余先生又进一步指出，明代的智识主义者不限于程朱派的理学家。事实上，明代尚有不少理学门户以外的考证学者，虽不高谈穷理致知，而实际上却在博文方面有具体的贡献，其考证学其实也是相应于儒学

---

① 余英时：《从宋明儒学的发展论清代思想史》，《中国思想传统的现代诠释》，江苏人民出版社,1998,第175页。

② 余英时：《从宋明儒学的发展论清代思想史》，《中国思想传统的现代诠释》，江苏人民出版社,1998,第178页。

③ 余英时：《从宋明儒学的发展论清代思想史》，《中国思想传统的现代诠释》，江苏人民出版社,1998,第186—187页。

发展的内在要求而起的，这些人的业绩对后来清学的发展也有重要的影响。余先生认为，明中叶以后考证学的萌芽，"从思想史的角度看，它是明代儒学在反智识主义发展到最高峰时开始向智识主义转变的一种表示"。①总之，清学之兴起，正渊源于宋明儒学中的智识主义的传统。所以，余先生强调："从思想史的观点看，我们不能把明、清之际考证学的兴起解释为一种孤立的方法论的运动，他实与儒学之由'尊德性'转入'道问学'，有着内在的相应性。"②

朱陆关于"尊德性"与"道问学"的争论，不仅转出了思想史上的智识主义与反智识主义的对立与冲突，还内在地蕴涵了知识与道德的紧张与平衡问题。照传统的说法，宋明理学从朱熹到王阳明当然是一条主流，是以道德修养为主的，是"尊德性"之学。但是"尊德性"也要有"道问学"来扶翼，否则不免流于空疏。这本来是儒家的两个轮子，从《大学》《中庸》以来，就有这两个轮子，不能分的。所有宋、明的儒家都是尊德性的，把德性之知放在第一位，这当然不成问题。但另外一方面讲，尊德性之下，还有问题在，即要不要知识呢？要不要道问学呢？经学上的问题，要不要处理呢？因此虽同是尊德性，儒家自身便不免要分为两个不同的流派了。余先生明确指出："陆象山和朱子的分别，从一种意义上来说正是在这里"；"在尊德性之下，是否就可以撇开知识不管，还是在尊德性之后，仍然要对知识有所交代，这在宋明理学传统中是个中心的问题"。③明代理学最盛，而王学的出现更是儒家"尊德性"的最高阶段。但余先生认为，也正是在这一阶段，"道问学"的问题不可避免地凸显出来了，王阳明的思想发展便是一个很好的例子。王阳明的一生基本上都是在和朱子奋斗之中，他心中最大的问题之一还是如何对待知识，如何处理知识。由

---

① 余英时：《从宋明儒学的发展论清代思想史》，《中国思想传统的现代诠释》，江苏人民出版社，1998，第190页。

② 余英时：《从宋明儒学的发展论清代思想史》，《中国思想传统的现代诠释》，江苏人民出版社，1998，第195页。

③ 余英时：《清代思想史的一个新解释》，《中国思想传统的现代诠释》，江苏人民出版社，1998，第204、205页。

此，余先生总结道："我觉得宋明理学传统里面关于如何对待儒家文献的问题，即'文'的问题始终是一个中心问题。这一点，到明代特别显著，因为明代的思想界，从陈白沙到王阳明，都走的是一条路子，都想直接的把握住人生的道德信仰，并在这种信仰里面安身立命。他们因此把知识问题看成外在的，不相干的，或外缘的，看成跟道德本体是没有直接关系的。正因为如此，他们反而不能对知识问题完全避而不谈。从某种意义上说，王阳明的'良知'说便是想要解决这个问题的。"①然而，如何对待儒家文献的问题虽是一中心问题，但重"文"的精神在宋明理学中始终也只是"伏流"；不过，"这一伏流的存在，从思想史的观点看，却具有重要的意义。儒家的智识主义正托身于此"。②并且，也正是在对"道"之"体"的寻求与儒家经学"文"的传统的不可分解的纠缠中，在"尊德性"与"道问学"的争论的中心问题中，"暗含了道德与知识的二分"。③我们称之为"知识"与"道德"的紧张与平衡问题，在紧张中见出了动态的平衡，在紧张中也见出了知识的独立。这也是余先生所要特别关注与彰显的。

余先生关于宋代儒学中道德与知识的紧张与平衡问题的分析，突出地体现于他对朱熹哲学体系的论析之中。余先生指出，随着宋代新儒学的兴起，知识与道德间的矛盾比以前更明显了，朱熹和陆象山两大派系间关于"道问学"与"尊德性"的争论即为显证，"尊德性"与"道问学"这两个关键术语在新儒学中占据中心位置。公平而言，陆象山没有不承认"问学"。然而，他坚持认为，只有经历了德性的"跳跃"才有理由谈论"问学"；没有"尊德性"，"道问学"就像船没有舵。陆象山的观点与朱熹是完全相反的。朱熹认为道德必须建立在牢固的知识基础之上。余先生认为，"新儒学中道德与知识的矛盾可理解为是源自这两个对立观点的持久

① 余英时:《清代思想史的一个新解释》,《中国思想传统的现代诠释》,江苏人民出版社,1998,第207—208页。

② 余英时:《从宋明儒学的发展论清代思想史》,《中国思想传统的现代诠释》,江苏人民出版社,1998,第178页。

③ 余英时:《清代儒家智识主义的兴起初论》,《人文与理性的中国》,上海古籍出版社,2007,第125页。

斗争"①。余先生又进一步指出，程朱学派内道德与知识的矛盾也有自己的特色。涵养和进学采取了积极的形式，即"涵养须用敬，进学则在致知"（程颢、程颐：《河南程氏遗书》卷十八）；甚至朱熹本人的学术生涯也显示了与这一矛盾斗争其一生的痕迹，他对儒家各种矛盾深入探讨，像"居敬"与"穷理"、"涵养"与"进学"、知与行，以及"一贯"与"博学"等，都集中在一个基本问题上，即如何在儒学体系中建立起"德"与"知"的平衡，②这每一种对应概念都从不同的方面表述着道德与知识的关系③。在对朱熹关于道德与知识之关系的观点的分析中，余先生特别突出了两点：一是朱熹强调知识是道德的基础，二是朱熹认为知识具有相对独立性。他说："至少在朱子一系的新儒学中，知识是一个占有中心位置的问题"④；"他对知识世界的自主性有充分的意识，而道德不能直接干预于其中"⑤。

其实，即使是在儒家智识主义高涨的清代，依然存在着道德与知识的平衡与紧张问题。让我们来看看余先生关于清代最有代表性的两个学者戴震与章学诚的一段分析："东原显斥程、朱，实斋明宗陆、王；此为两家之异。然东原斥程、朱即所以发挥程、朱，实斋宗陆、王即所以叛离陆、王；取径虽殊，旨归则一。则两家之貌异终不能掩其心同。"⑥余先生这段话看起来主要是在强调戴章二人在儒家智识主义达至顶峰的清代对"道问

---

① 余英时：《清代儒家智识主义的兴起初论》，《人文与理性的中国》，上海古籍出版社，2007，第108页。

② 余英时：《清代儒家智识主义的兴起初论》，《人文与理性的中国》，上海古籍出版社，2007，第107—108页。

③ 余英时：《朱熹哲学体系中的道德与知识》，田浩编《宋代思想史论》，社会科学文献出版社，2003，第258页。

④ 余英时：《清代思想史的一个新解释》，《中国思想传统的现代诠释》，江苏人民出版社，1998，第204页。

⑤ 余英时：《朱熹哲学体系中的道德与知识》，田浩编《宋代思想史论》，社会科学文献出版社，2003，第265页。

⑥ 余英时：《章实斋的"六经皆史"说与"朱、陆异同"论》，《论戴震与章学诚：清代中期学术思想史研究》，生活·读书·新知三联书店，2005，第90页。

学"价值的共同肯定，但其中也透露出一个重要消息，那就是在他们二人身上依然存在着道德与知识的内在紧张与平衡。

总之，余先生在贯穿于宋明以迄清代的"朱陆之争"这条线索中，发现了近世儒家思想演进的内在秘密，那就是：纵向的儒家智识主义与反智识主义的冲突与更替，横向的知识与道德的紧张与平衡。

正是由于朱陆之争这条线索的发现，余先生提出并实践了著名的"内在理路"的学术理念。余先生"内在理路"的研究立场与方法首先是在《论戴震与章学诚》这部书中实践的。在该书"增订本自序"中，余先生明确指出："无论如何，经典考证早在16世纪便已崛兴，而且确然是由理学的争论所激发出来的。'内在理路'可以解释儒学从'尊德性'向'道问学'的转变，其文献上的证据是相当坚强的。不但如此，清代学者如凌廷堪、龚自珍等也已自觉到理学之变为考证，曾受'内在理路'的支配。"①从这几句话中，我们不难看出，余先生"内在理路"学术理念的实践和提出，与其对"朱陆之争"的现代诠释密不可分。

（侯宏堂）

---

① 余英时：《〈论戴震与章学诚〉增订本自序》，《论戴震与章学诚：清代中期学术思想史研究》，生活·读书·新知三联书店，2005，第3页。

岑仲勉对陈寅恪之学术批评及其内在问题

20世纪学术史上，撇开特殊年代之弦箭文章不论，出于学术讨论心态或公开或私下对陈寅恪学术有所批评者并不在少数。其声名卓著者，即有张尔田（1874—1945）、朱希祖（1879—1944）、岑仲勉（1886—1961）、胡适（1891—1962）、郭沫若（1892—1978）、钱穆（1895—1990）、钱锺书（1910—1998）等人。然若论公开批评最力者，恐莫过于岑仲勉，且集中于隋唐史这一同让二者享有令名的学术领域之中。

学术同行之间互有批评本属平常。一般来说，如果排除学科间的隔膜，则知识领域、学术风格越接近，讨论同类问题的深入及精细程度越高，产生分歧的可能性也越大，其中所蕴含的学术再生性也越强。岑仲勉对陈寅恪之批评正可作如是看。岑陈二氏不仅均于西北边疆史地、中外交通史、中西文化交流史、隋唐史等多有著述，且都掌握多种文字、擅用"对音"对史料作历史比较语言学之考求，在治学风格上更同属精擅"考据之学"者。因而，倘就治学领域及整体学术风格而言，二者极具对话性。而实际上，岑仲勉对陈寅恪有关"牛李党争"与中唐政治、文化，"进士科"之崛起与唐代文人、文学等诸多问题的批评和讨论，不仅在很多细节上弥补、修正了陈寅恪的某些思考罅隙及论述不周备处，其所提出的"李德裕无党"、进士科人员选用与"关中本位政策"说之反思等史学问题，也直指陈寅恪关键论据之可议处，成为后此学者进一步思考与研究的重要缘助。

　　然而问题尚不局限于此。从学术史研究的视角来看，学人之间的思想交锋往往会有两种情形，一种主要表现为具体学术观点之分歧，如朱希祖对陈寅恪李唐氏族之研究的批评①、张尔田对其李商隐《无题》诗系年释证的指摘②、郭沫若对其《论再生缘》的讨论③等；另一种则更多含有整体学术思考方向、学科知识背景乃至生存感受之差异，如钱锺书对其诗史释证思路的批驳④，钱穆对其治史思路与论学风格的批评⑤等。表面上看，岑仲勉对陈寅恪之批评似属于前者，而究其实，则为学术个性及方法进路之差异。二者虽同属治"考据之学"者，均以扎实细密的史料辨证著称，但各自研究进路实际并不相同。辨析其差异可以发现，倘说钱锺书与陈寅恪之分歧在文史两种学科特性之辩驳，钱穆论陈寅恪为治史方法上义理或考据之歆重，则岑仲勉对陈寅恪之批评，实标志现代文史考据之学内部文献考据与历史考据两条进路的分野。尽管岑仲勉对陈寅恪这番"批评"并未

　　① 朱希祖：《驳李唐为胡姓论》，原载《东方杂志》1936年33卷15号；《再驳李唐氏族出于李初古拔及赵郡论》，原载《东方杂志》1937年34卷9号。分别见周文玖选编：《朱希祖文存》，上海古籍出版社，2006，第225—252页、253—260页。

　　② 据蒋天枢《陈寅恪先生传》载，"一九三六年二月十日，在'晋南北朝史'课堂上，同学中有以二月三日《北平晨报》上所刊张尔田《与吴雨生论陈寅恪〈李德裕归葬辩证〉书》为问者。先生为剖析如次：'孟劬先生（张尔田）为义山专家，然其为此说殊属勉强，实难成立。今不拟答辩，免得使张先生生气。而且与本文论证文饶归葬主旨关系不大。'"《陈寅恪先生编年事辑》（增订本），上海古籍出版社，1997，第223—224页。

　　③ 自1961年5月至1961年10月，郭沫若在《光明日报》连续发表《〈再生缘〉前十七卷和它的作者陈端生》（5月4日）、《再谈〈再生缘〉的作者陈端生》（6月8日）、《陈云贞〈寄外书〉之谜》（6月29日）、《序〈再生缘〉前十七卷校订本》（8月7日）、《有关陈端生的讨论二三事》（10月5日）、《关于陈云贞〈寄外书〉的一项新资料》（10月22日）等六篇文章，1962年1月2日又在《羊城晚报》发表《读了〈绘声阁续稿〉与〈雕菰楼集〉》一文，考论《再生缘》作者、版本诸问题，对陈寅恪之考证多有驳论。详见郭沫若：《郭沫若古典文学论文集》，上海古籍出版社，1985，第854—973页。另参陆键东：《陈寅恪的最后20年》，生活·读书·新知三联书店，1995，第89—93页。

　　④ 参见胡晓明师《陈寅恪与钱锺书：一个隐含的诗学范式之争》，《华东师范大学学报》1998年第1期。

　　⑤ 参见拙文《钱穆论陈寅恪：一场并未公开的学术论争》，《博览群书》2008年第3期；《陈寅恪与钱穆史学思想之分歧》，《博览群书》2008年第6期。

得到后者的正面回应，也并未受到现代学者的太多关注，但却是了解岑、陈二公学术"异同"乃至20世纪文史考据之学内部分野的重要事件。

一、《隋唐史》集矢于陈寅恪

《隋唐史》集矢于陈寅恪，傅乐成曾称之曰"批评甚力，为陈书刊布以来所仅见"[①]。倘就问题涉及面而言，此一评语至今恐仍不为过。辨析二者具体历史观点的不同，自是后来学者已然注意到的用功方向[②]。但追寻二者论证思路的构成则可发现，岑陈二氏学术思想及方法方面实存在较大差异，值得深长思之。

1948年7—8月间，岑仲勉离开任职达11年之久的中研院史语所（1937年7月—1948年8月），南下广州，就任中山大学文学院历史系教授，先后担任《蒙古初期史》《唐代石刻文选读》《两汉西域学》《隋唐五代史》等课程。《隋唐史》一书，即由其授课讲义整理而成。初为油印讲义，编定于1950年，后以《隋唐史讲义》为名由高等教育部印发各高校作参考资料，1957年12月始由高等教育出版社正式出版发行。该书初版时，出版社曾有一"出版说明"：

---

① 傅乐成：《陈寅恪岑仲勉对唐代政治史不同见解之比较研究》，收入氏著《中国史论集》，台湾学生书局，1985，第57页。

② 迄今为止，学界有关岑陈二公隋唐史研究之不同观点专门予以比较研究者，已见二文，观点稍有不同。傅乐成《陈寅恪岑仲勉对唐代政治史不同见解之比较研究》（《中国史论集》，台湾学生书局，1985，第57—63页）一文，从"一李唐先世之籍贯""二武曌以后将相是否分途""三唐室是否压抑山东旧族"三个方面，辨析二者观点之分歧。名为比较，实为陈论张本。宋社洪《试析岑仲勉〈隋唐史〉对陈寅恪隋唐史研究的批评》（《福建师范大学学报》2008年第2期）一文，亦提出三点作讨论，"一、关陇集团问题""二、隋唐制度渊源问题"、"三、牛李党争问题及其他"，其"余论"部分另略述二氏分歧之由及各自优劣所在。宋文指出，岑陈二氏都承续乾嘉实证学风，"在研究方法上并没有本质的区别"；其分歧的原因，主要在二者"在编撰目的和体例上选择了不同的方向"——有"专"与"通"之别，故而岑著考证细密但乏贯穿主线，陈著立说宏通偶有文献失检，两者既有互补余地，亦为后来学术提出新问题。相对而言，宋文辨析较细，但"余论"仍未出50年代贺昌群、金毓黻等人意见范围。详见后文讨论。

　　本书是广州中山大学岑仲勉教授根据几年来讲授隋唐史的讲义整理编成。隋史共十九节，唐史共六十八节，并有图十四幅（笔者按：今中华书局本只有图十三幅）。

　　全书用文言文，便于同学习读古代文言史料；涉及到隋唐两代经济、文化、社会、政治史的各个方面，在叙述各种问题时，尽可能上溯其起源，下探其流变；对于隋唐的中外关系，亦堪注意。

　　本书材料丰富，注尤多精辟，考据异同，辨别真伪，对各家意见不同的，有剖析，也有自己的见地。……

　　这段简介性文字有两处值得注意：其一，其书重考辨、多辩驳的特点；其二，岑著讨论问题的方式——"尽可能上溯其起源，下探其流变"。这里先说前者，后一问题下文再说。

　　许冠三论陈寅恪之史学成就，认为其对新史学之贡献"首推史料扩充"，为学尚"喜聚异同宁繁毋简"。①然就岑著《隋唐史》来看，实可谓有过之而无不及。岑著对其所讨论的问题——哪怕一细小问题，也广搜各种原始史料及后人相关研究成果，细作排比考订，可谓涸泽而渔、不厌其详，深得清儒"无征不信"之旨。正因为此，其书或在正文或在注释中对各家短长不免多有析论辨订。②岑著这种撰述思路，在并时诸家唐史论著中可谓少见。1955年他在谈及《府兵制度研究》编写体例时，曾引述苏联学者帕夫林诺夫谈教学大纲编写问题的观点："某一问题不管其章节顺序如何，都必须包括祖国学者对此问题的贡献，以及唯心论观点与唯物论观

---

　　① 许冠三：《新史学九十年》，岳麓书社，2003，第260—261页。第八章篇题即"陈寅恪：喜聚异同宁繁毋简"，可见一斑。

　　② 譬如"隋史"第十七节"三伐高丽"，史料引证之外，先在正文引述金毓黻《东北通史》对隋炀致败之因的分析并略作补充后，又在注释中列举黄元起《论中国历史上的民族战争》（河南《新史学通讯》1953年6月）对隋失败缘由，以及赵俪生、高昭《中国农民战争史论文集》对隋之"三伐"之必然性的分析，再加以讨论辨析，一如今人之驳论文章。《隋唐史》，中华书局，1982，第66—71页。

点对比问题是如何表现出来的"，然后指出：

> 略察近年编写的作风，似乎并未充分展开批评。这固由一些人要
> 保存自己的威信，不惯接受，然亦我国为贤者讳的旧传统思想依然存
> 在之故。而且，专提个人意见，不广征博引，是否恰得正鹄，常有问
> 题；姑舍此不论，为要使读者出钱少费时少而获得像多读几本书不须
> 另行参考的利益，尤其是使读者或可借此作进一步研究之引线，也应
> 该像帕夫林诺夫所说的那样来处理问题。[①]

此处所述"我国为贤者讳的旧传统思想"，正是其40年代所撰《唐方镇年表正补》中已然予以批评的问题[②]。就岑仲勉而言，其一生治学极反感此类"为贤者讳"的学术乡愿，尝言"讨论与友谊，应截然划分为两事也"[③]，故其平生与并时学者多有批评往还。如1935年2月与向达关于《〈佛游天竺记〉考释》一书的论辩，1947年12月与李嘉言围绕《贾岛年谱》的论辩，等等。因此，尽管《隋唐史》"考据异同、辨别真伪"的例子很多，广泛涉及对蓝文征、缪凤林等诸多学人之批评讨论，但其批评显非出于党派意气抑或文人固态，而究属一种纯正学术之探讨应无可疑。

然而可以指出的是，尽管岑著以"宁繁毋简"而对"各家意见不同的"均有所批评和讨论，但全书攻驳最多者则属陈寅恪。初读之下，往往会让人以为此书专为论检陈氏之失而作，以致金毓黻于20世纪50年代初读岑著，即留下"若岑氏则有意与陈氏为难，处处与之立异"的印象[④]。

---

① 岑仲勉：《府兵制度研究·前言》，《唐史余渖（外一种）》，中华书局，2004，第281—282页。

② 岑仲勉《唐方镇年表正补》一文即指出，"吾国学术界流传一错误观念，迄于今莫能廓清，致为文化进步之大碍，则所谓'为贤者讳是也。'……盖古今中外，都无十分完全之书，其声誉愈高，愈易得人之信受，辨正之旨，非抑彼以自高，亦期学术日臻于完满而已"。原载《历史语言研究所集刊》第十五本，商务印书馆，1948，第315页。

③ 岑仲勉：《〈贾岛诗注〉与〈贾岛年谱〉》，原载1947年12月《学原》1卷8期，见《岑仲勉史学论文集·贾岛诗注与贾岛年谱》，中华书局，1990，第305页。

④ 金毓黻：《静晤室日记》（第十册），辽沈出版社，1993，第7174页。

《隋唐史》分隋史十九节，唐史六十八节，批驳陈寅恪者，涉及隋史三节，唐史二十一节，后者比重几占唐史专题篇目三分之一。总计二者，约有七、八十处（详见本文末附表），多就陈寅恪"唐史三书"（《隋唐制度渊源略论稿》《唐代政治史述论稿》《元白诗笺证稿》）之具体论点而发，主要集中于牛李党争与中唐政制、李唐氏族及"关中本位政策"、府兵制及隋唐典制渊源等三大问题。应该指出的是，这三大问题其实际涵盖面已然涉及隋唐时期政治、军事、文化、经济、社会生活等史学研究的诸多侧面，堪称具有主导思路性质的唐史研究课题。因而某种程度上来说，岑仲勉与陈寅恪在这些问题上的分歧，也就意味着二者隋唐史研究整体思路和学术关注点的差异；或者说，论析二者有关此三问题的具体意见分歧，其实亦可视为讨论二者隋唐史研究乃至整体治学思路之差异的重要视角。当然，相比较来看，三大问题中，牛李党争、"关陇集团"（"关中本位政策"说）相对府兵制问题而言，更属一种带有"历史解释框架"性的问题，且现代唐史学界以陈寅恪的观点最为代表[①]。所以，岑仲勉与陈寅恪在此二问题上的分歧更值得重视。

那么，如果将上述分歧与岑仲勉撰著《隋唐史》之前的学术历程相联系，则可发现如下四方面问题：

第一，早在1937年撰写《唐集质疑》时，岑仲勉本赞同陈寅恪关于李唐皇室压制山东甲族大姓之说，至《隋唐史》又转而认为陈说"于论难通"；

第二，岑仲勉上述观点的转变与其坚信并着意辩解"李德裕无党"说密切相关；

第三，岑仲勉"李德裕无党"说的关注重点在李德裕其人之人格、功业，与陈寅恪所关注者在有唐一代政局、文化之转移不同；

第四，其关注重点的不同，其实正因为研究思路及学术方法存有内在差异。而时人以岑仲勉缺乏陈寅恪式的"大判断"来评点其唐史研究，其

---

① 参见胡戟、张弓、李斌城、葛承雍主编：《二十世纪唐研究》，"关陇集团""朋党之争""府兵"诸条目，中国社会科学出版社，2002，第25—27、66—69、120—125页。

实恰忽略了陈寅恪从史料考据逼出"大判断"的运思特征，从而实际落入以"理论阐释"来指责史料考据的窠臼，与此相应的也抹杀了岑仲勉文献考辨的研究思路及学术意义。

二、"李德裕无党"说

"唐室累代其初对于山东旧族本持压抑政策"[①]，本是陈寅恪早在1931年所发表之《李唐氏族之推测》（原刊1931年《历史语言研究所集刊》3本1分）中已明言，后在《唐代政治史述论稿》中一再予以申说的论断。《推测》一文在谈到太宗朝敕撰《氏族志》时即指出："盖重修晋书所以尊扬皇室，证明先世之渊源。敕撰氏族志，虽言以此当时之弊俗，实则专为摧抑中原甲姓之工具。"[②]陈文发表后，以其所论李唐先氏出于胡族一点，曾遭致当时史学界名流朱希祖的批评，朱氏先后撰有《驳李唐为胡姓说》（原载1936年《东方杂志》33卷15号）、《再驳李唐氏族出于李初古拔及赵郡说》（原载1937年《东方杂志》34卷9号）二文，对陈寅恪之观点予以辨论。而陈寅恪复撰《李唐氏族之推测后记》（原载1933年《历史语言研究所集刊》3本4分）、《三论李唐氏族问题》（原载1935年《历史语言研究所集刊》5本2分）二文予以回应。对上述诸文以及陈氏观点，岑仲勉自不会陌生。

1937年冬，岑仲勉随史语所南迁长沙后不久写成《唐集质疑》（后刊1947年《历史语言研究所集刊》第9本）。其"韩愈河南河阳人"条有云："元魏已来，崔、卢、李、郑，山东甲族，太宗崛起，虽尝有意扫荡（旧书六五），而门户之见，卒莫划除。"由紧接其后所述"唐人游宦，往往随地占居……然必举其望而不举其居者，固以别宗支，尤以显门阀也"[③]一语，可知前提"门户之见"之"门户"实即后文之"门第"。故"有意扫

---

① 陈寅恪：《唐代政治史述论稿》，生活·读书·新知三联书店，1957，第77页。
② 陈寅恪：《金明馆丛稿二编》，生活·读书·新知三联书店，2001，第332页。
③ 岑仲勉：《唐人行第录（外三种）》，上海古籍出版社，1962，第437页。

荡"一语，可见其对陈寅恪观点本持赞同态度。然而到《隋唐史》中却发生一百八十度的转变：

> 然太、高两朝之意，无非禁其贩鬻婚姻，未尝妨其发展，陈寅恪乃谓："对于中原甲姓，压抑摧毁，其事创始于太宗，为李唐帝室传统之政略。"（李唐氏族之推测）然陈氏又谓李唐为赵郡冒牌（见前一节），果如此说，则太宗乃推（笔者案：应为摧）抑其冒牌之族，于论难通，则不如缪凤林所辨："崇尚门第之习，初未因是而衰，唐宰相三百六十九人，崔氏十房独有二十三人，则压抑摧毁云云，似亦未可概论。"（通史纲要三册一八八页）立论更为明达。①

正如傅乐成评岑氏此语所指出，一方面，李唐皇室对山东甲族的摧抑政策，"其目的只在压低山东旧家之声望，增强皇室之地位；非谓视之共工驩兜，投之四裔而不与同中国也"，另一方面，"太宗摧抑山东旧家为一事，其政策收效不宏为另一事，两者不能混为一谈，尤不能以唐代宰相出身山东旧家者甚多证明太宗并未压抑山东旧家也"②。所以，岑仲勉的这番批评显然不足以服人。至于说何以太宗会摧抑其"冒牌之族"，这一点陈寅恪原文已提示——既然李唐皇室先世系谱本出于伪造，在其时特重门第的风气之下，鼎革之后自不能再自乱世系、改回郡望，同时为增重帝室声望计，亦只能摧压包括赵郡李氏在内的所有山东甲姓。故而，认为陈寅恪的观点"于论难通"亦难成立。实际上，《唐集质疑》所述太宗对旧家"虽尝有意扫荡，门户之见，卒莫划除"一句，其实已经指明，对于政策制定者的唐太宗而言，"门户之见，卒莫划除"只是一种事与愿违而已，其"有意扫荡"之初衷原是显而易见的。

那么，《隋唐史》何以又自违前言？这似乎不得不提到《推测》一文

---

① 岑仲勉：《隋唐史》，中华书局，1982，第122—123页。

② 傅乐成：《陈寅恪岑仲勉对唐代政治史不同见解之比较研究》，《中国史论集》，台湾学生书局，1985，第62—63页。

论旨之所在。陈文末尾提到，"对于中原甲姓，压抑摧毁，其事创始于太宗，而高宗继述之，遂成李唐帝室传统之政略。魏晋以来门第之政治社会制度风气，以是而渐次颓坏毁灭，实古今世局转移升降枢机之所在，其事之影响于当时及后世者至深且久。"①世所熟知，陈寅恪之史学研究最重"种族及文化二问题"，他曾明言"此二问题实李唐一代史事关键之所在"。而魏晋以下世家大族所维系的"政治社会制度风气"的衰落，正是其所关注的最主要的"文化"问题。本于其"近真实而供鉴戒"之治史宗旨②，陈寅恪遂有此后"唐史三书"之造作。其中，中唐党争问题，正是其此后唐史研究的一个重要关注点。

李唐一代，太宗所创始的对山东甲姓之抑制政策，直接导致此后高宗武后朝进士出身的新兴阶层崛起与维系旧日礼法门风的甲姓旧家之间形成对立。尽管陈寅恪也曾指出，"两种新旧不同之士大夫阶级空间时间既非绝对隔离，自不能无传染熏习之事"，但是，"两者分野之界画要必于其社会历史背景求之，然后唐代士大夫最大党派如牛李诸党之如何构成，以及其与内廷阉寺之党派互相勾结利用之隐微本末，始可以豁然通解"。可见，陈寅恪对李唐氏族之考辨以及"关中本位政策"说的背后，直接牵涉到近世有关"牛李党争"问题的那一大判断——亦即发自大儒沈曾植而详尽推阐于陈寅恪的那个命题——"唐时牛李两党以科第而分，牛党重科举，李党重门第"。所谓牛李党争，是指中晚唐时期分别以牛僧孺、李宗闵和以李德裕为领袖的两大集团间的政治纷争。一般以为，这场纷争起于宪宗元和三年（808）制策案，终于宣宗三年（849）李德裕之贬死崖州，贯穿宪、穆、敬、文、武、宣六朝，长达四十余年。旧日史书如《旧唐书·李宗闵传》《通鉴·唐纪》等均从牛、李等人私门恩怨立论，而近人沈曾植始提出"科举门第之争"的问题。陈寅恪正是在沈氏说法基础上，进一步提出"牛李两党之对立，其根本在两晋、北朝以来山东士族与唐高宗、武

---

① 陈寅恪：《李唐氏族之推测》，《金明馆丛稿二编》，生活·读书·新知三联书店，2001，第334页。

② 陈寅恪：《唐代政治史述论稿》，生活·读书·新知三联书店，1957，第1、129页。

则天之后由进士词科进用之新阶级两者互不相容……",①即从"科举与门第之争"推扩为"山东旧族"与"新兴阶级"两大社会政治力量间的角逐,成为后此学人解释中晚唐政局、文化等问题的一个重要思考框架。

正是在这个问题上,岑仲勉恰持有不同意见。他自40年代以来则一直坚持"李德裕无党"说,故而其之所以自违前言,很大程度上亦正因为此。《隋唐史》第四十五节"牛李之李指宗闵(宋祁说)李德裕无党(范摅、玉泉子、裴廷裕及孙甫说)",集中辨及"牛李党争"问题,并针对陈寅恪的观点细述其"李德裕无党"的结论。文分三点:一,李德裕无党;二,通鉴丧失公正立场——赞同僧儒放弃维州;三,吉甫何以被谤。其对陈寅恪的批评主要集中于第一要点——当然三个要点本为一整体。其中,岑仲勉提到四个应予注意的问题:

1."元和以后,标举'牛李'一词,牛指僧儒,自无待论,'李'则相沿以为指目德裕,或且推及其父吉甫,此应辩明者一。"

2."德裕与僧儒不协,益令人误信德裕确树党与僧儒为敌,此应辩明者二。"

3."牛党对德裕父子多怨词,在现存晚唐史料中,渗杂不少,此宜辩明者三。"

4."更有以为僧儒、德裕分树两党,各自有其阶级分野者,如沈曾植谓'唐时牛李两党以科第而分,牛党重科举,李党重门第',此或一时不经意之言。近年陈寅恪从而推阐之,然其论实经不起分析,此宜辩明者四。"

岑氏对陈寅恪的批评集中于第四点展开。首先,陈寅恪曾提出,代宗、德宗之世崔祐甫代常衮当国对待进士一途的不同选用态度,适为此后李德裕与牛党争执之先声:"是前日常、崔之异同,即后来牛李之争执,读史者不可不知其一贯之联系也。"②而岑仲勉则从估算当日进士人数"平均每年绝不能超过三十"入手,指出即便假定任何时期可能在仕途之进士

---

① 陈寅恪:《唐代政治史述论稿》,生活·读书·新知三联书店,1957,第86—87页。
② 陈寅恪:《唐代政治史述论稿》,生活·读书·新知三联书店,1957,第89页。

数目为六百，但仍然"大大供不应求"。他因此提出，用是否"重科举"来判分牛李之别是不恰当的——"是知任何人执政，均无全用辞科或完全排除非辞科之可能"。

其次，陈寅恪在"科举与门第之争"的基础上又提出，牛李之争，实为以文词浮薄之士所构成的"新兴阶级"，与以经术、礼法为门风的"山东旧族"两大社会政治力量间的角逐。对此，岑仲勉列举多例以证其非。如李德裕以"淮南使相之公子"何以反娶一"不知其氏族所兴""不生朱门"之刘氏为妻，"岂非德裕已门风废替与新兴阶级同流耶？"；李德裕当政之际曾一再奖拔孤寒之士，此与"李党重门第"岂不相违？等等。而对陈寅恪所指为新阶级、或为"旧习门风轮替殆尽"转与新兴阶级同流诸人，岑仲勉又一一辨说，如谓李珏初举明经显为北朝经术之继承，而史载杨嗣复之父於陵居朝三十余年始终不失其正，则所谓李、杨等人"家学衰落""门风废替"显难成立；又谓杜牧虽浪漫而不免浮薄，与两唐书载其祖杜佑以妾为妻、不守闺门礼法看似"家世风习"，但据《元和姓纂》可知杜佑一门本为胜流士族，故杜牧不过出自旧门而特为浪漫耳，"何曾必在新兴？"

再次，对于陈寅恪所说新旧两大"阶级"互不相容但也"不能无传染熏习之事"，岑仲勉更持50年代初特有的阶级对立的两分思维，视之为一种"'团团转'之论证方法"："近世论阶级烙印，并不容易脱换，今所谓'两阶级'既绝无釐然界限，究属新兴抑属旧族，可以任意安排，执'既自可牛……亦自可李'之游移态度，或更谓'牛李两党既产生于同一时间，而地域又相错杂，则其互受影响，自不能免，但此为少数之特例，非原则之大概也，故互受影响一事，可以不论'，不了了之。"

最后，岑仲勉又采用书中所引缪凤林辨崔氏一族在唐宰相中比例的统计法，列两表，分别统计所谓"牛党"23人及"李党"8人各自的家族出身及科举状况，然后指出，"牛党多金壬（笔者案：金壬即奸人、小人之意），稍持正者即嫉之，故反对牛党者可能是中立派，不必定是'李党'，此一点，《述论稿》似乎分别不清"。同时更提出，"质言之，从古史中寻出一种系统，固现在读史者之渴望，然其结果须由客观归纳得来。中唐以后，除非就选举法根本改革，任何人执政都不能离开进士，无论旧族、寒门，同争取进士出身，寒门而新兴，亦复崇尚门第，因之，沈氏'牛党重科举，李党重门第'之原则，微特不适于二三流分子，甚至最重要之党魁，亦须列诸例外。是所谓'原则'，已等于有名无实。如斯之'系统论'，直蒙马虎皮而已"①。

从以上所征引岑氏对陈寅恪的批评可以看出，陈寅恪在沈曾植原有观点基础上"推阐"而出的所谓"山东旧族"与"进士科新兴阶级"的对立，实际是从当日两大社会阶层之构结、斗争及其对社会文化之影响的角度，提出了一个重新审视唐代历史及文化走向的大判断。而岑仲勉依照50年代通行的"阶级对立"思路，不仅误解了陈寅恪原本指谓社会阶层的"阶级"概念，也使得其顺理成章的否定了陈寅恪有关两大"阶级"内部关联之复杂性（或曰流动性）的解说，并进而排斥了其整套思路②，从而将问题化约为以"科举""门第"之别来辨牛李党争。由此一层化约，则其最后采用统计法，分析两大阶层人员是否出身旧家抑或进士，也就很容易地找到了陈寅恪立论的罅隙和不周备处，从而确立其"李德裕无党"说。

而此节后二要点"二，通鉴丧失公正立场——赞同僧儒放弃维州""三，吉甫何以被谤"，一在以维州事为例辨李德裕无党但有执政策略，以求扫除《通鉴》立于牛党立场批评李德裕玩弄党派阴谋的偏见；一在辨后世史书有关元和三年制策案引发党争的议论，强调此一误解实因牛党因不能指斥阉寺而转攻李吉甫所造成。其论证核心，均在辩解所谓"李德裕无党"说。

①《隋唐史》（下），中华书局，1982，第420—422、425页。
②《隋唐史》其他各节对陈寅恪的批评，如"隋史"第十九节，"唐史"第一节、第五节、第六节、第十八节、第五十三节、第六十二节等，岑仲勉都多从反驳陈寅恪"两大阶级"说入手来展开讨论。

三、"辩诬"还是"历史解释"?

其实，早在《隋唐史》写作之前，岑仲勉即已不点名地对陈寅恪有所批评，并提出"李德裕实无党"的话题。

1947年12月，岑仲勉撰文论评李嘉言《贾岛年谱》一书，其中提道：

> 李氏又惑于近人趋时之说，因言："贾岛既非出自山东旧门之李党，又屡举进士不中，未能列入新兴阶级之牛党，故徒出入牛李而终为两党所俱不收……"与前人之悼李商隐，完全同一口气。……但李德裕实无党……[1]

所谓"山东旧门之李党""新兴阶级之牛党"的说法，正来自陈寅恪，如上所举；而所谓"前人之悼李商隐"，也是陈寅恪《唐代政治史述论稿·中篇》所述。[2]显然，岑氏此说正隐驳陈寅恪。[3]

考察岑仲勉此前的著述还可发现，其"李德裕无党"这一观点，早在其初稿于三十年代末至四十年代前期的《论李德裕无党及司马光修〈唐纪〉之怀挟私见》，《唐人行第录·王十八》，《唐史余渖·牛李问题》等文

---

[1] 岑仲勉：《〈贾岛诗注〉与〈贾岛年谱〉》，原刊《学原》1947年第8期，《岑仲勉史学论文集》，中华书局，1990，第283页。

[2] 陈寅恪指出："至于李商隐之出自新兴阶级，本应始终属于牛党，方合当时社会阶级之道德，乃忽结婚李党之王氏，以图仕进。不仅牛党目以放利背恩，恐李党亦鄙其轻薄无操。斯义山所以虽秉负绝代之才，复经出入李牛之党，而终于锦瑟年华惘然梦觉者欤？此五十载词人之凄凉身世固极可哀伤，而数百年社会之压迫气流尤为可畏者也。"《唐代政治史述论稿》，生活·读书·新知三联书店，1957，第93页。

[3] 故李嘉言在其答辩文章中即指出，"拙《谱》又用陈寅恪先生之说，以为贾岛不属牛李任何一党，坎壈终身。此不过余推测之言，故仅附见注中。岑君谓余'惑于近人趋时之说'，似对余所本者亦有微辞，则非余之所能知矣"。李嘉言：《为贾岛事答岑仲勉先生》（通讯），原载《学原》1948年第1期，第66页，今收入《岑仲勉史学论文集》，中华书局，1990，第303页。

札中，都已有较为清晰、集中的论述。而其对李德裕其人的关注则时间更早，他在1936年2月即已撰成《李德裕〈会昌伐叛集〉编证上》（刊1937年中山大学《史学专刊》第2卷第1期）。如果将上述诸文连贯来看，尽管岑仲勉自40年代以后对"李德裕无党"这个结论的认识可谓坚定，但其关注李德裕、昌言"李德裕无党"，其真正落脚点并不像陈寅恪那样在有唐一代之政局、文化，而更多在李德裕其人之人格与功业。

前揭《隋唐史》"第四十五节"引论部分即提道：

> 邪正不辨，敌我不分，最是人心之大患，牛僧孺、李宗闵结党蠹国，贿赂公行，一般无行文人，鼓其如簧之舌，播弄是非，颠倒黑白，遂令千百年后之正人君子，犹被其蒙蔽而不自觉，是不可不大声疾呼，亟加以廓清、辨正也。[1]

正如贺昌群50年代末批评《隋唐史》所指出的，"这部书不分篇，不分章，这样作为一代通史的这部《隋唐史》，轻重便无所统率；并且，节与节之间多不相联系，甚至每节之中段与段之间不相联系，看不出一代历史发展的线索来"[2]。正因为"节与节之间多不相联系"（就其实际而言，说缺乏整体线索可以，但并非每一节相互间都不相联系），故全书各节往往多独立成篇，因而每节前的"引论"文字正是此节主旨之所在。所以，这段话也正是其辨"牛李党争"、强调"李德裕无党"根本的问题关注点所在——廓清李德裕其人之人格及功业。而这一观念其实早在其1936年编撰《李德裕〈会昌伐叛集〉编证上》一文中已有流露。此文长达3500字左右的小序，正是岑仲勉讨论李德裕其人之始。

需要指出的是，虽然岑仲勉1936年学术研究之重点已逐渐由西北史地

---

[1] 《隋唐史》（下），中华书局，1982，第417页。

[2] 贺昌群：《读〈隋唐史〉》，《贺昌群文集》（第三卷），商务印书馆，2003，第526页。《贺昌群文集》编者在此文下有附注，指出"本文根据抄本整理，发表时间不详"。但从贺文标题下列"岑仲勉著，1957年高等教育出版社出版"字样，以及文末所说"希望著者和读者指正"，可知贺文应发表于岑书正式出版（1957年）以后，岑仲勉先生去世（1961年）之前。

考订及边疆民族史研究转向隋唐史，但其时因受牟润孙提示正着手《元和姓纂》校雠及相关氏族谱牒文献研究。所以，尽管《李德裕〈会昌伐叛集〉编证上》一文辑录李德裕文87篇，并加注释606个，"涉及文章史实背景、人名地名、版本校注等"①，但其关注点并不在李德裕与中唐宣武二宗朝政之关系，而主要目的在整理中晚唐时期唐王朝解决回鹘等边疆少数民族问题的史料，适为前期边疆民族史研究的后续，尚非"隋唐史"研究计划之内容②。

　　然阅读李德裕文集的同时，岑仲勉也深为李德裕此人"横披诬谤"而鸣其不平。一如《编证》一文序末所说，"余读公集，叹千年以还，公之功罪，犹无平心痛快之论，故附发之"。此处所说，显然正与《隋唐史》"第四十五节"引论文字同一口吻。因此，正是出于为李德裕之人格、功业廓除诬谤、恢复名誉的目的，序文在简述李德裕"以不世之材，入相武宗"而"外破回鹘，内削叛藩"之功业后，着重就时人及后世史家对他的谤毁予以辩解。如论杜牧等，"大中而后，牧固阿附敏中、墀、铉等，此数人者排公最力，忘旧日之恩知，阶新贵以倖进，牧言反复又如此，夫昔日誉公者今诋之，假牧以数年，安见今之誉僧孺、墀者，不将毁僧孺、墀耶，其言不足为信史，明矣。"又引旧书一七五《安王溶传》指出，"明言安王之死，事由士良，而《溶传》必插'李德裕秉政'一语者，盖唐代史官，党同伐异，有恶皆归，故造此疑词以为诬诋"。再考辨托名白居易的伪诗《李德裕相公贬崖州》三首之非，并指出"更有伎俩鬼蜮，捏造他人

---

　　① 傅璇琮、周建国校笺：《李德裕文集校笺·凡例》，河北教育出版社，2000，第1页。

　　② 岑仲勉1937年1月3日致函陈垣曰："月前建生兄属为中大专刊五期撰稿，适校《姓纂》，未暇分功，曾许以去春所编《会昌伐叛集编证》……。"《陈垣来往书信集》，上海古籍出版社，1990，第584—585页。《李德裕会昌伐叛集编证·编证略例》（上）也指出："本编之主旨，求为破平回鹘作一纪事本末看，且期与后修之史作顺序的比较"；《李德裕会昌伐叛集编证·序》也提到，"我国地大而偏立，域外情状，知者甚希，国际交往，在昔庙廊之士，恒弗措意，故无论某一时代，欲于史传文集中，观其应付策略，本末具见，足为后人鉴法者，殆绝无而仅有。后学奉此一帙，可作基本文读，可作经世书读，又可作唐代外交史读，易今为今言，则曰唐会昌年蓝皮书亦可也"。《岑仲勉史学论文集》，中华书局，1990，第349、342页。

文字以施其攻击者"。更批评新旧唐书对李德裕的评说，"都不原公之迹而故作非难之论也"。最后，特别借论析宣宗罪德裕之诏指出，"余故谓宣宗以不得泄恨于武宗者泄之于公，公所以必贬死也。崔铉、敏中辈，犹是希时主之旨，报私门之忿，杜牧则觊机倖进，助为狂吠，又其下焉者也"①。

可见，尽管此文尚未明确提出"李德裕无党"的问题，但岑仲勉在这篇长达3500字的序文中所作的主要工作，即为历史上的李德裕"辩诬"，为其形象廓清阴霾、还其原本。而这一思路，一直贯穿于其初稿于三十年代末至四十年代前期的《论李德裕无党及司马光修〈唐纪〉之怀挟私见》《唐人行第录·王十八》《唐史余渖·牛李问题》以及《〈玉溪生年谱〉平质》等著作中，直至《隋唐史》"第四十五节"第一要点中前三个"应辩明者"。

其中，《论李德裕无党及司马光修〈唐纪〉之怀挟私见》一文最具代表性。据岑氏弟子兼文集整理者陈达超先生所述，此文"是先生在两个时期内断断续续撰述的，泰半写于三十年代末，弱半撰于五十年代初，尚未缀合完篇。文章赞扬李德裕的主要观点，已散见其《隋唐史》一书中。今次我把该文的若干段落合并，加以整理完篇发表……供读者更详尽地了解先生所持观点全貌"②。可见，文章虽写于两个时期，但"赞扬李德裕"实为其主旨所在。所以，此文题目虽涉"司马光修唐纪之怀挟私见"，但所论只是《通鉴》居牛党立场以指责李吉甫、德裕父子这唯一"一个问题"，亦即文末所说：

> 总之，不联系实际而贻误国家大计，结党营私而妒功忌能，是牛党最坏的写照。司马光不但不指斥其罪，反而多方替他们掩护，德裕不能受降，牛党却可兵取（据《通鉴》二四四，惊是牛党。③），立论

---

① 岑仲勉：《李德裕会昌伐叛集编证》（上），《岑仲勉史学论文集》，中华书局，1990，第343—346页。

② 陈达超：《岑仲勉史学论文集·前言》，中华书局，1990，第1页。

③ 笔者案：此指大中三年（849）十月，西川节度使杜悰奏取维州事。

这样偏私，其弊不单止误宋，且将误后世。①

全文从剖析世传"牛李党争"之缘起"元和三年制策案"始，引证牛党皇甫湜《皇甫持正集》所载策文，证明牛僧孺、李宗闵元和三年策文矛头所指本为宦官而非李吉甫；又引《旧唐书·李宗闵传》指出，牛党执政后因惧宦人之势而设法遮掩前此策文之指，恰值长庆元年李宗闵因李德裕、元稹等告发其婿苏巢科场舞弊而被贬官，以致怨恨李德裕。由此断定，后世史书实移花接木，将《旧唐书·李宗闵传》中原用以指称牛僧孺与李宗闵的"牛李"附会为牛与李吉甫、德裕父子；复将牛（李宗闵属牛党）李（吉甫父子）素有嫌怨之源头移至元和三年制策案，从而造成所谓"牛李党争"之说。文章又引述范摅《云溪友议》、无名氏《玉泉子》、裴廷裕《东观奏记》等史料，以及王应麟《困学纪闻》、王夫之《读通鉴论》等史论文字，详论李德裕之为人与其功业，批评《通鉴》"怀挟私见，丧失了史家的公正立场"②。

中国史学固有"不虚美，不隐恶"的传统，但同时亦强调"寓鉴戒于史"。《通鉴》一书，世称"冠绝古今之作"③，很大程度上亦正因为此，故此书自不可能只有一"科学家的意图"，而免不了有"接近法官而非科学家"的意图④。如果岑仲勉就此立论，从史学书写的"意识形态性"来批评《通鉴》，自然亦不失为一种历史解释模式。但实际上，此文所说"史家的公正立场"只是就《通鉴》是否肯定李德裕其人及其功业而言，显然并非后现代史学思考的体现。亦即是说，其主要目的仍在论"李德裕

---

① 岑仲勉：《论李德裕无党及司马光修〈唐纪〉之怀挟私见》，《岑仲勉史学论文集》，中华书局，1990，第475页。

② 岑仲勉：《论李德裕无党及司马光修〈唐纪〉之怀挟私见》，《岑仲勉史学论文集》，中华书局，1990，第472页。

③ 金毓黻：《中国史学史》，河北教育出版社，2003，第208页。

④ 法国学者雷蒙·阿隆即指出，历史学家的意图更接近于法官而不是科学家；他甚而认为光有科学家的意图是不够的。参见保罗·利柯著、王建华译：《法国史学对史学理论的贡献》，上海社会科学院出版社，1992，第34页。

无党",以及为李德裕"辩诬"。

四、两种不同的研究思路

前面提到,陈寅恪对"牛李党争"的分析,目的在提出一个重新审视有唐一代历史及文化走向的大判断。这一判断,倘按陈寅恪的说法,更注意对一种"通性之真实"的提炼和锻造,不乏某种深具"史识"的文化想象和历史推断。而岑仲勉的关注点在为李德裕"辩诬",故始终更偏向"个性之真实"的考订——如"党争"说的来源、历来史书记载中的误解和讹误、牛李党人私门恩怨始末之考察等等,因而也就相对忽略了对"通性之真实"的整体思考。应该说,"牛李党争"的存在,并不以德裕是否有意树党为前提,其公然与牛党对立,自然也就形成了"党争"之局;而陈寅恪所列举诸人之家世、科举出身诚然有与史实并不完全榫卯毕合者,但就各人政治行为与其家世或科举背景之关系的主流来看,仍不脱陈说之基本"规律"。因此,贺昌群即指出:

> 武则天排除唐宗室旧臣,树立扶持自己新朝的政治集团,唐代的党争遂开始剧烈,故后来的牛、李党争,并非突如其来。但本书第四十五节'牛、李之李指李宗闵,李德裕无党',虽然有这样一个标题,却全没有触及到唐代朋党之争的实质。分析唐代党争,应当从隋唐史,特别是科举制度建立后的发展上去考察其社会经济和政治背景的渊源关系。若斤斤于统治阶级内部小集团彼此间由于一时的利害恩怨而引起的小是小非,把问题局限在细节的考据上,有时虽然也有用处,但却不能解决朋党之争的实质问题,给读者以明确的历史线索。①

---

① 贺昌群:《读〈隋唐史〉》,《贺昌群文集》(第三卷),商务印书馆,2003,第529页。

应该指出，贺文对岑著"看不出一代历史发展的线索来"的批评确符合实情。但是，这种刻意带着一种"社会历史发展的客观规律"的眼光来看历史的观点，无疑又落入了陈寅恪30年代即已批评过的那种文化史研究"新派"的窠臼——"新派书有解释，看上去似很有条理，然甚危险。他们以外国的社会科学理论解释中国的材料。此种理论，不过是假设的理论。……是由研究西洋历史、政治、社会的材料，归纳而得的结论"。①所以，贺文将"细节的考据"与"一代历史发展的线索"相对列，显然是以"理论阐释"的视角来看"史料考据"，故而所重视的是陈寅恪的"大判断"，而非其"由考据推断出'大判断'"这一治学思路本身，所以也就自然地忽略了岑仲勉文献考辨的方法，以及其与陈寅恪史料考据的真正差异之所在。

实际上，从岑仲勉与陈寅恪有关中唐牛李党争问题的考论来看，正因为岑仲勉之关注点始终在"个性之真实"方面，着意于文献史料的追查考订，故而在不少地方恰又指出了陈寅恪考证中一些思考的罅隙和具体文献取证方面的缺漏。例如《唐集质疑·上赵昌尚书启》即订正陈寅恪《李德裕贬死年月及归葬传说辨证》文中所考范摅《云溪友议》所载"广州赵尚书"之赵昌"四年"移荆南节度使，实为"三年"之误②；《隋唐史》复辨订陈文"附记"所考李德裕自撰"刘氏志"之刘氏非德裕妾而实为其妻③；《隋唐史》又考订陈寅恪论白居易父母"舅甥为婚"说之非④等。而前揭岑仲勉所提李德裕对进士科人员的任用、对孤寒之士的奖拔，以及牛党并不一定非出自旧族等等问题，确实也在很大程度上都能指出陈寅恪论点未尽周备之处。特别是统计法的采用：

① 蒋天枢：《陈寅恪先生编年事辑》（增订本），上海古籍出版社，1997，第222页。

② 岑仲勉《唐集质疑》："李德裕贬死年月辨证，四年昌移荆南，四年，三年之讹。"《唐人行第录（外三种）》，上海古籍出版社，1962，413页。陈文见《金明馆丛稿二编》，生活·读书·新知三联书店，2001，第17页。

③ 岑仲勉：《隋唐史》（下），第四十五节注释11，中华书局，1982，第433—434页。

④ 岑仲勉：《隋唐史》（下）第四十五节注释22，中华书局，1982，第436页。

《述论稿》云："宣宗朝政事事与武宗朝相反，进士科之好恶崇抑乃其一端"；（八五页）按事多相反，则诚有之，必谓武宗朝抑进士，却未尽然。武宗用相九人（连崔珙），进士居其六，宣宗用相十八人，进士居十六（白敏中、卢商、崔元式、韦琮、马植、周墀、崔铉、魏扶、崔龟从、令孤绹、魏謩、裴休、崔慎由、萧邺、刘瑑、蒋伸。非进士者为郑朗、夏侯孜），不过九分之六与九分之八之比耳。且武宗在位年数，不及宣宗之半，是亦比较时所应注意者。①

这一统计法，在岑仲勉之后很长一段时间内成为学界辩论唐代朋党之争、"关陇集团"之演变乃至相关问题的重要方法②。因此，倘就"朋党之争"问题本身而言，"李德裕无党"说完全可以构成反思"牛李党争"及中晚唐政局问题的重要参照。

正因为此，陈寅恪更关注"通性真实"的提炼，与岑仲勉更着意于"个性真实"的严格筛查，恰可谓考据方法本身的两种不同延展方向，有研究思路的不同与学术兴趣的差异，但不能简单地予以学术价值高低的判别。亦即是说，岑仲勉与陈寅恪上述学术思考的差异，并不能简单地用"细节考据"与"历史演进大判断考察"这样的视角予以价值上的判分（当然岑著确也存在"支离"之弊），而更应关注二者面对史料以及史料取用的不同思路，由此看其同为"考据学"学者具体考据方法的不同。

---

① 岑仲勉：《隋唐史》（下）第四十五节注释29"小结"，中华书局，1982，第439页。
② 日本学者渡边孝于20世纪90年代所撰《牛李党争研究的现状与展望》一文中就提出，文宗至宣宗朝中央官吏的人员构成分析，包括姻亲关系的牛李党人详细的出身地望分析……都是今后研究必须努力的问题。参见胡戟等主编《二十世纪唐研究》"朋党之争"条，第69页。另，黄永年对陈寅恪"关陇集团"说的驳论，更充分利用统计法，辨析唐初所谓"关陇集团人物"的籍贯、任职等，详见氏著《六至九世纪中国政治史》"第二章、关陇集团始末"，上海书店出版社，2004，第68—76页。

五、金毓黻对岑仲勉与陈寅恪治史风格的比较

就岑仲勉与陈寅恪治史风格之比较而言，金毓黻于20世纪50年代曾提出所谓"专""通"之别的观点。然而，如果联系《隋唐史·编撰简言》所述"断代史"的做法，以及陈寅恪30年代对"通史"撰著的看法，则拈出"专""通"这样的字眼来判别岑陈考据方法之差异，其实未必恰切。准确地说，岑、陈之别更多地表现为文献考据思路与历史考证思路的不同。

1956年6月，史学家金毓黻（1887—1962）首次读到由高等教育部印发各高校作参考资料的《隋唐史讲义》时，曾在其日记中谈到与上述贺昌群先生相近的看法，并将岑仲勉与陈寅恪之治学略做比较，留下了今天讨论岑、陈二公学术之异同最早的一笔记载。初读之下，金毓黻即对岑著与陈寅恪相近的精擅史料考据的学术风格留下深刻印象。他在日记中记述道：

> 6月9日：岑氏治史盖用陈寅恪先生之法，于极细微处亦一字不苟……
>
> 6月17日：岑著有一种长处，凡涉及考证者皆能深入，其于一般人不甚经意之处，往往作深入的探究，读岑著可多得运用史料之方法。盖岑氏治史系与陈寅恪先生一派，为偏于专而短于通之史学家。①

然而随着阅读的深入，金氏很快即注意到《隋唐史》对陈寅恪的批

---

① 金毓黻：《静晤室日记》（第十册），辽沈出版社，1993，第7159页、7168—7169页。金毓黻《静晤室日记》这则比较材料，系笔者所见现代学者对岑仲勉与陈寅恪之学术予以比较研究的最早记载。前揭蔡鸿生教授《康乐园"二老"》（收入《学境》一书）一文、谢泳先生《金毓黻对陈寅恪的评价》一文均有提及，特此说明。谢文见光明网 http://www.gmw.cn/content/2004—04/30/content_19937.htm

评，以及岑陈二人治学思路上的差异。其6月19日日记载：

> 细检岑著《隋唐史》有关唐代之重要问题，多与陈寅恪著《唐代政治史述论》意见相反，如论府兵制及进士科等问题，皆与陈氏不同。岑君亦能旁征博引，证明陈氏所论之不尽确当，可见其善于读书。余因向未治此段历史，对于史料尚不熟悉，更谈不到大量占有史料，但终觉陈氏立论多从大处着眼，就此一节论之，似胜岑氏一着。余昨言陈氏亦如岑氏，偏于专而短于通，可谓一言不智，唐突名贤。①

6月21日日记更有"若岑氏则有意与陈氏为难，处处与之立异"一语：

> 岑氏论府兵之制，不仅与陈寅恪氏之说不同，且亦不同于唐人之说。……唐高宗、武后两世屡幸洛阳，或驻留甚久，其原因非一；然为漕运之艰，意在就食，当亦重要原因之一。岑氏举关中岁丰、洛阳岁歉之时，皇帝亦幸洛阳。诚有其事，然不能举此一二例外之事为反驳之论。研史应于通中求专，若滞于小事细节，而谓历史上及其显然之事为不必然，则其失必多。窃谓岑氏治史或未免于此病。……近来作家往往胸中先持一成见，曲引古籍以证成其说，合则引用不惮其烦，不合则避而不谈，违史家实事求是之旨，吾所不取。窃谓陈氏治唐史最能通贯，且引证以明之，是以绩效炳然，诚近来史家之杰。然常有不信唐人之说，而独申己见，如所谓关中本位政策，余不敢信以为然，犹待考辨而后定。不过其治史方法，尚近乎实事求是，未可遽加非难。若岑氏则有意与陈氏为难，处处与之立异，所引诸证亦能穷原竟委，为陈氏注意所未及；但不能贯通前后，以求其大端所在，失之其细已甚，恐不足服陈氏之心。总之陈、岑二氏有一共同之点，即

---

① 金毓黻：《静晤室日记》（第十册），辽沈出版社，1993，第7170—7171页。

不甚（信）唐、宋人诸巨作，而引琐闻杂记及叶水心等泛论不衰之言，以驳斥接近第一手史料之作风，尚待考虑其是否正确。①（笔者按：着重号系笔者所加）

6月22日记复卞孝萱函，则不仅对岑陈学术作比较，更将二者与当日同类撰著作对照：

现世以治隋、唐史名家者，前推陈寅恪、岑仲勉二氏，皆能殚见洽闻。而陈氏尤为通博，所著《隋唐制度渊源略论》《唐代政治史述论》最为独出冠时，不识足下曾取而读之否耶？岑氏有《隋唐史讲义》，供各大学参考，尚未公开发行。其立论往往与陈氏异趣，但因其中交叉之处甚多，亦有互相发明印证之益，其可尚者，在能博而不在其能通也。近来尚钺编著《中国历史纲要》最为有声，关于隋、唐之政治制度部分，大抵以陈氏之说为主。但有一节，陈、岑二氏书中皆于生产经济尚未触及，尚著则并此二者而贯通之，即为后来居上之显徵。至于杨志玖论著之《隋、唐、五代史》虽出版较晚，声名亦不如陈、岑、尚三氏之昭昭在人耳目，但此为新生力量不可忽视之一种。此书着墨不多，但能扼要叙述，凡前人可取之结论咸能网罗在内，实不愧为一部提纲挈领之作。……如陈、岑二氏于新理论尚未能全部接受，即为其美中不足之一，杨著虽晚出，但于理论一端则差胜。②

尽管此时的金毓黻尚未正式研读陈氏二"稿"（《隋唐制度渊源略论

① 金毓黻：《静晤室日记》（第十册），辽沈出版社，1993，第7173—7174页。
② 金毓黻：《静晤室日记》（第十册），辽沈出版社，1993，第7174—7175页。

稿》与《唐代政治史述论稿》）①，但以其早年治史学史而获得的学术敏感，对岑著求"专"而陈著尚"通"的学术特点作出了实事求是的区别。虽然金毓黻对岑著评价并不算高，但仍指出其"亦能旁征博引，证明陈氏所论之不尽确当""能殚见洽闻""往往与陈氏异趣，但因其中交叉之处甚多，亦有互相发明印证之益"等可称道之处。

值得注意的是，从金毓黻日记中的这些比较来看，在他眼中，岑、陈二氏著作倘与后来采用"新理论"的尚钺、杨志玖等人著作相比，仍不免偏向于"专"——其复卞孝萱函所提到的"美中不足"显然正指此而言。从这个角度上来说，他所说的"通"，其实更接近于贺昌群为《隋唐史》所撰书评中所强调的那种"通"，即按照"辩证唯物主义哲学观"来"揭示社会历史发展的规律"，理出"一代历史发展的线索"②。这一点，或许与马克思主义社会史观已然占据此时史学界之主流有关，以致金毓黻这样浸染"考据之学"多年者也不免受其影响③。那么，这也就意味着，用"专通之别"来判分岑仲勉与陈寅恪之治学思路是否恰切，仍是需要斟酌的问题。

① 据《日记》载，金氏正式阅读《唐代政治史述论稿》在1956年6月23日，至25日结束，后接阅《隋唐制度源源略论稿》，至7月2日全部结束。参见《静晤室日记》（第十册），第7177、7182、7191页。其6月24日日记尤记述道，"往在四川，值陈氏《隋唐制度渊源略论》《唐代政治史述论》二书出版，诚知其佳，但只购藏而未一读，实缘当日专治宋、辽、金史，未暇及此故也。岁月荏苒，不觉已过十有四年，直至今日始知取读，惟有相知恨晚而已。古人有相距咫尺而未尝谋面者，有卒然相遇而交臂失之者，余于陈君，无乃类似。微闻陈君现在广州中山大学授读，以患目疾已不能自亲书卷，尝由他人代诵，是则其精力已减于往昔，可惜也"。参见《静晤室日记》（第十册），辽沈出版社，1993，第7179页。

② 贺昌群：《读〈隋唐史〉》，《贺昌群文集》（第三卷），商务印书馆，2003，第526页。

③ 金毓黻在《静晤室日记·前言》中曾有自述："余之研史，实由清儒。清代惠、戴诸贤，树考证、校雠之风，以实事求是为归。实为学域辟一新机。用其法治经治史，无不顺如流水。且以考证学治经，即等于治史。古之经籍，悉为史裁，如欲究明古史，舍群经其莫由。余用其法以治诸史，其途出于考证，一如清代之经生，所获虽鲜，究非甚误。"

六、断代史编撰中的"通"与通史讲授的专题化

本文开头所提1957年高等教育出版社为《隋唐史》一书所作"出版说明"中即讲到，岑著讨论问题的方式——"尽可能上溯其起源，下探其流变"。应该说，这一特点运用到全书每一节基本上都是合适的。岑仲勉在《编撰简言》中即提道：

> 通史讲授，多浑括全朝，然有利亦有弊，其结果往往抹煞多少时间性。本篇编次，有时序或重点可循者，仍按后先叙述，不特求与通史避复，亦以补其所略。……历朝制度、名物，每更一姓，虽必有所易，然易者其名，不易者其实。甚至外族侵入，仍有相联之迹（如唐府兵与元怯薛，特勤与台吉，莫离与贝勒等），故每论到典章、文物，非徒略溯其始，抑且终论其变，求类乎通史之"通"，不锢于断代史之"断"。

中国史学素有"原始要终"的学术传统，岑仲勉自幼谙熟尤具这一学术特点的"三通"[①]，所以，尽管此书"编撰目的，即在向'专门化'之途径转进"，但重视对每一问题的源流本末予以通盘考察的倾向仍是很鲜明的——"每一问题，恒胪列众说，可解决者加以断论，未可解决者暂行存疑""非徒略溯其始，抑且终论其变"[②]。如书中对隋唐官制（隋史第二；唐史第五、五十三节）；隋唐时期突厥、吐蕃等外族与中土之关系（隋史第四至七、十二至十四；唐史第二、三、八、二十六、三十至三十二、四十七至四十八、五十二节）均予以专题考论；再如论隋之政治（隋

---

① 岑仲勉《〈杜佑年谱〉补正》（1948）回忆道："先君留心经世之学，旧政书如《三通》等，皆丹黄并下。小子志学之岁，文义稍通，窃尝摩挲手泽而未有得也。"《岑仲勉史学论文集》，中华书局，1990，第306页。

② 《隋唐史·编撰简言》，中华书局，1982，第1—2页。

史第一、三、十、十一节）、经济（隋史第十八节）、文化（隋史第十五、十六节）等。唐史六十八节，更广泛讨论到政治、经济、文化、宗教、外交等不同专题，仅经济一项，即先后分细分题目讨论到漕运（第十一节）、马政（第三十三节）、均田制（第三十六、三十七节）、租庸调制（第三十八、三十九节）、户口问题（第四十节）、中唐以后理财言论及方法（第四十一节）、钱币及矿冶（第四十二节）、庄田（第四十三节）、手工业及物产（第五十七节）、市虚及商务（第五十八节）等。可以说，全书所列隋史十九节、唐史六十八节实可谓八十七专题，大体依时代为序，详细论列隋唐二代政治、经济、文化甚至水利、学术、历法、艺术、服饰、社会风习、民间俗语等各方面问题，称之包罗万象毫不为过。而且，每一问题之论述，也确可谓"求类乎通史之'通'"。

表面上看，这种"通史"撰著法与陈寅恪很相像。陈寅恪自30年代前期即开始讲授"晋至唐文化史"课程，他曾自述该课程要旨："本课程是通史性质，虽名为'晋至唐'，实际所讲的，在晋前也讲到三国，唐后也讲到五代。因为一个朝代的历史不能以朝代为始终。"就此而言，这与岑仲勉的思路没有什么不同，《隋唐史》论府兵制也会讲到隋唐以前（唐史第二十节）、讲均田制也注意对北魏部分（唐史第三十六节）、讲唐末黄巢革命也会注意到延续至五代十国时期之沙陀部问题（唐史第五十二节）。

同时，陈寅恪又提到，"本课程虽属通史性质，也不能全讲。如果各方面都讲一点，则类似高中讲法，不宜于大学"[1]。对照其《晋南北朝史备课笔记》所列11个专题——自作家门事（笔者按：课程相关阅读史料）、葛洪论晋之代魏、通鉴（笔者按：言其修撰条例及价值）、封建、徙民事、胡貌、五胡、胡书之碍、蜀薛、东晋初中洲人与吴人之关系、北魏之汉化、北齐之鲜卑化；《晋南北朝隋唐史研究备课笔记》所列24专题；《两晋南北朝史（高等学校交流讲义）》所设19个节目（笔者按：万绳楠据其本人1947—1948年在清华大学历史研究所的听课笔记整理之《陈寅恪魏晋南

---

① 蒋天枢：《陈寅恪先生编年事辑》（增订本），上海古籍出版社，1997，第93页。

北朝史讲演录》更设立为21篇）；以及《唐史讲义》19个问题①，似乎与岑仲勉分"专题"撰通史的做法也差不多。

但是，如果注意到陈寅恪"通史"课程具体讲授内容的安排和关注点，则与岑仲勉可谓大相径庭。陈寅恪在1932年秋"晋至唐文化史"开讲辞中谈道：

> 本课程讲论晋至唐这一历史时期的精神生活与物质生活之关系。精神生活包括思想、哲学、宗教、艺术、文学等；物质环境包括政治、经济、社会组织等。在讲论中，绝不轻易讲因果关系，而更着重条件。②

很显然，讲"因果关系"，即讲"为什么"的问题，不仅要推源溯流，更会将"因"与"果"视为一种确定不移的关联；而讲"条件"，则关注的是"有什么、是什么"的问题，即考察某一历史事件发生前后的多侧面和多种可能诱发因素。因此，前者往往容易将历史视为一种遵循某种内在规律渐次迁变的过程，关注点在这种看似动态变化而实为静态延展的迁变过程本身的考察。而后者更多将历史视为一种充满未知色彩的人类过往活动的时间流程，即所能确定的只是这一时间流程本身，而人类曾经的一系列活动却充满诸多未知因素，故而其关注点在特定历史时段之横切面的多样性和丰富的可能性，努力在一个多元立体的历史空间中观察问题发生的多样脉络及主次关系。

对于上述两种"观看"历史的方式，梁启超1923年在南京金陵大学第一中学所作讲演，即《研究文化史的几个重要问题》（对于旧著《中国历史研究法》之修补及修正）一文中曾有分析：

---

① 以上三份材料均见《陈寅恪集·讲义及杂稿》，生活·读书·新知三联书店，2002，第15—416页。据编者附识文字可知，所列标题不少系编者所加。其实，参照这几份来看，所包含的内容，有些尚未单独予以标出。另万绳楠整理：《陈寅恪魏晋南北朝史讲演录》，黄山书社，1987。

② 蒋天枢：《陈寅恪先生编年事辑》（增订本），上海古籍出版社，1997，第80页。

因果律也叫做"必然的法则"。（科学上还有所谓"盖然的法则"，不过"必然性"稍弱耳，本质仍相同。）"必然"与"自由"，是两极端，既必然便没有自由，既自由便没有必然。我们既承认历史为人类自由意志的创造品，当然不能又认他受因果必然法则的支配，其理甚明。……

所以历史现象，最多只能说是"互缘"，不能说是因果。互缘怎么解呢？谓互相为缘。佛典上常说的譬喻，"相待如交芦"，这件事和那件事有不断的联带关系，你靠我、我靠你才能成立。就在这种关系状态之下，前波后波，衔接动荡，便成一个广大渊深的文化史海。我们做史学的人，只要专从这方面看出历史的"动相"和"不共相"。倘若拿"静"的"共"的因果律来凿四方眼，那可糟了。①

正因为强调历史现象多为"互缘"关系，所以梁启超指出历史研究应充分注意考察历史现象的多侧面、多角度和多层次：

要钻在这件事物里头去研究，要绕着这件事物周围去研究，要跳在这件事物高头去研究，种种分析研究结果，才把这件事物的属性大略研究出来，算是从许多相类似容易混淆的个体中，发现每个个体的特征。换一个方向，把许多同有这种特征的事物，归成一类，许多类归成一部，许多部归成一组，如是综合研究的结果，算是从许多各自分离的个体中发现出他们相互间的普遍性。②

应该说，这种深入历史深层复杂性研究的方法，在梁启超本人晚年的

---

① 梁启超：《研究文化史的几个重要问题》，《饮冰室合集·文集之四十》（第5册），中华书局，1989，第3—4页。

② 梁启超：《科学精神与东西文化》，《饮冰室合集·文集之三十九》（第5册），中华书局，1989，第3—4页。

研究中似乎并未来得及做更多的实践，而正是陈寅恪真正将之落实到现实的治史过程中。比较岑仲勉与陈寅恪的唐史研究，《隋唐史》更近于倾向因果关系研究的前者，而陈寅恪的"通史"课程则近于后者。二者都可谓强调"通"，但岑仲勉追考各问题源流始末的"通"恰较多忽略了问题与问题之间的联系；而陈寅恪往往则是透过某一个问题，从各类庞杂史料的考订排比中追寻其不同侧面之间以及与其他问题相互间复杂多变的关系，并由这种关系中透视一段历史走向。譬如岑仲勉对唐代官制有着极为深细的考察，《隋唐史》对隋唐官制也多有论述，但是他所关注的是唐代官制的"历史流变"和各种官制术语的"复杂构成"等，即考察的是一种较具稳定性质史实的迁变问题；而陈寅恪《元白诗中俸料钱问题》一文，则通过元白诗中所提官俸数字与史籍所载相比证，指出中晚唐以后官制中俸料问题中透显的某些"个别问题"——地方官吏之俸料不仅与史籍所载不同且远高于中央官吏之上，从而为了解唐代官制系统提出了另一视角：

> 凡关于中央政府官吏之俸料，史籍所载额数，与乐天诗文所言者无不相合。独至地方官吏，（京兆府县官吏，史籍虽附系于京官之后，其实亦地方官吏也。）则史籍所载，与乐天诗文所言者，多不相合。且乐天诗文所言之数，悉较史籍所载定额为多。据此可以推知唐代中晚以后，地方官吏除法定俸料之外，其他不载于法令，而可以认为正当之收入者，为数远在中央官吏之上。……又内外官吏同一时间，同一官职，而俸料亦因人因地而互异……

陈寅恪同时指出，元稹所述"今日俸钱过十万"的《遣悲怀诗》是否确定作于贬谪江陵其间，以及所说"十万"是否系夸张之词，固然可视为"一假设"，但由此诗以及白居易诸诗和并时史籍所载可以看到，上述地方官吏俸料与史籍不合且高于中央官吏则实为一"通性之真实"的历史存在：

故考史者不可但依官书纸面之记载，遽尔断定官吏俸料之实数。只可随时随地随人随事，偶有特别之记载，因而得以依据证实之。若欲获一全部系统之知识，殊非易事。①

所谓"随时随地随人随事"，即充分考虑历史现象发生、发展的"或然性"、个别性和内在复杂性，以此考察历史的"动相"和"不共相"。史籍所载唐人官制固然为一基本考察线索，但其官制具体实施的"真相"，却可以通过其时任官之人的实际收入这一视角来考察，亦即通过"官制"问题的不同侧面来讨论。这在陈寅恪的通史讲授中同样有体现。如其"魏晋南北朝史"课程，其主要讲授内容为魏晋嬗代之际司马氏与曹氏两大社会政治集团之斗争与盛衰衍变②，但从前揭《晋南北朝史备课笔记》所列11个专题可见，胡汉关系亦成为其讲授上述内容的一个视角。

两相比较，岑仲勉断代史撰著强调的"通"，其实缺少的恰是陈寅恪这种关注"动相"和"不共相"的特点，所以他对某一具体问题源流演变的揭示可谓清晰，但问题与问题间的深层关联和复杂纠缠关系关注不多。而陈寅恪"通史"讲授的"专题化"，则关注到诸多历史"动相"和"不共相"深层复杂关系的发覆，但其对个别"史实"问题的论析往往容易存在某些罅隙，特别是强调问题与问题间关系的时候，可能不免某些牵合之处。这里可以岑仲勉批评陈寅恪有关隋唐帝王数幸东都以就食的考论为例，略作比较。

《隋唐制度源源略论稿·七·财政》在谈及隋唐经济制度之变化时指出，"夫帝王之由长安迁居洛阳，除别有政治及娱乐等原因，如隋炀帝、武则天等兹不论外，其中尚有一主因为本章所欲论者，即经济供给之原因是也"。文中引《隋书·高祖纪》所载隋文帝杨坚于开皇十四年（594）八月关中大旱时曾就食东都，《通鉴·唐纪》载景龙三年（709）关中饥荒时

① 陈寅恪：《元白诗笺证稿》，生活·读书·新知三联书店，2001，第76—78页。
② 唐筼、黄萱：《两晋南北朝史听课笔记片段》，《陈寅恪集·讲义及杂稿》，生活·读书·新知三联书店，2001，第469页。

群臣劝中宗驾幸东都，以及《旧唐书·裴耀卿传》载玄宗开元二十一年（733）因秋冻伤稼、京城谷贵而将幸东都前与裴氏论西京财用供给问题等为例，指出：

> 自隋唐以降，关中之地若值天灾，农产品不足以供给长安帝王宫卫及百官俸食之需时，则帝王往往移幸洛阳，俟关中农产丰收，然后复还长安。[1]

而《隋唐史》第十节"高、玄二宗频幸东都及武后长期留居之问题"，则从炀帝一生留居洛阳之时间超过长安、唐太宗三幸洛阳均非为就食入手，复据史料记载分别列表排比高宗一代七幸东都，以及玄宗五幸洛阳之时间、居留时间及主要目的。从而指出，"隋、唐时关中经济供给，有时确处于窘乏状态，固不自误。……然高宗以后之幸洛，有时实与隋炀无异，非统出于经济动机"[2]。应该说，岑仲勉所举确可谓直指陈说未尽周备处。陈寅恪以就食为数代帝王幸洛之主因，然正如岑仲勉所考，高宗、玄宗之幸洛多数情况下恰非主要出于经济考虑。

不过值得注意的是，岑仲勉上述所考无疑对陈寅恪论据之缺漏有补备，但着重点却在指出唐代"关中供给不足"产生的原因，故援引自战国、汉武以来解决关中水利问题的有益经验，指出高宗、玄宗等未能充分"认真开发"关中西北部以致"关中供给不足"的史实。而陈寅恪上述所论背后，实牵涉唐代财政经济制度之重要问题——河西地方化亦即和籴制之来源问题。和籴，原是北魏孝明帝时期官府出资向百姓公平购买粮食，"积为边备"（《魏书·食货志》）的一种财政手段。入唐以后，始为西北地区弥补供给不足的一种财政应急策略，后逐渐演化为官府强加于民的经

---

[1] 陈寅恪：《隋唐制度源源略论稿》，中华书局，1963，第146—148页。
[2] 岑仲勉：《隋唐史》（上），中华书局，1982，第147页。

济盘剥方式①。陈寅恪认为，唐开元中施行和籴本限于西北一隅，后逐渐推扩到关内，是即唐代地方化经济制度走向中央集权制度的一个侧面。不仅如此，此一问题又可谓玄宗朝积极经略西北边疆之重要事例。而这些，又都关系到唐初以来"关中本位政策"的确立与发展这一唐史解释"大判断"。亦即是说，陈寅恪上述对帝王游幸的考证，以及有关唐代各项制度源流、经济、政治、军事、天灾等诸多问题的考订，均围绕其"关陇集团"之缔结这一关系隋唐历史变化的"大判断"而发。

因此，尽管《隋唐史》第十节末考论自战国以来至唐代"关中西北开发"的可能性②，紧接此节之后的第十一节亦专论"隋唐之漕运"，补充论述上节已然涉及的唐代经济制度之发展演变等问题。但很显然，其与陈寅恪对唐代经济制度的"专题"考证相比，后者所涉及的面或者说考证的触角，是多向延展的，且互为关联，牵一发而动全身；而前者则更多偏向一种线性历时考察。故而，岑仲勉对陈寅恪有关唐代帝王"就食"东都说的订正虽合乎史实，确可补正后者以帝王幸洛为据论唐代财政经济关注点转移说之不足，但这充其量仍只涉及陈氏证成其总论断诸多触角中的一个方面，并无损于其"大判断"本身。这就如同傅斯年为董作宾《殷历谱》所作序中所说，"辩难之词，先于解悟，支节之异，必成争论也"，"大凡巨著鸿编，其枝叶扶疏，牵涉者多。事涉古史，经籍中资料如何取材，学人亦未能齐一见地。故世之能评此书者，在乎先观其大，引一书，征一事，若以为不惬意焉，固无碍乎体系之确立也"。③

然而即便如此，岑仲勉专注文献考证的思路仍然有不可忽略的意义。因为，陈寅恪上述这种通过考证来缔结某一历史论断"结构"的思路，很大程度上恰存在他自己所批评的、亦是岑仲勉所反对的那种"系统论"问题。正是出于这一根本治史思路的差异，导致二者考据方法以及问题分

---

① 如《新唐书·食货志三》载："宪宗即位之初，有司以岁丰熟，请畿内和籴。当时府县配户督限，甚于赋税，号为和籴，其实害民。"

② 岑仲勉：《隋唐史》（上），中华书局，1982，第151页。

③ 傅斯年：《史料论略及其他》，辽宁教育出版社，1997，第55页。

析、论证的关注点多有不同。

七、"追讨史源"与"从史实中寻史识"

前面提到,陈寅恪在《元白诗中俸料钱问题》即指出"若欲获一全部系统之知识,殊非易事"①。其1931年5月所发表之《吾国学术之现状及清华之职责》一文也提到,"近年中国古代及近代史料发见虽多,而具有统系与不涉附会之整理,犹待今后之努力。今日全国大学未必有人焉,能授本国通史,或一代专史,而能胜任愉快者。"②熟悉其治学思路的赵元任亦曾回忆,"第二年(笔者按:1926)到了清华,四个研究教授除了梁任公注意政治方面一点,其他王静安、寅恪跟我都喜欢搞音韵训诂之类问题。寅恪总说你不把基本的材料搞清楚了,就急着要论微言大义,所得的结论还是不可靠的。"③可见,强调史料整理,反对史学研究的"统系"论,应该可以说是陈寅恪治史的一贯思路。但从上述其有关唐代经济制度的考论来看,又分明透出一种"系统论"的倾向。

而岑仲勉《隋唐史》在列表指出陈寅恪有关"门第与科举"分析的不周备后,恰又批评:

> 质言之,从古史中寻出一种系统,固现在读史者之渴望,然其结果须由客观归纳得来。中唐以后,除非就选举法根本改革,任何人执政都不能离开进士,无论旧族、寒门,同争取进士出身,寒门而新兴,亦复崇尚门第,因之,沈氏"牛党重科举,李党重门第"之原则,微特不适于二三流分子,甚至最重要之党魁,亦须列诸例外。是

---

① 陈寅恪:《元白诗笺证稿》,生活·读书·新知三联书店,2001,第77页。

② 陈寅恪:《吾国学术之现状及清华之职责》,《金明馆丛稿二编》,生活·读书·新知三联书店,2001,第361页。

③ 赵元任:《忆寅恪》,转引自张杰、杨燕丽选编:《追忆陈寅恪》,社会科学文献出版社,1999,第22页;另见蒋天枢:《陈寅恪先生编年事辑》(增订本),上海古籍出版社,1997,第62页。

所谓"原则"，已等于有名无实。如斯之"系统论"，直蒙马虎皮而已。①

可见，在岑仲勉看来，陈寅恪有关"门第与科举"问题的考论中正存在一种"系统论"的倾向；而他之所以一再坚守"李德裕无党"说，并据以批驳陈寅恪的诸多分析，显然也正与此有关。就此而言，陈寅恪的史学研究似乎不免存在某种"悖论"：即一方面强调以史料整理为治史首要原则，但另一方面又并不以之为最终目的。《隋唐制度渊源略论稿》和《唐代政治史述论稿》中处处可见其构设唐史解释"系统"的努力；而其1935年6月评阅刘钟明毕业论文之评语中，更早已将是否有"系统结论"作为一条评审依据②；至50年代"元白诗证史"课上谈及"诗"的史料价值时也曾指出，"唐人孟棨有本事诗，宋人计有功亦有唐诗纪事，但无系统无组织。本事诗只说到一个人，一件事，一首首各自为诗。即使是某人之年谱附诗，也不过把某一个人之事记下来而已，对于整个历史关系而言则远不够。"③这些显然可见其基本治史立场。亦可以说，陈寅恪强调史料整理的背后，时时有一"系统"思考的影子。那么，何以陈寅恪会如此？何以岑仲勉又极力反对这种"系统"构架的治史思路？

考察陈寅恪与岑仲勉之前的史学研究可以看到，上述问题、分歧的出现，很大程度上可以说正涉及岑仲勉所提到的"归纳"问题，亦即20世纪20年代史学研究中关于"归纳法"的反思。可以说，自清儒以来，"归纳法"应用最为普遍，无论是古书研读通例的探讨，训字考音方法的类例等，均离不开"归纳"④。所以，梁启超小结清儒治学方法之"特色可指

---

① 岑仲勉：《隋唐史》（下），中华书局，1982，第425页。

② 陈寅恪：《刘钟明大学毕业论文有关云南之唐诗文评语》，《陈寅恪集·讲义及杂稿》，生活·读书·新知三联书店，2001，第458页。

③ 唐筼：《元白诗证史第一讲听课笔记片段》，《陈寅恪集·讲义及杂稿》，生活·读书·新知三联书店，2001，第483页。

④ 有关清儒对归纳法的实践，参见漆永祥：《乾嘉考据学研究》第三章第二节"古书通例归纳法的客观化与规律化"，中国社会科学出版社，1998，第88—98页。

者"，除强调搜证之重要，"孤证不为定论"，"专治一业"等特点之外，复明确提出"最喜罗列事项之同类者，为比较的研究，而求得其公则"①一条。而这种归纳的方法，因其注重实证的色彩与民国以后逐渐外来的经验主义研究方法相汇合，成为一种极具"科学色彩"的学术方法。然而这一方法运用于历史研究中存在的问题，也逐渐被注意到。前提梁启超1923年所作《研究文化史的几个重要问题》中即将之作为当下研究的第一问题予以提出：

第一、史学应用归纳研究法的最大效率如何？

现代所谓科学，人人都知道是从归纳研究法产生出来。我们要建设新史学，自然也离不了走这条路。所以我旧著《中国历史研究法》极力提倡这一点；最近所讲演《历史统计学》等篇，也是这一路精神。但我们须知道，这种研究法的效率是有限制的。简单说：整理史料要用归纳法，自然毫无疑义；若说用归纳法就能知道"历史其物"，这却太不成问题了。归纳法最大的工作是求"共相"，把许多事物相异的属性剔去，相同的属性抽出，各归各类，以规定该事物之内容及行历何如。这种力法应用到史学，却是绝对不可能。为什么呢？因为历史现象只是"一躺过"，自古及今，从没有同铸一型的史迹。这又为什么呢？因为史迹是人类自由意志的反影；而各人自由意志之内容，绝对不会从同。所以史家的工作，和自然科学家正相反，专务求"不共相"。倘若把许多史迹相异的属性剔去，专抽出那相同的属性，结果便将史的精魂剥夺净尽了。因此，我想：归纳研究法之在史学界，其效率只到整理史料而止。不能更进一步。然则把许多"不共相"堆叠起来，怎么能成为一种有组织的学问？我们常说历史是整个的，又作何解呢？你根问到这一点吗？依我看：什有九要从直觉得来，不是什么归纳演绎的问题。这是历史哲学里头的最大关键，我现

---

① 梁启超：《清代学术概论·十三·朴学》，上海古籍出版社，1998，第47页。

在还没有研究成熟，等将来再发表意见罢。①

在梁启超看来，"归纳法"的最大特点在于寻求"共相"，然历史研究所应注意的却在某些"不共相"，即特定时空下"史实"，而非那些所谓的"普遍性的历史发展规律"之类。因而，"归纳法"对于历史研究而言，"效率只到整理史料而止"。但是，历史研究又并不应以研究"不共相"为鹄的，所以梁启超又强调应将诸多"不共相"联系成"一种有组织的学问"。

实际上，历史研究以"史实"追究为基础，借用黑格尔《小逻辑》所分"归纳推论"的三层次②，"史实"亦可分为三类：即"普遍史实"（如"人总是要死的"）、"特殊史实"（如"梁启超已于20世纪前期去世"）和"个别史实"（如"梁启超于1929年1月19日因病辞世"）。历史研究中运用"归纳法"，即意味着要通过对"个别史实"的归纳推论出某种"特殊史实"，进而得出某种"普遍事实"。然诚如梁启超所指出的，这一思路存在以共相掩殊相的弊端（这正是后现代史学所批评的）。

至于突破上述僵局，梁启超又认为这在目前似乎是难以做出解答的问题。作为中国现代史学革命的巨子，梁启超的这一思想困惑无疑是有普遍性的。或许正因为此，岑仲勉遵守梁启超所说"归纳法之在史学界，其效率只到整理史料而止。不能更进一步"，始终强调史实的追查离不开史料证据的整理、"归纳"，即通过考察、比较各类史料记载及其来源，以切入历史之"真相"。这在其"李德裕无党"说的搜证过程中有明显体现。

前揭《李德裕〈会昌伐叛集〉编证上》一文小序中虽提及诸家诬谤李德裕的不实之词，但对新旧唐书所论"党争说"本身，只是指出"唐代史官，党同伐异，有恶皆归，故造此疑词以为诬诋"，抑或"旧史氏……吾

---

① 梁启超：《研究文化史的几个重要问题》，《饮冰室合集·文集之四十》（第5册），中华书局，1989，第1—2页。

② 黑格尔：《小逻辑》"第三篇概念论·反思的推论"，商务印书馆，1980，第367—369页。

所不满者，都不原公之迹而故作非难之论也"；对于托名于白居易的三首伪诗，也只是泛泛指出其"更有伎俩鬼蜮，捏造他人文字以施其攻击者"①。

而至初稿于30年代末的《唐人行第录·王十八》中，在辨及《李文饶别集》四所收《奉送相公十八丈镇扬州诗》非李德裕之作时则提到，"李诗不特题伪，诗亦伪，与白居易吊崖州三绝同一捏造伎俩也……李诗底本虽未知原出何处，然南宋初计有功已采入，相信传自唐末，牛党期以此污德裕也。牛党诋李，无所不用其极，奈何读史者忽不加察长为金壬所蒙耶！"②显然，《编证》虽提及托名白居易的三首伪诗，但丝毫未及"牛党诋李"之说。而此文则已然注意到白居易伪诗与托名德裕之作均被《唐诗纪事》采录，且认定其出于唐末，系牛党污蔑德裕之一部。

若再对照写作于40年代前期之《唐史余渖·牛李问题》，以及《隋唐史》第四十五节第一点辨"李德裕无党"所提出的"此宜辨明者三"则可以看出，岑仲勉最终得出"李德裕无党"这一结论的重要搜证及立论思路即"唐末史实湮坠，不得不取材私志、野乘，而此等文章多出于牛党文人之手，积非成是，史家已无复审择之可能"③。此处所谓"出于牛党文人之手""史家已无复审择之可能"，与上文泛言"唐代史官，党同伐异"这两个结论之间，显然隐含着岑仲勉史学研究方法上的一层转折。后者乃对史料本身而言，而前者则指向对史料来源的辨析——亦即一种史源学思考的眼光。尽管从《编证》（1936）一文到《唐史余渖》的撰著不过数年时间，但这数年恰是岑仲勉"史源学"思考逐步成熟的时期（详见第一章所论）。所以，在岑仲勉这一时期的著述中，我们还可以发现其考论牛僧孺、李德裕各家世、生平等方面问题的篇章，如1937年8月完成的《贞石证

---

① 岑仲勉：《李德裕会昌伐叛集编证》（上），《岑仲勉史学论文集》，中华书局，1990，第344页。

② 岑仲勉：《唐人行第录（外三种）》，上海古籍出版社，1962，第16页。

③ 岑仲勉：《唐史余渖》，中华书局，2004，145页。另参见《隋唐史》（下），中华书局，1982，第420页；《论李德裕无党及司马光修〈唐纪〉之怀挟私见》，《岑仲勉史学论文集》，中华书局，1990，第463页。

史》（刊1939《集刊》8本4分）所收"陇西牛氏之祖""赞皇公"二篇[①]；1937年冬写成的《唐集质疑》（刊1947年《历史语言研究所集刊》第9本）所收录"上赵昌尚书启""送相公十八丈镇扬州诗""姚合与李德裕及其系属"等篇[②]。

可见，通过对史料记载本身的详尽查考来探寻历史真相，正是岑仲勉治史的基本法则，亦可谓史学研究的一般准则。中国现代史学的开山人物梁启超即指出，"资料少既苦其枯竭，苦其罣漏，资料多又苦其漫漶，苦其抵牾。加以知人论世，非灼有见其时代背景，则不能察其人在历史上所占地位为何等，然由今视昔，影象本已不真，据今日之环境及思想以推论昔人，尤最易陷于时代错误"[③]。相比较来说，岑仲勉治史精擅之点，恰在梁启超所谓"资料多又苦其漫漶，苦其抵牾"问题的解决上，即擅于在不断扩充史料考察范围中追考史料来源，进而通过史源断定来裁决史料记载之"是非"，最终判定史实。一如其《考订学与全史》文中所述："近人有谓考订之学无关全史者，然考订史之部分者有之，考订一史之全体者亦有之。吾人读书，常发见若干资料之间，或且同史之内，互为矛盾者，如曰阙疑，则不可胜阙，如曰择善，则究何适从？是知整理全史之功，要不能离考订而独立也。"[④]所以，岑仲勉治史求"通"，往往更多是就史料考察而言，即用追讨史源的方法来考证史料记载的源流本末。

然而，岑仲勉这一史料考据思路，恰忽略了他本人曾经予以赞赏过的、《直斋书录解题》中的一段话：

> 邃古以来，人之生世多矣，而仅见于简册者几何，器物之用于人亦多矣，而仅存于今世者几何，乃以其姓字、名物之偶同而实焉，余

---

① 岑仲勉：《贞石证史》，第109—110页、192页。

② 岑仲勉：《唐人行第录（外三种）》，上海古籍出版社，1962，第413、469—470、471页。

③ 梁启超：《中国近三百年学术史》，《饮冰室合集·专集之七十五》，中华书局，1989，第334页。

④ 岑仲勉：《续贞石证史》，《金石论丛》，上海古籍出版社，1981，第201—202页。

尝窃笑之，惟其附会之过，并与其详洽者皆不足取信矣。①

陈振孙所述，正与陈寅恪的一段话不谋而合。陈寅恪在1935年"晋至唐史"开讲辞中即提到，史料并不是追寻史实的唯一来源。故而他在谈及史学研究所应关注的"材料"问题时，除基本史部典籍、新出史料之外，还特别讲道：

更有进者，研究历史，要特别注意古人的言论和行事。……言，如诗文等，研究其为什么发此言，与当时社会生活、社会制度有什么关系。……事，即行，行动，研究其行动与当时制度的关系。……要研究其制度的施行，研究制度对当时行动的影响，和当时人行动对于制度的影响。

记录这番话的卞伯耕先生特意加一按语："先生指出注意研究制度的实际施行情况，此点至为重要。因为写在纸上的东西不一定就是现实的东西。研究制度史不能只看条文，必须考察条文在实际生活中的作用。"②很显然，这里所说"制度施行"问题的考察，正是此后《白香山新乐府笺证》讨论"唐世翰林与六典之关系"一节的由来③，亦是前揭《元白诗中俸料钱问题》所展示的研究思路。而此处所提到的问题，实即强调史料考订固然重要，但这并非研究历史、追寻史实的唯一途径。

尽管中国自古以来乙部之学发达，历代官私史籍不绝如缕，但是经历水火虫蠹以及人为改造，后人所能见到的"历史"永远只能是依史籍所传且并不一定真确的"历史"。陈寅恪30年代初在为冯友兰书所作审读报告中即指出：

---

① 岑仲勉：《四库提要古器物铭非金石录辨》，《金石论丛》，上海古籍出版社，1981，第12页。

② 蒋天枢：《陈寅恪先生编年事辑》，上海古籍出版社，1997，第97页。

③ 陈寅恪：《元白诗笺证稿》，生活·读书·新知三联书店，2001，第136页。另见《清华学报》十四卷二期单行本，第13页。

吾人今日可依据之材料，仅为当时所遗存最小之一部，欲借此残余断片，以窥侧其全部结构，必须备艺术家欣赏古代绘画雕刻之眼光及精神，然后古人立说之用意与对象，始可以真了解。所谓真了解者，必神游冥想，与立说之古人，处于同一境界，而时于其持论所以不得不如是之苦心孤诣，表一种之同情，始能批评其学说之是非得失，而无隔阂肤廓之论。①

正因为史料本身永远谈不上"完备"，所以史学研究中就不能缺少"艺术家欣赏古代绘画雕刻之眼光及精神"，即历史推断不可或缺。用陈寅恪自己的话来说，即"由个性之真实求取通性之真实"——"在史中求史识"②。然而又因为这种"通性之真实""史识"必须经历一番"同情之了解"，所以，如何获得这种"同情之了解"殊为重要。正是从这个角度来说，陈寅恪强调真正的"史实"——"史识"，仅仅依靠史料、亦即满足于史料记载本身是不够的，而必须通过不同史料之释证、补正、参证（《王静安先生遗书序》）来"还原"人群生活不同方面的内部以及相互间的复杂关系，从而获得一种"同情之了解"的基本研究语境。抑或正因为此，陈寅恪治史虽也关注史料，也不乏史源追查，但更强调史料背后"历史世界"的考察——比较《元白诗笺证稿·长恨歌》考证记载杨妃入宫问题史料的渊源关系③，以及《唐史余渖》对武惠妃世系、以及对杨妃诸兄问题的考证④，即可明了陈寅恪史源追考的特点及与岑仲勉的不同。就此而言，前述梁启超所提出的问题，即如何把"不共相"的史实堆叠为一门有组织的学问，到陈寅恪这里似乎获得了某种解答。

---

① 陈寅恪：《冯友兰中国哲学史上册审查报告》，《金明馆丛稿二编》，生活·读书·新知三联书店，2001，第279页。

② 俞大维《怀念陈寅恪先生》："在讲寅恪先生治国学以前，我们先要了解他研究国学的重点及目的。他研究的重点是历史。目的是在历史中寻求历史的教训。他常说：'在史中求史识'。"张杰、杨燕丽编：《追忆陈寅恪》，社会科学文献出版社，1999，第4页。

③ 陈寅恪：《元白诗笺证稿》，生活·读书·新知三联书店，2001，第14—20页。

④ 岑仲勉：《唐史余渖》，中华书局，2004，第101、106—108页。

因此，如果就岑仲勉与陈寅恪之史料考据异同作一初步分别，则岑仲勉更注重"史源追考"，信守类似陈垣所说的"史源不清，浊流靡已"[①]的治史信条，强调对史料来源的源流本末以及其主从轻重关系予以详细考察；而陈寅恪则更强调史料背后的"史识"，即通过对史料记载之"史实"作多层面、多角度透视，"还原"一个有关某段历史的网状全景和发展线索。就此而言，岑仲勉的史料考据更偏重于文献学眼光的考察，而陈寅恪则可谓着重发展了"考据学中的史学体系"[②]。质言之，一偏重文献考据，一偏重历史考据。这可以视为二者治学方法上的基本差异。宋人严羽《沧浪诗话》论李杜诗学有云，"李、杜二公，正不当优劣。太白有一二妙处，子美不能道；子美有一二妙处，太白不能作。"此语或许正可施诸陈、岑二公之考据方法。

附表:《隋唐史》对陈寅恪学术观点的批评[③]

编号	章节	批评指向	陈说所在	岑著页码
1	隋史9节	驳隋大兴城建造有资于西域艺术之流传说	《略论稿》62—81	30
2	16节	论华夷音乐之别	《略论稿》120、《笺证稿》136(今本149)	64注4
3	19节	驳"关中本位政策"	《述论稿》15、51	87
4	唐史1节	驳李唐先世出赵郡李氏	《述论稿》11、12	95
5	5节	驳唐代将相文武殊途	《述论稿》48—49	120注3
6	6节	驳太宗压制中原甲姓之政策	《李唐氏族之推测》	122—124
7	10节	驳隋唐帝王幸洛与天灾之关系	《略论稿》146—147	146

---

① 陈垣:《雍乾间奉天主教之宗室》,《陈垣学术论文集》(第一集),中华书局,1980,第165页。

② "考据学中的史学体系"一语,采自罗志田先生《新宋学与民初考据史学》一文(《近代史研究》,1998年第1期)。本文意指一种历史考据,而非历史文献考据的治学倾向。

③ 说明:1.本表所列,以《隋唐史》文中夹注或文末注释单列者为一条。书名后所标即页码。2.本文所用《隋唐史》为中华书局,1982年5月新一版二册本;岑书所指页码,陈著《隋唐制度渊源略论稿》(中华书局,1963年5月新一版)、《唐代政治史述论稿》(生活·读书·新知三联书店,1957)与之相同,《元白诗笺证稿》(生活·读书·新知三联书店,2001)略有不同,今按岑书原标页码录入,另将今本页码附后(即"今本")。

编号	章节	批评指向	陈说所在	岑著页码
8	13节	驳武后早年为尼	史语所集刊五本二分143（《武曌与佛教》）	162注2
9	17节	驳古文运动起于萧颖士、李华等之说	《笺证稿》137（今本149—150）	185注2
10		隐驳推重韩愈之论	《论韩愈与唐代小说》	186注5
11	18节	驳关中本位政策,宰相之任用	《述论稿》18—19	187【194注1】
12		驳高宗偏重进士科	《述论稿》19	188【195注5】
13		驳高宗武后时新学旧学之分	《述论稿》83	189【195注11】
14		同上		190【196注12】
15		驳明经、进士为阶级划分依据	《述论稿》83	193【196注14】
16	20节	驳唐府兵"兵农合一"说	《略论稿》134、140	202【210注2】
17		补正"郡守农隙教试阅非当日实情"	《略论稿》133	203【210注4】
18		引证府兵为鲜卑兵制	《略论稿》131	203【210注5】
19		驳宇文泰汉化政策之来源	《略论稿》126	205【211注11】
20		驳"六户中等以上"行文	《略论稿》132	205【211注13】
21		同17	《略论稿》124	206【211注14】
22		驳"丁兵"考	《略论稿》137	207—208【211注17】
23		驳隋"兵农合一"说	《略论稿》139	208【211注20】
24		驳陈对《北史》所载开皇三年令文之解释	同上	209【注22】
25		同23	同上	209【211注23】
26		驳隋兵制"禁卫军化"说	同上	209—210【212注25】
27	21节	驳陈误引通典文	《述论稿》153	215【223注9】
28		驳"兵农合一"	《述论稿》153	217【223注14】
29		驳隋唐兵制承北齐说及隋唐"兵农合一"说	《略论稿》2、138	220【225注25、26】
30	24节	驳李白先世胡族考	李太白氏族之疑问	251—252注3
31	27节	驳安史叛军之族系	《述论稿》29—35	269【274注7】

编号	章节	批评指向	陈说所在	岑著页码
32		引证安史叛乱之缘由	《述论稿》34	270【274—275注8】
33	28节	驳安史败后与中央之对抗	《述论稿》19	281
34		隐驳陈论唐室经济命脉说	《述论稿》20、154	284
35	33节	唐回马价	《笺证稿》244—245（今本266—267）	314—315
36		韩愈之论王叔文与刘禹锡《子刘子自传》之主旨	《述论稿》97	333【337注4】
37		驳安史乱后唐室经济命脉在东南八道	《述论稿》20	378【391注27】
38		驳和籴出西北说	《略论稿》141	384【391注34】
39	40节	同上	《略论稿》148—150	384—385【391注35、36、37】
40		同上	《略论稿》151	385【392注38】
41		驳开远为安远说	《笺证稿》217（今本236）	387【392注40】
42		驳西北富庶说	《略论稿》153	387—388【392注41】
43		驳党争始于元和	《述论稿》94—95	419【433注1】
44		驳牛李之分为阶级之分		420
45		引证辨《玉泉子》不可信说	《述论稿》73	420【433注7】
46		驳党争源于崔常之别说	《述论稿》89	420【433注8】
47		驳旧族重门风说	《述论稿》77—78	421【433注9】
48	45节	引证郑覃女故事	《述论稿》79	421【433注10】
49		驳刘氏为李德裕妾说	史语所集刊五本二分（《李德裕贬死年月及归葬传说辨证》）	421【433注11】
50		驳旧门破落与新阶级结合说	《述论稿》87	421【434注12】
51		驳"李党重门第"	《述论稿》79—80	421【434注14】
52		驳杜牧为新阶级说	《述论稿》92—94	422【434注15】
53		驳新旧阶级之关联说	《述论稿》91	422【435注16】
54		同上	《述论稿》86—87	422【435注17】
55		驳牛李非此即彼说	《述论稿》	422【435注18】

编号	章节	批评指向	陈说所在	岑著页码
56		驳阶级士族与新阶级之两分	《述论稿》87—89	422【435注19】
57		驳白居易之不孝说	《述论稿》91	424【436注21】
58		驳白居易父母甥舅为婚说	《笺证稿》292—303（今本317—330）	424【436注22】
59		驳李德裕鄙薄白氏	《述论稿》91、《笺证稿》302（今本325）	424【437注23】
60		李德裕之用白敏中可见白氏非牛党	同58	424【437注24】
61	45节	萧俛不主用兵非出党争	《述论稿》100	424【438注25】
62		驳武宗朝抑进士说	《述论稿》85	425【439注29】
63		驳牛党反对用兵藩镇说	《述论稿》97	428【440注39】
64		李德裕入相非有仇士良推荐	《述论稿》120	429【442注47】
65		驳《顺宗实录》之修改源于所载永贞内禅一节	《笺证稿》236（今本257）	431【442注49】
66		驳元和三年制策诋斥李吉甫	《述论稿》102	431【443注51】
67		驳《李相国论事集》出于牛党以诋李吉甫说	《述论稿》99	432【443注53】
68		驳九寺系统之隶属问题	《略论稿》98—99	556
69		驳文武分途	《述论稿》48—49	557
70	53节	补六典说	《笺证稿》184（今本200）	558
71		同上	《略论稿》82	559
72		驳唐制承北齐说	《略论稿》1—2	563
73	55节	以官俸制度屡有变革驳俸料钱随时随地不同说	《元白诗中俸料钱问题》	564、567注1
74	62节	驳旧族新学之分	《述论稿》83	643
75		隐驳唐代小说与古文之关系	笺证稿（今本2—3）	646
76		驳驳乐天父母甥舅为婚说	《笺证稿》300（今本325）	688【683注1】
77	67节	驳唐代社会重婚宦说	《笺证稿》106（今本116）	681【683注2】
78		驳德宪之世与懿僖之时词科进士之风习不同	《笺证稿》84（今本92）	681【683注3】

（项念东）

典中有典

——陈寅恪挽曾昭燏诗隐含的思想追问

一

1964年12月22日，南京博物院院长曾昭燏跳南京紫金山灵谷塔自尽。次年2月14日，陈寅恪作挽诗一首，题为《乙巳元夕前二日始闻南京博物院院长曾昭燏君逝世于灵谷寺追挽一律》。此诗流传有文字不同的两种稿本：

　　论交三世旧通家，初见长安岁月赊。何待济尼知道韫，未闻徐女配秦嘉。

　　高才短命人谁惜，白璧青蝇事可嗟。灵谷烦冤应夜哭，天阴雨湿隔天涯。

　　【多才短命人咸惜，一念轻生事可嗟。灵谷年年熏宝级，更应留恨到天涯。】①

前四句相同。首二句回忆与曾昭燏的通家之谊及昔日交往，次二句由东晋才女谢道蕴事及东汉秦嘉、徐淑夫妇借赠答寄情之故实，点出曾氏虽

_____

① "【】"内为另稿后四句。详见陈寅恪：《陈寅恪集·诗集》，生活·读书·新知三联书店，2001，第165页。

才华横溢然终身未嫁于今而亡的可叹遭际。^①至于后四句，其不同处可直观感受到两点：第一，两稿均表达了作者对逝者的哀婉，但前稿于哀痛之余更多一份怨愤。这明显的体现于前稿第五句"人谁惜"一反问语的出现，与后稿"人咸惜"不过一字之别，但诘问中显带怨愤。第二，前稿比后稿用典成分更多。后稿第六句"一念轻生"虽点出曾氏系自尽而亡，但前稿用"白璧青蝇"典更清晰化了曾氏之所以自尽的原因；且"嗟"有痛惜义（《集韵》）^②，紧承"人谁惜"一语，意谓曾氏之"可嗟"不仅在于"轻生"，更在于其悲剧乃缘于"青蝇"之扰，故至可痛惜且又极令人愤怒。至于末二句，后稿虽在第七句用了"薰宝级"这一僻典，而前稿则整体上化用了杜甫《兵车行》"新鬼烦冤旧鬼哭，天阴雨湿声啾啾"一联，字面直截然寓意深沉。

就上述两点不同来看，其用典应与哀痛背后隐含的怨愤之情有所关联。而中国诗用典素来讲究"自出己意，借事以相发明"^③，故典语的出处及意涵乃是理解诗意的关键。因此，理解陈寅恪此诗，就绝不应忽略前稿中嵌入的熟典"白璧青蝇"与杜诗。

"青蝇"一典最早出自《诗经·小雅·青蝇》："营营青蝇，止于藩，岂弟君子，无信谗言。"刘向《九叹·怨思》"若青蝇之伪质兮，晋骊姬之反情"二句，又用晋献公宠姬骊姬谗害太子申生事，具象化了"青蝇"与进谗者之间的隐喻关系，从而凸显屈原"忠而被谤"（《史记·屈原列传》）的生命遭际。故王逸注曰："言谗人若青蝇变转其语，以善为恶，若晋骊姬以申生之孝，反为悖逆也。"^④此后唐人诗中用"青蝇"典者颇

---

① 参见胡文辉《陈寅恪诗笺释》对出典之解释，广东人民出版社，2008，第1271—1273页。曾陈交谊及曾氏生平，另见李粤江《曾昭燏与陈寅恪》、张蔚星《南京博物院藏曾昭燏师友书札考略》、徐雁平《旧世家、新女性——以湘乡曾昭燏为例》等文，均收入南京博物院编：《曾昭燏纪念》，江苏人民出版社，2009。

② 汉语大词典编纂整理处：《康熙字典》，汉语大词典出版社，2002，第131页。

③《蔡宽夫诗话》所载王安石语，见胡仔《苕溪渔隐丛话》后集卷二十五，人民文学出版社，1962，第179页。

④ 洪兴祖：《楚辞补注》（四部备要影宋本），中华书局，1957，第499页。

多①，然若论"白璧青蝇"四字完整的出典，应以陈子昂《宴胡楚真禁所》诗"青绳一相点，白璧遂成冤"为早，继之者则有李白，凡三见："楚国青蝇何太多，连城白璧遭谗毁"（《鞠歌行》），"白璧何辜，青蝇屡前"（《雪谗诗赠友人》），"白璧竟何辜，青蝇遂成冤"（《书情题蔡舍人雄》）。

　　一般情况下，"青蝇"抑或"白璧青蝇"典不过是指因谗被冤及对进谗者的贬斥，但倘注意到陈寅恪此诗用"白璧青蝇"与末二句化用杜诗存在内在关联，即导致"烦冤夜哭"的直接原因就在于"白璧青蝇"，则可发现其用此二明典之后尚有一暗典——吴梅村《悲歌赠吴季子》诗。该诗不仅同样有"白璧青蝇见排诋"的典语字面，末联也暗用杜诗《兵车行》典以寓含一份特别的思想批判，且诗末塑造的"仓颉夜哭"一意象更与陈诗"烦冤夜哭"极为相类。二者遣词造语的相似性，远不同于一般的"白璧青蝇"典。

　　吴诗见《梅村家藏稿》卷十《后集》二：

> 人生千里与万里，黯然销魂别而已。
> 君独何为至于此？
> 山非山兮水非水，生非生兮死非死。
> 十三学经并学史，生在江南长纨绮。
> 词赋翩翩众莫比，白璧青蝇见排诋。
> 一朝束缚去，上书难自理。
> 绝塞千山断行李。
> 送吏泪不止，流人复何倚？
> 彼尚愁不归，我行定已矣！

① 如杜诗"青蝇纷营营，风雨秋一叶"（《八哀诗·故司徒李公光弼》）、"江湖多白鸟，天地有青蝇"（《寄刘峡州伯华使君四十韵》），刘禹锡诗"何人为吊客，唯是有青蝇"（《伤丘中丞》），孟郊诗"君子勿郁郁，听我青蝇歌"（《君子勿郁郁士有谗毁者作诗以赠之》），元稹诗"非白又非黑，谁能点青蝇"（《秋堂夕》）等。

八月龙沙雪花起，橐驼垂腰马没耳。

白骨皑皑经战垒，黑河无船渡者几？

前忧猛虎后苍兕，土穴偷生若蝼蚁。

大鱼如山不见尾，张鬐为风沫为雨。

日月倒行入海底，白昼相逢半人鬼。

噫嘻乎悲哉！

生男聪明慎莫喜，仓颉夜哭良有以。

受患只从读书始，君不见，吴季子！①

诗题下有作者自注："松陵人，字汉槎。"吴季子，即清初诗人吴兆骞，字汉槎，季子系兄弟排行，顺治十五年（1658）因丁酉（1657）科场案被流放宁古塔（今黑龙江省宁安西）。其子吴桭臣跋其《秋笳集》曰：

先君少负大名，登顺治丁酉贤书，为仇家所中，遂至遣戍宁古。②

另据顾师轼《吴梅村先生年谱》卷四"（顺治）十五年戊戌五十岁"条：

科场事发，吴汉槎兆骞、孙赤崖旸、陆子元广增俱贷死戍边，有《悲歌赠吴季子》《赠陆生》《吾谷行》。程穆衡《鞏悦卮谈》：同时如吴江汉槎兆骞、常熟孙赤崖旸、长洲潘逸民隐如、桐城方舆三育盛，皆有高才盛名，同以科场事贷死戍边。③

"黯然销魂别而已"。全诗以江淹《别赋》成句起笔，故应即吴伟业送

---

① 影印宣统三年武进董氏诵芬室刊本《梅村家藏稿》一册，台湾学生书局，1975，第223—224页。

② 吴兆骞：《秋笳集》（丛书集成初编本），中华书局，1985，第151页。

③《北京图书馆藏珍本年谱丛刊第69册》，北京图书馆出版社，1999，第341—343页。

别吴兆骞之作。该诗在有清一代甚有名，孟森《科场案》一文提道：

> 丁酉科场案，向来以吴兆骞之名而脍炙于世人之口。兆骞固才士，然《秋笳集》亦非有绝特足以不朽者在，其时以文字为吴增重者，实缘梅村一诗、顾梁汾两词耳。梅村于科场案中，赠陆庆曾有诗，赠孙承恩而及其弟旸亦有诗，顾皆不及其《悲歌赠吴季子》一首，尤为绝唱。兆骞得此，乃其不朽之第一步。[1]

《梅村家藏稿》乃陈寅恪1963年已完稿之《柳如是别传》最主要的引述文献之一，丁酉科场案又"蔓延几及全国"[2]，亦清初知识分子集体遭遇的重大事件，故陈寅恪对梅村此诗必不陌生。之所以认为陈寅恪诗取典于此，表面原因即上文所说遣词造语的相似性，根本原因还在于如下两点：第一，二者借"白璧青蝇"所隐喻的生活情境具有高度类似性；第二，二者同样暗用杜诗传达对"白璧青蝇"所特别隐喻者的极大思想批判。这两点，皆非寻常"青蝇"典可比。

二

有关吴兆骞之遭谗被流放，其子吴桭臣指出"为仇家所中"（见前引《秋笳集》跋），有学者更明白指出是"由于同声社章在兹、王发的告发"[3]，但从实际情形看，《清史稿·吴兆骞传》所谓"以科场蜚语逮系，遣戍宁古塔"[4]的含糊其词，或更近情实。《清实录·世祖实录》载：

（顺治十四年丁酉十一月）癸亥，工科给事中阴应节参奏江南主

① 孟森：《孟森著作集·心史丛刊》一集，中华书局，2006，第68页。
② 孟森：《孟森著作集·心史丛刊》一集，中华书局，2006，第34页。
③ 叶君远选注：《吴伟业诗选·悲歌赠吴季子》，人民文学出版社，2000，第258—259页。
④ 赵尔巽等撰：《清史稿》卷四百八十四，中华书局，1977，第13337—13338页。

考方猷等弊窦多端，物议沸腾……（十五年二月庚午）掌河南道御史上官铉劾奏江南省同考官舒城县知县龚勋……（三月）庚戌，上亲覆试丁酉科江南举人……（十一月）辛酉，刑部鞫实江南乡试作弊一案……方章钺、张明荐……吴兆骞、钱威，俱著责四十板，家产籍没入官，父母兄弟妻子併流徙宁古塔。[①]

另据孟森所引《研堂见闻杂记》：

> 南场（笔者按：即吴兆骞所应考之江南闱）发榜后，众大譁，好事者为诗为文，为传奇、杂剧，极其丑诋。两座师（笔者按：即主考方猷、钱开宗）……士子随舟唾骂，至欲投砖掷瓽。桐城方姓者，冠族也，祸先发，于是连逮十八房官及两主司。总督郎公又采访举子之显有情弊者八人，上之于朝，其八人即于京师就缚，同主司严讯，凡南北举子皆另覆试。

以及戴璐《石鼓斋杂录》：

> 顺治科场丁酉大狱，相传因尤侗著《钧天乐》而起。时尤侗、汤传楹高才不第，隐姓名为沈白、杨云，描写主考何图，尽态极妍，三鼎甲贾斯文、程不识、魏无知，亦穷形尽相。科臣阴应节纠参，殿廷覆试之日，不完卷者银铛下狱，吴汉槎兆骞，本知名士，战栗不能握笔，审无情弊，流尚阳堡。（笔者按：孟森于此段引文按语中已指出吴兆骞流宁古塔而非尚阳堡。）

又引李延年《鹤徵录》及王应奎《柳南随笔》有关南闱覆试之记载，指出：

---

① 影印《清实录》三册《世祖实录》，中华书局，1985，第884、896、901、941—942页。

> 据上二则，覆试时既威之以银铛、夹棍、腰刀，又每一举人以两持刀之护军夹之。护军即《北闱记略》之所谓满兵，既语言不通，又持刀恐吓于旁，其不能下笔宜矣。观此知吴兆骞等所以曳白之故。[1]

由此可知，导致江南科场案发生的流言原本针对主考方猷、钱开宗以及"显有情弊者"，而吴兆骞最终被流放的直接原因，乃在于其覆试时因考场氛围之严酷以至临场曳白。亦即是说，吴兆骞既已参加覆试，则梅村诗中的"白璧青蝇"就不应是指具体人为构陷而言，而是喻指导致江南科场案发生的这一蜚语流言横出的非常环境。因此，"白璧青蝇见排诋"一句所表达的同情与嗟叹，实在于吴兆骞以"词赋翩翩众莫比"之才最终因此莫大变故导致考场曳白，以至于百口莫辩其舞弊之嫌。就此而言，梅村诗中的"白璧青蝇"典，非指一二具体鼓唇摇舌之人，亦非仅泛泛而言因谗被祸，而实喻指当日蜚语流言横出的一种非常环境可知矣。此一点看似与寻常"青蝇"典差别不大，但若与其诗末数句借取典杜诗所隐含的思想批判联系起来看，此一"环境"之喻指亦就有了极为特殊的内含，这恰是陈寅恪所欲"借"之以发明自家心事者。

且看梅村诗末数句，及与杜诗的联系：

> 噫嘻乎悲哉！
> 生男聪明慎莫喜，仓颉夜哭良有以。
> 受患只从读书始，君不见，吴季子！

前此注释者以为"生男"一句典出陈琳《饮马长城窟行》。[2]此虽较早

---

[1] 孟森：《孟森著作集·心史丛刊》一集，中华书局，2006，第60—62、65页。按：引文中着重号皆笔者所加。

[2] 高章采选注：《吴伟业诗选注》，上海古籍出版社，1986，第99页。另见叶君远选注《吴伟业诗选》，人民文学出版社，2000，第259页。

典源，但未及杜甫《兵车行》恰切。陈琳诗末"生男慎莫举，生女哺用脯"一句，虽点出当日主政者穷兵黩武之恶，但结句却归于夫妇同心之情。①这与梅村此下情境极不合。而杜诗虽典出陈琳诗，其诗意主旨却在备言征戍之苦与兵祸之虐，从而寓含其对"役夫敢申恨"之惨酷现实的批判：

> 信知生男恶，反是生女好。
>
> 生女犹得嫁比邻，生男埋没随百草。
>
> 君不见，青海头，古来白骨无人收。
>
> 新鬼烦冤旧鬼哭，天阴雨湿声啾啾。

钱谦益笺杜甫此诗，有如下数语极可注意，此亦梅村取典于此的重要原因：

> 此诗序南征之苦，设为役夫问答之词。君不闻已下，言征戍之苦，海内驿骚，不独南征一役为然，故曰役夫敢申恨也……君不见已下，举青海之故，以明征南之必不返也……曰君不闻、君不见，有诗人呼祈父之意焉。是时国忠方贵盛，未敢斥言之，杂举河陇之事，错牙其词，若不为南诏而发者，此作者之深意也。②

正因为"征南之必不返也"，故杜诗曰"信知生男恶"。而梅村曰"生男聪明慎莫喜"，实亦悲叹吴兆骞此行一如征南之役夫，难有生还之望。梅村诗起首五句，用江淹《别赋》成句点明赠别之意及对友人今日遭际的无限同情，然《别赋》云"别"有"暂离之状"与"永诀之情"二端，"至如一赴绝国，讵相见期。视乔木兮故里，决北梁兮永辞"，远不同一般

---

① 陈琳诗末云："生男慎莫举，生女哺用脯。君独不见长城下，死人骸骨相撑拄。结发行事君，慊慊心意关。明知边地苦，贱妾何能久自全？"逯钦立辑校：《先秦汉魏南北朝诗》魏诗卷三，中华书局，1983，第367页。

② 钱谦益：《钱注杜诗》，上海古籍出版社，1979，第9—10页。

的"割慈忍爱，离邦去里"，实乃"扐血相视"之"永诀"。①梅村用意端在于此。流放乃重刑，而吴兆骞被流放之宁古塔虽是满人发祥之地，但在当日社会一般认识中乃属东北极寒荒漠之地，无异人间地狱、有死无生之所在。孟森引《研堂见闻杂记》就提道：

> 按宁古塔在辽东极北，去京七八千里，其地重冰积雪，非復世界，中国人亦无至其地者。诸流人虽各拟遣，而说者谓至半道，为虎狼所食，猿狄所攫，或饥人所啖，无得生也。向来流人俱徙尚阳堡，地去京师三千里，犹有屋宇可居，至者尚得活，至此则望尚阳如天上矣。②

另据丁酉案同被流放的方章钺之父方拱乾（因其子章钺而株连及之）赎归后所撰《宁古塔志》，其书《弁言》曰："宁古何地，无往理亦无还理。老夫既往而復还，岂非天哉！"③由此可见一斑。因此，梅村"生非生兮死非死"一句，不仅是说宁古塔生存环境之恶劣，更实有此送别无异送之赴死之意。故紧随其后又借押解差官与流人的一段问答，以及对流放之地的险恶予以接连十句不乏想象夸张的描叙之词，目的正在点明吴兆骞"彼尚愁不归，我行定已矣"的可悲前景。就此而言，吴兆骞之"北流"，正同于杜诗笔下役夫"必不返"之南征，此其用杜诗典的第一重原因。

其次，又因为"海内驿骚，不独南征一役为然"，但此"呼祈父之意"④又"未敢斥言之"，故杜诗"君不闻、君不见"实指涉"役夫敢申恨"的可悲现实，亦即埋藏有籍此"南征一役"而尽写天下所有征夫有恨难申之惨酷命运的"深意"。而梅村诗末所写"受患只从读书始，君不见，

---

① 萧统编：《文选》，上海古籍出版社，1986，第750—756页。

② 孟森：《孟森著作集·心史丛刊》一集，中华书局，2006，第61页。

③ 转引自孟森：《孟森著作集·心史丛刊》一集，中华书局，2006，第66页。

④ "祈父"，典出《诗·小雅·祈父》。毛传曰"刺宣王也"，郑玄笺"刺其用祈父不得其人也"，此诗实意在讥刺穷兵黩武之恶。阮元校刻：《十三经注疏·毛诗正义》卷十一，中华书局，1980，第433页。

吴季子"，目的亦在表明不仅吴兆骞之被祸一如杜甫笔下之"役夫"，有怨难申，有口难辩其考场曳白背后的舞弊之嫌；且"蜚语牵连竟配边"（吴梅村《赠陆生》）的遭遇，原亦非吴兆骞一人为然，实乃当日诸多举子共同之命运。一如汪琬《尧峰文钞》所说："……科场之议日以益炽，其端发于是科而其祸及于丁酉士大夫大糜烂溃裂者殆不可胜计。"①此其用杜诗"生男"典的第二重原因，也是更为深层的原因。

丁酉科场一案乃清初江南士人遭遇的一场莫大劫难，也可谓当日知识人心目中难以抚平的莫大隐痛。然面对此一隐痛，梅村显然难以"斥言之"，故只能隐含于"生男"一联的下半句"仓颉夜哭"这一奇特意象上。

《淮南子·本经训》曰："昔者仓颉作书而天雨粟、鬼夜哭"。高诱注："仓颉始视鸟迹之文造书契则诈伪萌生，诈伪萌生则去本逐末，弃耕作之业而务锥刀之利，天知其将饿，故为雨粟，鬼恐为书文所劾，故夜哭也。"②仓颉乃传说中汉字的造作者，实也象征自古以来以思想启蒙民众的知识人，因其盗火者般所为，"鬼恐为书文所劾"，故有"鬼夜哭"或"鬼夜泣"之说。古来诗语多有运用此典者，然一般多用其原意——即仓圣造字而鬼夜哭。③梅村变换此典为"仓颉夜哭"，即"读书人夜哭"之意，实喻指当日特殊思想气候下天下读书之人的吞声而哭。亦即是说，"生男聪明慎莫喜，仓颉夜哭良有以"一联，梅村变《淮南子》古典为"仓颉夜哭"，从而与杜诗"生男"之典的"深意"相结合，实有由吴兆骞一人之冤而尽写当日所有含冤举子之意，从而表达其不仅为吴兆骞而哭，更为所

---

① 转引自顾师轼《吴梅村先生年谱》，《北京图书馆藏珍本年谱丛刊第69册》，北京图书馆出版社，1999，第342—343页。

② 何宁集释：《淮南子集释》，中华书局，1998，第571页。

③ 素来诗语运用此典者，一般多用其原意。如：（元）陆文圭《壬申冬晦叔译史归别小诗奉饯》：苍颉制字传羲皇，鬼神夜哭殊仓黄。（元）钱惟善《篆冢歌》：包羲卦画龟龙出，颉俑造书鬼夜泣。刘基《上云乐》：仓颉制文字，鬼母夜哭声哀哀。（清）戴亨《题聂松厓印谱》：天不雨金鬼夜哭，魂招斯籀来奔谒。（清）江汝式《雨花台》：吁嗟雨花不雨粟，空使台城鬼夜哭。（清）龚自珍《己亥杂诗》之六二：古人制字鬼夜泣，后人识字百忧集。（清）黄遵宪《杂感》：造字鬼夜哭，所以示悲悯。连横《圆山贝冢》：仓颉制奇字，天愁鬼夜哭。周作人《丁亥暑中杂诗·鬼夜哭》：仓颉造文字，其时天雨粟。亦有南山鬼，夜半号呲哭。

有具智性但却因此遭受操弄权柄之人轻鄙、敌视乃至扼杀而哭的心事。"受患只从读书始。君不见，吴季子!"一句，正用杜诗"君不见"呼告句式，此一"吴季子"实亦当日科场案发所有无辜牵连被逮者的化身。

孟森在详细考论"蔓延几及全国"的丁酉科场案时曾指出：

> 专制国之用人，铨选与科举等耳……至清代乃兴科场大案，草菅人命，甚至弟兄叔侄，连坐而同科，罪有甚于大逆。无非重加其罔民之力，束缚而驰骤之。[1]

就此而言，梅村诗以"白璧青蝇"典所喻指的当日谗语流言横出的非常环境，同时也就是"仓颉夜哭"的环境，一种知识分子无端横遭扼杀且有怨难申的惨酷时代氛围。故此，梅村正是借哭赠吴兆骞之诗，以"仓颉夜哭"一新造之典寄寓其对"受患只从读书始"之现实的强烈思想批判。唯此，全诗末联"受患只从读书始"一语，不仅在诗意表达上有了实际的照应，且相较"人生识字忧患始"（苏轼《石苍舒醉墨堂》）这句早已有之的成言，更多了一份现实的指谓与深切的感喟。

陈寅恪挽曾昭燏诗取典于梅村诗的用意，正在于此。

三

曾昭燏乃20世纪中国杰出的女考古学家、博物馆学家，其自尽而亡的史实至今令人唏嘘。尽管其悲剧并非缘于直接的政治流言，但确与当日类似梅村笔下"白璧青蝇"所隐喻的非常思想环境有着莫大关联。曾氏自尽，在1964年12月22日。发起于1962年底的农村"四清"运动，此时已成为"必须进行到底"的"全党全民的社会主义教育运动"[2]。曾氏逝前

---

① 孟森：《孟森著作集·心史丛刊》一集，中华书局，2006，第34页。
② 见1964年3月20日《中共中央关于在全党组织干部宣讲队伍，把全党全民的社会主义教育运动进行到底的指示》，中共中央文献研究室编《建国以来重要文献选编》（第十八册），中央文献出版社，1998，第331页。

一日刚刚召开的第三届全国人大第一次会议上的《政府工作报告》还提道：

> 目前正在农村和城市中进行的社会主义教育运动……现在我们通称四清运动，这就是：根据社会主义的彻底革命的原则，在政治、经济、思想和组织这四个方面进行清理和基本建设。

而这项以清政治、清经济、清思想、清组织为中心的"社教运动"的核心，就是"要使广大干部和人民群众受到一次深刻的阶级教育和社会主义教育"，"认真解决社会主义和资本主义两条道路问题"[1]。其中，甄别知识分子的阶级出身、考察其历史问题，无疑正属于清政治、清思想的工作范围。而自"反右"以来，揭批阶级出身、历史问题乃至思想、生活诸端，正是蜚语流言最易诞生之处。尽管当日"组织上没有给她过直接的压力"[2]，但不代表没出现某些流言[3]，尤其是关于其1948年作为中央博物院总干事最终未能阻止院中文物运台的问题，乃是曾昭燏自新中国成立以后直至逝世始终难以释怀的一件大事。1955年9月12日，其为思想改造运动所写补充材料事致函江苏省委统战部副部长叶胥朝时就提道：

> 您知道，一个人怀着一种待罪的心情来工作，是非常痛苦的事。南京解放后不久，我即决定将此事向党交代清楚。那时博物院的军事代表是赵卓同志，我几次引他，要和他谈此事，而他避而不谈。[4]

---

[1] 中共中央文献研究室编：《建国以来重要文献选编》（十九册），中央文献出版社，1998，第505—506页。

[2] 原常州博物馆馆长、研究员陈晶与曾昭燏晚年曾有过较密切接触，此其《岁月留痕》一文转述1965年曾氏自杀后听江苏省妇联干部汤若瑜所言。曾昭燏生前曾任江苏省妇联副主席。南京博物院编《曾昭燏纪念》，江苏人民出版社，2009，第432页。

[3] 《曾昭燏年谱》编订者张蔚星在《考古先驱 书林女杰——曾昭燏先生书法艺术略说》一文中提到，1964年城市"四清运动"开始以后，曾氏友人杨宪益说"已经有人开始对她在运到台湾的南迁文物的责任，开始清算"。南京博物院编：《曾昭燏纪念》，江苏人民出版社，2009，第410页。

[4] 南京博物院编：《曾昭燏文集·日记书信卷》，文物出版社，2013，第533页。

因此，虽然从今日所见其旧日书信、遗留日记以及当日诸多同事、友朋回忆文章等材料来看，曾氏直至去世之前并未因文物运台事受到直接的冲击，但联系其致叶氏函，则如果当日确又出现与此相关之流言，其所面临的精神危机该何等严重。

更何况，其出身曾国藩家族这一"阶级出身"与"历史问题"，在这一特殊历史时期更是其无法摆脱的一个巨大精神包袱。作为晚清名臣曾国藩胞弟曾国潢的曾孙女，曾昭燏直至1963年（亦即去世前一年）9月24日为劳改放归的侄儿曾宪洛工作事致函当时主政江苏的彭冲还提道："我们家族本是个很坏的家族，社会关系尤其复杂"。①在那样一个人人争取与"旧式封建家庭"划清界限的年代，此一语包含着怎样的无奈与危机感！而现实中，曾任高教部副部长的堂兄曾昭抡1957年被打成右派，最亲密的侄儿曾宪洛于肃反运动时被勒令退党，后成右派、遭送劳改，谠言罹祸固然有之，然与家世背景亦并非没有关联。至如其去世前连续数年申请入党而并无回应等，更可见上述一语背后其一直饱受的精神压力。②毕竟，当日接收新党员的首要标准就是"成分好、阶级觉悟高、政治历史清楚"。③

背负如此精神包袱，而现实世界又不时"提醒"她所思所困之问题的存在，更是一无形的精神牢笼。其1964年5月6日日记载：

> 八时半军区政治部王启明同志以车来迎，相送至江苏医院看陈方

① 南京博物院编：《曾昭燏文集·日记书信卷》，文物出版社，2013，第564页。

② 与曾昭燏晚年有过较密切联系的许复超《文如其人 字如其人——怀一代学人曾昭燏先生》一文回忆："在从先生读《通鉴》后期（笔者按——据曾氏日记，在1961年下半年），先生曾对我说起，自己近年有入党的强烈愿望，打了入党申请报告，也向领导同志直接表示过，但没有结果。也说起，宪洛劳教出来以后，闲在家中，不能发挥所长，很可惜，为他找了整理文史资料的工作，以便维持生活，也向领导同志说过，希望能适当给予照顾，没有结果。"南京博物院编《曾昭燏纪念》，江苏人民出版社，2009，第407页。

③ 见1964年4月26日《中共中央关于有领导有控制有重点地接收新党员的指示》，中共中央文献研究室编：《建国以来重要文献选编》（第十八册），中央文献出版社，1998，第434页。

恪，并问明九小姐来信事，以告王启明同志，十时半归。①

陈方恪即陈寅恪之弟，故此"九小姐"，应即寅恪、方恪之妹，侄辈所称之"九姑"陈新午，时任台湾"国防部长"的俞大维之妻。而俞大维之母曾广珊又是曾昭燏的姑母，故此一"复杂的社会关系"也使得此番调查与曾氏或多或少有所关联。至于所问何事今不得而知，不过于此可见当日"清政治"审查之一斑。此外，其4月19日日记提及自疗养院回家"看院中阶级斗争展览"，5月31日读冯其庸此前一年所发表之《彻底批判封建道德》，6月8日"读特纳·古纳瓦达纳所著《赫鲁晓夫主义》"②，凡此种种，亦均可见"社教运动"在曾氏人生最后时期的投影。1965年11月13日，中共中央批转《中央统战部关于召开各省市自治区党委统战部部长座谈会情况的报告》中有如下一段话：

> 近年来，由于社会主义革命和阶级斗争不断深入发展，城乡"四清"运动、备战，特别是文化战线上的教育革命、文化革命、学术思想批判，以及知识分子革命化、劳动化等许多方面汇在一起，对他们的资产阶级世界观形成了强大的冲击力量，高级知识分子感到形势逼人，不跟不行，但又感到跟不上，思想紧张，压力很大。……高级知识分子们彷徨更甚，苦闷更甚，不能适应形势，认为比五八年的教改来得"更狠"，整个状态是紧张、彷徨。③

从报告中的"近年来"一语，可见当日"曾昭燏们"精神生活之一斑。

对于陈寅恪而言，曾昭燏不仅于1963年初南下广州之际曾与之面谈，

---

① 南京博物院编：《曾昭燏文集·日记书信卷》，文物出版社，2013，第498页。
② 南京博物院编：《曾昭燏文集·日记书信卷》，文物出版社，2013，第497、500页。
③ 转引自陆键东：《陈寅恪的最后20年》，生活·读书·新知三联书店，1995，第462—463页。

自该年陈方恪病情沉重之后更多有通信，且陈寅恪得知曾昭燏自尽的消息又来自曾氏晚年联系最紧密的亲人侄儿曾宪洛[1]，故对曾氏人生最后时期之实际遭际必有所知。与此同时，现实生活中所亲历实感者更让其早有感慨，"留命任教加白眼"（1961）、"剩有文章供笑骂"（1962）、"涉世久经刀刺舌"（1963）、"任他蜚语满羊城"（1964）等诸多诗句在在可见，其1964年11月18日所撰《论再生缘校补记后序》更明确提到因撰此书导致"传播中外，议论纷纭"的现状。[2]因此，曾昭燏虽非直接死于流言蜚语但却亡于各种对"资产阶级知识分子"的流言蜚语所构筑的肃杀时代氛围，陈寅恪必有"同情之了解"。就此而言，其引吴梅村诗"白璧青蝇"为典源，二者所隐喻生活情境的高度相似性，为其盘桓于胸的思想批判提供了一个看似平常却极具针对性的靶子。"高才短命人谁惜，白璧青蝇事可嗟。"如果说前一句还是为曾氏之逝尽抒其痛惜哀挽之情，则后一句中的"可嗟"就不仅是痛惜，更有对这一"青蝇"横飞时代的怨与怒。

　　且看尾联"灵谷烦冤应夜哭，天阴雨湿隔天涯"。表面上与杜诗"新鬼烦冤旧鬼哭，天阴雨湿声啾啾"一联极相似，"灵谷烦冤"，字面义应指蒙受不白之冤而跳灵谷塔自尽的曾昭燏。然正如前文已提到的，曾昭燏当日虽可能受到某些政治流言的侵扰，但非因此"含冤"而逝。当然，陈寅恪此语有可能是指因为曾氏自杀所导致的某种隐而未发的政治批评。南京博物院研究员庄天明《身边的伟人——曾昭燏》一文就提道："曾昭燏的死亡是非正常死亡——跳塔自绝。这突如其来的'死讯'让上级领导颇费心思，南京博物院等了很长时间等来了三点指示：一、不发讣告；二、不开追悼会；三、由家属自行料理。一句话，冷处理。"[3]至"文革"中，曾

---

　　[1] 见张蔚星《南京博物院藏曾昭燏师友书札考略》文，南京博物院编《曾昭燏纪念》，江苏人民出版社，2009，第355页。

　　[2] 陈寅恪：《陈寅恪集·寒柳堂集》，生活·读书·新知三联书店，2001，第107页。

　　[3] 据庄氏文中自述，此文所撰基于大量走访及曾氏遗文的调阅，应具较高可信度。详见南京博物院编：《曾昭燏纪念》，江苏人民出版社，2009，第415页。另参曹清、张蔚星编撰《曾昭燏年谱（征求意见稿）》，南京博物院，2009。

昭燏墓被砸且遭抄家之祸①，或也与此有关。但至少在曾氏逝前，此类隐而未发的批评毕竟尚未爆发。因此，陈寅恪于此所要表达的真正"心事"可能还在于"烦冤夜哭"这一与梅村诗"仓颉夜哭"极相似的意象上。

如前所述，杜诗中的"烦冤"乃指那些有怨难申的役夫之怨，梅村诗"仓颉夜哭"意象中的"仓颉"系由吴季子而引申为天下读书人。因此，陈寅恪此一"烦冤夜哭"意象，实糅合杜诗现成词语"烦冤"与梅村诗"仓颉夜哭"之"深意"而成的重要隐喻：特殊思想气候下读书人的吞声而哭。其潜在之意就是：当此白璧青蝇时时可见，高才短命无人怜惜的时代，不仅已逝之灵谷英魂"应哭"，片言罹祸且一如"役夫敢申恨"的天下读书人"应哭"，而身处同一时代、面临同一境遇的诗人更会为此时代、为"受患只从读书始"的所有知识人而痛哭。尽管此一啾啾哭声，已逝之人因人天两隔无法再听见。

如此解读并非无因。陈氏挽诗另一稿最末一句正是"更应留恨到天涯"，字面指曾氏之恨，内底何尝不是诗人之恨。其1964年6月，亦即挽曾昭燏诗写作的半年之前，所撰《赠蒋秉南序》中就有如下数语：

> 清光绪之季年，寅恪家居白下，一日偶检架上旧书，见有易堂九子集，取而读之，不甚喜其文，唯深美其事。以为魏丘诸子值明清嬗娩之际，犹能兄弟戚友保聚一地，相与从容讲文论学于乾撼坤岌之际，不谓为天下至乐大幸，不可也。②

"从容讲文论学"，无疑可谓"独立之精神，自由之思想"的另一写法，故其昔日所羡，仍可谓"白璧青蝇"横飞的思想气候中所尤属望者。其同月14日于校订《李德裕贬死年月及归葬传说辨证》一文所写之"附记"中，曾附录40年代所作诗一首，其中正有"读书久识人生苦"一

---

① 此一点，见曾宁（曾昭燏之侄曾宪洛之子）：《忆爷爷曾昭燏》，南京博物院编《曾昭燏纪念》，江苏人民出版社，2009，第437页。

② 陈寅恪：《陈寅恪集·寒柳堂集》，生活·读书·新知三联书店，2001，第182页。

句。①诗虽旧日所作，但附录于此的目的显然是为表见其当下之心情，此亦其晚年著作之通例。就此而言，即便其引录"读书久识人生苦"诗句，未必直接针对"社教运动"导致知识分子的艰难生存境遇而发，但1965年2月14日写作挽曾昭燏诗时，则必已对此日益严酷的思想气候感同身受。1965年1月14日，中央发布《农村社会主义教育运动中目前提出的一些问题》（亦称《二十三条》）；20日，发布《关于宣传〈二十三条〉的通知》，并要求在点上和面上都进行一次广泛的宣传。虽然时任北京市委书记的彭真在对中央各部门在京蹲点干部作政策宣讲中强调"学校不要搞唯成分论""知识分子中不要划阶级"，但正如后来部分高校自查此前问题时所提到的，对甄辨阶级出身和历史问题"看得过重"。②曾昭燏所工作之南京博物院与陈寅恪所生活之中山大学虽远隔千里，但无一例外必遭受此"社教运动"所谓的"阶级成分"甄别与"历史问题"交代。因此，陈寅恪挽曾昭燏诗中的"烦冤夜哭"意象，也就不仅是为灵谷英魂而哭，而更是为当此"受患只从读书始"时代的天下读书人之生存境遇而哭。或许正因为有此"心事"，故诗稿留有陈寅恪当日之附言："请转交向觉明先生一览，聊表哀思，但不可传播也。"③

这里还可提供一则参证。曾昭燏逝后，友人、考古学家常任侠曾于1965年八、九月间作《投阁》诗怀之：

> 投阁扬雄宁有道，沉沙屈子亦何因。途穷行迈悲摇落，谁识悠悠同路心。④

---

① 陈寅恪：《陈寅恪集·金明馆丛稿二编》，生活·读书·新知三联书店，2001，第56页。

② 参见郭德宏、林小波：《四清运动实录》，浙江人民出版社，2005，第286、294页。

③ 陈寅恪：《陈寅恪集·诗集》，生活·读书·新知三联书店，2001，第165页。

④ 常任侠：《红百合诗集》，学习出版社，1994，第173页。常氏此集共收《钟山集》《樱花集》《战云集》《金帆集》《感旧集》《燕市集》七集，集与集之间及每集之内皆按年月次序编排，《投阁》编于1965年《八月十二日上玉华山庄》与《一九六五年九月十三日赴邢台皇寺》之间，应作于此时。然郭淑芬等编《常任侠文集》卷五《红百合诗集》录此诗于1968年末，题曰《投阁 有怀曾昭燏》，安徽教育出版社，2002，第156页。未知何据，今从前者。

诗以首句首二字为题，亦一篇出典之关键。扬雄投阁，典出《汉书·扬雄传赞》：

> 王莽时，刘歆、甄丰皆为上公，莽既以符命自立，即位之后，欲绝其原以神前事，而丰子寻、歆子棻复献之。莽诛丰父子，投棻四裔，辞所连及，便收不请。时，雄校书天禄阁上，治狱使者来，欲收雄，雄恐不能自免，乃从阁上自投下，几死。莽闻之曰："雄素不与事，何故在此？"间请问其故，乃刘棻尝从雄学作奇字，雄不知情。有诏勿问。然京师为之语曰："惟寂寞，自投阁；爱清静，作符命。"①

由前所述可知，扬雄之惧恰与曾氏当日高度精神危机相类似，而世人于曾氏亡后也多有以"寂寞"释之者②，复与扬雄之遭际相同，故常氏以扬雄投阁典隐喻曾氏之逝最得情实。其要义，端在于宋人陈师道《秋怀》诗所言："识字即投阁，贵者须食肉。"③亦即对天下读书人坎坷命运的莫大愤慨，以及对扼杀知识、扼杀知识人自由思想之权利的强烈批判。就此来看，常诗与陈寅恪诗虽造语不同，然思旨情致恰有同情共命之感，"谁识悠悠同路心"于此或可得一转语。

---

① 班固：《汉书》卷八七《扬雄传·赞》，中华书局，1962，第3584页。

② 曾昭燏逝后，友人、著名学者、女词人沈祖棻60年代后期曾撰《屡得故人书问，因念子雍、淑娟之逝，悲不自胜》组诗，各以三首怀曾昭燏、杭淑娟。按程千帆先生笺语，杭氏逝于"文革"中，则沈氏此三首应写于1966年后。1974年，沈氏复撰《岁暮怀人并序》四十二首，其四即怀"曾子雍"。程千帆先生于前一组诗后笺曰："子雍长南京博物院，位高心寂，鲜友朋之乐，无室家之好，幽忧憔悴"，即以"寂寞"释曾氏之亡。凡此可见一斑。沈祖棻著、程千帆笺、张春晓编：《涉江诗词集》，河北教育出版社，2000，第169—170、171—173页。本文所引常任侠、沈祖棻诗，其线索来自胡文辉先生书，特此说明。

③ 冒广生笺注：《后山诗注补笺》，中华书局，1995，第477页。

四

所有诗典皆隐喻。不论是从追求言简义丰的表达艺术考虑，还是出于"微言寄讽"的政治策略，作者命意与所用典语意涵关联性愈强、愈隐秘，则破解此一典语后所能获知的作者之心事愈充分、愈可靠，由此所展现的诗人思致之精巧绝妙才愈明显。陈寅恪在《读哀江南赋》一文中即有提示：

> 兰成作赋，用古典以述今事。古事今情，虽不同物，若于异中求同，同中见异，融会异同，混合古今，别造一同异俱冥，今古合流之幻觉，斯实文章之绝诣，而作者之能事也。[①]

这段话可视为陈寅恪的用典法则。用"古典"述"今事"（亦即抒"今情"）的基础，并不仅仅在于作为艺术表达符号的"古典"与作者当下所欲言传之情事之间有其内在相通性，而更在于二者的关联具有某种隐秘性或陌生化效果，亦即宋人"借事以相发明"一语中的"借"应极巧妙，是谓异中"求"同。而"同中见异"，则是指作者于取用"古典"之际能"自出己意"，不仅自家心事的言述别致新颖，且能于"古典"义之外增值一种"当下义"，从而表见作者诗意表达的艺术独创性。这也就意味着，越是高明的用典，越会追求"同异俱冥，今古合流之幻觉"，其典语的隐喻性愈强，诗意表达也愈新鲜。

就此而言，中国诗典语破解的关键，乃在于破其"当下义"所"借"古典的巧妙性，亦即追问最恰切的、真正切合作者写作动机的典语之出处及其用典缘由，从而由典语字面义与作者隐含义最隐秘、最恰切的联系，考见作者著笔为文的诗思情致以及遣词命意的艺术精妙之所在。一如陈寅

[①] 陈寅恪：《陈寅恪集·金明馆丛稿初编》，生活·读书·新知三联书店，2001，第234页。

恪自己所说：

> 凡诠释诗句，要在确能指出作者所依据以构思之古书，并须说明其所以依据此书，而不依据他书之故。若仅泛泛标举，则纵能指出最初之出处，或同时之史事，其实无当于第一义谛也。[1]

> 解释古典故实自当引用最初出处，然最初出处实不足以尽之，更须引其他非最初而有关者以补足之，始能通解作者遣辞用意之妙。[2]

缘此，破解陈寅恪此诗的关键既不在世人熟知的"白璧青蝇"典，亦非杜诗经典《兵车行》，而恰在这两个"熟典"相呼应所指向的"典中之典"——吴梅村诗。陈寅恪的目的，就是要在其普通面目之后借梅村诗的思想批判指向，曲折表达其极为相类的隐秘心事，一如列奥·施特劳斯所说的"字里行间的写作方式（Writing between the lines）"。其遣词命意之妙，就在于借助"古典"与其原有文本的互文关系，将其隐秘心事曲折寓含于看似"熟典"而实具特殊命意的文本之中，进而将作为"古典"出处的文本本身作为隐喻现实的"新典"。此一"典中有典"的写作手法，再次提示中国诗典故考释的真正关键乃在于诠解"古典"与"今情"的细密扣合如何构成，亦即陈寅恪所说"所以依据此书而不依据他书之故"。电子古籍时代，此一点尤可反观陈寅恪的诗歌释证方法在当下中国诗研究中的特别要义。

同时，如果说用典构成了中国微言诗传统最重要的写作手法的话[3]，那么陈寅恪诗堪谓此一传统在现代绳绳相续的明证，值得深长思之。马一浮尝言，中国诗的本质在于一个"感"字，然"言乎其感，有史有玄。得失之迹为史，感之所由兴也……"，又说"史者，事之著""史以通讽喻"

---

① 陈寅恪：《陈寅恪集·元白诗笺证稿》，生活·读书·新知三联书店，2001，第135页。

② 陈寅恪：《陈寅恪集·柳如是别传》，生活·读书·新知三联书店，2001，第11页。

③ 关于微言诗及其用典问题，参见邓小军：《魏晋宋微言政治抒情诗之演进——以曹植、阮籍、陶渊明为中心》，《中国文化》2010年第2期。

（《蠲戏斋诗自序》）①。由此观之，借力典语、"以微言相感"（《汉书·艺文志》）的写作背后，实埋藏着中国诗合诗情史笔为一体、"诗中有史"这一固有的思想传统。唱叹生情的同时，诗更可"主文谲谏""借隐语传心曲"，甚而"补史之阙"，特别是当不正常的思想气候出现的时候。当然，这已是另一篇文章的话题了。

（项念东）

---

① 丁敬涵编：《马一浮集》第三册，浙江古籍出版社、浙江教育出版社，1996，第180页。

下编　中国诗学传统的现代省思

“诗言志”诠辨

一、此路不通

为了诠释被朱自清称之为中国诗论“开山的纲领”——“诗言志”，人们已经写下了难以尽计的文字，且它们确有一个共同的特点，即皆从“诗言志”的“志”字入手，以史为纲，爬梳辨析“志”在先秦、两汉、魏晋……直到近代以来的“时义”及其嬗变历程。“特点”往往以“盲点”为代价。由于他们都咬住“志”的内涵来做文章，不是殚精竭志地寻求所谓“志”的“原义”，就是煞费苦心地替古人打圆场（诸如“情志一也”）……20世纪二三十年代，周作人提出并形成鲜明的文艺“自主论”（Autonomy）并以“言志”文艺观相标举，遭到时人的批判，“火力”也多集中在“志”上。钱锺书（中书君）就是从“诗”“志”入手对周氏以“言志”“载道”二分中国文学史给以指斥的。①朱自清也多少由此得感而

---

① 钱锺书：《中国新文学的源流》，《人生边上的边上》，生活·读书·新知三联书店，2000，247—252页。

出《诗言志辨》，①其着力点亦在"志"的辨析上。严格说来，这些爬梳多止于史料之价值而于学理则稍显不足，且皆属文艺价值（功能）之论而于"诗"之本体②和诗艺无涉：这既难以全面理解"诗言志"的"开山纲领"地位，也是对"诗言志"丰富内涵的阉割和厄解。历史似乎在这条路上——从"志"探讨"诗言志"的丰富内蕴——插上了一块告牌，上写"此路不通"。

"诗"③是主词，乃要诠释之对象，"志"的内涵又纷纭难辨莫衷一是，似乎一时又无法澄清道明。其实文艺言何志、抒什怀那是作家的事，而且文艺的内容也应无限深广，对此设限亦非明智之举，关键是那造物要配得上"美"的名且能给我们以美感享受。那么，对"诗言志"这个几千年来争论不休的命题就只能"乾嘉"一下而别无他法了吗？它就这样被解构了吗？不是的！是我们自己走错了路。

二、"言"为法门

我以为对"诗言志"全面理解的关键在其"言"（即"言说"）字，

---

① 朱自清在《诗言志辨·序》中说："现代有人用'言志'和'载道'标明中国文学的主流，说这两个主流的起伏造成了中国文学史。'言志'的本义原跟'载道'差不多，两者并不冲突；现时却变得和'载道'对立起来。"显然是指周的《中国新文学的源流》。二人立论角度之不同也是显而易见的，知堂先生所谓乃一种文学史观，不是佩弦之文学史研究；如因此说二者了无因缘，那也是说不过去的（参阅《诗言志辨·编后记》）。我们这篇小文的目的也不是要对"诗言志"作文献上的考证，而是意在提出一种想法或思路，因此就难免重义理而轻史料，于文献则只取所需、"偶然标举，意不求全"。我之不重文献的考辨，也是出于这样一种逻辑的思考：作为典范的《诗言志辨》与《歌与诗》（闻一多著）在对"诗言志"的探讨文字中几乎看不到有关"言"的文献材料和辨析；这说明，要么是古代文献中根本没有或极少有从"言"解读"诗言志"的——那么，我们的工作就大有可为了，要么有，但未被目及——是朱、闻二位无此眼光抑或古人虽有所及但语焉不详难成理路——二位的考辨功底均为上乘，故我们的工作仍为可行。

② 其实，中国古代文论除《文心雕龙》外似无文艺本体论探讨，即便是其中的《原道》篇也只能算是文学发生论，而起源并不就是本体。

③ "诗"在这里泛指文学艺术，不仅指文学（西方），更不特指诗歌（中国）。

即上文之谓"盲点"者。"言"之苞义远矣：它既是作者之为作者的明证，又乃"诗""应在"之理由。作者"言"而为"诗"，"诗""言"而为读者所受。"诗言志"里居住着两个主体，一显一隐：显者为"诗"，隐者为人即创作者。作者之为作者，"诗"之为"诗"，皆在一"言"字。作者无"言"而不立，"诗"无"言"（指与读者"对话"）也只是"存在着的无"。古人亦有此慧眼者，《毛诗序》有言："诗者，志之所之，在心为志，发言为诗。情动于中而形于言……情发于声，声成文谓之音。"（北大本《十三经注疏［标点本］·毛诗正义》，着重号为引者所加）可见，在心之"志"必"发"（或"形"即言说）而为"言"（即语言）才谓之"诗歌"；在己之"情"必"发"而为"声"且蔚然成"文"（韵律节奏）才称之为"音乐"。总之，"言"即"诗"与"诗人"的"存在"方式、状态和根源。因此，我以为对"诗言志"的全面探讨应从"言"字入手，方才入其法门破其真在。

关乎"言"由逻辑观之当涵摄以下诸层次：为何言、何可言、以何言和如何言。[①]"为何言"者即为创作动机之指向：自律（自律即"修辞立其诚"，也即钱锺书所谓"善呻吟"者）抑或他律（即"遵命论"）；"何可言"也就是上文所说的"志"即文学艺术的内容；"以何言"者乃在艺术媒介即"构思媒介"[②]上，分言之：以文字"言"、以声音"言"、以线条色彩"言"、以器具（大理石、胶泥、铁丝等）"言"、以人体"言"，由

---

① 钱锺书先生在《管锥编·毛诗正义·一〈诗谱序〉》中谈到"诗之一名三训"，似乎也"体味"到这一点：若诗人作诗应"使喜怒哀乐，合度中节，异乎探喉肆口，直吐快心"；若"歌非哭也，哭者情感之天然发洩，而歌者情感之艺术表现也"。但仍从"诗"训入手，用意尚不显豁，言辞亦显吞吐，对"言"尚重视不足。钱先生此文提到王安石在《字说》中对"诗"的解释倒于我们有所启示："'诗'从'言'从'寺'，寺者法度之所在也。"正如先生所言，"倘'法度'即杜甫所谓'诗律细'、唐庚所谓'诗律伤严'，则旧解出新意矣。"这已经涉及"如何言"的诗艺层面了。

② 这里提出"构思媒介"是鉴于学界多从"艺术表达"的角度来看待艺术媒介，其实，媒介之于艺术构思是更为根本的问题。文学家以"语词"、音乐家以"声音"、画家以"线条、色彩"、雕刻家以"器具"、舞蹈家以"人体"来构思，"媒介即构思"。除构思媒介外，尚有表达媒介和传播媒介。

此形成语言艺术（小说、诗歌、散文和戏剧等）、音乐艺术、绘画艺术、雕刻艺术和舞蹈艺术诸艺术门类；"如何言"又分属作者与文本，前者意在构思，后者旨在表达——"构思"牵及前表达的一切环节，"表达"则包括方式、方法、技巧和风格。可见由一"言"字便可引出文学艺术之一切关涉环节。其实，这层意思在《尚书·舜典》已说得相当清楚：

> 帝曰："……诗（'诗'即指《诗经》又指《诗经》的言说方式'诗歌'——引者）言志，歌永言，声依永，律和声。八音克谐，无相夺伦，神人以和。"夔曰："於予击石拊石，百兽率舞。"①

由此见出的诗乐舞"三位一体"业已为人所共知。以诗"言"志时，"乐"与"舞"必伴随之，有"诗"的地方也就有"乐"和"舞"，举一而三见。如果说诗的内容是"志"，那么诗的"言说"（"言"首先是"言说方式"然后才谈得上"语言"；"语言"只是"言说方式"之一种）方式就有"诗歌""乐"和"舞"诸形式，即诗以"言"志、乐以"言"志、舞以"言"志，即墨子所谓"歌诗三百，弦诗三百，舞诗三百"（《墨子·公孟》）。《汉书·艺文志》云："《书》曰：'诗言志，歌永言。'故哀乐之心感而歌咏之声发。诵其言谓之诗，咏其声谓之歌。"也是说"诵"与"詠"是"言"的两种不同方式。这是"诗言志"内涵从"以何言"的角度展开来的。"言"涉及创作则又会有方式、方法、技巧、风格之不同，这在《文心雕龙》中得到了深入的阐述。很显然，"诗言志"在一开始就是"言""志"并重的，后来"乐"和"舞"也只是因"言说"方式的分化才独立起来的，②后人偏偏弃"言"而从"志"，挂此而漏彼，无视其文化语境，无端生出诸多头绪，掩蔽了"诗言志"的丰富内蕴而偏执一隅，

---

① 皮锡瑞撰、盛冬铃、陈抗点校：《今文尚书考证》，中华书局，1989，第83—84页。

② 大约诗乐舞三门分立之际也就是偏"志"而忽"言"之时，我们可由此考查诗乐舞三分与偏"志"文艺观之间微妙的关系。关于"诗言志"的历史演变请参阅《中国诗学大辞典》(杭州，浙江教育出版社，1999)"诗言志"条。

如今该是"去蔽"的时候了。

对以上诸层次的不同偏重和注意又会形成不同的文艺理论派别，这在中国文艺理论发展史上就表现为"重志派"（主要是以孔子为宗的儒家及多被其惠泽的文艺派别，尤其是唐宋古文派之流）、"重言派"（魏晋六朝"为艺术而艺术"的形式主义美学思想）和"言志并重派"（主要以刘勰和钟嵘为代表）。它们间此消彼长互相争鸣就成了中国文论史上的壮丽景观，一直延续到今天（朱自清《诗言志辨》与钱锺书《谈艺录》分为"重志派"与"重言派"之典型代表）。由此爬梳整理中国古代文论的历史走向和发展脉络亦不失为研究之一途。我以为对"诗言志"的"开山纲领"地位的全面理解必须包含以上诸要义，否则各执一词便会众说纷纭，莫衷一是，出现本文开头所谈到的作茧自缚的"难为"局面。下面拟从"为何言"，"以何言"与"如何言"，"何可言"三端谈些粗拙的想法，尤其"为何言"一端涉及对文学艺术的本体论与价值论之关系的探讨、进而延及对文艺观念价值之评价。

三、"为何言"辨

"为何言"关涉文艺创作动机与目的，这需要我们从"言"的内涵入手展开讨论。言①者，"直言"（《说文解字三上·三》），直者，直接主动之义，无须外力自为而为。由此而论"诗言志"即谓"诗"（即文艺）是主动、顺性、有感而发非为外砾得来。这完全是尊重文艺本性的"文艺自主论"，是最本真、也最简单的有关文艺本体（对文艺本体的探讨主要是通过"下定义"的方式）的命题。上文提及周作人的"言志"文艺观，也在"潜意识"中从"言"入手，据此他主张"宽容"，坚持作家个人本位，

---

① 言即主动出口之意，意自心中生。《左传·庄公十四年》："楚子……灭息。以息妫归，生堵敖及成王焉。未言。楚王问之。对曰：……"又，《礼记·丧服四制》："礼，斩衰之丧唯而不对，齐衰之丧对而不言……"（郑玄注曰：言谓先发口也。）现有"知无不言，言无不尽"熟语亦可参证。

尊重个性，坚持文本观念，坚守"美文"观——他是从"志"引出这一切的，这是他遭受批判的原因之一。其实他完全可以由"言"展开达到这一切——故而我说他是"潜意识"地从"言"入手的。[①]

严格说来，周的文艺"自主论"仍不是真正的文艺本体论。而且对"文艺是什么"的本体论追问，似乎难以下手大概也无甚必要，硬来或会空手而回一无所得，就正如对"美"的形上探求至今无服众之论一样。或许我们所要的根本就不是现成的结论，而是不断逼近我们所预悬的那个"真理"的过程。黑格尔说过，结论是死相，真理在于探求它的过程。这样，我们就和结果之间保持了恒久且必要的张力，人也才有不断追求的目标和一直"走"下去的动力。我们无须忌讳我们在事物本体上的缺损和无奈，我们既然承认我们的认识是永无止境的，那就得认了这样一件事：我们的先行、我们连同我们"无穷匮也"的子子孙孙永远也无望品尝到那个"真理之果"，[②]否则，我们早该躺在哲学的"温床"上睡大觉去了，认识也大可于此罢手的。然而，这并不就使我们得出悲观绝望的结论，正因为永远无法达到才有了无限逼近的可能，也才有了人类不尽的奋斗史及其结晶体——文学、艺术、哲学、科学、历史、宗教……"无限地逼近预设理想之境界"乃人类之康德意义上的"绝对律令"！这对我们所要讨论的问题是大有启发的。

我们就从美与文艺的关系谈起。人们似乎不大注意二者的区别，黑格尔《美学》就把美等同于文学艺术，美成了文艺的特质，故而，他的"美学"又称"美的艺术哲学"。[③]其实不然，美与文艺（文学艺术的简称）尚有外延大小之不同，美另有广大非人为的自然领域而文艺只限于"人为"之物。因而，文艺之美似可名之谓"人为美"，凡出现在文艺作品中的美

---

① 参见范培松：《中国散文批评史》第一章，江苏教育出版社，2000。

② 亚当和夏娃被上帝逐出伊甸园就是人类此处境的神话预演与谶语，人类不过是借上帝以为难尝"智慧之果"的托词罢了；不是上帝是人类自己放逐自己抑或是人类根本不曾待过那里。

③ 虽然黑格尔在《美学》中对"自然美"非美学所论有着自足的论证，但美终究是包有自然美的，这使他在《美学》中大篇幅地讨论了自然美。

严格说来都是"人为美"而非"自然美"——我所说的"自然美"意指自然所具有的"美的质素",并非通常所谓"自然美"——最多只能说是"象似"自然美。自然无为而自美,文艺人为而显美:"鸟的五光十色的羽毛在无人看见也还是照耀着,它的歌声也在无人听见之中消逝了;昙花只在夜间一现而无人欣赏,就在南方荒野的森林里萎谢了,而这森林本身也充满着最美丽最茂盛的草木,和最丰富最芬芳的香气,也悄然枯谢而无人享受。艺术作品却不是这样独立自足地存在着,它在本质上是一个问题,一句向起反应的心弦所说的话,一种向情感和思想所发出的呼吁。"①文艺作为"本质上是一个问题,一句向起反应的心弦所说的话,一种向情感和思想所发出的呼吁",也就意味着文艺必有一目的——"无目的的合目的性"或者"有目的合目的性"皆可,即"人为美"都会有一个预悬的目的,但这"目的"定要是"真"目的,即由心而生非为外迫得来:这也是"言"的本真意义。既然是人为的,就会因人而异,其殊如面,变动不居。如果说对"美"的形上追问尚有一"自然美"(即美的质素)可为,对"人为美"的本体探索就显得是在"人为"中寻找一种"非人的"或"超人的"东西,这似乎就有点儿强人所难了。②

我们说文艺作为"人为美"有一预悬之目的,那这目的又是什么呢?倘若如此发问那就不对了,人的永恒多样性必然会带给目的以无穷的复杂性和难以穷举的品格。我们只有抓住"目的"之"在"本身,否则就会自入迷津。目的是直接指向价值和功能的,因此,我们对文艺目的之追问就是文艺的功能价值论。因时代、人人之不同,文艺价值论将会见仁见智其殊如面。倘深究起来,似可以断言:古今中外一切文艺本体论其实都是文

---

① 黑格尔:《美学》(第1卷),朱光潜译,商务印书馆,1979,第89页。
② 或许有人反对说,人作为人毕竟有共同的东西,比如爱、恨之类,但由此得来的不是文学艺术的本性而勿宁是人的共性,人的共性绝不是文艺之本体。文艺的本体应在其与人的"互相照亮"的关系之中,而这种关系又因种种的因素而显得绞合不清,难以抽绪,推到底也只能说"美"就是文艺的本体。这就是黑格尔《美学》中首先用到的"自明性"命题,而美是何物尚在风雨飘摇之中。这种思考会使人陷入恶性循环之中,最要不得。

艺价值论的抽绎和推演。①这就构成了关于文学艺术的两个考察维度：随时而动的文艺价值维度和祈向定一的文艺本体维度以及由此而来的关于评价文艺思想的两个角度——当下的和历史的。

由当下现实观之，不同时代的人、同一时代的不同人、人的不同时期，都会对文艺的功能价值提出种种意见或想法，这些意见或想法不管是"合时"还是"悖时"的，都既是个人的又是时代的，都既是当时的又是过去和未来的，因为历史总是在打转转中上升，"太阳底下无新事"。这样我们就可以说一个作家或文艺批评家是适时的还是脱离实际的。比如对周作人在他那个时代提出以个性与自由为主导的"言志"文艺观就是"悖时"的，似乎可以持批判态度。

由"历史"观之，文艺功能价值的追问会形成一个浮动的线流，有高低、轻重、缓急之不同。如果非要谈"文艺是什么"的话，对这个"历史的线流"的再反思当可充任了。这样我们就可以给文艺批评家、理论家一个历史的定位而不单单是道德伦理的或"扣帽子式"的简单评价。以此角度看周作人的"言志"文艺观则可以说，他为个性主义文学和自由主义文艺思潮"传了香火"，功德无量，又应加以肯定。这或许就是历史与现实的悖论之所在，然而"当下的现实"于我们已成为"历史"，"历史"却对我们的当下发生了效果，成为当下的现实，达到了"视界融合"，"悖论"似乎又被扬弃了。

四、"以何言"与"如何言"辨

一如上文所言，"以何言"的问题就是艺术媒介的问题，即以"文字""言"、以"声音""言"、以"线条、色彩""言"、以"器具"（大理石、

---

① 钱锺书在《中国文学小史序论》中不无感慨地说："兹不为文学立定义者，以文学如天童舍利，五色无定，随人见性向来定义，既苦繁多……且他学定义均主内容（subject—matter），文学定义独言功用……斯已歧矣！"再则，"存在判断与价值判断合而为一，歧路之中，又有歧焉！"信哉斯言！

胶泥、铁丝等）"言"、以"人体""言"，由此形成语言艺术（小说、诗歌、散文和戏剧等）、音乐艺术、绘画艺术、雕刻艺术和舞蹈艺术诸艺术门类。"如何言"又分为两个层面：作者与文本；前者意在构思——克罗齐意义上的"表现"即"完整形象的直觉"，后者旨在表达。借中国传统美学的术语言之，前者是"审美意象"的内心构拟（腹稿），后者乃此"审美意象"之"外化""物化"为艺术作品。"以何言"所关涉的"艺术媒介"问题在"如何言"这里得到了最终落实，故而我把它们合而论之。

人们在"艺术媒介"上所持的一般看法在我看来有很大的片面性，即大都把"媒介"理解为"传达"的工具、材料而忽视了其中更为根本的一端，那就是艺术的"构思媒介"，这才是问题的关键所在；用什么样的"媒介"进行艺术构思就会形成相应的艺术门类，不同的构思媒介当然会有不同的构思特点和方式。这种看法的片面性最鲜明地体现在人们对克罗齐美学的评价中。克罗齐在《美学原理》中压根不谈"艺术传达"，只说"艺术即直觉即表现即创造即美"即"完整形象的直觉"，就因此他遭到了后人不断地批评，下面这样一种观点是极为流行的：克罗齐美学的最大缺憾是忽视了"艺术传达"。

"艺术传达"的确是个很重要的方面，亚里士多德《诗学》就从"传达媒介"入手，《诗学》可以很正当地被称为"创作技艺学"。而克氏并不把自己的理论称作"创作技艺学"而是"美学"——《美学原理》和《美学纲要》。在克罗齐那里，"美学"是哲学性的而非"艺术学"。西方也常常把"艺术"理解为"技艺"的东西，是机械的因素，不需要特别的才能，也不是理论（"美学原理"或"美学纲要"）所能管着的事，那需要实地去干干看。克罗齐的美学理论是偏重"艺术构思"而对"艺术传达"则"悬以置之"的，正如朱光潜先生所示："克罗齐并不否认传达这件工作也很重要，但是他否认传达本身是创造，或是艺术的活动。"[①]在我看来，朱先生之所以特别指出克罗齐的"一个更大的毛病"即"他没有顾到

---

① 朱光潜：《文艺心理学》，安徽教育出版社，1996，第163页。

艺术家心里酝酿意象时，常不能离开他所用的特殊媒介或符号"，是因为朱先生看到了"构思"亦需要某种"媒介"的凭借。问题是，既然"媒介"有"构思"与"传达"之别，那么还怎能说克罗齐"没有顾到艺术家心里酝酿意象时，常不能离开他所用的特殊媒介或符号"呢？克罗齐并非"没有顾到"而是把问题的焦点集中在了"构思媒介"上，"没有顾到"的仅仅是"传达媒介"即所谓的"物理的事实"（physical fact），而这在克罗齐看来显然不是艺术的创造活动。照我看，克氏的最大缺陷似乎在于：他没有注意到艺术创作活动常常是反复的和非一次性的，比如（克罗齐意义上的）"表现"与"传达"在大多数情况下可能就是循环往复、交替进行、互为生发的。

这一点征之于黑格尔美学亦然。其《美学》的前两卷都是讲"艺术构思"的，真正讲"传达"的则在第三卷"各门艺术的体系"中。这点意思黑格尔在《美学》第三卷的"序论"里说得再清楚不过了："以上两卷还没有涉及体现于外在因素的实际存在（具体作品），因为无论在第一卷讨论单纯的理想时，还是在第二卷讨论象征的、古典的和浪漫的三种艺术类型时，我们虽然也经常谈到内在意义和外在表现这二者之间的联系或完全协调，但是这还只是在艺术理想所分化成的各种世界观范围之内实现于本身还仅是内在的艺术产品（腹稿）……因此在这第三卷里我们就要研究用感性因素创造出作品中所形成的各门艺术体系，因为只有凭这最后的形象塑造，艺术作品才成为具体的，实在的，本身独立自足的个体。"[1]

也正是因为没能把"传达媒介"与"构思媒介"分清之故，朱光潜先生在《西方美学史·下卷》谈到康德的"天才"学说时指出："（康德的）天才与其说是见于形成审美的意象，无宁说是见于把审美的意象描绘或表达出来……康德的重点不在审美意象的形成（'艺术构思'——引者）而在审美意象的表达（'艺术传达'——引者），即不在胸有成竹而在把胸中成竹画成作品……这种看法和后来克罗齐的艺术活动在直觉不在传达的

---

① 黑格尔：《美学》（第3卷），朱光潜译，商务印书馆，1979，第3—4页。

看法是相反的。"①是这样的吗？让我们先看看康德自己的观点。

康德在《判断力批判》中指出，美的艺术是天才的艺术，而天才的艺术作品也就是富有"精神"（Geist）的创构，而这种独特的"精神"（Geist）"在审美的意义上，就是指那心灵中起灌注生气作用的本原"（朱光潜译文）。在康德心目中，"生气""精神""天才"是递相的系列，"生气"源于"精神"，"精神"源于"天才"，"精神中原初的要素就是天才"，"独特的精神就是天才"，甚至"我们可以以'精神'一词代替'天才'使用"。②因此，天才也就是"表达审美的意象的功能""是通过展示或表达那些为此意图而包含有丰富材料的审美意象才显示出来的……"。③原来，作品表现了"审美意象"就会有"精神"，那什么是"审美意象"呢？康德说，"我所说的审美的意象是指想象力所形成的一种形象显现，它能引人想到很多的东西，却又不可能由任何明确的思想或概念把它充分表达出来，因此也没有语言能完全适合它，把它变成可以理解的"④。康德又说："天才只能为美的艺术的作品提供丰富的材料；对这材料的加工以及［赋予材料以］（'赋予材料以'为引者所加，以补足语义）形式则要求一种经过学习训练而成的才能，以便在这方面作一种在判断力面前能够经得起考验的运用。"⑤这里透露了这样三个消息：其一，天才之于美的艺术作品只是其"可能性"而已；其二，鉴赏力所要求于美的艺术的只是"加工材料及赋予形式"即"赋予对象以美的形式"；其三，天才所提供的这种"丰富的材料"是什么呢？按康德的理路只能是"审美意象"。那么，这"审美意象"就只能是一种"作为内在直观的表象"⑥而非物化后的"艺术作品"。而朱先生也承认"从第四九节的文章脉胳看，他一直在强调审美

---

① 朱光潜：《西方美学史·下卷》，人民文学出版社，1979，第379页。

② 康德："人类学"反思录》，第926、930、933条，载于曹俊峰先生编译的《康德美学文集》，北京师范大学出版社，2003，第302、303、304页。

③ 康德：《判断力批判·§49》，邓晓芒译，人民出版社，2002，第158、163页。

④ 朱光潜：《西方美学史·下卷》，人民文学出版社，1979，390页。

⑤ 康德：《判断力批判·§47》，邓晓芒译，人民出版社，2002，第155页。

⑥ 康德：《判断力批判·§49》，邓晓芒译，人民出版社，2002，第158页。

意象本身的高度概括性和丰富性以及在形成这种意象中想象力与知解力的自由协调……"也就是强调了审美意象的"形成"。康德对天才所作的回顾分析也应作如是观：天才主要是"通过展示或表达那些为此意图而包含有丰富材料的审美意象才显示出来的……"[①]，个中"展示或表达"亦应作近于克罗齐式的"表现"（"表达"在宗白华和曹俊峰的译本中均作"表现"，窃以为译作"表现"于意更胜）解，即"完整形象的直觉"，这"直觉品"就是康德的"审美意象"。康德美学所谓的"判断在先"原则其实也就是"审美意象"的创构"在先""直觉在先"。这一点为朱光潜先生所忽视，以至在他误以为康德把天才定位在审美意象的"物理传达"上而非"创造"或"构思"上，与误解克罗齐一样也是因为没能把"传达媒介"与"构思媒介"分清之故。当然，"传达媒介"与"构思媒介"之间更为微妙的关系问题是个极为复杂的课题，尚需另文专辨。

五、"何可言"辨

"何可言"是就文学艺术作品的内容来说的，也即"诗言志"中的"志"。我在上文说，文艺言何志、抒什怀那是艺术家的事，文艺的内容应无限深广，对此设限亦非明智之举……那么，我在"何可言"一端所要"辨"及的是什么呢？这要从一个经常被争论的话题——"艺术与政治的关系"说起。在一次有关"艺术学方法与前景"的研讨会上，知名美学家刘纲纪先生以法国的《马赛曲》为例反驳了另一位教授的如下观点：政治因素不能进入艺术，否则将毁了"艺术"。刘先生的意思是，《马赛曲》是政治性的，有政治因素的介入但它依然是伟大的艺术作品。那位教授亦举出若干如"样板戏"之类的所谓"艺术作品"来佐证自己"政治不能介入艺术"的观点。我把他们的争论定位在"经验事实"即"举例"的层面，这样的争论可以无限制地进行下去。艺术发展史上确有因政治因素的介入

---

① 康德：《判断力批判·§49》，邓晓芒译，人民出版社，2002，第163页。

而毁了艺术这种尴尬的局面，但也存在虽有政治因素介入而不妨碍作品流芳百世的，如屈原之《离骚》。对此，我们可以追问如下两个问题：为什么有的艺术一经政治介入便不再是艺术？为什么有的作品虽有政治因素的介入却依然是伟大的艺术作品？这是个一体两面的问题，回答其中的任一个就够了。就拿屈原的《离骚》来说吧，我们的问题只是：政治性如此之强的《离骚》为什么会成为千古不朽的名篇佳作？

由以上"经验性"层面相执不下的争论可以看出，艺术作品有没有政治性、表达不表达政治性内容之于"艺术之为艺术"决非"有之不必然无之必不然"的必要条件，这也就表明了问题的关键处并不在内容的性质上。那它在哪里呢？一言以蔽之，在对待内容的态度上。进入作家视野里的素材最终能否成为艺术的真正内容，就要看作家对待它的态度如何：如果是以艺术的态度、眼光去对待那它就可以成为艺术的内容，这艺术作品就会是真正的艺术作品，否则这素材之于艺术就只是附加的、外在的和异己的。问题是，什么叫"艺术的态度、眼光"呢？我以为就是"情感化"了的态度、眼光，这"情感化"更深一层的意思就是对事物"信以为真"的态度，"信仰"是这种"信以为真"的最高级状态。现代诠释学家有言：对我们来说什么是真理不重要，重要的是什么被我们"信以为真"，我们并不是遵循着真理而是按照那个被我们信以为真的东西而行动的。也就是说，你在艺术作品中所要表现的内容有没有政治性那不重要，重要的是你是否以一种"情感化""信仰般"的态度和眼光去对待她。比如屈原之于《离骚》，正因为屈原对其"美政"理想"信以为真"、甚至是视其为自己终身之"信仰"，才使得《离骚》所表达的情感内涵异常丰富：充满希冀的理想及这理想的破灭，蒙冤受屈和不被理解、谗臣误国的怨愤，终于只能埋葬理想的绝望和绝望也摧折不了的宁为玉碎不为瓦全的孤傲与自信，以及对故国亲土的眷恋深情①——这一切真挚的情感都伏根于屈原对自己政治理想那"信仰般"的情感态度。若没有这"信仰般"的"信以为真"

---

① 潘啸龙：《楚辞》，黄山书社，1997，第2页。

之情,《离骚》决不可能成为"气往轹古,辞来切今,惊采绝艳,难与并能"的千古不朽之作。总之,这种于对象"信仰般"的"信以为真"之情即使不能说是"艺术之为艺术"的充分条件,那也必定是伟大艺术之必要条件。就此而言,艺术与宗教有天然之联系,这一点前人多有论析。海涅在谈到法国人如何才能真正理解德国艺术时说:"……只要他们不理解德国宗教和哲学意义,我国的艺术作品对他们仍是一些默默无言的花朵,整个德国思想对他们仍是一个拒人于千里之外的哑谜。"①宗白华则推而广之,揭示了宗教对西方艺术全面而深刻的影响:"文艺从它左邻'宗教'获得深厚热情的灌溉,文学艺术和宗教携手了数千年,世界最伟大的建筑雕塑和音乐多是宗教的。第一流的文学作品也基于伟大的宗教热情。《神曲》代表着中古的基督教。《浮士德》代表着近代人生的信仰。"②而问题的繁难之处在于,我们必须把这种情感化了的"信仰"同一般的"迷信"区别开来:前者浸染着理性的因子而后者则是非理性的盲从。

这就牵及另一个更为根本的老问题——"内容与形式"。对此可以从作者(创作、构思)与受众(接受、批评)两个角度来理解。由前者看,克罗齐的"直觉说"是我们坚决拥护的,在艺术的创造上,内容与形式是一体共生、灵肉齐出的,形式即完成了的内容,内容即展开了的形式,总之,在这个层面上我们无法、也没有二分它们的必要。然由后者看,对内容与形式作个辨析决不是无功之举,从这里我们可以直接导出评价艺术价值的恰切标准,即应从两个递相的层面来给艺术作品定位:"是不是艺术"以及"是不是伟大的艺术"。前者针对艺术之形式、技巧,后者指向艺术之内容、情感;两者是递近关系,既不能换序、越位亦不能分为二橛,其关键点在于,谈论后者必须以前者为基础,谈论前者也最终必触及后者。我说的"信以为真"的问题属于后一方面。因此,批评间争鸣的第一要义是:我们是不是在同一个层面上讨论问题。"政治能不能介入艺术、是不是毁了艺术",这是从"是不是艺术"的层面来说的,而《马赛曲》《离

---

① 海涅:《论德国宗教和哲学的历史》,商务印书馆,1974,第11页。
② 《宗白华全集》第2卷,安徽教育出版社,1994,第347页。

骚》是不是伟大的艺术那是从"是不是伟大的艺术"的层面立论的：这就是我对上述争论的判决。

（李伟）

佛教诗学三题

一、"水中月"的佛学渊源与诗学生成

"月"是中国古人最喜爱的诗歌意象之一，虽然早在先秦时期，月就已经成为歌咏的对象，但作为一个专有名词，"水中月"或"水月"却是伴随佛法东渐的舶来品。"水中月"，是梵语 udaka—candra 的意译，为印度大乘佛教"十喻"之一①，指水中所现之月影，比喻诸法虚空、无自性。伴随着佛教中国化的步伐，"水中月"内涵不断丰富，并逐渐脱却宗教意味而向诗歌、艺术领域生成。

（一）"水中月"的佛学内涵

作为印度大乘佛教最重要的两大学派，瑜伽派（有宗）与中观派（空宗）都爱用"水中月"来喻显"诸法性空"之理。瑜伽派主要经典之一的《摄大乘论》说："云何应知依他起自性，应知譬如幻、炎、梦、像、光影、谷响、水月、变化。"②这里，"水月"比喻"三性"之一的"依他起

---

① "十喻"，指大乘经典常以幻、焰、水中月、虚空、响、犍闼婆城、梦、影、镜中像、化等十种譬喻，来喻显诸法性空、人身无常之理。

② 《大正藏》第31册第140页中。

性"①。《摄大乘论释》进一步解释说：

> 说水月喻，显依他起。譬如水月，其义实无，由水润滑澄清性
> 故，而现可得。定心亦尔，所缘境义，虽无实有，而现可得，水喻其
> 定，以是润滑澄清性故②。

水中之月虽无实体，但也不是绝对的空无，因为还有月之影像的存在，月之影像是多种因缘和合而成，从因缘生，假现月相，这就是"依他起性"。"水月喻"中，"水"比喻"心"，"月"比喻"法"，"水"有清浊，"月"无去来，"水"清则"月"现，"水"浊则"月"隐，同样，心有染净，法无生灭，心净则种种法生，心染则种种法灭。以"水中月"比喻"依他起性"，突出现象为"假有"，意在说明境相的因缘和合性。

中观派的核心理论"中道观"认为，世界上的一切事物都是因缘和合而成，因而是无自性的，无自性则为"空"，但"空"不是绝对的虚无，因为它还有现象的"假名"在。人既不执迷于"假有"，也不执着于"真空"，便是中道观。中观派常用"水中月"来譬喻"中道"。《大智度论》云："解了诸法，如幻，如焰，如水中月，如虚空，如响，如犍闼婆城，如梦，如影，如镜中像，如化，是十喻为解空法故。"③《大智度论释》解释曰：

> 菩萨于般若波罗蜜中，无有一法定性可取故，则不可破；以众生

----

① 瑜伽派的核心理论为"三性说"，即遍计所执性、依他起性、圆成实性。遍计所执性，意谓世界万法并非真实的存在，人们"周遍计度"（普遍观察思量）、虚妄分别而执为"实我""实法"。依他起性，"他"指"众缘"，"依他起"即"依他众缘而得起"之意，意谓世界万法虽非真实，但也不是绝对的空无，还有"假有"的存在。圆成实性，意谓在"依他起性"上远离"遍计所执性"的谬误，破除妄执，便能体悟到万法既无"人我"又无"法我"的真实本性。

② 《大正藏》第31册第344页下。

③ 《大正藏》第25册第101页下。

著因缘空法故，名为可破。譬如小儿见水中月，心生爱着，欲取而不能得，心怀忧恼。智者教言，虽可眼见，不可手捉，但破可取，不破可见。菩萨观知诸法从四缘生，而不取四缘中定相。四缘和合生如水中月，虽为虚诳无所有，要从水月因缘生，不从馀缘。有诸法亦如是，各自从因缘生，亦无定实①。

"水中月"，无月之实体，故"非有"，又有月之形象，故"非无"。只知"毕竟空"会堕入"断灭边"，只知"缘起有"则会堕入"常边"，只有即空的缘起而不落于"断灭边"，即缘起的性空而不落于"常边"，方为缘起与空寂不偏的"中道"。"水中月"恰如其分地表达了"中道"非有非无之特征。

大乘佛教传入中国后不断中国化，至隋唐，形成了具有中国特色的八大宗派，其中，禅宗、三论宗、天台宗、华严宗以中观学派的经典为立宗根据，法相宗（或称唯识宗、慈恩宗）以瑜伽行派为基础。"水中月"概念也随之融入中国文化中，其内涵既保留了印度佛教"诸法性空"之基本意义，又在中国化的过程中不断得以丰富。具体而言，在中国大乘佛教中，"水中月"主要有以下几方面内涵：

第一，法身的显现。隋代，三论宗的代表人物吉藏解释"诸法既空，云何诸法从四缘生"曰："如水中月，虽空，要从月从水生，虽从此二生而实无生，一切法亦尔也。"②他秉承大乘中观学派以"水中月"显喻"万法皆空"的传统，同时认为，虽然"水中月"为空，但仍离不开"月"与"水"这两大因缘，正是由于这两大因缘合和才生出"水中月"之"假名"。"水中月"无自性，故为"空"，但又宛然可见，故为"有"，空有相依，是名"中道"，"中道"即"法身"、即"实相"。他又说："佛真法身犹如虚空，应物现形，如水中月。既但有一迹一本，亦是本迹俱合。"③

①《大正藏》第25册第297页上。
②吉藏：《中观论疏》卷三，见《大正藏》第42册第46页上。
③吉藏：《法华义疏》卷十，见《大正藏》第34册第603页中。

"水中月"是虚空法身的显现，是虚空之"本"与现象之"迹"的俱合，即僧肇所谓"不真空"①。

禅宗更爱用"水中月"来喻显法身、佛性。如：

（有僧问福州安国院祥禅师）"应物现形，如水中月，如何是月？"师提起拂子，僧曰："古人为甚么道水月无形？"师曰："见甚么？"②

学人问"如何是月"，其实就是在问"什么是佛"，禅师用一个动作、一句反问，启发学人：佛身、法性如"水中月"，非有非无，不可说、不可取。禅宗大德们一方面以"水中月"之"空"来破除学人对"佛""法"的执着，所谓"佛性犹如水中月，可见不可取"，另一方面又以"水中月"之"有"来警示学人不可堕入"顽空"，所谓"佛真法身犹如虚空，应物现形，如水中月"。永明延寿说："心本性者，如水中月，究竟远离积习之相。"③翠岩可真在回答弟子"如何是佛法大意"的提问时，说："无云生岭上，有月落波心。"④有人问云门匡真禅师："佛法如水中月，是不？"师云："清波无透路。"⑤"水月"之喻是启发学人不要把佛法执为实有，而有的学人却又走到另一极端，即执着于"空"，所以禅师用"清波无透路"提撕学人领悟非有非无之"中道"。宏智正觉用诗一样的语言描述道："气韵寥寥兮风清山瘠，性灵湛湛兮月落潭深。太虚之心，万象之身，濯濯水中月，英英华上春。"⑥

第二，无分别、绝对待。禅宗常用"水中月"来比喻本心、法身的无分别性。如：

① 僧肇在《不真空论》中说："欲言其有，有非真生；欲言其无，事象既形。象形不既无，非真非实有，然则不真空义显示兹矣。"

② 普济著，苏渊雷点校：《五灯会元》（中），中华书局，1984，第491页。

③ 延寿：《宗镜录》卷二二，《大正藏》第48册第537页上。

④《五灯会元》（中），中华书局，1984，第728页。

⑤《云门匡真禅师广录》卷上，《大正藏》第47册第545页中。

⑥《宏智禅师广录》卷七，《大正藏》第48册第80页中。

> 自己心灵，体离断常，性非垢净。湛然圆满，凡圣齐同。应用无
> 方，离心意识。三界六道，唯自心现。水月镜像，岂有生灭[①]?
>
> 佛体本无为，迷情妄分别。法身等虚空，未曾有生灭。有缘佛出
> 世，无缘佛入灭。处处化众生，犹如水中月。非常亦非断，非生亦非
> 灭。生亦未曾生，灭亦未曾灭。了见无心处，自然无法说[②]。

本心、法身犹如"水中月"，非生非灭、非常非断、非垢非净、剿绝情识、齐同凡圣。

绝对待是无分别境界的表现之一，其核心是泯能所。禅宗认为，"能"指动作之主体，"所"指动作之客体（对象），有能所则为凡夫，泯能所则为圣人[③]。禅宗三祖僧璨《信心铭》云："能由境灭，境逐能沉。境由能境，能由境能。欲知两段，元是一空。一空同两，齐含万象。"[④]禅宗常用"水月两忘"来描述这种能所俱泯之境。丹霞子淳云："宝月流辉，澄潭布影。水无蘸月之意，月无分照之心。水月两忘，方可称断。"[⑤]

无分别、绝对待之境是非理性、反逻辑的。有僧问晖禅师："牛头未见四祖时如何?"师曰："如月在水。"又问："见后如何?"师曰："如水在月。"[⑥]"牛头未见四祖时"，指悟前，"见后"指悟后。悟前"如月在水"，悟后"如水在月"，前者合逻辑，为"有迹"，后者非逻辑，为"无迹"。晖禅师用"如水在月"启发学人不可执着于"水月"之喻，只有泯灭能所，跳出分别知见，才能见道。

第三，理事圆融。禅宗吸收华严宗理事无碍思想，立"事理不二"

---

①《五灯会元》(上)，中华书局，1984，第255—256页。

②《五灯会元》(上)，中华书局，1984，第147—148页。

③ 唐末牛头宗云居禅师说："凡夫于清净性中计有能所，即堕生死;诸佛大士善知清净性中不属有无，即能所不立。"见《五灯会元》(上)，第70页。

④《五灯会元》(上)，中华书局，1984，第49页。

⑤《五灯会元》(下)，中华书局，1984，第890页。

⑥《五灯会元》(中)，中华书局，1984，第312页。

门，常用"水中月"来比喻理事圆融之境。永嘉玄觉《证道歌》云："一性圆通一切性，一法遍含一切法。一月普现一切水，一切水月一月摄。"①对于这个著名的比喻，随庵守缘禅师解释说："以一统万，一月普现一切水。会万归一，一切水月一月摄。展则弥纶法界，收来毫发不存。虽然收展殊途，此事本无异致。"②真如法身当体即空，但它又能随缘而显现为万法。参禅者如能外不著"有"，内不著"空"，应机随缘以应万法，就会发现青青翠竹尽是法身，郁郁黄花无非般若。黄檗希运说："所以一切色是佛色，一切声是佛声。举著一理，一切理皆然。见一事，见一切事。见一心，见一切心。见一道，见一切道。一切处无不是道。"③"水中月"正是这种理事圆融、当下即是之大全世界的表征。

现代著名美学家宗白华说："然而它（按：指文艺境界）又需要超凡入圣，独立于万象之表，凭它独创的形相，范铸一个世界，冰清玉洁，脱尽尘滓，这又是何等的空灵？"④他指出了艺术境界的独立自足、超旷空灵特性，这种特性与"水中月"无分别、绝对待、自在圆成、当下即是之特性合若符契，说明了"水中月"概念天然的艺术品格及向艺术生成的必然趋势。

(二)"水中月"的意象生成与审美特征

"水中月"向诗歌艺术的生成，是以佛教偈颂为中介的。偈，梵语gāthā，音译为伽陀，意译为"偈颂"，是一种以阐扬佛理为主要内容的诗歌样式。魏晋以后，中土僧人在讲经的过程中，也开始自创偈颂。这些偈颂在用韵、属辞、造句等方面都与中土诗歌接近，逐渐演变为哲理化的佛理赞诗。中唐以后，随着僧人文士化的演进，出现了一些深谙诗调、韵律与体式的诗僧，这些诗僧的创作越来越远离以前质木无文的偈颂体，而接

①《大正藏》第48册第396页中。
②《五灯会元》(下)，中华书局，1984，第1373页。
③ 赜藏主编，萧萐父等点校：《古尊宿语录》(上)，中华书局，1994，第47页。
④ 宗白华：《论文艺的空灵与充实》，见《美学散步》，上海人民出版社，1981，第25页。

近唐之近体诗。与此同时，文人墨客热衷参禅访道，并创作了大量富有禅理、禅趣的诗歌。在这种氛围中，"水中月"由一个佛教概念，逐渐演变为诗歌意象。

东晋著名佛经翻译家鸠摩罗什是较早创作偈颂的中国僧人之一，其《十喻诗》歌咏包括"水中月"在内的"大乘十喻"曰："十喻以喻空，空必待此喻。借言以会意，意尽无会处。既得出长罗，住此无所住。若能映斯照，万象无来去。"指出设喻目的，在于启发学人借言会意，了悟空观。入唐以后，"水中月"开始大量出现于僧诗、禅偈之中。如王梵志诗云："观影元非有，观身一是空。如采水中月，似捉村头风。揽之不可见，寻之不可穷。众生随业转，恰似梦寐中。"这里，"水中月"也比喻诸法之空性。此时，"水中月"也进入绘画等佛教艺术之中。唐代有"水月观音"像①：观音菩萨立于漂浮在海面的莲瓣之上，聚精会神地观看着水中之月。

"水中月"由于能引人通达禅寂，了悟"空观"，而成为诗僧热衷参究的对象。皎然《水月》诗云："夜夜池上观，禅身坐月边。虚无色可取，皎洁意难传。若向空心了，长如影正圆。"通过观"水月"，而参悟"色即是空，空即是色"之理。品行高洁，有"越之澈，洞冰雪"之美誉的诗僧灵澈，喜欢深夜观"水月"，其好友刘禹锡赞曰："越江千里镜，越岭四时雪。中有逍遥人，夜深观水月。"（《敬酬彻公见寄二首》其二）宋代诗僧惟政参"水月"的方式令人拍案叫绝。据《补续高僧传》记载："（惟政）夏秋好玩月，盘膝大盆中，浮水上，自旋其盆，吟笑达旦，以为常。"其《自题像》曰："貌古形疏倚杖藜，分明画出须菩提。解空不许离声色，似听孤猿月下啼。"②"解空不许离声色"，正道出了其参"水月"意趣之所在。

唐代，谈禅论道成为文人雅士的癖好，"观水月"也成为文人诗歌的热门话题。钱起说："水月通禅观，鱼龙听梵声。"（《送僧归日本》）明

---

①"水月观音"图像在敦煌千佛洞中被发现，法国卢浮宫美术馆收藏有其中最古老的一种，相传是唐代中叶所作。

②《大藏新纂卍续藏经》第77册第414页上、中。

确指出"观水月"的目的在于参禅悟道。张说云："澄江明月内，应是色成空。"（《江中诵经》）杨巨源也说："王维证时符水月，杜甫狂处遗天地。"（《赠从弟茂卿（时欲北游）》）又如：

　　随缘驻瓶锡，心已悟无生。默坐烟霞散，闲观水月明。竹深风倍冷，堂迴磬偏清。愿作传灯者，忘言学净名。（李中《贻毗陵正勤禅院奉长老》）

　　晓服云英漱井华，寥然身若在烟霞。药销日晏三匙饭，酒渴春深一碗茶。每夜坐禅观水月，有时行醉玩风花。净名事理人难解，身不出家心出家。（白居易《早服云母散》）

　　昔闻玄度宅，门向会稽峰。君住东湖下，清风继旧踪。秋深临水月，夜半隔山钟。世故多离别，良宵讵可逢。（皇甫冉《秋夜宿严维宅》）

　　从以上例子可以看出，"水月"虽已成为诗歌意象，仍始终与佛教主题紧密联系在一起。

　　"水中月"意象具有如下审美特征：

1.清

　　"清"字本义为水澄澈，后又引申出清净、清冷等意。禅宗常用"水中月"来比喻本心、佛性的清净无染，因此，在受禅学浸润的诗篇中，"水中月"意象也常常含有清净之意。如施肩吾《听南僧说偈词》："惠风吹尽六条尘，清净水中初见月。"李白《陪族叔当涂宰游化城寺升公清风亭》："了见水中月，青莲出尘埃。"常建《渔浦》："碧水月自阔，安流净而平。"常建《江上琴兴》："江上调玉琴，一弦清一心。泠泠七弦遍，万木澄幽阴。能使江月白，又令江水深。始知梧桐枝，可以徽黄金。""水中月"意象也经常出现于宋人诗词之中。如邵雍《清夜吟》："月到天心处，风来水面时。一般清意味，料得少人知。"张伯寿《临江仙》："观音常自在，水月净无尘。"宋人甚至创造"水月精神"一词，以示清净高洁之意。

如李光《汉宫春》："危阁临流，渺沧波万顷，涌出冰轮。星河澹澹，天衢迥绝纤尘。琼楼玉馆，遍人间，水月精神。"又如王从叔《浣溪沙》："水月精神玉雪胎，乾坤清气化生来。"

清，作为"水中月"之基本特征，还有清冷之意。"寒""冷"都是禅宗喜爱的字眼，如"寒潭雁迹""一丸冷月"等。晓通禅师云："冷似秋潭月，无心合太虚。"①钱起《宿远上人兰若》云："梵筵清水月，禅坐冷山阴。"皎然《与卢孟明别后宿南湖对月》："五湖生夜月，千里满寒流。"又如：

> 末路思前侣，犹为恋故巢。江山多胜境，宾主是贫交。饮舫闲依苇，琴堂雅结茅。夜清僧伴宿，水月在松梢。（郑谷《南康郡牧陆肱郎中辟许棠先辈为郡从事因有寄赠》）
>
> 碧草径微断，白云扉晚开。罢琴松韵发，鉴水月光来。宿鸟排花动，樵童浇竹回。与君同露坐，涧石拂青苔。（马戴《春日寻浐川王处士》）
>
> 凉夜窥清沼，池空水月秋。满轮沉玉镜，半魄落银钩。蟾影摇轻浪，菱花渡浅流。漏移光渐洁，云敛色偏浮。似璧悲三献，疑珠怯再投。能持千里意，来照楚乡愁。（张子容《璧池望秋月》）

在这几首诗中，"水月"意象都笼罩在清冷、淡远的氛围之中，都带有一层淡淡的忧伤。明代徐上瀛《溪山琴况》，把琴声分为二十四况，其中"清况"为："澄然秋潭，皎然寒月，湉然山涛，幽然谷应。"②这是以"水月"意象来凸显琴声意境的清冷特征。

2.静

禅宗强调本心的寂静无为，所以，在诗僧笔下，禅境总是与空灵幽寂的气氛联系在一起。刘禹锡说："故自近古而降，释子以诗名闻于世者相

---

① 《五灯会元》（下），中华书局，1984，第1065页。

② 胡经之主编：《中国古典文艺学丛编》（三），北京大学出版社，2001，第118页。

踬焉。因定而得境，故脩然以清。由慧而遣词，故粹然以丽。"①这里，"清"即静，刘氏指出僧诗幽寂气氛形成的主要原因在于主体内心之静。文人诗也不例外。常建《题破山寺后禅院》曰："山光悦鸟性，潭影空人心。万籁此俱寂，但馀钟磬音。"潭中虚影能启发人了悟色空之理，从而回归宁静之本心。

在佛教，"水中月"是真如佛性的显现，具有清静之义涵，同样，在佛学浸润下的诗歌中，"水中月"意象也具有这种内涵。如：

水月心方寂，云霞思独玄。（陈子昂《同王员外雨后登开元寺南楼因酬晖上人独坐山亭有赠》）

夜来江上如钩月，时有惊鱼掷浪声。（崔道融《秋霁》）

方外主人名道林，怕将水月净身心。居然对我说无我，寂历山深将夜深。（严维《宿天竺寺》）

空洲夕烟敛，望月秋江里。历历沙上人，月中孤渡水。（刘长卿《江中对月》）

幽独之人与澄澈而清静的"水月"融为一体，此时之"水月"，已经不是眼前所见之景，而是诗人幽静本心的呈显。

3.空

虚幻不实，是"水中月"意象最基本的特征。张瀛《赠琴棋僧歌》曰："我尝听师法一说，波上莲花水中月。不垢不净是色空，无法无空亦无灭。"这里，"水中月"喻显"诸法性空"之理。"水中月"意象的这层内涵，在宋词中也常出现。如无际道人《渔家傲》："七坐道场三奉诏，空花水月何时了。"邓肃《临江仙》："初恨水中徒捉月，而今水月俱空。"

在古诗词中，"水中月"意象常常承载着空幻、无常之意蕴。所以，苏轼面对"江月"，而生"人生如梦"之感（《念奴娇·赤壁怀古》）。在

---

① 《秋日过鸿举法师寺院便送归江陵序》，见《刘禹锡全集》，上海古籍出版社，1999，第217页。

《前赤壁赋》中，他说：

> 客亦知夫水与月乎？逝者如斯而未尝往也，盈虚者如彼而卒莫消长也。盖将自其变者而观之，而天地曾不能以一瞬；自其不变者而观之，则物与我皆无尽也。

从体上讲，诸法性空，故不去不来，不生不灭；从用上讲，诸法因缘合和而生，故瞬息万变，转瞬即逝。苏子正是通过参"水月"，而彻悟"变"与"不变"之理。刘克庄《水调歌头》曰："翁意在乎林壑，客亦知夫水月，满腹贮清寒。赋咏差有愧，赤壁与滁山。""客亦知夫水月"，典出苏子参"水月"的故事，"满腹贮清寒"指出苏子的凄清、无常之感。

4.明

禅宗认为，众生之本心、佛性光明朗洁，犹如水中之月。寒山子诗曰："吾心似秋月，碧潭清皎洁。无物堪比伦，教我如何说。"[1]韶山和尚《心珠歌》曰："此心珠，如水月，地角天涯无殊别。"[2]"心珠"，即本心、佛性，如"水月"般光明澄澈，超越时空。洞山良价《玄中铭》云："夜明帘外，古镜徒耀。空王殿中，千光那照。澄源湛水，尚棹孤舟。……碧潭水月，隐隐难沉。青山白云，无根却住。峰峦秀异，鹤不停机。灵木迢然，凤无依倚。"[3]明代深谙佛学的儒家学者宋濂也说："大圣全体皆真，不失其圆明之性，如月在寒潭，无纤毫障翳，清光烨如也。"[4]

唐宋诗词中，以"水中月"比喻光明澄澈境界的例子很多。李白《赠宣州灵源寺仲濬公》曰："观心同水月，解领得明珠。""水月"与"明珠"都具有圆满光明之特性，因此，禅宗常用它们来象征"本心""佛性"。皎然《溪上月》："秋水月娟娟，初生色界天。蟾光散浦溆，素影动沦涟。何

① 项楚：《寒山诗注》，中华书局，2000，第137页。
② 《景德传灯录》卷三十《韶山》，见《大正藏》第51册第464页上。
③ 《禅门诸祖师偈颂》上之上，见《大藏新纂卍续藏经》第66册第723页中、下。
④ 宋濂《宋学士文集》卷二一《瑞岩和尚语录序》，四部丛刊景明正德本。

事无心见，亏盈向夜禅。"又如：

> 蜀国烟霞异，灵山水月澄。（刘得仁《送智玄首座归蜀中旧山》）
>
> 莫愁归路远，水月夜虚明。（孙逖《同邢判官寻龙湍观归湖中》）
>
> 烟岚晚过鹿裘湿，水月夜明山舍虚。（曹唐《赠南岳冯处士二首》其一）
>
> 川流有本源源听，月入容光处处明。（张载《集义斋诗》）

受禅学影响，文人诗词总爱以"水月"象征内心的清明，人格的高洁。如苏轼《次韵子由书王晋卿画山水一首而晋卿和二首》："我今心似一潭月，君已身如万斛舟。"又如张孝祥《念奴娇·过洞庭》："素月分辉，明河共影，表里俱澄澈。""素月"、"明河"、昊昊苍天、绵绵时空，经词人禅心浸润而圆成一佛性的世界，此刻，词人敞开自我生命，在自我的光明体验中浩然与天地同流。

（三）"水中月"的诗学内涵

根据现有资料来看，最早把"水中月"用于诗学中者，可能是唐代日本僧人空海编的《文镜秘府论》。该书"南卷"《论文意》曰：

> 夫置意作诗，即须凝心，目击其物，使以心击之，深穿其境。如登高山绝顶，下临万象，如在掌中。以此见象，心中了见，当此即用。如无有不似，仍以律调之定，然后书之于纸。会其题目，山林、日月、风景为真，以歌咏之。犹如水中日月，文章是景，物色是本，照之须了见其象也[①]。

自然物色表现于文，正如日月映照于水。这是以"水中月"来比喻诗

---

① 遍照金刚撰，卢盛江校考：《文镜秘府论汇校汇考》（三），中华书局，2006，第1312页。

歌意象的建构。

"水中月"本来是一个佛学概念，它与诗有什么相通之处呢？明代学者胡应麟说："作诗大要不过二端：体格声调，兴象风神而已。体格声调有则可循，兴象风神无方可执。……譬如镜花水月，体格声调，水与镜也；兴象风神，月与花也。必水澄镜朗，然后花月宛然。讵容昏鉴浊流，求睹二者？故法所当先，悟不容强也。"[①]总体而言，诗的构成无外乎两大方面，一是象，二是意，前者主要表现为体格、声调，后者主要表现为兴象、风神。就结构而言，诗之"象"犹如"水"，"意"犹如"月"，"月"在"水"中，犹如"意"泯"象"外；就性质而言，"水中月"为空，可望而不可取，意象为虚，可悟而不可解。胡氏此论，的确道出了"水中月"与诗歌之间的秘密。

"水中月"虽然在唐代就已经进入了诗学领域，但作为一个诗学概念，它成熟于南宋严羽的《沧浪诗话》，此后则蔚为大观，被广泛应用于文学创造论、作品论及接受论，具有十分丰富的美学内涵。

艺术创造方面，"水中月"泯能所、绝对待、自在圆成、当下即是之特性契合了审美兴会的心理机制。受佛学影响，唐代诗歌创作与理论普遍重视"兴会"，强调心物交融的偶然性与随机性。《文镜秘府论》曰："自古文章，起于无作，兴于自然，感激而成，都无饰练，发言以当，应物便是。"[②]《二十四诗品·自然》曰："俯拾即是，不取诸邻。俱道适往，著手成春。"[③]艺术创造是一个感而遂通、无心凑泊的过程，恰如风行水上，自然成文。理论家们爱用"水中月"来描述这一过程。宋人陈洞上赞美画僧觉心（字虚静）说："虚静师所造者道也。放乎诗，游戏乎画，如烟云水月，出没太虚，所谓风行水上，自成文理者也。"[④]清人王士禛说："夫诗之道，有根柢焉，有兴会焉，二者率不可得兼。镜中之象，水中之月，

① 胡应麟：《诗薮》，上海古籍出版社，1979，第100页。

② 《文镜秘府论汇校汇考》（三），中华书局，2006，第1282页。

③ 何文焕辑：《历代诗话》（上），中华书局，1981，第40页。

④ 邓椿，庄肃：《画继·画继补遗》，人民美术出版社，1963，第62页。

相中之色，羚羊挂角，无迹可求，此兴会也。"①主体机心全无、不着一念，静观万象，万象如水中之月，光明莹洁，自在具足，自成境界，苏轼所谓"随物赋形，而不可知也"（《文说》），叶梦得借用云门宗语谓"随物应机，不主故常"（《石林诗话》）。王夫之借用佛教相宗术语"现量"来描述审美意象形成的过程，认为"现量"之"现"，有"现在""现成""显现真实"三层涵义，强调审美意象的当下性、直观性与整体性（《相宗络索·三量》）。在此意义上，"现量"与"水中月"有异曲同工之妙。

艺术接受方面，"水中月"表现为空灵淡远，只可意会不可言传的无限韵味。皎然《诗议》论"诗家中道"曰："大抵而论，属于至解，其犹空门证性有中道乎。……可以神会，不可言得，此所谓诗家之中道也。"②"诗家之中道"与大乘中观学派之"中道观"在思维方式上是一致的，都具有可见不可取，只可意会不可言传之特征，都可用"水中月"来比喻。元代黄子肃述《诗法》曰："是以妙悟者，意之所向，透彻玲珑，如空中之音，虽有所闻，不可仿佛；如象外之色，虽有所见，不可描摸；如水中之味，虽有所知，不可求索。……每每有似真非真、似假非假、若有若无、若彼若此之意为得之。"③明代谢榛也说："诗有可解，不可解，不必解，若水月镜花，勿泥其迹可也。"④清人叶燮说：

> 诗之至处，妙在含蓄无垠，思致微渺，其寄托在可言不可言之间，其指归在可解不可解之会；言在此而意在彼，泯端倪而离形象，绝议论而穷思维，引人于冥漠恍惚之境，所以为至也⑤。

这段话全面而深刻地概括出了"水中月"在艺术接受方面的审美

① 王士禛：《带经堂诗话》（上），人民文学出版社，1963，第78页。
② 张伯伟：《全唐五代诗格汇考》，凤凰出版社，2002，第209页。
③ 吴景旭：《历代诗话》（下），中华书局，1958，第1019—1020页。
④ 谢榛《四溟诗话》卷一，丁福保辑：《历代诗话续编》，中华书局，1983，第1137页。
⑤ 叶燮、薛雪、沈德潜：《原诗·一瓢诗话·说诗晬语》，人民文学出版社，1979，第30页。

特征。

除以上两方面外，"水中月"更被广泛地用来描述意象、意境的审美特征。

"水中月"非有非无的佛学义涵，契合了审美意象不即不离、不粘不滞的艺术特征。明人王廷相说："夫诗贵意象透莹，不喜事实黏著。古谓水中之月，镜中之影，可以目睹，难以实求是也。"①清人王士禛说："严仪卿所谓'如镜中花，如水中月，如水中盐味，如羚羊挂角，无迹可求'，皆以禅喻诗，内典所云'不即不离，不粘不脱'，曹洞所云'参活句'是也。"②沈德潜批评某些过于"质实"的咏物之作曰："然必动辄牵入，即小小赋物，对镜咏怀，亦必云某诗指其事，某诗刺某人，水月镜花，多成粘皮带骨，亦何取耶！"③以上诸人对诗歌意象不即不离、不粘不滞艺术特征的重视，都是与佛学的影响分不开的，又都借用"水中月"把这种特征形象地表达出来。

"水中月"揭示了意境的审美特征。意境与意象是一对联系密切而又各有侧重的范畴。

> 意境产生自意象而又超越于意象，……意象的美学特征一般地表现为虚与实（意与象、心与物、情与景）二者统一而偏重于"实"（象）。……意境的美学特征则突出地表现为虚（宇宙本体之太虚、世界实相之空无）与实（意象）二者的统一而偏重于"虚"（本体化和实相化）④。

像在佛学中指向宇宙本体那样，"水中月"在诗学中启发人突破具体意象而把目光移向"象外"，它凸显了意境的整体性、不确定性与无限性。

---

① 王廷相著，王孝鱼点校：《王廷相集》，中华书局，1989，第502页。
② 《带经堂诗话》（下），人民文学出版社，1963，第836页。
③ 沈德潜：《唐诗别裁集》，中华书局，1975，第3页。
④ 韩林德：《境生象外》，生活·读书·新知三联书店，1995，第176页。

意境最突出的特征是"象"与"象外"的统一，刘禹锡曰"境生于象外"（《董氏武陵集记》），皎然曰"采奇于象外"（《诗式》），司空图曰"象外之象"（《与极浦书》），严羽则用"水中月"形象、直观地传达出这一美学特征。他说："盛唐诸人，惟在兴趣，羚羊挂角，无迹可求。故其妙处，透彻玲珑，不可凑泊，如空中之音，相中之色，水中之月，镜中之像，言有尽而意无穷。"①"镜花水月"说明意境是"象"与"象外"的统一，有限与无限的妙合。

严羽以后，"水中月"被广泛应用于诗学之中。元代诗人揭傒斯在《傅与砺诗集序》中转述刘辰翁的观点曰："诗欲离欲近。夫欲离欲近，如水中月，如镜中花，谓之真不可，谓之非真亦不可。谓之真，即不可索；谓之非真，无复真者。"②非有非无、非真非假、可见不可取，是"水中月"之佛学内涵，也是其诗学内涵。

明清时期，随着"意境"作为一个艺术范畴被正式提了出来③，"水中月"也更广泛地应用于诗画理论之中。明人李梦阳云："古诗妙在形容之耳，所谓水月镜花，所谓人外之人，言外之言。……形容之妙，心了了而口不能解，卓如跃如，有而无，无而有。"④周复俊说地更具体：

> 余于昔年梦有告之曰："诗如镜中花，谷中音，水中月。"寐以谐诸座宾，莫有觉者。或乃曰："诗体轻微，专务刊脱，灭迹销形，上乘匪远。"余曰："审若兹，则镜无花矣，然镜中未尝无花也；谷无音矣，然谷中未尝无音也。无花无音，神罔附矣，何以言诗？"关西吕

---

① 严羽著，郭绍虞校释：《沧浪诗话校释》，人民文学出版社，1961，第26页。
② 揭傒斯著，李梦生标校：《揭傒斯全集》，上海古籍出版社，1985，第451—452页。
③ 诗论领域，明人朱承爵可能是最早使用"意境"范畴者。他在《存馀堂诗话》中说："作诗之妙，全在意境融彻，出音声之外，乃得真味。"画论领域，清初笪重光可能是最早使用"意境"范畴者。他在《画筌》中说："绘法多门，诸不具论。其天怀意境之合，笔墨气韵之微，于兹篇可会通焉。"
④ 李梦阳《空同集》卷六六《论学下篇第六》，《文渊阁四库全书》补配《文津阁四库全书》本。

定原诗论曰："水中流月是真方。"恒击节怅叹，以为英言。故擅称合作者，似音非音，似影非影，风容将格响争驰，色韵与情神交澈，若近而远，若远而近，斯为至矣①。

有人把"水中月"解释成"灭迹销形"，这在佛学称为"恶趣空"，在诗学则取消了诗歌意象的直观、形象性。周氏对此极为不满。他十分欣赏"水中流月是真方"之说，因为它突出了意境"似音非音，似影非影"、"若近而远，若远而近"的美学特征。

清代，王士祯提倡"神韵说"，大力标举严羽"镜花水月"之喻。比王氏晚出生近百年的翁方纲，尽管对王氏的诗歌创作颇有微词，但对其"神韵说"却有比较好的解释。他说："神韵者，彻上彻下，无所不该。其谓'羚羊挂角，无迹可求'，其谓'镜花水月，空中之像'，亦皆即此神韵之正旨也，非坠入空寂之谓也。"明确指出"水中月"等比喻并"非坠入空寂之谓"，这与上文周复俊的说法是一致的。翁氏还指出："其援严仪卿所云'镜中之花，水中之月'者，正为涤除明人尘滓之滞习言之。"②王士祯援引严羽"镜花水月"之说，目的在于涤除明人诗歌创作上的"滞迹"之病。

宗白华援引"镜花水月"之喻对意境审美特征作了全面概括，他说："所以中国艺术意境的创成，既须得屈原的缠绵悱恻，又须得庄子的超旷空灵。缠绵悱恻，才能一往情深，深入万物的核心，所谓'得其环中'。超旷空灵，才能如镜中花，水中月，羚羊挂角，无迹可寻，所谓'超以象外'。色即是空，空即是色，色不异空，空不异色，这不但是盛唐人的诗境，也是宋元人的画境。"③这是对以上诸人理论的继承与发展。

"水中月"，由遥远而神秘的天竺佛国款款走来，先融入中土僧人的偈

---

① 黄宗羲编：《明文海》卷二二一周复俊《评点唐音序》，《文渊阁四库全书》补配《文津阁四库全书》本。

② 翁方纲《复初斋文集》卷八《神韵论》（上、下），清李彦章校刻本。

③ 宗白华：《中国艺术意境之诞生》，《美学散步》，上海人民出版社，1981，第77页。

颂创作，再演变为中土文人的诗歌意象，最后又升华进入诗学、艺术理论领域，逐渐脱却空幻悲苦的厚重义涵，而只剩下晶莹剔透的艺术形式，越来越寥旷，越来越空灵。

二、华严哲学的诗性精神

《华严经》素有"众经之王"的美誉，同时也是众经之中最富诗性精神的一部伟大著作。方东美先生称其为"由隐喻的、诗的、象征性的语言所形成的精神意境"①。这种"精神意境"是诗性的。华严的诗性精神绝不仅仅表现为"俱烂漫而有文，悉精纯而靡杂"的"《华严》万偈"②，这只是外在的表现，其诗性精神更表现为其内在的精神气质。清代诗论家王士禛说："淋漓大笔千年在，字字华严法界来。"③沈德潜也说："海外何愁瘴疠深，华严法界入高吟。"④王、沈二人之语都是赞扬苏轼的，但其中所折射的"华严法界"与诗的紧密联系却有着十分普遍的意义。那么，"华严法界"的诗性精神到底是什么呢？它对中国古代诗歌创作与诗学理论产生了什么影响呢？

（一）"华严法界"的诗性特质

"法界"是《华严经》的核心范畴，"法界缘起"是华严学的核心理论，因此"法界"在华严宗那里又常称为"华严法界"。华严宗初祖杜顺（557—640）把"华严法界"之观法分为三种，即真空观、理事无碍观、周遍含容观，以此三观"融万象之色相，全一真之明性"，从而进入"华严法界"⑤。四祖澄观（738—839）在杜顺"华严三观"基础之上提出

---

① 方东美：《华严宗哲学》（上），黎明文化事业股份有限公司1983，第230页。
② 法眼《宗门十规论》，《卍新续藏》第63册，第38页中。
③ 王士禛《带经堂集》卷23《冬日读唐宋金元诸家诗偶有所感各题一绝于卷后》。
④ 沈德潜《归愚诗钞》卷6《书东坡集后》。
⑤ 裴休《注华严法界观门序》，《大正藏》第45册，第683页中。

"四法界"：事法界、理法界、理事无碍法界、事事无碍法界①。事法界指有差别、有分齐的万有诸法；理法界指诸法平等一如、无有差别的同一理性；理事无碍法界指事中含理、理由事显、理事相即相入圆融无碍的境界；事事无碍法界意谓一切诸法既各守自性、各住自位、互不妨碍，又相即相入、互融互摄、重重无尽。"四法界"中，"事事无碍法界"被认为"是最能代表华严宗理论特征的学说，其意义为佛的殊胜境界、宇宙的最高层次、观法的最后目标和真如本觉"②。这是一种高度的圆融精神，也是华严诗性特质的集中体现。

华严宗人常以"十玄六相"，即"十玄门"与"六相圆融"来阐释"事事无碍法界"。所谓"六相"，是指总别、同异、成坏三对六相。"总相"指整体，"别相"指组成整体的部分，"同相"指组成整体的各部分的同一，"异相"指各部分的差别，"成相"指各部分都是组成整体的必备条件，"坏相"指各部分在整体中保持自身独立。"六相圆融"是要求人们从总别、同异、成坏三方面看待一切事物，认识每一事物都处于总别相即、同异相即、成坏相即的圆融状态之中。

"十玄门"有新旧之分。华严三祖法藏（643—712）"新十玄"曰："同时具足相应门""广狭自在无碍门""一多相容不同门""诸法相即自在门""隐密显了俱成门""微细相容安立门""因陀罗网法界门""托事显法生解门""十世隔法异成门""主伴圆明具德门"③。此"十玄门"，从时间、空间、数量、形态等方面说明"事事无碍法界"，说明事物与事物之间相即相入、重重无尽之关系。

在以上"十玄门"中，"因陀罗网法界门"尤富诗意。"因陀罗网"，又作天帝网、帝网，为庄严帝释天宫殿之网。杜顺解释说：

> 帝释天珠网者，即号因陀罗网也。然此帝网，皆以宝成，以宝明

---

① 澄观《华严法界玄镜》卷上，《大正藏》第45册，第672下。
② 方立天：《华严宗的现象圆融论》，《文史哲》1998年第5期。
③ 法藏《华严经探玄记》卷1，《大正藏》第35册，第123页上。

彻，递相影现，涉入重重，于一珠中同时顿现，随一即尔，竟无去来也。今且向西南边取一珠验之，即此一珠能顿现一切珠影，此一珠既尔，余一一亦然。既一一珠一时顿现一切珠，既尔余一一亦然。如是重重无有边际，即此重重无边际珠影，皆在一珠中炳然显现，余皆不妨。①

"因陀罗网"的特点是目目相联、珠珠互映，由此而决定"因陀罗网境界"的特点：一多相即、重重无尽。《华严经》以此喻显事事无碍圆融之法门。

"圆融无碍"是"华严法界"的根本精神。此词在华严宗典籍之中随处可见。如法藏《华严经旨归》："法界圆通，缘无不契。……随有一处即有一切，无碍圆融，无尽自在。"②又如澄观《大方广佛华严经随疏演义钞》："若圆融无碍，则即一即多，即有即无。"③"圆融无碍"表现为理与事、一与多、依与正、人与法、此与彼、深与浅、广与狭、因与果等诸多因素间的相即相入、和合无碍。析而言之，这种圆融精神具有如下特性。

第一，整体性。华严宗认为，整个宇宙就是一张圆满自足、重重无尽的大网，网上因缘和合而起的每一事物都同时圆满具足而又彼此互相照应。澄观说："若不差别不能遍也，圆则不要差别而能周遍，能周遍之法——圆融。"④此处"周遍"即指完整的、统一的华严世界。

第二，互融互摄。华严宗认为，法界因缘而起，诸法之间相即相入，彼此圆融。诸法间的互融互摄表现在很多方面。就空间而言，有"一多互摄"："一"指个别事物，"多"指众多事物，一事物与众多事物之间相容相摄、自在无碍，法藏所谓"圆融自在，一即一切，一切即一"⑤；"广狭互容"：广可入狭，狭可容广，广狭互融互摄，法藏所谓"芥子纳于须弥"

① 杜顺《华严五教止观》，《大正藏》第45册，第513页上。
②《大正藏》第45册，第596页下。
③《大正藏》第36册，第194页中。
④ 澄观《大方广佛华严经随疏演义钞》卷29，《大正藏》第36册，第221页下。
⑤ 法藏《华严一乘教义分齐章》卷4，《大正藏》第45卷，第503页上。

"海水纳于毛孔"①。就时间而言,过去、现在、未来三世涵容互摄、同时具足,《华严经》所谓"过去一切劫,安置未来今;未来现在劫,回置过去世。"②"华严法界"中,过去、现在、未来之间的壁垒完全打破,三世之间涵容互摄。以上,时间与空间互融互摄,从而熔铸成时空一如的华严境界。

第三,重重无尽。杜顺《华严五教止观》解释"因陀罗网境界"说:"多法互入犹如帝网天珠重重无尽之境界";法藏《修华严奥旨妄尽还源观》解释"事事无碍"也说:"一一更互相容相摄,各具重重无尽境界"③。世间万法犹如帝网之珠,虽珠珠独立,但又珠珠互映,任何一珠中都有重重无尽的其他珠影。

宗白华先生论包括诗歌在内的中国艺术说:"空寂中生气流行,鸢飞鱼跃,是中国人艺术心灵与宇宙意象'两镜相入'互摄互映的华严境界。"④艺术境界是创作主体与对象多重融摄的结晶,这一独立自足、超旷空灵的境界即是"华严境界"。这种互容互摄、重重无尽的圆融精神正是"华严法界"诗性特质的集中体现。

(二)华严诗境

华严学自身的诗性气质决定了其与诗歌创作之间不可分割的联系。据苏轼《送钱塘僧思聪归孤山叙》载,钱塘有位法号思聪的僧人,十五岁开始学写诗,后读《华严经》,遂"入法界海慧",从此诗艺"日进不止"。那么,思聪到底从《华严经》中得到了什么启示呢?苏轼回答说:"聪能如水镜以一含万,则书与诗当益奇。"⑤"以一含万"指的正是华严的圆融精神。思聪能把这种"圆融无碍"的华严精神贯彻到诗歌创作之中,因此而"日进不止"。

---

① 法藏《华严策林》,《大正藏》第45卷,第597页下。
② 佛驮跋陀罗译《华严经》卷43,《大正藏》第9册,第674页中。
③ 法藏《修华严奥旨妄尽还源观》,《大正藏》第45卷,第638页上。
④ 宗白华:《美学散步》,上海人民出版社,1981,第85页。
⑤ 苏轼著,孔凡礼点校:《苏轼文集》(第1册),中华书局,1986,第326页。

华严宗产生于初唐，流行于盛唐，其立宗经典《华严经》以及杜顺、法藏、澄观等历代大师的著作都对当时诗坛产生了极为重要的影响。如果要用一句话来概括这一巨大影响的话，那就是："博大圆融"的华严精神熏陶了"气象雄浑"的盛唐气象①。关于华严学的博大圆融，有研究者说："此宗所奉的根本经典《华严经》，把世界描述为无穷无尽、恢宏廓大的圆满境界。其中以'法界'为总相，统摄万有，而万有又各自独存，'圆融自在'。这一思想，颇能表现盛唐时期整个国家博大雄浑和涵容万象的气势。"②正是在华严宗兴盛的盛唐时期，诗坛摆脱了初唐诗歌的"六朝锦色"而出现欣欣向荣的景象。

来看一些盛唐诗句：

> 雨中山果落，灯下草虫鸣。（王维《秋夜独坐》）
>
> 却下水精帘，玲珑望秋月。（李白《玉阶怨》）
>
> 松际露微月，清光犹为君。（常建《宿王昌龄隐居》）
>
> 樵子暗相失，草虫寒不闻。（孟浩然《游精思观回王白云在后》）
>
> 时有落花至，远随流水香。（刘慎虚《缺题》）

以上诗句，出自不同的作者之手，所表达的思想与意境也各不相同，却有着大致相同的艺术特征，即严羽所谓的"兴趣"："盛唐诸人，惟在兴趣，羚羊挂角，无迹可求。故其妙处，透彻玲珑，不可凑泊，如空中之音，相中之色，水中之月，镜中之象，言有尽而意无穷。"③"兴趣"的基本内涵为"透彻玲珑，不可凑泊"，即一种镜花水月般圆融无碍、只可意会不可言传的审美趣味。关于"兴趣"形成的原因，明人陆时雍《诗镜总

---

① 南宋严羽推崇盛唐诗，将其特征概括为"既笔力雄壮，又气象浑厚"（《答出继叔临安吴景仙书》），这种"雄壮""浑厚"（合称"雄浑"）的艺术特征被明清诗论家称为"盛唐气象"。

② 潘桂明、董群、麻天祥：《中国佛教百科全书》（历史卷），上海古籍出版社，2000，第130页。

③ 严羽著、张健校笺：《沧浪诗话校笺》（上），上海古籍出版社2012，第157页。

论》说："盛唐人寄趣在有无之间。"[①]"有无之间"指的正是"圆融无碍""卷舒自在"的华严精神，陆氏此语恰切地指出了华严学对盛唐诗歌的影响。

再以王维为例。王维素有"诗佛"之称，其诗受佛教影响很深，这已是常识。但过去学界多关注禅宗之于王维诗的影响，而不太关注华严宗的影响。清代才子金圣叹在评价王维诗时说："先生一生学佛，深入旋陀罗尼法门，故能有如此精深曲畅之文。"[②]他指出王维诗"精深曲畅"之特点，并说这一特点是受"旋陀罗尼法门"的影响。"旋陀罗尼"为法华三陀罗尼之一。吉藏《法华义疏》卷十曰："旋陀罗尼，于法门中圆满具足，出没无碍。""旋陀罗尼法门"的特点是"圆满自足，出没无碍"，这种"圆融无碍"精神是天台宗与华严宗所共有的。金圣叹拈出这一佛教术语意在表明王维诗受佛教"圆融无碍"精神的影响，这是千真万确的，但如果把这一影响完全归于天台则有失片面，因为华严宗的影响也是不可忽视的。王维与华严宗学人有着密切的交往，这已经得到学界的证明。[③]

华严"圆融无碍"的诗性精神对唐代艺术的影响不仅表现在诗歌上，还表现在绘画、书法等艺术形式上。绘画方面，如五代画家周文矩的《重屏会棋图》（见下图）：

---

① 丁福保辑：《历代诗话续编》（下），中华书局，1983，第1417页。

② 金圣叹《贯华堂选批唐才子诗》卷四。

③ 陈允吉：《王维与华严宗诗僧道光》，《复旦学报》1981年第3期。

该图描绘南唐中主李璟与其弟景遂、景达、景过会棋的情景。头戴高帽，手端瓷杯，居中而坐的观棋者为李璟，对弈者为齐王景达与江王景过。该图的重点并不在四人会棋，而在卷中央的一扇巨型屏风，此屏风表现的是白居易《偶眠》诗意①。在这扇屏风之中，又有一扇山水小屏风。由于屏中有屏，故称重屏。在这幅图中，过去与现在、刹那与永恒互融互摄、重重无尽，这是典型的华严境界。

关于唐代艺术的特征，刘纲纪先生说："'圆融无碍'、'卷舒自在'又确实是唐代文艺的韵味、风神的一个重要方面。……它华贵而雍容，飘逸而沉着，清新而热烈，的确有一种无障无碍，流转如意，自在自得的美。"②这种概括是十分准确的，刘先生把这一特征归因于华严学的影响也是很有见地的。但他接着又说："在唐之前没有这种美，在唐之后也再不能看到了。"此话值得商榷，因为受华严学影响很深的宋代文艺也不乏这种圆融之美。

宋代文坛上，受华严影响最深者当数苏轼。上文所引王士祯、沈德潜语，都认为苏轼诗"字字皆从华严法界来"。苏轼在介绍自己的写作经验时也说："吾文如万斛泉源，不择地皆可出，在平地滔滔汩汩，虽一日千里无难。及其与山石曲折，随物赋形，而不可知也。所可知者，常行于所当行，常止于不可不止。"③这种"随物赋形"的气质正是华严"圆融无碍"精神的表征。明末清初大学者钱谦益在评论苏轼文时说："如万斛水银随地涌出，以为古今未有其体，茫然未得其涯涘也。晚读《华严经》，称性而谈，浩如烟海，无所不有，无所不尽，乃喟然而叹曰：'子瞻之文，其有得于此乎？'文而有得于《华严》，则事理法界，开遮涌现，无门庭，无墙壁，无差择，无拟议。世谛文字，固已荡无纤尘，又何自而窥其浅深，议其工拙乎？"④钱氏认为苏文"如万斛水银随地涌出"之圆融精神来

---

① 白居易《偶眠》："放杯书案上，枕臂火炉前。老爱寻思事，慵多取次眠。妻教卸乌帽，婢与展青毡。便是屏风样，何劳画古贤？"

② 刘纲纪：《唐代华严宗与美学》，《东方丛刊》1992年第2辑。

③《苏轼文集》（第5册），中华书局，1986，第2069页。

④ 钱谦益《初学集》卷83《读苏长公文》。

源于《华严经》，真可谓肯綮之谈。

宋代以后，"华严境"及其核心特征"圆融无碍"更成为诗人反复歌咏的对象。如南宋张镃《陈子西投赠长句走笔次韵奉酬》一诗：

> ……请君直道当下语，莫拟世俗纷华虫。古人规绳亦谢去，岂不自己光圆融？大千沙界大千海，置之足上升天宫。到头只是旧时我，不妨自就声律笼。若能言下便领得，老夫衣钵当传公。①

又如元代学者金履祥《奉和鲁斋先生涵古斋诗》：

> 圆融无际大无余，万象森然本不瘦。百圣渊源端有在，六经芳润几曾枯。人于心上知涵处，古在书中非远图。会到一源惟太极，包羲原不与今殊。②

近代学者沈曾植在为黄濬诗集题辞时也说：

> 有所悟者，能入；有所证者，能出。欧苏悟入从韩，证出者不在韩，亦不背韩也，如此而后有宋诗。作者清才宵思，悟处极多，此后皆证分矣。发菩提心，行菩萨行，字字华严法界来，岂不快哉！③

从以上材料可以看出，"华严法界"的影响一直贯穿于唐代以后的中国诗坛，"圆融无碍"的华严精神一直是中国诗人的自学追求。

(三)华严境界的诗学意义

"华严法界"互容互摄、重重无尽的圆融精神，不但深刻影响了唐代

---

① 张镃《南湖集》卷3，《文津阁四库全书》第389册，商务印书馆，2005，第184页。
② 金履祥《仁山文集》卷1，《文津阁四库全书》第397册，商务印书馆，2005，第568页。
③ 黄濬：《花随人圣庵摭忆》，上海书店出版社，1998，第364页。

以后的诗歌创作，而且深刻影响了唐代以后的诗学理论。意境、韵味、活法等理论都是在华严思想影响之下而发展成熟的。

1. 华严境与意境

意境是中国古代诗论的核心范畴，它滥觞于魏晋，成熟于中唐。诗僧皎然是中唐意境理论最杰出的代表。虽然受资料限制，皎然的宗派归属问题至今扑朔迷离①，但在他思想之中以华严宗为代表的"圆融无碍"精神却是非常明显的。皎然诗文集中，多次出现华严的核心意象"帝网"，如"以十身佛刹微尘数修多罗，如悬帝网，不出正念"等②。"帝网天珠"的"圆融无碍""重重无尽"思想深刻影响了皎然的意境理论。

皎然意境理论集中体现在其诗论著作《诗式》之中。关于意境的两大要素情与景之间的关系，皎然提出"诗情缘境发"命题，强调诗"情"因"境"而起，并通过创设、描绘"境"来表达。他又说"缘境不尽曰情"，再次强调"情"与"境"不可分，并提出"情"要有不尽之余味。皎然所谓"境"，不是客观外境，而是主客相融相摄而形成的能够表达特定思想感情的生活环境或精神状态。如《诗式》说："静，非如松风不动，林狖未鸣，乃谓意中之静；远，非如渺渺望水，杳杳看山，乃谓意中之远。"③"意中之静"与"意中之远"，清楚地把意境与常境区别开来，同时说明了意境情景交融的特征。

受华严境界"重重无尽"思想的影响，皎然意境理论提出"文外之旨""采奇于象外"等著名命题。在《诗式》中，皎然说："两重意以上，皆文外之旨。若遇高手如康乐公，览而察之，但见情性，不睹文字，盖诗道之极也。"④"两重意以上"，指诗歌应当在语言文字之外包含更丰富、更深刻的意蕴，这些都属于"文外之旨"，能使读者览而察之"但见性情，

---

① 关于皎然的宗派归属问题，可参见张勇《贝叶与杨花：中国禅学的诗性精神》（中华书局，2006）第四章第三节。

② 皎然《昼上人集》卷9《苏州支硎山报恩寺法华院故大和尚碑》，《四部丛刊初编》本。

③ 张伯伟：《全唐五代诗格汇考》，凤凰出版社，2002，第242页。

④《全唐五代诗格汇考》，凤凰出版社，2002，第233页。

不睹文字",进而"采奇于象外"。这是诗的最高境界,也是重重无尽的华严境界。

意境是一个充满了人的宇宙意识和生命情调的诗意空间,是一个鸢飞鱼跃的空灵动荡的世界,情景互融互摄、意象虚实相生是其总体特征,而"四深"则是其具体表现。皎然《诗式》说:"气象氤氲,由深于体势;意度盘礴,由深于作用;用律不滞,由深于声对;用事不直,由深于义类。"[①]"气象氤氲""意度盘礴""用律不滞""用事不直",这些所体现出的都是华严"圆融无碍"的精神气质。

自幼学诗于皎然的中唐大诗人刘禹锡,也把华严"圆融无碍"思想运用于诗歌理论而提出"境生象外"命题。其《董氏武陵集纪》曰:"诗者其文章之蕴邪?义得而言丧,故微而难能。境生于象外,故精而寡和。千里之缪,不容秋毫。非有的然之姿,可使户晓。必俟知者,然后鼓行于时。"[②]"境生象外",指出意境"象外之象"的特点;"非有的然之姿",指出意境的多层次性。

唐以后,意境理论继续向前发展,在这漫长的发展过程中,"圆融无碍"的华严精神一直贯穿于其中。如明人王廷相说:"夫诗贵意象透莹,不喜事实黏着。古谓水中之月,镜中之影,可以目睹,难以实求是也。"[③]王氏以"水中之月"比喻诗歌意象的圆融性,此喻来源于《华严经》:"譬如净满月,普现一切水。影像虽无量,本月未曾二。"[④]此喻被永嘉玄觉《证道歌》提炼为精美的诗句:"一性圆通一切性,一法遍含一切法。一月普现一切水,一切水月一月摄。"这成为华严"理事圆融"要旨的经典表述。

王廷相以华严喻诗,绝不仅限于借用其名相,更重要的是融入其精神。他论作诗之"四务"曰:"何谓四务?运意、定格、结篇、练句也。

---

① 《全唐五代诗格汇考》,凤凰出版社,2002,第224页。

② 刘禹锡著,瞿蜕园校点:《刘禹锡全集》,上海古籍出版社,1999,第135页。

③ 王廷相《与郭价夫学士论诗书》,见贺复微编《文章辨体汇选》卷236,《文津阁四库全书》第469册,商务印书馆,2005,第442页。

④ 佛驮跋陀罗译《华严经》卷14,《大正藏》第9册,第486页下。

意者，诗之神气，贵圆融而忌暗滞。格者，诗之志向，贵高古而忌芜乱。篇者，诗之体质，贵贯通而忌支离。句者，诗之肢骸，贵委曲而忌直率。"①"运意""定格""结篇""练句"，这是创设意境最为重要的四个方面，要做到"贵圆融而忌暗滞""贵高古而忌芜乱""贵贯通而忌支离""贵委曲而忌直率"，这"四贵""四忌"归根结底就是两个字"圆融"。

2. 华严境与"韵味"

以"韵味"论诗始于晚唐诗论家司空图。他所谓"韵味"具有以下特点：一是"思与境偕"②；二是"象外之象，景外之景"。前者强调创作主客体间的相互融摄，后者强调诗歌意象的重重无尽。关于后者，他又说："戴容州云：'诗家之景，如蓝田日暖，良玉生烟，可望而不可置于眉睫之前。'象外之象、景外之景，岂容易可谭哉！"③蓝田之玉，晶莹剔透，在日光的照耀下似乎泛出淡淡的轻烟，若有若无，可望而不可即。这与诗境的有无相生、虚实相融，即"象外之象""景外之景"正相似。这种具有"韵外之致""味外之旨"的诗，超越某种具体的诗味，而给人以咀嚼不尽的醇美享受。这就是"韵味"。

与司空图一样，北宋诗论家范温也以华严境界论"韵"。范温的诗论著作《潜溪诗眼》宋以后散佚，今传《说郛》本仅三则，郭绍虞先生《宋诗话辑佚》辑得29则。范温深通佛教，提倡以"以佛喻诗"。他说："学者要先以识为主，如禅家所谓正法眼者。直须具此眼目，方可入道。"他这里所说的"禅"，并不特指禅宗，而是佛教的代名词。范温论"韵"体现出浓郁的华严智慧。

　　　且以文章言之，有巧丽、有雄丽、有奇、有巧、有典、有富、有深、有稳、有清、有古。有此一者，则可以立于世而成名矣；然而一

① 王廷相《与郭价夫学士论诗书》，《文津阁四库全书》第469册，商务印书馆，2005，第442页。

② 司空图《与李生论诗书》。

③ 司空图《与极浦书》。

不备焉，不足以为韵，众善皆备而露才用长，亦不足以为韵。必也备众善而自韬晦，行于简易闲淡之中，而有深远无穷之味，观于世俗，若出寻常。至于识者遇之，则暗然心服，油然神会。测之而益深，究之而益来，其是之谓矣。[①]

范温所谓"韵"具有两个特点：一是"备众善"。他列举了"巧丽""雄丽"等十种品质，认为只有这十种品质全部具备才能称为"韵"，缺一不可。二是"自韬晦"，即不"露才用长"，而在"简易闲淡"之中给人以"深远无穷之味"。"韵"，其实就是一种整体圆融之美。范温把"韵"看作是诗歌的"极致"，以及论诗的最高标准。

3.华严境与"活法"

"活法"概念是由北宋诗论家吕本中提出的。吕氏很喜欢《华严经》，也爱以"华严境"说诗。刘克庄《江西诗派序》载："紫薇公（吕本中）尤推重信民。其诗云：'富贵空中华，文章木上瘿。要知真实地，惟有华严境。'盖吕氏家世本喜谈禅，而紫薇与信民皆尚禅学。"[②]由吕本中以"华严境"推崇汪信民可以看出华严思想对他的影响。

吕本中把华严圆融精神运用于诗论而提出"活法"概念。他说：

> 所谓活法者，规矩备具，而能出于规矩之外，变化不测，而亦不背于规矩也。是道也，盖有定法而无定法，无定法而有定法。知是者则可以与活法矣。谢元晖有言："好诗（流）转圆美如弹丸"，此真活法也。[③]

"活法"就是"规矩备具而能出于规矩之外"，表现为一种"流转圆美如弹丸"般的圆融之美。

---

① 范温《潜溪诗眼》，郭绍虞《宋诗话辑佚》，中华书局，1980，第316页。
② 刘克庄《后村先生大全集》卷95，《四部丛刊初编》本。
③ 刘克庄《后村先生大全集》卷95引吕本中《夏均父集序》。

在吕本中诗论中，"活法"与"圆成"是一对同等内涵的概念。他在《别后寄舍弟三十韵》中说："笔头传活法，胸次即圆成。"① "活"与"圆"所表达的都是圆融无碍的精神。这一思想来源于华严宗。如法藏论"圆音"说："镕融无碍名作圆音。若彼一音不即一切，但是一音非是梵音。以彼一音即多音故，融通无碍名一梵音。"② "圆音"为圆融无碍的美妙之音，它超越具体声音的大小、虚实、真假之别，而具足"一即一切，一切即一"的华严精神。吕本中关于"活法""圆成"的理论是与此完全一致的。

三、禅宗自然观的美学意蕴

中国禅宗尤其是后期禅宗，以最激烈的手段破除偶像崇拜，在寻求解脱的道路上，以走向"自然"取代了以往青灯古佛边的枯守。它把众生的本性归结为"自然"，否定人的外在性、从属性，肯定人的内在性、主体性，从而高扬人的个性，启发人对自然、自由的向往与追求。在修行论上，中国禅宗从"自性本来具足"出发，彻底否定坐禅、读经、持诫等传统修行方式，主张在日常生活之中"不修而修"，从而使禅在日常生活的自然运作之中表现得更加活泼而自然，质朴而空灵，并最终踏上审美的阶梯。

（一）禅宗自然观的理论内涵

中国禅宗把其最核心的理论范畴"性"等同于"自然"，它反对一切外在雕饰、权威与束缚，高扬人性的自然与自由。在禅者眼中，山水皆真如，触目皆菩提，因此他们提倡在对自然的直觉观照中来契悟宇宙实相，提倡人与自然打成一片，从而追求一种自然适意的生命情调。具体而言，禅宗"自然观"的理论内涵，主要表现在以下三个方面。

---

① 吕本中《东莱先生诗集》卷6，《四部丛刊续编》本。
② 法藏《华严经明法品内立三宝章》卷下，《大正藏》第45卷，第621页上。

1.性即自然

作为中国禅宗的核心范畴，"性"为本性、本质之意，指本来具足，不受外界影响而改变的体性。慧能认为，"自性"或"心性"不但是宇宙的本体、万物的本源，而且是众生成佛的内在根据。"自性迷，佛即众生；自性悟，众生即是佛"，[①]众生与佛的根本区别就在刹那之间"自性"的迷与悟。由此可见，慧能所讲的"自性"已经完全具有了"自然"的属性。

慧能的高足神会在乃师思想的基础之上直接以"自然"来诠释"本性""佛性"。他说："僧家自然者，众生本性也"；又说："佛性与无明俱自然。何以故？一切万法皆依佛性力故，所以一切法皆属自然。"[②]他不但认为众生的本性、佛性是"自然"，而且把"一切法"，甚至"无明"，也归于"自然"，"自然"即自然本有，自然如此。

《五灯会元》卷四载：

> 雪峰因入山采得一枝木，其形似蛇，于背上题曰："本自天然，不假雕琢。"寄与师。师曰："本色住山人，且无刀斧痕。"[③]

这里，"天然"即"自然"，就树木而言，指不假雕琢，无刀斧痕的本然状态；就人而言，指不受任何意念、欲望影响的自然具足的本色心态。

禅宗"性即自然"思想，高扬人性的自然与自由，反对一切外在权威、雕饰与束缚，这是在更高层次上向心性自然的回归，也是中国禅宗解脱论的最重要特点。

2.自然悟道

中国禅宗的自然观，在解脱论上表现为"性即自然"主张，而在修行观上则表现为对"自然悟道"修行方式的提倡。

"自然悟道"是佛教固有的术语，原指释迦牟尼佛依本觉而不依他教，

---

① 郭朋:《坛经校释》,中华书局,1983,第66页。

② 杨曾文编校:《神会和尚禅话录》,中华书局,1996,第91、118页。

③ 普济著,苏渊雷点校:《五灯会元》(上),中华书局,1984,第192页。

自然开悟，自行悟道。《妙法莲华经玄义》卷四云："若出无佛世，自然悟道，此即独觉。"①僧肇在《注维摩诘经》卷九中也说："佛于下成道，树名菩提。……众生遇者，自然悟道，此土以树为化之本也。"②

唐代，禅宗与那些重讲说经典义解的所谓"讲宗"在修行方式上产生了严重分歧。"讲宗"主张借他教而成佛，禅宗则提倡不借他教的"自然悟道"。禅宗倡导不立文字、见性成佛，往往对"讲宗"诵经、念佛等修行实践持否定态度。慧能说："心平何劳持戒，行直何用修禅。"这里，"心平""行直"，都是主张身心的自然。

慧能"自然悟道"的修行观对后世禅宗产生了重大影响。马祖道一提出"平常心是道"命题，认为"行住坐卧，应机接物，尽是道"，③主张在修行实践中"任心"与"顺乎自然"，从而表现出禅宗任性逍遥、随缘放旷的自由精神。

中国禅宗修行实践的自然化，是对佛教传统修行方式的一次根本变革，它把人从念经、坐禅等烦琐复杂的仪式之中解放出来，将修行与日常生活融为一体，呈现出一种自然态势，体现出一种自由精神。这种修行观充满了自然的情趣与诗意的光辉。

3.自然自足

在境界论上，禅宗自然观表现为一种圆满自足的精神状态。德韶禅师说：

> 佛法现成，一切具足。古人道："圆同太虚，无欠无余。"……大道廓然，诈齐今古，无名无相，是法是修。良由法界无边，心亦无际；无事不彰，无言不显；如是会得，唤作般若。现前理极同真际，一切山河大地、森罗万象、墙壁瓦砾，并无丝毫可得亏缺。④

---

① 《妙法莲华经玄义》卷四下，《大正藏》第33册，第726页中。
② 僧肇：《注维摩诘经》卷九，《大正藏》第38册，第404页上。
③ 《景德传灯录》卷二十八，《大正藏》第51册，第440页上。
④ 《景德传灯录》卷二十五，《大正藏》第51册，第409页上、下。

世界上的一切事物都是般若智慧的显发，都是圆满自足、自在自然的，而人的本心具足佛性，因此，参禅悟道就是在这自自然然之中悟入自己心灵深处的秘密。

"自然自足"在理论内涵上表现为两点：一是绝对待，二是超时空。

在禅的世界里，诸法非生非灭、非常非断、非垢非净、湛然圆满，青山自青山，白云自白云，一切都是自自然然没有分别没有对待的。禅宗常用"镜花水月"来比喻这种绝对待、泯能所之境。丹霞子淳云："宝月流辉，澄潭布影。水无蘸月之意，月无分照之心。水月两忘，方可称断。"[①]

禅宗认为，人的本心、佛性是不受时空限制的。布袋和尚诗曰："我有一布袋，虚空无罣碍。展开遍十方，入时观自在。"这里，"布袋"是本心、佛性的象征，其特点是"虚空"，即广大无边，恒常不变，容受万法，超越时空。黄檗希运在《传法心要》中说："前际无去，今际无住，后际无来，安然端坐，任运不拘，方名解脱。"[②]本心佛性既能超越一切时空拘限，保持自身的绝对不变，又能随缘任运，自由自在。

(二)禅宗自然观的审美特质

禅宗作为一种宗教，其"自然观"所关注的核心问题是"心"的觉悟而不是自然之美，从这层意义来说，是无所谓"美学"而言的。但它对"心"觉悟的追求，不是靠枯坐冥想，而是回到自然世界，在大自然的生香活意之中证得如如不动的真如佛性。在禅者看来，"佛性"与"自然"具有同等意义，禅悟境界是"自然"，修行实践也应在"自然"状态下完成。等等这些，便形成了中国禅宗自然观所独具的审美特质。

1.自然物色的直觉观照

中国禅宗认为，世间万法都是因缘合和而成，都是虚幻不实的，在这生生灭灭、变化万端的"物色"背后，却有一个永恒空寂的"本性"。参禅悟道者，一方面不能执虚为实，执幻为真，把眼前之"物色"当作真

---

① 普济著，苏渊雷点校：《五灯会元》(下)，中华书局，1984，第890页。

② 《大正藏》第48册，第384页上。

实，否则会犯"滞有"之病；另一方面，也不能执着于"本性"之空，离色而求空，否则会犯"沉空"之病。因此，禅宗在否定"物色"之真以后，又回到声色世界中来，在婆娑的自然"物色"之中体悟永恒的宇宙实相，外不著相，内不著空，于相而离相，于空而离空。

禅者眼中，春去春来，花开花谢，大自然中的一切都是自自然然，无一不是禅，无处不是禅。见道之人在这种对自然的直觉观照中，契悟宇宙实相，回归无染的生命源头，念无所念，住无所住，百花丛中过，片叶不沾身。这样，禅宗就将抽象的哲思还给了具象的审美，人与自然的关系也就成了简洁明快的纯感性关系。

禅者认为，自然美是主体佛性的感性显现，因此他们常常借助自然景物来喻道说法。如"气韵寥寥兮风清山癯，性灵湛湛兮月落潭深。太虚之心，万象之身，濯濯水中月，英英华上春。"①在禅者眼中，山水皆真如，触目皆菩提，山河大地、蓝天白云无一不是自性之体现。参禅悟道就是在这种对自然的直觉观照之中来契悟宇宙实相。禅宗主张人与自然打成一片，人之本性与自然之法性合为一体，追求一种自然适意的生命情调。在这一层面上，禅宗与审美已经款款相合了。

2.空灵澄澈的审美形态

在禅的世界中，自然的真实性被主体之"心"消解后，其虚幻形象又被"心"重新组合起来，在此基础上，自然山水重新回到感性形态，成为主体本心、佛性的显现，主体在对当体即空之自然美的直觉观照中，顿悟自我佛性。此时，心物之间的界限彻底消除，主体敞开自我生命，在自我的光明体验中浩然与天地同流。

张节末说：

> 禅宗看自然，一方面巧妙地保留了它的所有细节，依然是庄子、孔子和玄学家们眼中的那一个自然，另一方面，它却把同一个自然空

---

① 《宏智禅师广录》卷七，《大正藏》第48册，第80页中。

化和心化了。由此，审美直观发生了质变，或者说，自然被赋予了新的意味，这种变化是潜移默化的，又是巨大的，它所贡献予中国人的，是一种极其细巧精致、空灵活泛和微妙无穷的精神享受。它重新塑造了中国人的审美经验，使之变得极度心灵化，相对于庄子的逍遥传统，它也许可以称为新感性。①

禅宗以"自然"眼光看世界，要求消除自然万物一切量上的分别，让主体心灵从特定的时空束缚之中解脱出来，于一花见一世界，于一叶见一天国，于刹那之间而见永恒。由此，中国禅宗空灵澄澈的审美形态正式形成。

宗白华说："然而它（按：指文艺境界）又需要超凡入圣，独立于万象之表，凭它独创的形相，范铸一个世界，冰清玉洁，脱尽尘滓，这又是何等的空灵？"②他指出了中国艺术独立自足、自然、自由、超旷空灵之特性，这种特性的形成是与中国禅宗自然观的影响分不开的，抑或说就是禅宗自然观的表征。

3. "反常合道"的奇趣之美

在禅悟世界中，客观自然的时空规定性已被彻底打破，眼前的自然是经过禅心浸润而又重新组合的，是参禅者本心的外化，是主客无分的整全，这种"自然"往往是与世俗世界的逻辑相悖的。如大慧宗杲《送超僧鉴》诗云："桶底脱时大地阔，命根断处碧潭清。好像一点红炉雪，散作人间照夜灯。"③"红炉"与"雪"，这一对世俗世界绝不相容的东西在禅的世界中被组合到了一起，形成了一个不可思议的直觉意象。

"红炉点雪"成为后期禅林非常喜爱的意象，禅者常用它来表示摆脱现实时空束缚的禅悟境界。如慧勤说："去年今日时，红炉片雪飞。"④绍

---

① 张节末：《禅宗美学》，浙江人民出版社，1999，第4页。
② 宗白华：《美学散步》，上海人民出版社，1981，第25页。
③ 《大慧普觉禅师偈颂》卷十一，《大正藏》第47册，第857页上。
④ 普济著，苏渊雷点校：《五灯会元》（下），中华书局，1984，第1259页。

悟说:"有时放下,似红炉点雪,虚含万象。"①廓庵师远《十牛图颂》之八《人牛俱忘》云:"鞭索人牛尽属空,碧天寥阔信难通。红炉焰上争容雪,到此方能合祖宗。"②禅宗中,类似的意象还有很多,如"三冬华木秀,九夏雪霜飞","黄河无滴水,华岳总平沉","石上栽花,空中挂剑"等等。王维著名的"雪中芭蕉"图也是这种思维方式的产物。

以上这些奇特的意象,都是与人们的日常生活经验相违背的,它们既是对客观自然时空规定性的消解,也是对心相自然时空秩序的重新组合。这是一个凡圣共泯生佛俱空的自性世界,是一个新的时空圆融境界。这些奇特意象,虽违背世俗常规,却合乎禅理,在启发人迥脱根尘、灵光孤露的同时又带给人以无尽的审美享受。

4.自由闲适的生命情调

禅宗追求一种随缘任运、自然适意、宁静淡远而又生机勃勃的自由世界,这是禅者孜孜以求的人生境界,也是他们热情讴歌的审美境界。

禅宗认为,禅可以在日常的着衣吃饭中证得,但日常的着衣吃饭并不等于禅,禅只存在于放下名利计较后最朴素、最自然的生活之中,这是在否定日常生活的基础之上向日常生活的回归。

人来到这个世界上,总是被各种各样的"闲事"缠绕着,春来伤春,秋来悲秋,居闲厌寂寞,从仕愁羁束,因而体会不到自然的生机,感受不到人生的乐趣。而一旦尘缘息歇,回归本心,就会发现四季都是好时季,无门慧开所谓"春有百花秋有月,夏有凉风冬有雪;若无闲事挂心头,便是人间好时节",圆悟克勤所谓"了取平常心是道,饥来吃饭困来眠"。③夕阳流水人间事,处处是道处处禅!

很多禅门高僧悟道之后,整日流连于自然山水之间,创作了大量歌咏自然与自由的诗篇。唐代船子和尚,节操高邈,度量不群,自谓"率性疏野,唯好山水",隐居华亭吴江畔,泛小舟随缘接化往来之人,过着"一

---

① 普济著,苏渊雷点校:《五灯会元》(下),中华书局,1984,第1326页。

②《大藏新纂卍续藏经》第64册,第774页下。

③《圆悟佛果禅师语录》卷六,《大正藏》第47册,第741页上。

船明月一船诗"式的生活,留下的三十九首《拨棹歌》,是其生活情趣的真实写照。如:"千尺丝纶直下垂,一波才动万波随。夜静水寒鱼不食,满船空载月明归";"乾坤为舸月为蓬,一屏云山一罨风。身放荡,性灵空,何妨南北与西东。"

禅宗以"自然"作为悟道的最高境界,这一方面表现为禅者所追求的浑然天成、自然适意的生活情趣,另一方面表现为对人之生命的达观情怀及对生命自由的永恒企慕与追求。

(三)禅宗自然观的美学价值

禅宗自然观以其独具的审美特质对中国古代美学产生了重大影响,具有极高的美学价值。

禅宗自然观促进了中国美学空灵淡远风格的正式形成。在庄玄哲学影响下,中国传统美学肯定外在山水自然的美,主张在纯粹的个人经验中亲证自然,在自然审美中完成对个体生命自由的体认,孙绰所谓"浑万象以冥观,兀同体于自然"。与庄玄哲学不同,禅宗否定外在自然的真实性,认为"万法唯心",自然山水当然也是心的幻化,这样,庄玄哲学中的心物关系就转化为禅宗哲学中的心色关系,自然也不再是庄玄世界中那些可以观、可以赏的真实存在,而是禅者用来亲证自身佛性的虚幻影像。外在自然的心像化与虚灵化促进了中国美学空灵淡远风格的正式形成。

唐代以后,中国山水画标榜"自然",讲究"空灵",爱以疏笔淡墨勾勒自然界的山水树木,给人以空旷、辽远、缥缈的感觉,从而获得镜花水月般的美感体验。深受禅宗影响的著名诗人、画家王维在《山水诀》中说:"夫画道之中,水墨最为上。肇自然之性,成造化之功。或咫尺之图,写百千里之景。东西南北,莞尔目前;春夏秋冬,生于笔下。"[①]他指出了山水画的"自然"之性与空灵之美。

受禅宗"反常合道"自然观的影响,中国山水画反对对外在自然的机

---

① 俞剑华编著:《中国古代画论类编》,人民美术出版社,2007,第592页。

械模仿，提倡对画家"内在自然"的自由抒写。伍蠡甫说："画中丘壑，都经过'内营'，决非复制自然。"①这里所谓"内营"，是指打破物理时空的限制，而追求一种心灵时空的满足。中国山水画往往通过改变山石树木的外形，让人在审美过程中充分感受自然的奇趣。

禅宗自然观对唐代以后中国诗歌美学也产生了重要影响。中唐诗僧皎然的"取境"理论就是在禅宗自然观的影响之下而形成的。皎然眼中的自然景物，已经不是真实存在的外在"自然"，而是其心灵化的内在"自然"。如他在《诗式》中释"远"曰："非如渺渺望水，杳杳看山，乃谓意中之远。"这里，"远"已经超越了时空上的自然距离属性，而归于心灵之远、境界之远。受此自然观的影响，皎然放弃了传统诗学的"取象说"而提倡"取境说"，把诗歌的表现对象由经验世界拉向内心世界，从而促进了中唐以后人们对"象外"的不懈追求。皎然《诗式》提出"采奇于象外"，尔后，刘禹锡又提出"境生于象外"（《董氏武陵集记》），司空图提出"象外之象"（《与极浦书》），这些命题都是在提倡"象"与"象外"的统一，有限与无限的妙合。这些诗学主张不但促进了中唐以后诗歌创作空灵淡远风格的正式形成，而且促进了意境理论的发展与成熟。②

中国禅宗自然观之无分别、绝对待、自在圆成、当下即是的特性，契合了审美兴会的心理机制。中国古代艺术论常以"观于目，会于心"来描绘审美观照。"观于目"是对物的感性观照；"会于心"则是物我碰撞而产生的审美兴会，它是自我生命与客体生命的契合。主体掣开外在的遮蔽，驱散内在的迷雾，掘出万象深层的底蕴，而走向自心的彻悟。这，正是禅宗美学的真谛！受此禅宗自然观的影响，中国艺术创作与理论普遍重视"兴会"，强调心物交融的偶然性与随机性。如《文镜秘府论》云："自古文章，起于无作，兴于自然，感激而成，都无饰练，发言以当，应物便

---

① 伍蠡甫：《中国画论研究》，北京大学出版社，1983，第65页。
② 关于禅宗对意境理论的影响，可参看叶朗《再说意境》一文。他说："禅宗主张在日常生活中，在活泼泼的生命中，在大自然的一草一木中，去体验那无限的、永恒的、空寂的宇宙本体。这种思想进一步推进了中国艺术家的形而上追求，表现在美学理论上，就结晶出'意境'这个范畴，形成了意境的理论。"（《文艺研究》1999年第3期）

是。"①《二十四诗品·自然》云："俯拾即是，不取诸邻。俱道适往，著手成春。"②艺术创造是一个感而遂通、无心凑泊的过程，恰如风行水上，自然成文。

中唐以后，以禅喻诗，以禅论诗，成为诗学发展的一大特色。如龚相《学诗诗》："学诗浑似学参禅，悟了方知岁是年。点铁成金犹是妄，高山流水自依然。"都穆《学诗诗》"学诗浑似学参禅，不悟真乘枉百年。切莫呕心并剔肺，须知妙语出天然。"胡应麟《诗薮》："诗则一悟之后，万象冥会，呻吟咳唾，动触天真。"归根结底，诗与禅的契合点就是"自然"两字，这是中唐以后诗论者的共识。

（张勇）

---

① 卢盛江：《文镜秘府论汇校汇考》（三），中华书局，2006，第1282页。
② 何文焕辑：《历代诗话》（上），中华书局，1981，第40页。

中国"诗史"传统再思

一、缘起

"诗史"是中国诗学史上一个有着久远发展史与丰厚阐释史的理论命题。现代以来,学界多立足诗的艺术性,围绕诗、史界划,以及写实与虚构、表现与再现、抒情与叙事等诸多理论问题的纠缠关系作文章,成绩斐然。近年更有一项突出成果,即已故青年学人张晖所著《中国"诗史"传统》(生活·读书·新知三联书店,2012)。是书不仅详细考察中国诗学史上自唐以后"诗史"概念复杂的理论变迁及其发展脉络,且细致梳理1930年代以来诸般理论视角及思想经验,史料丰富,论析严明,堪称"诗史"概念史研究的代表作品。[①]

然阅读前辈时贤研究成果之余,笔者不免有如下两点困惑:

其一,文论概念史研究的限度。

张着和此前类似研究一个重要的思路就是,有鉴于"诗史"概念的理解在不同历史时期甚至相同时代的不同历史语境中多有分歧,故致力于梳

[①] 此书系张晖先生博士学位论文,曾以《诗史》为名,由台湾学生书局出版于2007年。其书附录二《"诗史"问题研究知见书目》,搜辑1928至2010年间相关论著200种(篇),可见现代以来研究大略;附录一《"诗史"的发现与阐释:"诗史"概念的现代研究(1934—2010)》更是一篇"诗史"概念阐释的现代学术史。

理"诗史"概念的内涵在中国诗学史特别是唐宋以后的发展变化，以期发见其内在的丰富性和差异性。一如张书《引言》所说："本书的研究首先致力于梳理和辨析'诗史'一词在各个时代的不同内涵，在此基础上勾勒'诗史'概念的历史发展脉络，并努力抉发其理论意义。"①

然而可注意的是，作为一种史学研究范式的概念史研究，"正是在强调概念'变迁'（transformations）甚至'断裂'（discontinuities）的层面上"，"显示了与'观念史'迥异的学术旨趣（'观念史'强调'延续性'）"。②亦即，概念史研究力求通过某一概念的历史语境还原，揭示其理论歧义的发展和相互竞争，从而赋予历史以解释的多元化。这固然丰富了历史解读本身，但不可避免的会导致概念自身的"碎化"问题。③一个较长历史时段甚至自始至终存在的某种主流认识，与原本非主流的、极次要的甚至被抛弃的个别观念，将会被相提并论。其危险就在于，一个概念的普遍性、共时性的意义层面，会被个别性、历时性的解释稀释掉，甚至消解掉，而"传统"二字所蕴含的思想延续性会被线性的历史线索所汩没。

其二，研究"诗史"说的目的到底何在？

我们今天回顾反思"诗史"这一命题，到底是要追问古代中国曾经出现的某种思想经验，还是按照现代学科分立的立场去"发现"古人的理论缺失，抑或两者兼具？中国文论研究，固然少不了用今日的理论视角去再现其历史面相，但更重要的，或许还在于站在中国文学思想自身发生发展的立场上去抉发其被今日理论视角所遮蔽的某些思想成果和理论经验。

就张著而言，其书在细致梳理出自唐至清出现的十七种"诗史"内涵后认为，中国"诗史"说核心的精神即在强调用诗记录、描写客观现实生活，类似西方诗学中的模仿理论。作者立足于凸显诗歌文体特征的视角来

---

① 张晖：《中国"诗史"传统》，生活·读书·新知三联书店，2012，第5页。类似的研究，参见黄自鸿《杜甫"诗史"定义的繁衍现象》，《汉学研究》2007年第25卷第1期，杨松年《宋人称杜诗为"诗史"说析评》（收入氏著《中国古典文学批评论集》，三联书店［香港］有限公司，1987）等。

② 周保巍：《概念史研究对象的辨析》，《史学理论研究》2012年第1期。

③ 李宏图：《概念史与历史的选择》，《史学理论研究》2012年第1期。

看待古来诗论家对"比兴""美刺"的解释，认为"诗史"说"促使产生了将诗歌创作简单视为史料记录的观点"，从而与中国诗学的抒情传统相抵牾，并因此受到诸多批判。①上述观点不免令人生疑。明人唐元竑即指出，"史自有史笔，所谓简而且详，疏而不漏。若纤悉具书，如市廛账簿，且不得言史，无论诗矣"②。那么，古人何以要强调"诗中有史"？现代学术分科固然让我们对"诗者，艺也"③这样的观念愈发明确，然而是否有所忽略"夫诗者，人之志兴存焉"④之类命题在古代中国思想世界中的某些应有之义？在"诗史"说发育的思想脉络中，"诗"到底指谓什么？"诗史"说要凸显什么？或许，重审"诗史"说的思想发育史，梳理、探寻那些被有意无意遮蔽、忽略甚至改写的部分，一种新的问题思考的视野、方法或将成为可能。⑤

二、孟棨"诗史"说提出的思想立场

作为一个文论概念的"诗史"，来自孟棨《本事诗》。⑥因为有关孟棨

---

① 氏著结论中即提到，"综观历代的'诗史'说，其间贯彻着一个最为基本的核心精神，那就是强调诗歌对现实生活的记录和描写"，甚至认为这种重视"诗歌忠实记录外在世界的观念"，有可能形成一套类似西方诗学中的模仿理论。《中国"诗史"传统》，生活·读书·新知三联书店，2012，第264—266、270页。

② 唐元竑：《杜诗攟》，卷二，转引自张晖《中国"诗史"传统》，生活·读书·新知三联书店，2012，第37页。本文转引自张晖先生书中材料，出处一注张书，不敢掠美。

③ 钱锺书：《谈艺录（修订本）》，中华书局，1984，第40页。

④ 李东阳：《王城山人诗集序》，转引自胡经之主编《中国古典文艺学丛编》（二），北京大学出版社，2001，第50页。

⑤ 所谓思想世界的"重审"，参见葛兆光《思想史，既做加法也做减法》，《读书》2003年第1期，及其《思想史研究课堂讲录》，生活·读书·新知三联书店，2005，第十三讲、十四讲。近年的研究，参见王汎森《执拗的低音：一些历史思考方式的反思》，生活·读书·新知三联书店，2014，"序"及第一讲。

⑥ 当然，"诗史"一词，早在《宋书·谢灵运传》《南齐书·王融传》中已出现，其意近于"诗歌的历史"。参见张晖《中国"诗史"传统》，第3页；陈岸峰《甲申诗史：吴梅村书写的一六四四》，中华书局［香港］有限公司，2014，第4页。

生平的史料较少，故素来论及"诗史"说者，多引及《本事诗·序目》中的"触事兴咏"说以及《高逸》篇末论及杜诗的两句话，而似乎很少有学者特为注意孟棨的思想立场。

2006年，陈尚君先生据洛阳市郊白马寺镇帽郭村新出土孟棨家族的四方墓志，特别是孟棨所撰其妻李琡墓志（871），结合各种史料，对其生平及家世多有考证。①据之可知如下数点：

第一，孟棨约生于唐宪宗元和（806—820）前期，虽"常以理乱兴亡为己任"（孟棨《唐孟氏冢妇陇西李夫人墓志铭并叙》），然自唐武宗会昌（841—846）初应进士举，至唐僖宗乾符元年（874）登进士第，"出入场籍三十余年"（《唐摭言》），其怀才不遇、科场蹭蹬之愤懑时见于墓志文字中。

第二，其父孟管，少以文才见赏于韩愈，元和五年（810）年二十余登进士第，仕途平顺。然唐文宗大和九年（835），因甘露事变受牵连而自长安县令贬硖州（今湖北宜昌）长史，再贬梧州（今广西梧州）司户参军。孟棨时年二十余，随父侍行至梧州。

第三，《本事诗》成书于唐僖宗光启二年（886），孟棨年七十余，已自司勋郎中任去职。然是时王仙芝、黄巢起兵，以及朱玫强拥立嗣襄王之变先后发生，唐王室处于风雨飘摇之中。

由此我们来看《本事诗》相关文字。为叙述方便，抄录其文如下：

> 《本事诗·序目》：诗者，情动于中而形于言。故怨思悲愁，常多感慨。抒怀佳作，讽刺雅言，虽着于群书，盈厨溢阁，其间触事兴咏，尤所钟情，不有发挥，孰明厥义？因采为《本事诗》，凡七题，犹四始也。情感、事感、高逸、怨愤、征异、征咎、嘲戏，各以其类聚之。②

> 《本事诗·高逸》：白才逸气高，与陈拾遗齐名，先后合德。其论

---

① 陈尚君：《〈本事诗〉作者孟棨家世生平考》，《新国学》第六卷，巴蜀书社，2006。
② 丁福保辑：《历代诗话续编》（上），中华书局，1983，第2页。

诗云："梁陈以来，艳薄斯极，沈休文又尚以声律，将复古道，非我而谁与！"故陈、李二集律诗殊少。尝言"兴寄深微，五言不如四言，七言又其靡也。况使束于声调俳优哉。"故戏杜曰："饭颗山头逢杜甫，头戴笠子日卓午。借问何来太瘦生，总为从前作诗苦。"盖讥其拘束也。玄宗闻之，召入翰林。以其才藻绝人，器识兼茂，欲以上位处之，故未命以官。尝因宫人行乐，谓高力士曰："对此良辰美景，岂可独以声伎为娱，倘时得逸才词人吟咏之，可以夸耀于后。"遂命召白。时宁王邀白饮酒，已醉。既至，拜舞颓然。上知其薄声律，谓非所长，命为宫中行乐五言律诗十首。白顿首曰："宁王赐臣酒，今已醉。倘陛下赐臣无畏，始可尽臣薄技。"上曰："可。"即遣二内臣掖扶之，命研墨濡笔以授之。又令二人张朱丝栏于其前。白取笔抒思，略不停缀，十篇立就，更无加点。笔迹遒利，凤跱龙挐。律度对属，无不精绝。其首篇曰："柳色黄金嫩，梨花白雪香。玉楼巢翡翠，金殿宿鸳鸯。选妓随雕辇，征歌出洞房。宫中谁第一？飞燕在昭阳。"文不尽录。常出入宫中，恩礼殊厚，竟以疏从乞归。上亦以非廊庙器，优诏罢遣之。后以不羁流落江外，又以永王招礼，累谪于夜郎。及放还，卒于宣城。杜所赠二十韵，备叙其事。读其文，尽得其故迹。杜逢禄山之难，流离陇蜀，毕陈于诗，推见至隐，殆无遗事，故当时号为"诗史"。[1]

《序目》说得很清楚，全书七题，"各以其类聚之"，亦即每一题下各则均有其"主题"所在。"高逸"，应即是篇篇首指称李白时提到的"才逸气高"——才情、行事作风均俊逸脱俗。此题下共收录三则文字，后两则文字所述杜牧所见之禅僧以及杜牧本人之所为，皆可称"高逸"。据此推知，此则述李白其人，着墨点亦应在于此。

实际来看，《高逸》述及李白的这则文字，大半落在李白个性与其律

---

① 丁福保辑：《历代诗话续编》（上），中华书局，1983，第14—15页。

诗创作之关系上。清人赵翼尝言："青莲集中古诗多，律诗少。五律尚有七十余首，七律只有十首而已。"①古来类似意见不一而足。不论孟棨时代是否已有此论，但从其所述来看，正因为李白"才逸气高"，性不喜拘束，故不仅留下的律诗少，且对之多有批判。然而，孟棨同时又花费较多篇幅记述了李白应玄宗命而创作"宫中行乐五言律诗十首"的鲜活故事，"十篇立就，更无加点"，可见李白非同一般的律诗写作才情。按孟棨的叙述脉络，李白虽深具律诗写作之才却以个性故而力斥律诗，正可见其"高逸"所在。故紧接其后的几句文字，落墨于李白上疏乞归与因永王事累谪，用意也正在凸显其"不羁"的品性，且因为这份"不羁"，导致其晚年"流落江外""累谪于夜郎"。

可注意的是，既然《高逸》的着墨重点在李白的"才逸气高"上，那么叙及"尽得其故迹"尚不为离题，何以在这之后又出现结尾谈及杜诗与"诗史"的文字？这几句与"高逸"一题的主旨显然有所不同，是无意牵及，还是有意宕开一笔？其关键，或许还在于杜甫备叙李白平生的《寄李十二白二十韵》这首诗。此诗诗义可分三层：

第一层：李白以其震动凡俗之才而被召入宫。

> 昔年有狂客，号尔谪仙人。笔落惊风雨，诗成泣鬼神。
> 声名从此大，汩没一朝伸。文采承殊渥，流传必绝伦。
> 龙舟移棹晚，兽锦夺袍新。白日来深殿，青云满后尘。

第二层：赐金放归后李白之漫游与苦闷。

> 乞归优诏许，遇我宿心亲。未负幽栖志，兼全宠辱身。
> 剧谈怜野逸，嗜酒见天真。醉舞梁园夜，行歌泗水春。
> 才高心不展，道屈善无邻。处士祢衡俊，诸生原宪贫。

---

① 赵翼著，江守义、李成玉校注：《瓯北诗话校注》（第一卷），人民文学出版社，2013，第8页。

第三层：为李白晚年入永王幕鸣其不白之冤。

> 稻粱求未足，薏苡谤何频。五岭炎蒸地，三危放逐臣。
> 几年遭鵩鸟，独泣向麒麟。苏武先还汉，黄公岂事秦。
> 楚筵辞醴日，梁狱上书辰。已用当时法，谁将此义陈。
> 老吟秋月下，病起暮江滨。莫怪恩波隔，乘槎与问津。

就诗意看，全诗虽完整叙及李白一生形迹，但重点却在为之所受莫白之冤辩护。《杜诗详注》引王嗣奭曰：

> 白才高而狂，人或疑其乏保身之哲，公故为之剖白。如："未负幽栖志，兼全宠辱身"及"楚筵辞醴""梁狱上书"数句，皆刻意辩明，与赠王维诗"一病缘明主，三年独此心"相同，总不欲使才人含冤千载耳。[①]

按上引陈尚君教授所考孟棨生平，其一生有两点与李白很相类：

其一，怀才不遇；

其二，遭遇重大政治变故。尤其是后者。李白受永王璘案牵连[②]，而孟棨之父孟管亦曾遭遇甘露之变，两案皆可谓有唐一代重大政治变故。[③]《本事诗》成于孟棨晚年，尽管其父孟管因连坐而贬官时孟棨年仅二十余，但经历如此政治冤案的切身之痛应不易忘却。

因此，杜诗所言"才高心不展，道屈善无邻""几年遭鵩鸟，独泣向麒麟""已用当时法，谁将此义陈"数句，应与孟棨内心隐痛——怀才不

---

① 仇兆鳌注：《杜诗详注》（第八卷），中华书局，1979，第664页。

② 永王璘案乃一冤案，详见邓小军：《永王璘案真相——并释李白〈永王东巡歌十一首〉》，《文学遗产》2010年第5期。

③ 关于"甘露之变"，李商隐《有感二首》其二曰："古有清君侧，今非乏老成。素心虽未易，此举太无名。谁瞑衔冤目，宁吞欲绝声。"刘学锴、余恕诚：《李商隐诗歌集解（增订重排本）》，中华书局，2004，第121—122页。

遇之感与政治变故之愤——极切近。就此而言，当其述及李白晚景时所说"杜所赠二十韵，备叙其事。读其文，尽得其故迹"，其中"备叙其事"的"事""尽得其故迹"的"故迹"应该皆是就杜诗实际的着眼点——才人因不羁而含其莫白之冤——来说的，而非泛泛而言杜甫此诗乃是对李白一生行迹的记录。正因为诗中有隐含的鸣其"莫白之冤"之意，故紧跟其后，孟棨才有意宕开一笔，提出杜甫晚年之诗多"推见至隐，殆无遗事"，堪谓"诗史"。

"推见至隐"，语出《史记·司马相如传》"太史公曰"。[1]孟棨用其语，此"隐"应有三义：第一，政治隐秘，或曰难以明言的重大政治变故。"韦昭注"所引晋文召天子而经言"狩河阳"乃一典型，而李白与永王璘案、孟棨之父遭遇的甘露之变，以及杜甫所经历的玄肃政局之变，皆属此类。第二，生命隐痛，凡有良知之人或良史之才，怀有怨苦而噤不得言，自有其抑郁难解的一份心灵隐痛。第三，用诗语隐晦传达此一隐秘与隐痛，亦即微言写作。《春秋公羊传》定公元年："定、哀多微辞。"《史记·匈奴列传》"太史公曰"："孔子著《春秋》，隐桓之间则章，至定哀之际则微，为其切当世之文而罔褒，忌讳之辞也。"[2]清人孔广森《公羊春秋经传通义》曰："微辞者，意有所托而辞不显，唯察其微者，乃能知之。"[3]

就杜甫晚年而言，安史战乱，玄肃政坛的更迭，尤其是疏救房琯的濒死经历，所带给他的不仅仅只是战乱频仍、世事变换，更有对政治失道的愤慨，家国危亡的深忧，以及满目疮痍、生离死别的锥心惨痛。[4]故其晚岁为诗，何止"非但叙尘迹摭故实而已"（魏泰《临汉隐居诗话》），满溢纸面的更是一份切身之痛与悲悯之怀，故"其旨直而婉，其辞隐而见"

① "点校本二十四史修订本"《史记》（九），中华书局，2014，第3722页。

② "点校本二十四史修订本"《史记》（九），中华书局，2014，第3525—3526页。

③ 孔广森：《公羊春秋经传通义》（续修四库全书本），第129册，第十卷，上海古籍出版社，2002，第163页上。

④ 参见邓小军《杜甫诗史精神》，《安徽教育学院学报》1992年第3期，《杜甫〈北征〉补笺》，《北京大学学报》2007年第3期；曹慕凡：《杜诗游心录》，《杜诗杂说全编》，生活·读书·新知三联书店，2009，第363—416页。

（杨维桢《梧溪诗集序》）①。

孟棨生当杜甫百余年之后，虽未能亲接其謦欬，但中唐古文运动与新乐府运动所形成的充满现实批判色彩的思想传统，使其对老杜饱含家国之思与生命苦痛的"推见至隐"的写作传统自不陌生。②况且，孟棨平生"常以理乱兴亡为己任"（《唐孟氏冢妇陇西李夫人墓志铭并叙》）。然而生当风雨飘摇之末世，其时文坛虽不乏"上剥远非，下补近失"（皮日休《皮子文薮·序》）之类论调，但在不少诗人的笔下更多出现的却是一种落寞、自适的衰世之音："静则守桑柘，乱则逃妻儿"（陆龟蒙《江湖散人歌》），"宁为宇宙闲吟客，怕作乾坤窃禄人"（杜荀鹤《自叙》），"千载是非难重问，一江风雨好闲吟"（罗隐《渚宫愁思》），满纸乱世的枯寂与逃避的心态。③因此，《本事诗》述及李白时宕开一笔而提出的"诗史"说，实乃有为而发，既有来自老杜所塑造的关注政治现实与苦难人生之人文传统的影响，也不免面对当下文学风气的不满与希望，更有其"理乱兴亡"为职志的生命意识之鼓动。其目的，并不在泛泛强调诗对现实生活的忠实摹写，而更在凸显诗中应有"事"，且是关系现实政治生活的不寻常之事，其中饱含诗人直面现实危亡与时代之痛的人文关怀与批判精神，一如"杜所赠二十韵"。故《本事诗·序目》即提到，其"尤所钟情"的"抒怀佳作，讽刺雅言"正是那些"触事兴咏"之作。

马一浮尝言，中国诗的本质在于一个"感"字，然"言乎其感，有史有玄。得失之迹为史，感之所由兴也"，又说"史者，事之著"、"史以通讽喻"（《蠲戏斋诗自序》）。④可以想见，如果诗中之"事（史）"不过

① 魏泰《临汉隐居诗话》、杨维桢《梧溪诗集序》，转引自张晖《中国"诗史"传统》，生活·读书·新知三联书店，2012，第42、61页。

② 韩经太先生曾详细考察孟棨所说"当时号为'诗史'"的"当时"之文学发展实况，认为中唐贞元、元和之际，元、白等人为代表的新乐府运动与其时的古文运动，共同造就了附着于"当代之事"而意在"褒贬""美刺"的主体志趣，而孟棨所说正依托于这个古老而又永远富于"当代"启示意义的人文传统之上。详见韩经太：《传统"诗史"说的阐释意向》，《中国社会科学》1999年第3期。

③ 参见罗宗强：《隋唐五代文学思想史》，中华书局，1999，第348—392页。

④ 丁敬涵编：《马一浮集》第三册，浙江古籍出版社，1996，第180页。

"邻猫生子"一般的日常生活事实，又如何谈得上"不有发挥，孰明厥义？"因此，"诗史"说自始就将关注点落在了不正常的政治生态下诗中应有"事"——亦即社会关怀或曰政治关怀——这样的思考路径上。

以上所述或有推论之嫌。然略作考察即可发现，孟棨此一思考路径其来有自。

三、"诗史"说的思想渊源

在《本事诗》的语境中，孟棨所揭"诗史"之"诗"原就杜诗且是晚年之诗而言，"史"乃指杜甫所遭遇之安史叛乱这一特殊历史事件。但无疑的，"诗史"说于此直接将诗与史加以链接，带有对诗的写作方向的揭示。宇文所安指出，盛唐诗人除杜甫外，对八世纪五十年代发生的安史之乱这一重大历史事件很少有作品提及，"这一事实主要是关于诗歌本质的普遍观念在起作用，而不是无动于衷的表示"[1]。张晖就此提出：

> 杜甫这种注重诗歌记载重大历史事件的创作观念之所以能在后世形成广泛的影响并被普通作者接受且运用，乃是自晚唐孟棨以来诸多"诗史"说推波助澜的功绩。[2]

亦即是说，正是从孟棨开始，原本带有特定指向意味的"诗史"说逐渐延展，构成一种新的文学观念。

本文并不否认孟棨"诗史"说在中国文学思想史上不可忽略的理论意义，但必须指出，其思想渊源极深远，乃是一个悠久的文学思想传统的一个鲜亮花果。容申述之。

《论语·阳货》曰："诗可以观。"郑玄注："观风俗之盛衰。"[3]

---

① 宇文所安著，贾晋华译：《盛唐诗》，生活·读书·新知三联书店，2004，第224页。
② 张晖：《中国"诗史"传统》，生活·读书·新知三联书店，2012，第260—261页。
③ 程树德：《论语集释》，中华书局，1990，第1212页。

从用诗角度讲，诗中之时事有助于体认世相人生；从作诗视角而言，诗若无关人心道义，不作可也。此儒家思想影响下的文艺论之本旨。

《孟子·离娄下》曰："王者之迹熄而诗亡，诗亡而后春秋作。"

朱熹《四书章句集注》引尹氏曰："言孔子作春秋，亦以史之文载当时之事也，而其义则定天下之邪正，为百王之大法。"①

一个"亦"字，点明《诗》与《春秋》之义皆在于著目微言、寓意褒贬的批评精神。②

《诗大序》曰："是以一国之事，系一人之本，谓之风。"

孔颖达《毛诗正义》曰："一人者，作诗之人。其作诗者，道己一人之心耳。要所言一人心，乃是一国之心。诗人览一国之意，以为己心，故一国之事系此一人，使言之也。"

《诗大序》曰："国史明乎得失之迹，伤人伦之废，哀刑政之苛，吟咏情性，以风其上，达于事变而怀其旧俗者也。"

孔颖达《毛诗正义》曰："作诗者皆晓达于世事之变易，而私怀其旧时之风俗，见时世政事，变易旧章，即作诗以旧法诫之，欲使之合于礼义。"③

诗所言虽为诗人一己之情志，然此一己之心通于一国之心，个体性的感恨悲忧之中埋藏着对家国兴亡的同情共命之思。

---

① 朱熹:《四书章句集注》,中华书局,1983,第295页。
② 马银琴认为,"王者之迹熄而诗亡,《诗》亡然后《春秋》作"这句话实质上陈述了这样一个历史事实:周室寝微,政由方伯,公卿列士献诗讽谏制度荡然不存,讽谏劝正之辞不再被陈于王廷并因此走向衰亡;讽谏之诗衰亡了,以微言立大旨、寓损贬之义于其中的《春秋》便随之产生了。详见马银琴《孟子"《诗》亡然后《春秋》作"重诂》(《上海师范大学学报》2002年第3期)、《孟子诗学思想二题》(《文学遗产》2008年第4期)二文。
③ 阮元:《十三经注疏·毛诗正义》,中华书局,1980,第271—272页。

至于《汉志》所言"感于哀乐，缘事而发"，《毛诗正义》所揭"风雅之诗，缘政而作"，皆在强调诗人直面时代之痛的家国情怀。故章学诚《文史通义·诗话》曰：

> 唐人诗话，初本论诗，自孟棨《本事诗》出（自注：亦本《诗小序》），乃使人知国史叙诗之意。[1]

凡此可见，自孔子以下，中国文论受儒家思想影响，论诗凸显诗之社会功用，讲可兴可观，讲美刺比兴，实为强调娱情颐性、一人之歌哭的背后，更有知识人对家国政治、世相人心的查察体认。这构成中国文学思想的一个重要传统，不仅关注诗与人生人性之成长，给予人自身的生活与思想以表达的优先权，更强调诗中有家国、有天下，有对当下生活其中的这个世界与社会有发自心底的关怀，哪怕这会面临血与火的洗礼。

孟棨"诗史"说，正源于此一传统。当然，其"诗史"说重点在"触事兴咏"，此一思路的最直接来源还在于元、白。后世论者虽然在诗如何表现"事"这一问题上有不断的讨论乃至争论，甚至出现如杨慎、王夫之之类激烈的"诗史"批判论者，但"诗史"说直面时政之弊的精神主调与思想传统始终未变。

先看元、白之论诗。

1. 文章合为时而著，歌诗合为事而作……有可以救济人病，裨补时阙，而难于指言者，辄歌咏之。（白居易《与元九书》）[2]
2. 闻见之间，有足悲者，因直歌其事，命为《秦中吟》。（白居易《秦中吟序》）[3]
3. 但伤民病痛，不识时忌讳。遂作《秦中吟》，一吟悲一事。（白

---

① 章学诚著，叶瑛校注：《文史通义校注》，中华书局，1985，第559页。
② 顾学颉校点：《白居易集》，中华书局，1979，第962页。
③ 顾学颉校点：《白居易集》，中华书局，1979，第30页。

居易《伤唐衢》）①

4.由诗而下九名，皆属事而作……自风雅至于乐流，莫非讽兴当时之事，以贻后代之人……近代唯诗人杜甫悲陈陶、哀江头、兵车、丽人等，凡所歌行，率皆即事名篇，无复倚傍。（元稹《乐府古题序》）②

5.凡九千二百五十二言，断为五十篇。篇无定句，句无定字，系于意，不系于文。首句标其目，卒章显其志，《诗》三百之义也。其辞质而径，欲见之者易谕也。其言直而切，欲闻之者深诫也。其事核而实，使采之者传信也。其体顺而肆，可以播于乐章歌曲也。总而言之，为君、为臣、为民、为物、为事而作，不为文而作也。（白居易《新乐府序》）③（笔者按："核而实"之"核"，一般多解作"真实"义。《说文》曰："核，实也。考事，西笮邀遮其辞，得实曰核。"段玉裁注："西者，反复之。笮者，迫之。微者，巡也。遮者，遏也。言考事者定于一是，必使其上下四方之辞皆不得逞，而后得其实，是谓核。此所谓咨于故实也，所谓实事求是也。"④故此，"核"乃反复验证可得其真之义，"其事核而实"乃指诗中所言之事可验证、有客观真实依据，但非强调如实"记录"。）

上引元、白之言可谓最常见之史料，其中所提及的"事"，皆指向直接关系政治得失的当下事，而非纤悉不遗的日常生活现实。

"事"字从"史"。《说文》曰："事，职也。从史，之省声。"段注："职，记微也。"⑤

又曰："微，隐行也。《春秋传》曰：'白公其徒微之。'"段注："《左传》哀十六年文。杜曰'微，匿也'与《释诂》'匿，微也'互训，

① 顾学颉校点：《白居易集》，中华书局，1979，第16页。
② 冀勤点校：《元稹集》，中华书局，1982，第255页。
③ 顾学颉校点：《白居易集》，中华书局，1979，52页。
④ 许慎撰，段玉裁注：《说文解字注》，上海古籍出版社，1981，第357页。
⑤ 许慎撰，段玉裁注：《说文解字注》，上海古籍出版社，1981，第116—117页。

皆言隐，不言行。"①

又曰："史，记事者也。"段注："《玉藻》：'动则左史书之，言则右史书之。'不云记言者，以记事包之也"，"君举必书，良史书法不隐"。②

因此，"事"固然可泛化理解为种种日常生活事实，但元、白的用意显然落在"良史书法不隐"所指向的政治事实上。当然，这不是说元白抑或老杜诗中所写之"事"只是政治现实，而是说在元白、老杜乃至儒家讲论"诗可以观"的论诗传统中，出于家国之思而具有现实政治批判意味的"事"乃是其关注的重点所在。即如白居易《与元九书》所说，其所作既有"关于美刺兴比"的讽喻诗，也有"吟玩性情"的闲适诗、"随感遇而形于叹咏"的感伤诗，但"大丈夫所守者道，所待者时"，"奉而始终之则为道，言而发明之则为诗。谓之讽谕诗，兼济之志也；谓之闲适诗，独善之义也"，至于"或诱于一时一物，发于一笑一吟，率然成章，非平生所尚者，但以亲朋合散之际，取其释恨佐欢"而已。③

对于白居易的这番言说，今人或以其不过一不顾诗的审美属性的文学功用论的陈词，然而不可否认的是，这其中正有古代中国诗人乃至所有知识人生命意识的着眼点所在。

孟子讲，人之所以为人必有一人性的自觉④，亦即对自己生命的价值与意义有充分的自我觉知。这构成古代中国知识人生命意识的起点。顺此起点，黾勉以求，超越自然生命的考虑，而专注于道德境界、政治关怀、社会责任等一系列人生课题的开发，成就其作为人的生命追求。正因为此种生命意识的存在，古代知识人才最终铸就一"人能弘道，非道弘人"（《论语·卫灵公》）的精神传统。故黄宗羲说："学莫先于立志。立志则为豪杰，不立志则为凡民。"（《孟子师说》卷七）⑤陶诗则曰："先师有遗训，忧道不忧贫。瞻望邈难逮，转欲志长勤。"（《癸卯岁始春怀古田舍

---

① 许慎撰，段玉裁注：《说文解字注》，上海古籍出版社，1981，第76页。
② 许慎撰，段玉裁注：《说文解字注》，上海古籍出版社，1981，第116—117页。
③ 顾学颉校点：《白居易集》，中华书局，1979，第964页。
④《孟子·离娄下》："人之所以异于禽兽者几希，庶民去之，君子存之。"
⑤ 沈善洪主编：《黄宗羲全集》（增订版）第一册，浙江古籍出版社，2005，第151页。

二首》）因此，在古代中国知识人的人生图景中，此一生命意识的自觉乃是人生一大事因缘。它所强调的就是人在一己成德的过程中，不断将针对自我的自觉性反思与对世道、人生的关怀紧密连接在一起，在自我与他人、一己与天下、当下与过往和将来的考虑中追问生命存在的价值与意义。故牟宗三先生讲，"中国文化的核心是生命的学问。由真实生命之觉醒，向外开出建立事业与追求知识之理想，向内渗透此等理想之真实本源，以使理想真成其为理想，此是生命的学问之全体大用。"①此一"生命的学问"，正构成古代中国知识人生命意识的核心。

诗言性情，然"以心之安不安者定其出处，其得于性情者深矣"（黄宗羲《马雪航诗序》）。②因此，历代中国诗人在用文字娱情颐性、言述其一人之所感的背后，更有其作为知识人对家国政治、世相人心的贴心关怀、查察体认。诗，不仅是一种艺术，更成为一份关系群生的思想事业。故《诗大序》以"以一国之事，系一人之本"概之，宋人黄彻则讲，"夫诗之作，岂徒以青白相媲、骈俪相靡而已哉！要中存风雅，外严律度，有补于时，有辅于名教，然后为得"③。明人李东阳亦说："夫诗者，人之志兴存焉。故观俗之美者与人之贤者，必于诗。"④清人顾炎武更倡言作诗应"有益于天下，有益于将来"⑤，皆可谓此一生命意识的展现。正因为这是一种生命意识的流布，故与此生相终始。一如宋末郑思肖所言：

> 我之所谓诗，非空寄于言也，实终身不易之天也，岂徒诗而已矣！⑥

---

① 牟宗三：《生命的学问·自序》，广西师范大学出版社，2005，第1页。

② 沈善洪主编：《黄宗羲全集》（增订版）第十册，浙江古籍出版社，2005，第97页。

③ 黄彻著，汤新祥校注：《碧溪诗话》，人民文学出版社，1986，"序"，第1页。

④ 李东阳：《王城山人诗集序》，转引自胡经之主编《中国古典文艺学丛编》（二），北京大学出版社，2001，第50页。

⑤ 顾炎武著，黄汝成集释：《日知录集释》，上海古籍出版社，2006，第十九卷，第1079页。

⑥ 郑思肖：《中兴集·自序》，转引自陈福康《井中奇书考》，上海文艺出版社，2001，第344页。

明此一点即可理解，就中国自古以来的诗论发展而言，古人论诗并非不重诗艺层面——亦即我们今日常言之写作技巧、创作方法、美感特征之类——的开掘，但受其作为一个诗人、知识人的生命意识的刺激，故在美的追寻中始终不忘善的存在，在文字的世界中寄存其生命的关怀。此一点，可验之于古来批判"诗史说"者杨慎、王夫之之所论。

四、后世批判者的声音及其误解

孟棨之后，批判"诗史"说者多矣，然若论其攻击言语最为现代学人瞩目者，莫过于杨慎、王夫之。二者皆立足"诗""史"之别，此一点最为现代研究所乐道。杨慎以诗贵"含蓄蕴藉"批判"诗史"可能导致"直陈时事，类于讪讦"（《升庵诗话·诗史》），而王夫之则力辨诗歌叙事与历史叙事的不同（《古诗评选》卷四《上山采蘼芜》评语）。对此，前贤言之甚明，不待赘言。[1]

从实际来看，杨慎批评"诗史"，虽提及诗、史各有体，不可相兼，但批评的重点还在"直陈时事，类于讦讪"而缺少诗应有的"含蓄蕴藉"之美，并非一概的批评"诗"写"时事"，甚至对"诗"写"时事"多有认同。王仲镛先生《升庵诗话笺证》卷四《诗史》条笺注中就提道：

> 寻升庵之意，乃在针砭宋人学杜之偏，盖其诗旨，主于含蓄蕴藉。宋诗发露较多，往往情随言尽，而又标榜出于少陵，故不免为此过论……其实，升庵……每用"诗史"之名以评诗，如……至其《杜诗选》于老杜纪时事，感乱离之作，昔人所谓"杜陵诗史"者，尤三致意焉……[2]

---

[1] 详见高小慧《杨慎的"诗史"论》（《北京大学学报》2004年第1期），邓新跃《杨慎对杜诗"诗史说"的批判及其批评史意义》（《杜甫研究学刊》2005年第1期），以及张晖《中国"诗史"传统》第三章第二节、第四章。

[2] 王仲镛先生《升庵诗话笺证》卷四《诗史》，上海古籍出版社，1987，第27页。另见张晖《中国"诗史"传统》第三章第二节。

　　而王夫之的批评背后，张晖认为更有一个"用'影刺'来'谤史'"的设想。①然而可注意的是，现代研究者引证杨、王二氏，却很少顾及其对"诗史"说的正面评价，而多以为杨、王对诗与史写作特点的辨析是一种创见，凸显了诗的美学品格，体现了一种文论思想的"进步"。置之20世纪以来文学的观念立场，这自然可成立，但若较之古代中国诗人的立场，可能就是一种误解。我们可从明代许学夷对杨慎的批评中略见一斑：

　　　　用修之论虽善，而未尽当。夫诗与史，其体、其旨，固不待辨而明矣。即杜之《石壕吏》《新安吏》《新婚别》《垂老别》《无家别》《哀王孙》《哀江头》等，虽若有意纪时事，而抑扬讽刺，悉合诗体，安得以史目之？至于含蓄蕴藉虽子美所长，而感伤乱离、耳目所及，以述情切事为快，是亦变雅之类耳，不足为子美累也。②

　　就这番言论来看，许学夷或有为老杜辩护之嫌。但他显然认为，诗与史在文体写作方法上不同只是一个常识，不是讨论老杜与"诗史"所应关注的"真问题"。在他看来，老杜被称为"诗史"的这些作品虽意在写"事"，却并非一味"直陈"，合乎"抑扬讽刺"的诗体要求。亦即是说，"诗体"的要义在于"抑扬讽刺"。而且，即便这些作品存在"以述情切事为快"者，不够"含蓄蕴藉"，然出自"感伤乱离、耳目所及"，一如变风变雅，乃"王道衰，礼义废，政教失，国异政，家殊俗"（《诗大序》）的产物，其直面世积乱离、讥刺时弊的精神仍是值得肯定的。

　　就古来"诗史"论者而言，尽管确实存在将诗中酒价、年月、地理乃至人事与史实生硬比附者，但只要不是笨伯痴汉，很少有人会将"诗家语"视同史书，认为诗人的"实录"等同于史学家的史料编纂。因此，虽然历代"诗史"论者不乏言及诗如何写"事"的讨论，但其着眼点却不仅

---

　　① 张晖：《中国"诗史"传统》，生活·读书·新知三联书店，2012，第155页。

　　② 许学夷：《诗源辨体》第二十四卷，转引自张晖《中国"诗史"传统》，生活·读书·新知三联书店，2012，第118页。

在由此凸显"诗"的艺术的面相，而更在强调"诗史"主文谲谏、直面时政之弊的思想传统。清人施闰章就指出：

> 古未有以诗为史者，有之自杜工部始。史重褒讥，其言直而核；诗兼比兴，其风婉以长。故诗人连类托物之篇，不及记事记言之备。……然作史之难也，以孔子事笔削，其于知我罪我，盖惴惴焉……诗人则不然，散为风谣，采之太师，田夫野妇，可称咏其王后。卿大夫微词设讽，或泣或歌，忧愤之言，寄之苌楚；故宫之感，见乎黍离……言者无罪，闻之者足以戒，其用有大于史者。风骚而降，流为淫丽，诗教漫衰。杜子美转徙乱离之间，凡天下人物事变，无一不见于诗，故宋人目以为诗史，虽有讥其学究者，要未可概非也。[①]

或有学者认为这段话意在凸显诗、史之别。[②]但究其实，施闰章乃借分别诗、史写作方法的不同，以凸显诗主文谲谏的艺术精神，故后文着力表彰《江雁草》"有史之遗意"，得"风人之旨"。值得注意的是，施闰章讲诗"其用有大于史者"，不仅是从诗的艺术感染力来说的，更是从诗"兼"有"比兴"方法与"褒刺"目的这一视角出发的。而这一点，宋人已着其先鞭。

如前所述，孟棨提出"诗史"时已然注意到杜诗"推见至隐"的微言写作方法。至宋人明确将之与微婉显晦的《春秋》书法相联系，元明以后多见其例。[③]元人杨维桢就讲："世称老杜为诗史，以其所著，备见时事。予谓老杜非直纪事史也，有《春秋》之法也。其旨直而婉，其辞隐而见……虽然，老杜岂有志于《春秋》者。《诗》亡然后《春秋》作，圣人

---

① 施闰章：《江雁草序》，转引自王镇远、邬国平编选《清代文论选》（上），人民文学出版社，1999，第157页。

② 张晖：《中国"诗史"传统》，生活·读书·新知三联书店，2012，第177页。

③ 详见张高评：《春秋书法与左传史笔》第八章"杜甫诗史与《春秋》书法"，里仁书局，2011。

值其时有不容已者，杜亦然。"①可见，"备见时事"不等于"直纪事史"，古人原很清楚。且杨维桢认为，老杜之作也多有《春秋》微婉显晦的书法，"非直纪事史"。但这些均非问题关键，老杜"诗史"最可贵的还在于承续了《诗》与《春秋》著目微言、寓意褒贬的批评精神。

由此可见，"诗史"说真正关注的乃是"诗中有事（史）"，亦即借政治事实之诗语书写以寓其现实批判的思想原则，至于写作方法固然重要，但却是为前者服务的。因此，在"诗史"说的思想脉络中，"诗中有事（史）"与诗如何"写事"，可谓致思路径有联系又有不同的两个问题，后者属于"诗之艺"，而前者更近于"诗之道"。

钱锺书先生说，《春秋》之"书法"，实即文章之修词。②这只指出了古人的一个用法，"诗史"与"春秋"书法真正的联系，还在于诗人对时事与政治生态的关怀，原不仅仅出于"诗艺"的考虑。其中重要的分别，或许在于古来《诗》作经读、还是《诗》作诗读的不同。《诗》作诗读固然满足了"陶冶性灵、益人风趣"（阮葵生《茶余客话》）的美学追求③，但《诗》作经读乃是儒家诗教赋予知识人的一份生命意识之所在，虽然迂腐，但目中有"人"、有天下家国。或亦因为此，余英时先生才讲"从纯粹文学观点论诗"与"'诗史'之所谓'诗'不同科"，必须分别以观。④

五、"以诗补史之阙"："诗史"说的精神继承者

"以诗补史之阙"，语出黄宗羲《万履安先生诗序》，今人常见征引。一般认为，"诗"之所以能"补史之阙"，在于诗文乃至小说物语中"夹带"有某些为正史所"阙失"的历史信息，故可补其阙、正其讹、弥缝其

① 杨维桢：《梧溪诗集序》，转引自张晖《中国"诗史"传统》，生活·读书·新知三联书店，2012，第61页。

② 钱锺书：《管锥编》，中华书局，1986，第三册，第967页。

③ 关于"《诗》作诗读"，参见钱锺书《管锥编》第一册，中华书局，1986，第79—80页。

④ 余英时：《评关于钱谦益的"诗史"研究》，《余英时文集》第九卷《历史人物考辨》，广西师范大学出版社，2006，第52页。

铲隙、揭露其真相。"亡国大夫谁为传，只饶野史与人看。"（文天祥《己卯十月一日至燕，越五日罹狴犴，有感而赋》）可谓此种解释的一个脚注。然而，其义尚不止于此。

其一，借用徐贲提出的"见证文学"的概念，"以诗补史之阙"亦可谓一种"见证文学"，不仅可以见证现实的黑暗与痛苦，更体现了"受难幸存者站出来，向世界'作见证'的道德勇气和社会行动"[①]。

明人邢昉诗云："虽然怀罗网，慎勿罢记载。"[②]面对黑白颠倒、是非混淆、举世噤声的时代，"以诗补史之阙"体现了真正以儒家风教精神为生命旨归的古代中国知识人的一种胆魄，其中凝聚着一份自觉的人生使命。文天祥、郑思肖皆是黄宗羲提到的"以诗补史之阙"的重要案例。文天祥在谈及其《集杜诗》时就提到，"昔人评杜诗为诗史……虽谓之史可也。予所集杜诗，自予颠沛以来，世变人事，概见于此矣。是非有意于为诗者也，后之良史尚庶几有考焉"[③]。显然，文天祥所强调的，正是要用诗（《集杜诗》）来保存颠沛流离之中的"世变人事"，以备后世良史查察。而《心史》作者郑思肖，不仅明言"托诗为史笔传闻"（《哀刘将军》），且表示"非歌诗，无以雪其愤……泽畔孤吟，块然其形，心乎一脉之生，眇然千冰万雪之下，微微绵绵，不绝如缕，穷阴戮力杀之，终不可得而杀"（《中兴集·自序》）。[④]可见，存亡绝续之际，自觉的保存遗逸、见证历史、烛照现实，成为诗人生命意识的一份寓托，"其心意中有一共同观念，国可亡，而史不可灭"（陈寅恪《吾国学术之现状及清华之

---

① 徐贲：《为黑夜作见证：维赛尔和他的〈夜〉》，《人以什么理由来记忆》，吉林出版集团有限责任公司，2008，第212页。"见证文学"的概念，更早似出之于法国诗人、评论家克洛德·穆沙（Claude Mouchard）所著、李金佳译：《谁，在我呼喊时——20世纪的见证文学》，华东师范大学出版社，2015。

② 邢昉：《读祖心再变纪，漫述五十韵》，转引自陈福康《井中奇书考》，上海文艺出版社，2001，第203页。

③ 文天祥：《文信国集杜诗序》，转引自张晖《中国"诗史"传统》，生活·读书·新知三联书店，2012，第69页。

④ 转引自陈福康《井中奇书考》，上海文艺出版社，2001，第344—346页。

职责》）。①

其二，"以诗补史之阙"不仅意味着一种勇于见证现实苦难的思想自觉，更是直面当下生活实际的人文重建。

黄宗羲讲，易代之际，"血心流注，朝露同晞，史于是而亡矣"（《万履安先生诗序》）。此所谓"史之亡"，固然是指新朝为"胜国"修史必然的那些"脱漏、曲隐、篡改、瞒骗"②，但天纲解纽所带来的更可怕的，还在于弥漫于整个时代的士人精神的失落：

> 顾炎武《日知录》卷十九："末世人情弥巧"。③
>
> 尤侗《金孝章诗序》："鼎革之际，竞言高尚，久而饥寒驱迫，改柯易叶者比比"。④
>
> 黄宗羲《寿徐掞青六十序》："年运而往，突兀不平之气，已为饥火之所销铄。……落落寰宇，守其异日之面目者，复有几人？"。⑤
>
> 黄宗羲《范熊岩先生文集序》："今之所谓名士者，平居酒食游戏相征逐，名谓交友。于其缓急生死，截然不置盼睐于其间。"⑥

相较暴政集权对正义的扼杀，士人自身的退缩、遗忘乃至背叛才是更具弥漫性的精神生活的灾难。就像陈寅恪所说的，"值此道德标准社会风习纷乱变易之时，此转移升降之士大夫阶级之人，有贤不肖拙巧之分别，

---

① 《陈寅恪集·金明馆丛稿二编》，生活·读书·新知三联书店，2001，第362页。

② 严迪昌先生即指出："易代之后，新朝为『胜国』修史，必有删芟，必有其自持自定的绳衡取舍标准，于是脱漏、曲隐、篡改、瞒骗，种种手段不一而足。亡国人氏『野制遥传，苦语难销』则正是足可补其缺漏，烛其曲隐，戳穿瞒骗，败露篡改。"严迪昌：《清诗史》上册，浙江古籍出版社，2002，第217页。

③ 顾炎武著，黄汝成集释：《日知录集释》，第十九卷，上海古籍出版社，2006，第1095页。

④ 尤侗：《西堂杂组》第三集第四卷，康熙刻本。

⑤ 沈善洪主编：《黄宗羲全集》（增订版）第十一册，浙江古籍出版社，2005，第63页。

⑥ 沈善洪主编：《黄宗羲全集》（增订版）第十一册，浙江古籍出版社，2005，第60页。

而其贤者拙者，常感受苦痛，终于消灭而后已"①。从这个角度来看，黄宗羲之所说就有了更值得关注的内容：

> 嗟乎！顾安得事功节义之士，而与之一障江河之下乎？（《明名臣言行录序》）②

> 是故景炎、祥兴，宋史且不为之立本纪，非指南、集杜，何由知闽广之兴废；非水云之诗，何由知亡国之惨；非白石、晞发，何由知竺国之双经，陈宜中之契阔；心史亮其苦心，黄东发之野死，宝幢志其处所，可不谓之诗史乎？元之亡也，渡海乞援之事，见于九灵之诗，而铁崖之乐府，鹤年、席帽之痛哭，犹然金版之出地也，皆非史之所能尽矣。明室之亡，分国鲛人，纪年鬼窟，较之前代干戈，久无条序，其从亡之士，章皇草泽之民，不无危苦之词。以余所见者，石斋、次野、介子、霞舟、希声、苍水、密之十余家，无关受命之笔，然故国之铿尔，不可不谓之史也。（《万履安先生诗序》）③

两相对照，文天祥、汪水云以下诸多诗人饱含"诗史"精神的写作，就不仅可以见证黑暗，为现实思想界解毒、祛昧，更成为"一障江河之下"最后的思想阵地。这些作品是诗，更是史——"史外传心之史"，是"事功节义之士"最后的思想遗言。其中有历史真相，有对暴政横逆永恒的抵抗，更有古代中国知识人世代相守、歌哭以随的一份精神关怀。《周礼·春官·女巫》曰："凡邦之大灾，歌哭而请。"④清末谭嗣同《和仙槎除夕感怀》诗曰："无端歌哭因长夜，婪尾阴阳剩此时。"⑤诗不苟作。越

---

① 《陈寅恪集·元白诗笺证稿》，生活·读书·新知三联书店，2001，第85页。

② 沈善洪主编：《黄宗羲全集》（增订版）第十册，浙江古籍出版社，2005，第52页。

③ 沈善洪主编：《黄宗羲全集》（增订版）第十册，浙江古籍出版社，2005，第49—50页。

④ "十三经注疏"郑玄注、贾公彦疏，彭林整理：《周礼注疏》，上海古籍出版社，2010，第997页。

⑤ 《谭嗣同全集》，生活·读书·新知三联书店，1954，第482页。

是艰难时世，真正的诗人越会用其手中的笔去展现知识人应有的一份良知与责任。

六、写在篇末的话

清人浦起龙讲，"史家只载得一时事迹，诗家直显出一时气运。诗之妙，正在史笔不到处"①。常见学者征引此语，以断定诗与史的不同。然而何谓"气运"？一时代的气数、命运。孟子曰："观水有术，必观其澜。日月有明，容光必照焉。"（《孟子·尽心上》）倘从写作方法而言，古来论诗者大多本身就是诗人，自然深知诗有诗的"小结裹"，不同于史。然而诗更有史不可及者，那就是可以运用巧妙的"诗家语"艺术的呈现一时之气运，似虚而实，似幻而真。因为真正的诗人，是懂得"观水观澜"的道理的，这也是他们得以安身立命的关节之所在。

职是之故，本文以为："诗史"之"史"本指诗人所遭遇的一段特殊的当下史，是不正常的政治生态所激发的诗人的一份现实政治关怀。在"诗史"说的思想脉络中，诗是一种艺术，更是一份关系群生的思想事业。因此，"诗史"既是一个文论命题，更是一个思想命题，是一只直透古代中国知识人生命意识的风向标，深蕴一种直面现实危亡与时代之痛的人文关怀与批判精神。此一点直接指向文学的使命以及文学事业永不磨灭的价值之所在，乃是后五四时代文论研究极可珍视的一个学术问题。

（项念东）

---

① 浦起龙:《读杜心解》，中华书局，1961，卷首《读杜提纲》、第63页。

"诗学考据学"：一个值得关注的诗学问题

　　"诗学考据"并非一现成的学术专名。本文将"考据"与"诗学"缀合成词，主要用以指称素来援引考据方法以研治中国诗（特指中国古典诗歌）的学术类型；而文中将要讨论的"诗学考据学"，则特指有关这一学术类型对中国诗艺术奥秘之解读一问题的专门研究。"诗学考据"的存在并非什么新问题，但追问"诗学考据"在何种层面上有助于中国诗艺术之辨析与开显，或可称之为一值得关注的"新"问题。

一、问题缘起

　　这要从学界最近有关"文学与考据"的一项研究说起。2008年，海外"中国诗"研究名家宇文所安教授在一篇谈及《剑桥中国文学史》编写的文章中提出：

　　　　三四十年前，文学研究领域存在着两个对立的团体：一边是历史主义研究和考证；另一边则是文学理论领域的新发展。经过过去三十年的变化，这两个团体以一种新方式走到一起来了，而这种新方式对以往的理论家和以往的历史主义考证派来说，都是相当奇特和出其不意的。新的问题被提出来，这些都是明显的历史性问题，但是却很少有历史学家问到过。[①]

他所说的"新的问题"，即如果对原有一直被确信为可以构筑稳定的文学史叙事的文学文献作文本编集抑或异文比勘之类问题的历史性考察，便可发现，那些所谓"可靠"的文本恰恰是具有"流动性"和"不确定性"的。文章举例谈到，今日常见《曹植集》世传版本中有一名篇《野田黄雀行》诗，最早见之于宋人郭茂倩《乐府诗集》，然与该书所收录曹植其他诗作不同，此诗在郭书之前几乎找不到存在的迹象；考察其流传，除明代偶有引用外，亦并未进入一般文学史视野，直到王夫之的特别提示，才逐渐引发此后清代诗评家的关注。就诗义理解而言，后人从"自悲友朋在难，无力援救"的视角来解读，以为该诗系曹植因好友丁仪被祸被杀而无法施以援手所作，也是十八世纪以后才出现的，且这一阐释"没有任何证据"。宇文所安就此指出，类似曹植此诗，现代学者既不能证明这首诗一定为曹植所作，也不能证明一定不是曹植所作；既不能证明通行的阐释是正确的，也不能证明此种通行阐释一定是错误的。而且，文学史上此类例子其实很多[②]。因此，"我们必须学会接受不确定性"，"必须审视那些对我们熟悉的叙事构成挑战的证据，审视那些使我们熟悉的叙事变得复杂化的证据"。由此，宇文所安强调，对文学史特定现象的理解应按照"历史主义"的思路，"尽可能地确定所有现象和事件在一个大叙事中的发生时间与地点"。亦即是说，考察（实即考证、考据）并揭示文本"流动性"背后被有意无意忽略、误读、修改、扭曲的部分，重新审视文学史整体的

---

① 宇文所安：《史中有史——从编辑〈剑桥中国文学史〉谈起》（上），《读书》2008年第5期。该文下篇刊于《读书》2008年第6期，第96—102页。在最近的一次访谈中，他仍然强调"我觉得人们应该学会接受不确定性"，并认为文学史叙述中最大的问题可能是倒果为因，从结果追溯原因继而形成一种一脉相承的叙述脉络，从而忽略了其原本的复杂性和多元性。见盛韵：《宇文所安谈文学史的写法》，《东方早报》2009年3月8日。

② 宇文教授文中举到的例子很多，另如盛唐诗人卢僎虽不常见于今日文学史，但在唐人芮挺章辑《国秀集》中却占据重要地位；晚唐顾陶所编《唐诗类选》所选入的二十七首杜诗，只有三首为后人所常见；宋人杨亿对李商隐集的"再造"之功也直接影响到后此文学史对义山诗的评述等等之类。

叙事结构将成为可能。[①]

作为一次集中性的尝试，其学术和人生伙伴田晓菲教授新近译介到国内的专著《尘几录——陶渊明与手抄本文化》（中华书局，2007）一书对此有集中论析。该书通过对宋人有关陶集手写本整理编订的学术史考察指出，今人眼中的陶渊明，其实准确说来是历代陶集编订者抑或陶集手抄本所"构筑和塑造"的陶渊明。正是这些手抄本文化世界中的"读者"（主要是陶集的编订整理者），对某种"稳定而单纯"的陶渊明形象的创造性"塑造"，构成了后此讨论陶渊明以及陶渊明时代的文学史叙事框架。从这个角度出发，《尘几录》强调，追寻陶渊明形象的"塑造史"，并不像文学接受研究所致力的那样，将不同时代的文学文本视为一种"稳定"的文本形式，以此来考察文学趣味、审美标准的演变；而是通过考证历来的"读者"对文本的参与性创造，以此观察手抄本文化世界"是如何变动不居"，以及如何构筑某种"稳定"的文学史叙事的——就像"宋人自己通过控制陶集文本异文而创造出来的"陶渊明诗文风格的"平淡"那样，从而对"异文选择"下的陶渊明形象有更为清晰、完整的认识。[②]

很显然，这种通过文学文献传抄衍变史的精细考证来透显一种文学史理论的做法，正是宇文所安所提出的、亦是《尘几录》已然予以实践的一种古典文学研究"新方式"。应该说，相对一直以来古典文学研究中的文献版本考察、异文汇校，抑或经由不断的考补订正来追寻某一典籍定本的努力，《尘几录》提出了一个素来学者可能不免有所忽略的"新"问题：既然文学文本具有很大的"流动性"抑或"不确定性"，而所谓"原本"（或"定本"）的追寻在很大程度上来说可能也只是一种"想象"，那么依据这些文本所形成的文学史叙事如何尽可能"客观"、"真实"？缘此，宇文所安和《尘几录》所强调的，即充分利用文学文本版本流传演变中的异文考证，重建不同版本形态编纂、形成的特定"语境"，还原其在"创

---

① 宇文所安：《史中之史》（上），《读书》2008年第5期；《史中之史》（下），《读书》2008年第6期。

② 田晓菲：《尘几录——陶渊明与手抄本文化》"引言"，中华书局，2007，第1—22页。

作—接受—批评"这一艺术生产历史流程中被附加、改造抑或遮蔽的诸种成分，揭示其某种"原初"面貌。在他们看来，这不仅有助于发掘固有文学史思考序列中各种不同的"沉积层"及其"断裂面"，亦可藉此破除既有文学史叙事中的虚构成分。

从学术层面来看，《尘几录》通过考察四种早期陶渊明传记（《宋书》《晋书》《南史》中的陶传以及萧统《陶渊明集序》之相关文字）的"异文"、其与陶氏自传（《五柳先生传》）的关系，以及宋人对陶传、陶诗文本"异文"的选择，指出陶渊明以及陶渊明诗文之"平淡"与宋人陶集编订中的选择和"改造"有着莫大关联，并进而试图发掘被这种"异文"选择"所压抑和隐藏着的'另一个陶渊明'"①。这些工作对了解陶集以及文学史或文化史中"陶渊明"的真相，毋庸置疑的有其莫大助益。而这种文学研究"新方式"，对于反思传统文学史研究视角、拓展当下学术格局也显然具有强大的革新意义。

而且，《尘几录》更明确提出：

> 考证是一个宽泛的词，它包括不止一种传统治学方法：版本学，校勘学，训诂学。在现代社会，这些学科往往被视为保守、陈旧、枯燥、对当前的文化现实毫无意义，就连从事这些工作的学者都不免意识到这一点，常常感到有必要为自己的工作辩护。……考证可以为我们的古典文学研究带来一场革命，关键在于我们如何运用它。简单说来，考证意味着运用我们手头拥有的证据，接受这些证据导致的结论——哪怕这结论是我们不喜欢的，或者是和上千年的传统智慧相违背的。②

这段话为文学研究中考据方法的现实合理性所作的辩护，特别是其中

---

① 田晓菲：《尘几录——陶渊明与手抄本文化》，中华书局，2007，第13页。关于四种陶传与《五柳先生传》之关联，以及宋人的"选择"，见该书第二章。

② 田晓菲：《尘几录——陶渊明与手抄本文化》，中华书局，2007，第205页。

所折现的现代科学理性，也是新时期以来古典文学研究所一再强调的。

但需要指出的是，尽管早期陶传或许是"建立在诗人作品上"，或与陶氏自传有关，然陶渊明诗文的"平淡"却未必是"根据传记中的诗人形象被增删改动的"[①]——至少陶渊明同时以及萧统编集之前的一段时期未必如此。

颜延之（384—456）与陶渊明（约365—427）基本同时，其《陶征士诔并序》即称陶潜"廉深简洁，贞夷粹温；和而能峻，博而不繁"；稍晚一些的沈约（441—513）也称其"少有高趣"，为人"真率"（《宋书·隐逸传》）；萧统（501—531）编集其文亦序之曰"语时事则指而可想，论怀抱则旷而且真"（《陶渊明集序》）。如果说此三例对陶渊明其人的评价或与陶氏自传有关，那么陶集编定者萧统之前的颜、沈二人对陶诗偏向简洁、平淡、清真的认识，则很难说来自被"改造"的陶集。而且，两汉魏晋以下，诗歌创作日趋五言之制，风格渐染"清丽"之风。[②]倘陶渊明其人其文非具率真、平淡之品格、非与其时文风不协，何以刘勰（约465—520）《文心雕龙·明诗》"铺观列代"、"撮举"前此诸多诗人之"同异"，独不见提陶渊明？何以钟嵘（约468—518）《诗品》虽称陶潜"咏贫之制"为"五言之警策者"（《诗品序》），却仍列之于"中品"？又何以昭明太子虽为陶潜编集，但在其以"事出于深思，义归乎翰藻"、"以能文为本"（《文选序》）为编选标准的一代选文大观之《文选》中，同样很少收录其诗文？以此来看，与其说陶渊明人格及诗文中的"平淡"来自宋人之创造，莫若称之曰宋人之"再发现"或许更合适。

因此，虽然《尘几录》的作者一再表明其目的"不是简单的颠覆对陶渊明的种种固有看法，而是希望给这些看法增加厚度和深度"；也强调要

---

① 田晓菲：《尘几录——陶渊明与手抄本文化》，中华书局，2007，第56页。

② 如钟嵘《诗品序》曰："夫四言，文约意广，取效《风》《骚》，便可多得。每苦文繁而意少，故世罕习焉。五言居文词之要，是众作之有滋味者也，故云会于流俗。岂不以指事造形，穷情写物，最为详切者耶？故诗有三义焉：一曰兴，二曰比，三曰赋。……宏斯三义，酌而用之，干之以风力，润之以丹彩，使味之者无极，闻之者动心，是诗之至也。"刘勰《文心雕龙·明诗》曰："五言流调，则清丽居宗"。

将陶渊明放到某种原初语境中来讨论，看其如何深深"植根于文学和文化传统"以及"对传统的革新"①。但是，其祛魅般的文学史"知识考古"，在宣告一个新的陶渊明面相以及一段"真实"文学史叙事诞生的同时，似乎无形中也隐含有一些新的"迷魅"因素。而且，其后现代历史编纂学的研究视角中，现代求真理性对陶渊明形象的古典意义也不免带有几分"清洗"的意味。

当然，所谓"陶渊明形象的古典意义"这样的表述，可能不免某种价值判断的参与——而这一点，又往往与现代学术尤其是实证性研究对"事实"的充分理解、或曰"客观性"认识之间，存在一种难以克服的悖论。②但是，在人类文明史的演进历程中，后代承继前代的文明遗产，实际乃是不断探寻并彰显一种"好的"，而并不一定是保持某种历史原貌的，抑或所谓"新的""进步的"价值凝结形式③。因而，今天的学者为此而作的对人类曾经一切历史文化记忆的"还原"和"重建"，并不应以是否接近全幅原貌为鹄的，而理应最终就其中"好的"价值成果尽可能作出某些提示甚至选择。当然，所谓"好的"价值形式和成果或许在不同时代、甚至不同的人那里有其特殊标准，因而任何有关"好的"价值的判断、提示、选择可能都不免某种僭越的嫌疑。但即便如此，不同文化传统乃至人类文化本身所固有的某些共通要素（——这是一切"理解"的前提），以及现代学术已然展示出的"价值中立"原则背后的思想缺失④，又提示适

---

① 田晓菲：《尘几录——陶渊明与手抄本文化》，中华书局，2007，第18—19页。

② 马克斯·韦伯即指出，"一名科学工作者，在他表明自己的价值判断之时，也就是对事实充分理解的终结之时"。冯克利译：《学术与政治》，生活·读书·新知三联书店，2005，第38页。

③ 正如列奥·施特劳斯所强调指出的，"好与坏"的价值观念与"进步落后"的观念有关联，但前者应逻辑的先于后者，而现代以来的"历史主义观念"恰倒置了二者的关系，以"新"或"进步"为评判一切的价值标准。参见甘阳：《政治哲人施特劳斯：古典保守主义政治哲学的复兴》，彭刚译：《自然权利与历史·导言》，生活·读书·新知三联书店，2006，第9—10页。

④ 韦伯在批评现代文明发展中的偏弊时指出，"专门家没有灵魂，纵欲者没有肝肠，这种一切皆无情趣的现象，意味着文明已经达到了一种前所未有的水平"。彭强、黄晓晶译：《新教伦理与资本主义精神》，陕西师范大学出版社，2002，第176—177页。

当背负一些"僭越"的批评或许是必须的。因此，"考证"固然"意味着运用我们手头拥有的证据，接受这些证据导致的结论"，但并不应以"和上千年的传统智慧相违背"为代价，否则这将会回到20世纪前半叶那种以"求真"的"结总账"为口号、以"重新估定一切价值"为旨归的"整理国故"者的途辙之上①。

正是从这个立场来说，宇文所安和田晓菲两位教授的这项研究，对于当下古典文学研究（尤其是文学史研究）课题的开拓堪谓极为有益的探索，但与此同时也不免再次提示如下问题：即现代以来考证型诗学研究是否一定只能以"求真"（即一种完全意义上的"历史主义"）为唯一标的，其着力处是否只在"真"的一域，而无法涉及中国古典诗歌之"美"的发掘（——后者恰也是诗学研究不应也不能回避的一个问题）？质言之，"考证"与中国古典文学研究、特别是古典诗歌研究，到底存在一种怎样的关联？抑或直白地说，"中国诗"研究到底还是否需要考据，需要怎样的考据？

二、"诗学考据"：一个由来已久的特殊学术类型

应该说，讨论"考据"方法与"中国诗"研究之间的内在关联，不仅直到当下仍为学界所关注②，也可谓纠缠20世纪诗学思考已久的问题，晚近以来的诗学研究者对此时有讨论。

程千帆、沈祖棻在20世纪50年代学界全面批判"胡适派学术思想和

---

① 关于"整理国故"运动，参见罗志田：《从治病到打鬼：整理国故运动的一条内在理路》，原刊《中国学术》2001年2期，后收入《国家与学术：清季民初关于"国学"的思想论争》第六章"从正名到打鬼：新派学人对整理国故的态度转变"，生活·读书·新知三联书店，2003，第307—358页。

② 学界最近专题讨论到古典文学研究中考证方法的论述，即有凌郁之《传统考据的现代阐释——古典文学考据方法论述略》（《江淮论坛》2003年第4期）；谢桃坊《略谈中国古典文学研究的考证方法》（《古典文学知识》2008年第5期）等。批评性的意见如刘重喜《"绿垂风折笋，红绽雨肥梅"试解——兼论宋人以考据解诗之弊》，《文学评论丛刊》10卷1期，南京大学出版社，2008，第287—328页 。

方法"的环境中即提出一种"将批评建立在考据基础上的方法"①，此后接续这一学术观点的学者、论著在在多有（详见后文陆续所引述）。台湾学者黄永武在70年代后期更著有专论《中国诗学·考据篇》，指出"从考据方面去研究古典诗"的种种门径②。而素来坚持"宋学"立场的钱穆即使到晚年也依然明确提到："考据工作，未尝不有助于增深对于文学本身之了解与欣赏"③；一直被视为"新儒家"学派重要代表的徐复观更指出，"把文学中必不可少的考据，作为通向文学批评的一个历程，一种确定批评方向的补助手段，这是今后研究中国文学所应走的一条大路"④。诸如此类的研究成果很多，然而值得注意的是，即便对"考据型"文学研究持赞赏态度的学者，也仍然是将"诗学考据"视为一种"考据"方法与"中国诗"研究的"工作联合"，而很少真正将之作为一种独特的诗学研究学术类型来看。这一观念，同样存在于自20世纪90年代以来所出现的不少诗学或古典文学学术史研究著述，以及部分有关古典文学和诗学研究领域学人的专题研究论著之中。

援引考证（考据）方法来研治中国古典诗歌——亦即本文所谓之"诗学考据"，不仅是20世纪诗学研究中极为常见的一种学术型态，同时在中国古代诗歌研究史中亦有其源远流长的历史。倘非有意"视而不见"，"诗学考据"实堪称中国诗学一种特殊的存在或曰学术类型，而不仅仅是"考据"方法与诗歌研究的偶尔结合。

从"史"的线索来看，中国的"诗学考据"早在古代的《诗》学研究中已有广泛体现。《国语·鲁语下》所载正考父"校商之名颂十二篇以〈那〉为首"一例，已俨然一种《诗》学文献校勘之早期体式；而《汉

---

① 程千帆、沈祖棻著：《古典诗歌论丛·后记》，上海文艺联合出版社，1954，第263—264页。

② 黄永武：《中国诗学·考据篇》"自序"，巨流图书公司，1975，第3—20页。

③ 钱穆：《中国文化与文艺天地——论评施耐庵〈水浒传〉及金圣叹批注，《中国文学论丛》，生活·读书·新知三联书店，2002，第148页。该文系钱穆上世纪五六十年代的讲演，于1962年结集入《中国文学论丛》一书。

④ 徐复观：《致颜元叔教授》，《中国文学论集续编》，台湾学生书局，1984，第215—216页。

书·艺文志》所载诸多《诗》之"诂训"与"传注"，以及《毛诗》大小序及历来的"《诗》序"研究，也均涵有就《诗》学文本作文字诂训、名物考证或历史考据的内容。如《汉志》所载"《鲁故》二十五卷""《齐后氏故》二十卷""《齐孙氏故》二十七卷""《韩故》三十六卷"等等之类著述颇多。颜师古注"故"之体式曰："故者，通其指义也"；而孔颖达更释之为，"诂者，古也。古今异言，通之使人知也。训者，道也。道物之形貌以告人也"（《诗·周南·关雎》疏）①。显然，此类研究实即后世以今言解释"故言"的《诗》学训诂。而《汉志》所载"《韩内传》四卷"、"《韩外传》六卷"、"《韩说》四十一卷"、"《毛诗故训传》三十卷"之类的"传""说"之体，王先谦引《汉书·儒林传》释之曰："儒林传：'婴推诗人之意，而作内外传数万言，其语颇与齐鲁间殊，然归一也。'则内外传皆韩氏依经推演之词。"②虽然韩诗"依经推演"颇多穿凿附会之处，其中经学阐释的倾向也较明显，但"传""说"之类著述"推诗人之意"，往往"杂引古事古语，证以《诗》词"（《四库全书总目提要》卷十六"《韩诗外传》"提要），已带有搜讨遗闻史实的历史性考据在内——尽管这种历史性考据多不够谨严。

随着集部文献编集、研究的发达，"诗学考据"也逐渐拓展至中国古代《诗》学之外的一般文学文本研究之中。《四库全书总目提要·集部总叙》即提到：

> 集部之目，楚辞最古，别集次之，总集次之，诗文评又晚出，词曲则其闰馀也。古人不以文章名，故秦以前书无称屈原、宋玉工赋者。洎乎汉代，始有词人。迹其著作，率由追录。故武帝命所忠求相如遗书。魏文帝亦诏天下上孔融文章。至于六朝，始自编次。唐末又刊板印行。夫自编则多所爱惜，刊板则易于流传。

---

① 孔颖达的解释，转引自陆宗达：《训诂简论》，北京出版社，2002，第2页。
② 以上颜师古、王先谦对"故"、"训"、"传"的解释，转引自"张舜徽集"《广校雠略·汉书艺文志通释》，华中师范大学出版社，2004，第199、201页。

既有编集、刊版，校勘甄录、搜罗放佚之类工作自是不可或缺。《四库全书总目提要·集部·楚辞类》"小叙"又提道：

> 裒屈、宋诸赋，定名《楚辞》，自刘向始也。……今所传者，大抵注与音耳。注家由东汉至宋，递相补葺，无大异词。迨於近世，始多别解。割裂补缀，言人人殊。错简说经之术，蔓延及於词赋矣。今并刊除，杜窜乱古书之渐也。

可见，不仅有校雠、辑佚、辨伪诸端，后世更将解《诗》中的"诂训""传注"施之于一般集部之书。由此，亦逐渐出现世传"千家注杜"、"五百家注韩、柳、苏"之类的解诗盛况。尽管如钱锺书所说，这些"传注"未必可称"词章中一书而得为'学'"者①，但的的可见"考据"与中国古典诗歌研究之间的紧密关联。而上述这些"校勘""传注"类研究，其实亦构筑了古代中国诗歌研究的主体，较之诗论、诗话类著述也更为丰富。

当然，中国古代这种源远流长的"考据型"诗歌研究，并不能作为现代学科意义上的"诗学"一定要讲考据的充分条件，其中更牵涉到"诗学"作为一门现代学术的内在规定，这些另文再述。但可以指出一点的是，20世纪以来的诗学研究中，"诗学考据"一直贯穿始终。

三、20世纪诗学学术史反思的一条线索

黑格尔在《哲学史讲演录·导言》中提出过一个观点，即"通过哲学史的研究以便引导我们了解哲学的本身"②。由此亦可以说，要想真正理

---

① 钱锺书：《管锥编》第四册，中华书局，1986，第1401页。
② 黑格尔著，贺麟、王太庆译：《哲学史讲演录·导言》，商务印书馆，1959，第9—10页。

解"诗学考据"这一特殊存在，必须适当的了解其"生成的历史"，尤其是"诗学"作为一门现代学术之后的"生成史"。然迄今为止，透过学术史脉络梳理来讨论"诗学考据"者似乎还并不多见。

前述宇文所安文中提到，"三四十年前，文学研究领域存在着两个对立的团体"。如果就实证研究相对政治图解式的研究而言，那么所谓"两个对立的团体"之"对立"产生于"三四十年前"，这一说法是可以成立的。如上世纪80年代初出版的、曾引领一时研究风气的《唐代诗人丛考》（中华书局，1980）的作者傅璇琮教授即曾回忆道："由于'左'的思想的影响，在过去相当长的时期内，古典文学研究中也存有一种假、大、空的学风，再加上后来'四人帮'所推行的文化专制主义，强使学术研究为他们的篡权阴谋服务，使人们对一些空论产生反感，对某些所谓实学感到兴趣。《唐代诗人丛考》是一部考辨性的著作，虽然所用的方法还是旧的，却使人产生某种新鲜感，就因为正是在那一时际出版的缘故。"①

但是，宇文所安所说的"两个对立的团体"并非傅璇琮所提到的两种研究风气。他所指出的"一边是历史主义研究和考证；另一边则是文学理论领域的新发展"，其实与钱锺书20世纪七、八十年代所作《古典文学研究在现代中国》一文所提到的古典文学研究中的"实证主义"与"对实证主义的造反"，适为同一指向。钱锺书文在谈及新中国古典文学研究应用马克思主义发生的变革中"最可注意的两点"时指出：

> 第一点是"对实证主义的造反"……在解放前的中国，清代的"朴学"的尚未削减的权威，配合了新从欧美进口的这种实证主义的声势，本地传统和外来风气一见如故，相得益彰，使文学研究和考据几乎成为同义名词，使"考据"和科学方法几乎成为同义名词。
>
> ……一九五四年关于《红楼梦研究》的大辩论的一个作用，就是对过去古典文学研究里的实证主义的宣战。……

---

① 傅璇琮：《〈唐代诗人丛考〉摭谈》，《唐代诗人丛考》，中华书局，2003，第551页。

经过那次大辩论后，考据在文学研究里占有了它应得的位置，自觉的、有思想性的考据逐渐增加，而自我放任的无关宏旨的考据逐渐减少。……

第二点是：中国古典文学研究者任真研究理论。在过去……研究中国文学的人几乎是什么理论都不管的。他们或忙于寻章摘句的评点，或从事追究来历、典故的笺注，再不然就去搜罗轶事掌故，态度最"科学"的是埋头在上述的实证主义的考据里，他们不觉得有文艺理论的需要。……现代的古典文学研究者认识到躲避这些问题，就是放弃文学研究的职责，都得通过普遍理论和具体情况的结合来试图解答。①

众所周知，20世纪50年代发起于"红楼梦研究批判"的"胡适派资产阶级错误思想"（《胡适思想批判》第一辑"出版者说明"语）全面批判中，文史考据之学，正是其时作为"胡适派学术方法"的一个重要项目而被批判的。这一点，稍阅相关批判材料即可看到。②尽管当时亦有一些学人意识到这种"全面颠覆性"地看待"考据"存在偏颇，强调应注意马克思主义的"科学考据"，与"胡适派考据"抑或清代乾嘉"考据"间的不同③，但毋庸置疑的，钱锺书所述"对实证主义的造反"和"认真研究理

---

① 钱锺书：《古典文学研究在现代中国》，"钱锺书集"《写在人生边上·人生边上的边上·石语》，生活·读书·新知三联书店，2002，第178—181页。

② 如三联书店自1955年3月至1956年4月连续编集出版的八辑《胡适思想批判》，以及中国作家协会上海分会所编集的《胡适思想批判资料集刊》（新文艺出版社，1955）等材料。

③ 如王瑶在《论考据在中国古典文学研究中的地位和作用》（1956年3月），一文中即指出，"在对胡适派治学方法的批判过程中，大家都提到了考据的问题，并且都提出了我们并不一般地反对考据的论点。但究竟我们所反对的是哪一种的考据，我们所认为对于研究工作有用处的又是哪一种；它们之间的原则区别在哪里？胡适派的考据与清朝学者的考据究竟有些什么区别？在运用马克思主义来进行研究工作时，特别在研究反映社会生活的古典文学作品时，科学的考据工作究竟能起些什么样的作用，这种作用在整个研究工作中居于何种地位？这许多问题都是需要进一步加以明确的。"见《王瑶全集》第二卷，河北教育出版社，2000，第472页。

论"的风气，与20世纪前半叶文学研究领域那种"考据化"、"史学化"倾向相对照①，恰可见20世纪50年代国内古典文学研究界整体学术方法和学术风气的一大转移。而傅璇琮教授所提开始于70年代后期对"假、大、空"的空疏学风之反驳，则可谓又一次学风的变化——前述宇文所安提及的"新方式"，以及《尘几录》所提出的"考证"性"革命"，亦与这一学术风气密不可分。当然，有关20世纪诗学研究乃至学界整体学风之迁变，并非本文此处所能尽言。这里只想指出的是，不论"考据"型文学研究在20世纪学风转移中如何数有起落，一个基本的事实就是，此一研究类型始终埋藏于20世纪诗学研究的历史脉络之中。

对于钱钟书所说"实证主义"与"对实证主义的造反"，以及宇文所安所提到的"两个对立的团体"，实际均可理解为中国古典文学研究中偏重"考据"（更凸显实证性），抑或偏重"理论阐释"（更注重理论思辨性）的两种学术类型。后者常援据中西不同文论思想资源、批评方法，侧重对文学文本作理论解析和思想义脉的挖掘，更关注主体接受的实在性；而前者则秉承实证精神注意对环绕文本诸问题（如文字、文献版本以及文本所载历史世界等）作多方面的考辨证释，更强调文本及研究的客观性。应该说，如果按照这两种类型来看20世纪以来的古典文学研究，各自其实都可以梳理出一个风格鲜明的学术名单。譬如，在偏重"理论阐释"的研究进路中，我们可以看到王国维的《红楼梦评论》、朱光潜的《诗论》、闻一多的《匡斋尺牍》《说鱼》，钱锺书的《谈艺录》《管锥编》，以及马一浮的诗论、钱穆的文学研究等等；而在侧重"考据"的学术脉络下，梁启超晚年

① 王瑶在《从俞平伯先生对〈红楼梦〉的研究谈到考据》（1954年11月）一文中即批评20世纪50年代以前那种弥漫学界的"考据"学风。他指出："一直到全国解放以前，在古典文学、历史、哲学等各方面学术研究部门，除去少数进步的学术工作者以外，胡适的影响面是相当广的。我们如果看看一下解放前出版的各种学术性刊物的内容，就知道里面几乎全部都是考据性质的文字。"见《王瑶全集》第二卷，467页。此类批评意见在当日甚多，不赘引，参见《胡适思想批判》及相类论著所收论文。另外，近年以来，论析20世纪前半叶文学"考据化"问题的论著渐多，有代表性的如罗志田：《文学的失语：整理国故与文学研究的考据化》，《裂变中的传承——20世纪前期的中国文化与学术》，中华书局，2003，第255—321页。

的《桃花扇注》《辛稼轩先生年谱》，胡适的《红楼梦考证》，陈寅恪的《元白诗笺证稿》《柳如是别传》，邓广铭的《稼轩词编年》，岑仲勉的唐代文献考订研究，浦江清的《花蕊夫人宫词考证》等，则无疑会凸显出来。因此，倘借用库恩的说法，这两者实际也构成了两个大的"学术共同体"，各自有其基本学术"范式"，以及诸多"第一义研究"的学术成果。①

正如前面提到的，"诗学考据"在中国古代诗歌研究中本早有发源。因而，稍稍考察古代中国的诗歌研究史亦可看到，上述两种研究类型其实也一直贯穿其中——即如果说发源自儒家诗教传统的"比兴"说诗、"以意逆志"批评方法，乃至韩诗内外传"依经推演之词"②，抑或"匡鼎之说诗，几乎同管辂之射覆，绛帐之授经，甚且成乌台之勘案"③之类的义理说诗，可称一种"理论阐释型"文学研究的早期源头④；则《国语·鲁语下》所载正考父"校商之名颂十二篇以〈那〉为首"的文献校勘事例，完全可以视为一种实证性文学研究的萌芽。毕竟，尽管今人一般以《国语》所载正考父一例为中国校勘学之始，然"校勘"亦即一种"考据"，而"商之名颂"又何尝不是"诗"？

---

① 库恩提出："'范式'一词有两种意义不同的使用方式。一方面,它代表着一个特定共同体的成员所共有的信念。价值、技术等等构成的整体。另一方面,它指谓着那个整体的一种元素,即具体的谜题解答;把它们当作模型和范例,可以取代明确的规则以作为常规科学中其他谜题解答的基础。"托马斯·库恩著,金吾伦、胡新和译:《科学革命的结构》,北京大学出版社,2003,第157页。本文取其后一义,亦即葛晓音教授在《通新旧之学 达古今之理——论陈贻焮先生的古代文学研究》一文中提到的"第一义研究"。她指出:"第一义研究的价值就在于它的思路和它所提出的问题可供后人源源不断的挖掘下去,尽管后来的学者不一定知道它的源头,只是跟着学术研究的潮流去做。但它所开辟的领域自会在众多自觉不自觉的响应者的继续耕耘中逐渐扩大。"中国社会科学院《文学遗产》编辑部编:《学境——20世纪学术大家名家研究》,上海古籍出版社,2006,第654页。

② 清儒王先谦语,转引自张舜徽《广校雠略·汉书艺文志通释》,华中师范大学出版社,2004,第201页。

③ 钱锺书:《管锥编》第一册,中华书局,1986,第15页。

④ 周裕锴《中国古代阐释学研究》一书更将此一传统追溯至先秦诸子所关注的"名实"之辨与"言意"之辨,详见其书第一章"先秦诸子论道辨名",上海人民出版社,2003。

就此而言，一部中国古典文学研究的学术史，似乎亦可称为"考据"与"理论阐释"两型并立的历史。那么这也就意味着，"考据型"诗学研究即"诗学考据"，完全可以作为20世纪乃至中国古典诗学学术史反思的一条线索。

当然，20世纪以来中国诗学自身的发展脉络中，上述两大"共同体"一直在谋求和努力实践一种融会贯通的学术进路，所以钱锺书在上述讨论中始终将矛头指向那种"自我放任的无关宏旨的考据"，强调"自觉的、有思想性的考据"，而陈寅恪等诸多从事"考据"的学者亦未尝不强调"宋学精神"的灌注①。但无可置辩，二者基本的"学术范式"仍然是有差异的。那么，如果当下的诗学研究不仅像田晓菲教授所言，"考证可以为我们的古典文学研究带来一场革命"②，而实质上也正如傅璇琮、陈尚君等教授所说——"考据型"研究就是近三四十年来古典文学研究主流的话③，则考察20世纪"诗学考据"到底留下了怎样的研究成果，其对中国传统诗歌考据之学予以怎样的现代改造和拓展，其存在的问题和发展路向如何等等，应该成为今天古典诗学学术史反思不应回避的一个问题。特别是近四十年来的中国古典诗学研究，在经历了不断的方法论探讨之后，仍不免呈现以"考据"为最具影响研究范式的学术格局。那么，从学术史研究的视角来探讨"20世纪诗学考据"，就不仅意味着藉"辨彰学术，考镜源流"以辨别源流本末、彰明研究路向，更在于通过这种"史"的研究来

---

① 胡晓明师《二十世纪中国诗学研究的五个传统》（《文艺理论研究》1998年第2期）一文即指出，20世纪诗学研究，就方法而言实有汉宋并重的传统，并可析为诗哲相通和诗史互证相通两条进路，陈寅恪的"诗史互证"研究可为代表。

② 田晓菲：《尘几录——陶渊明与手抄本文化》，中华书局，2007，第205页。

③ 如傅璇琮教授《文学古籍整理与古典文学研究》（1995）一文即指出，"四十年来，我们古典文学的研究，虽然几经曲折，但整个来说，还是取得很大成绩。在这些成绩中，文学古籍的整理和研究，应当说占有显著的地位。"《唐宋文史论丛及其他》，大象出版社，2004，第369页。陈尚君教授《新出石刻与唐代文学研究》一文也指出，"中国近二十年唐代文学研究中的主流学派，试图从唐文学的基本文献建设入手，弄清唐代文学发展变化的全部真相，从作家生平交游、作品收集辨析、著作真伪流传，乃至所涉事件始末，皆求梳理清楚，再作系统深入的研究。"

了解"诗学"与"考据"得以结合的真正秘密——就像黑格尔所说"哲学史"研究的目的那样。

四、考据与诗美之探寻：作为一种文学批评方法的"诗学考据学"

作为一种独特的学术类型，"诗学考据"对20世纪中国诗学研究的影响毋须多述。尤其是近30年以来，每年各类学术机构出版的诗学类论著、论文，申报的学术课题，以及日益激增的博士、硕士论文选题，带有"考据"性的学术选题频频可见。然而值得注意的是，素来着眼于考据性"实践"者虽多，而对"诗学考据学"这一问题的学术关注则尚显不够。并非没有学者为此作过努力，只不过其中还存有需要辨析的一二问题。

如前所述，20世纪以来为诗学研究中的"考据"作辩护者不少，但不少学者所持意见往往类似徐复观所说，强调"考据"只是"诗学"（乃至文学）研究的"补助手段"[①]；或如傅璇琮教授所述，"考据"工作的目的在学术研究的"基础工程"——即学术资料建设上：

> 古典文学研究，作为一门独立的学科，应当说有其完整的结构。这种结构，大体如同建筑工程，可分为基础工程和上层结构两个方面。基础工程是各类专题研究赖以进行的基本条件，具有相对的长期稳定的特点。其具体内容，大体有这样三个范围：1.古典文学基本资料的整理：包括各类文学作品总集、历代作家别集的点校、笺注、辑佚、新编。2.作家、作品基本史料的整理研究：包括作家传记资料的辑集，文学活动的编年，写作本事、流派演变的记述和考证等。3.基本工具书的编纂：包括古代文学家辞典、文学书录、题解，诗词曲语词辞典，戏曲小说俗语辞典，文学典籍专书辞典或索引，断代文学语言辞典等。

————————

① 见前引徐复观《致颜元叔教授》，《中国文学论集续编》，台湾学生书局，1984，第215—216页。

从以上三个方面来看，应当说，文献的整理对文学研究是有很大促进作用的，它不但为深入研究奠定扎实的资料基础，而且有时还能影响研究方法或研究方向的开拓。当然，在这个基础上建筑的上层结构，则能进步总结文学创作的经验，探索艺术发展的规律，发扬古典文学的精华，使之为当代创作提供借鉴，为建设精神文明做出贡献。①

当然，诗学研究发展至今所利用到的基本文献还远未达到"充分"的境地。例如，断代诗学研究中，先唐时期除清人严可均以及现代学者逯钦立所编之文、诗总集，部分大作家别集及相关研究史料也有一些整理外，其他资料并不算充分。隋唐以后，除唐宋一段各类文献史料整理相对充分，明清以下未经整理的诗学文献更比比焉，甚至迄今为止连何时才有可能整理出这两代诗文总集还是一个未知数。即就隋唐和宋元文学史料整理而言，目前虽已有断代总集如《全唐诗》《全唐文》《全宋诗》《全宋文》《全元文》，而《全唐诗》《全唐文》也已数经补订、修订，唐代大小作家别集、杂史笔记等相关研究资料的整理相较文学史其他各段也可称完备，研究者甚至也已关注到域外汉籍的搜讨整理。但正如一些研究者所指出的，几部断代诗文总集仍存在进一步勘校、补遗、正误等多方面问题②，

① 傅璇琮：《文学古籍整理与古典文学研究》，《唐宋文史论丛及其它》，大象出版社，2004，第370页。

② 应该说，断代文学总集编修的难度之高，使得其难免存在某些遗漏讹误。如学界近年来围绕《全宋诗》编修中存在的问题数有讨论，先后出现不少研究成果甚至学术争论，例如方健《〈全宋诗〉硬伤数〔十〕例》（《文汇报·学林》2002年6月15日），张如安、傅璇琮《求真务实严格律己——从关于〈全宋诗〉订补谈起》（《文学遗产》2003年第5期），方健《谁都该"求真务实，严格律己"——答傅璇琮先生》（《文汇报·学林》2004年9月5日），张如安《如何看待〈全宋诗〉订补中的问题——兼答方健先生》（《文汇报·学林》2004年10月17日），陈尚君《断代文学全集的学术评价——〈全宋诗〉成就得失之我见》（《文汇报·学林》2004年11月14日，另收入《汉唐文学与文献论考》，第100—111页）等。关于《全宋文》和《全元文》编修中存在的问题，可参见李文泽《浅议〈全宋文〉编纂中的得失》（《文献》1999年第1期），陈福康《对〈全宋文〉编集工作的小补正》（《编辑学刊》2008年第1期），刘晓《〈全元文〉整理质疑》（《文献》2002年第1期）等。其他补遗正误类论文还有不少，此不赘举。

而各段中小作家别集、相关史料等也还存在进一步整理研究的必要。与此同时，类似《唐代诗人丛考》这样的诗人和诗史考证，在其他各段文学史研究中也尚有进一步深入拓展的必要。因此，偏重于文献整理考订、诗人诗史考证抑或文本诂训注释类的考据，仍将是诗学研究较长一段时期内的基础性工作；而"把史料学与学术史结合起来"的文学史料学研究，也诚可谓"当代古典文学研究的一种特殊的治学路数"①。

但正如傅璇琮教授上文已指出的，以学术资料整理研究为目的的"诗学考据"仅仅只是诗学研究（乃至古典文学研究）的"基础工程"。亦即是说，仅有一般性的文献史料整理而不触及"诗美"本身，殊非诗学研究的最终目的，"诗学"学术中的"考据"应有关乎"诗美"探讨的"上层建筑"部分。因此，追问"诗学"何以要讲"考据"，不仅意味着讲明着眼于文献整理考订和文字诂训之类考据对于"诗学"研究是必须的，更是要藉此指出，"诗学"研究不能仅仅局限于这样的"考据"，还应该注意到那些能发掘"诗美""诗意"的"考据"。后者对于"诗学"研究而言，正是在前者那种注重资料建设的基础性工作之上，着意于讲论"中国诗"艺术的一个重要进路。

提到这一点，还需指出素来诗学研究者中存在的一个偏见，即一直有不少学者认为"考据"虽有助于"诗的欣赏"，但二者根本是两回事，如钱穆即认为"今之从事文学者，一则竞务于创作，又一则竞务于考据。考据工作，未尝不有助于增深对于文学本身之了解与欣赏。然此究属两事，不能便把考据来代替了欣赏。"②汪辟疆《编述中国诗歌史的重要问题》一文也指出，"文艺批评和诠述史实，是截然两件事"③。王瑶也曾讲到，诗歌研究的目的"在于欣赏与接受，不能止于研究，得荃而忘鱼"。虽然王

---

① 傅璇琮：《中国古典文学史料研究丛书总序》，见陶敏、李一飞著《隋唐五代文学史料学》，中华书局，2001，第5页。

② 钱穆：《中国文化与文艺天地——论评施耐庵〈水浒传〉及金圣叹批注》，《中国文学论丛》，生活·读书·新知三联书店，2002，第148页。

③ 汪辟疆：《汪辟疆文集》，上海古籍出版社，1988，第138页。

瑶所说的"研究"并不仅限于考证型研究①，但显然认为这些学术工作与"欣赏"是不同质的。

实际上，"考据"潜存于中国诗数千年研究史脉络之中，很大程度上已提醒后人，作为一种学术类型的"诗学考据"对于解说"中国诗"的艺术特质存在某种有待考察的内在关系。当然，这是一个让人感到困难的问题。"考据"乃征实之学，而"中国诗"恰多追求虚灵澹宕之妙，秉此实事求是之旨以考校整理诗歌文本、以及训释诗歌文句典实层面的疑难自然无可置疑，关键是能否据此探得不乏虚玄面目的"诗"之真正玄妙所在？求真的"考据"与"诗美求索"，是否且如何得以融会？20世纪学术史上以考据说诗最为知名的陈寅恪即指出，古典诗歌之研究离不开"考据"——"自来诂释诗章，可别为二。一为考证本事，一为解释辞句"②；但与此同时，他也深知考据说诗又往往会受到"诗艺"论者的嗤点——"若有以说诗专主考据，以致佳诗尽成死句见责者，所不敢辞罪也"③。因此，作为一种研究方法的"考据"，能否抑或在多大程度、何种层面上揭出中国诗内在之美，显然是既重要而又令人困扰的问题，同时，这也是需要当下研究者予以关注的一个"诗学问题"。

前述宇文所安在文章中提到，"两个团体以一种新方式走到一起来了"，这种"新方式"指什么？是否即一种融合"考据"与"诗性经验"的有效途径？

从宇文所安的文章以及《尘几录》一书所展示的思路来看，他们强调对文学文本"异文"的勘校，目的其实并不在追寻昭明太子本、阳休之

---

① 王瑶在《念朱自清先生》文中提道："从来有两种人是诗歌的劲敌，一种人把诗只看成考据校勘或笺证的对象，而忘记了它还是一首整体的诗；另外一种人又仅凭直觉的印象，把一首诗讲得连篇累牍，其实和原诗毫不相干。……研究的目的在于欣赏与接受，不能止于研究，得荃而忘鱼。"见郭良夫编《完美的人格——朱自清的治学和为人》，生活·读书·新知三联书店，1987，第41页。

② 陈寅恪：《柳如是别传》，生活·读书·新知三联书店，2001，第7页。

③ 陈寅恪：《韦庄秦妇吟校笺》，《寒柳堂集》，生活·读书·新知三联书店，2001，第134页。

本、宋庠本、思悦本等已然亡佚的陶集版本，抑或苏写本、曾集本、汲古阁本抑或汤汉本、李公焕本乃至明清以下诸多陶集版本的真伪比勘、优劣鉴别，亦不在陶诗文本考校与研究陶诗之美的内在关联问题。他们关注的是，历来陶集整理者眼中的"陶诗"、以及他们通过整理希望告诉后人某种"陶诗"形象的过程：

> 任何寻访"原本"或"真本"的努力，不仅徒劳无益，而且从根本上来说，是没有意义的。最终，我们会发现，被爱者只是一种想象，只存在于他人的描述之中。①

亦即是说，历来所谓"陶诗"或"陶渊明"的"形象"，其实不过历代文本整理者所"描述"之"象"，时代不同，描述者复异，故此"象"亦随之而异。质言之，"陶诗"抑或"陶渊明"之"形象"，永无所谓"定象"，有的只是文学史何以如此书写之"象"。因而，倘将此书所论与程千帆20世纪40年代所撰之学术名篇《陶诗"结庐在人境"篇异文释》（1944年4月）比较，则可发现：

第一，程文确实正陷落于《尘几录》所述那种"阐释怪圈（用心目中的陶渊明形象为基础来选择异文，然后再反过来用选定的异文'证实'心目中的陶渊明形象）"之中②。程文末在论及古来各种异文后指出，"初不知其所从出；久乃悟文士之狡狯，不以窜易为嫌也。若陶集、《文选》，俱有宋刊，又非其比。是故不得不据义蕴以定从违耳"。显然，此"义蕴"正属《尘几录》所述之"心目中的陶渊明形象"。

第二，然而程文恰有《尘几录》所忽略的美学趣味之探讨。程文续又指出，"陶公此诗，乃表见一物我两忘之境界。其心灵之发展，文章之组织，皆有轨辙可寻。循是以求，乃知异文何从为胜。"③可见，前者异文考

① 田晓菲：《尘几录——陶渊明与手抄本文化》，中华书局，2007，第3页。
② 田晓菲：《尘几录——陶渊明与手抄本文化》，中华书局，2007，第15页。
③ 程千帆：《古诗考索》，上海古籍出版社，1984，第314页。

校的目的，在文学史一种新面相的发现，循此思路，文学史研究将可以开发一系列可供讨论的新课题。但同时这一研究思路恰缺乏后者着眼于陶诗之赏会，以及一种艺术心灵之反思的学术关怀。

应该说，这两种不同致思路径对于诗学研究都是需要的。只不过，前者将后现代的理论视角与传统考据相结合来探讨文学史研究新路向的思路，称之为一种文学史研究"新方法"毫不为过，但对讨论"中国诗"之美，未必有太多建设性意义。那么，真正能够融汇"考据"与"诗美"探寻的"诗学考据"到底是怎样的，显然还是一个未知的话题。

当然，中国传统学术史上一直有所谓"汉宋不分"或"汉宋兼采"的话头，素来的文学研究也一直强调理论分析与细密的文献资料考证不可或分。袁行霈教授于20世纪90年代中期即曾提出："考证与评论相结合，既详细地占有原始资料，对资料进行审慎的考证，又能在考证的基础上加以概括综合作出新的评论，这将成为一种趋势。在这方面已经有一些成功的经验，但总的来看还有待大力提倡。研究者各有所长，各有专攻，有的偏重考证，有的偏重评论，不能强求一律。但从整个研究界看来，考证和评论两方面总得沟通，并往一起走，这样才能提高整个唐诗研究的水准。"[1]这样的意见很多，按照这种思路，我们甚至更可以提到前述程千帆、沈祖棻两位教授提出的"将批评建立在考据基础上的方法"：

在过去的古代文学史研究工作当中，我们感到，有一个比较普遍和比较重要的缺点。那就是，没有将考证和批评密切的结合起来。有些人对作家生平的探索、作品字句的解释是曾经引经据典，以全力来蒐集史料，作了许多有益的工作的，但却没有能够根据这些已经取得的成绩，更进一步，走进作家们精神活动的领域，揭露他们隐藏在作品中的灵魂。另外一些人，曾经反复的欣赏、玩索那些多少年来一直发散着光和热的作品，被它们所吸引，因而能够直觉地体会到作家们

---

[1] 袁行霈：《中国大陆唐诗研究的回顾与前瞻》，林徐典编：《汉学研究之回顾与前瞻（文学语言卷）》（上），中华书局，1995，第181页。

在他们的灵魂深处所存在的一些东西，但因为仅仅是从直觉中获得的印象，也就往往对于其中的"妙处"说不出一个所以然。或者虽然说出了所以然，但又没有证据，不足以服人。这样，就不免使考据陷入繁琐，批评流为空洞，无疑地，对古代文学史的研究都是不利的。[①]

这段话写于1954年。如果与同时期那些借批判"胡适派资产阶级治学方法"之便而大批特批"考据"者相比，不仅有卓识，更有对学术的真诚和勇气。当然，文中所提到的那些强调艺术直觉而忽视论证的研究——譬如中国古代那些不太看重理论分析的诗话（并非全部），以及一些过于崇尚个体审美体验而忽略论证、考辨的研究，在今天的学术论著中已很少见到。但是，借助各种花样翻新的批评理论，悬置"特定语境"、以一般代特殊、且不乏削足适履式的解说中国古典文本的"空洞批评"未必不存在。而"考据之学"固有的知识趣味所导致的"为考据而考据"，未能"走进作家们精神活动的领域，揭露他们隐藏在作品中的灵魂"的"考据型"研究也未必不存在。正因为此，如何"将批评建立在考据基础上"，如何由"考据"揭示文本背后的心灵旨趣、思想奥义，以及如何通过"考据"来彰显文学内在的美、特别是中国古典诗歌的艺术特性，仍可谓当下古典文学研究不容忽视的一个学术问题。

就此而言，如果仅仅提出"考证与评论相结合""将考证和批评密切的结合起来"，或者简单的看待"将批评建立在考据基础上"的思路，则"考证"和"批评"的关系仍不免存在某种结构主义式的"有机主义"论的倾向——两者只是异质元素的叠加而非真正的融合。[②]而这，显然仍旧不免韦勒克所说文学研究内外两分的思路，从而依然会陷落于古典文学研究内部的分化之中。就此而言，提出一种能够真正凸显文学批评方法（而

① 沈祖棻：《古典诗歌论丛·后记》，上海文艺联合出版社，1954，第263—264页。

② 本杰明·史华慈即一再批评过李约瑟中国思想研究中的"有机主义"观念问题，详见《古代中国的思想世界》一书（江苏人民出版社，2004）论述老子和道家"通见"，阴阳家以及"相关性宇宙论"的部分。拙文《史华慈论中国思想世界中的"秩序感"及其文化意义》对此略有辨析，《东方丛刊》2008年第3辑。

非仅文学史研究方法）意义上的"诗学考据学"或许是合适的。所谓文学批评方法，韦勒克的标准是指向对具体文学作品的评价[①]；而奥斯卡·卡吉尔《多元批评浅论》则提出，"任何方法，只要它能解释一部文学作品的意义，就是一种合理的方法"，这种意义即"对于批评家的时代和环境来说显得合适和可行的意义"[②]。因此，能真正揭破中国诗之心灵奥秘、凸显其艺术经验，给当下读者以一份厚实而非"文化快餐"式的思想启示，应该视为真正成其为一种文学批评方法意义的"诗学考据学"的任务和目标。按照这一考据方式，则尽管"查特顿的诗不会因为被人证明为18世纪的作品而增色或变坏"[③]，但却可以通过考察其创作时地、背景、文学风习，发见"查特顿"为什么这样写而不那样写，为什么模仿15世纪的僧侣诗人，而不是16世纪的浪漫派，抑或12世纪的骑士抒情诗。亦即是说，在那些看似深浅自得、言人人殊般的"美的当下性"中，追寻其"诗美创造"的真正奥秘。

（项念东）

---

① 雷内·韦勒克：《文学批评：名词与概念》，张金言译：《批评的概念》，中国美术学院出版社，1999，第19—33页。

② 威尔弗雷德·L·古尔灵、厄尔·雷伯尔、李·莫根、约翰·R·威灵厄姆著，姚锦清、黄虹炜、叶宪、邹溱译：《文学批评方法手册》，春风文艺出版社，1988，第26页。

③ 勒内·韦勒克、奥斯汀·沃伦著，刘象愚等译：《文学理论》，江苏教育出版社，2005，第69页。

"中国诗学"与考据

清人袁枚曾说，"考据之学，离诗最远。然诗中恰有考据题目，如《石鼓歌》《铁券行》之类，不得不征文考典，以侈侈隆富为贵。"（《随园诗话》"补遗"卷二）强调诗歌创作无与于"考据"，无与于纯知识累积，这在中国古典诗学思想中早已是一个常识，钟嵘以"直寻"排击"补假"与"用事"、严羽"别材别趣"说等，都可谓显例。但从诗学研究的视角来看，"考据"与"诗"恰又存在一种极为紧密的关联。当然，这种关联不仅表现于援引考据方法来研治古典诗歌的"诗学考据"在中国诗学史上有着悠远渊源，也不仅体现在现代学者对此问题的经久思考①，更在于"诗学"自身的内在需要。作为一种现代学术，中国诗学何以要讲考据？不论赞赏还是批评，现代学者又何以如此久久纠缠于此，显然是值得追问的一个"诗学问题"。

一、"诗学"的现代品格

"诗学"乃是一种现代学术。这话需要预先略作说明。本文所谓的中国"诗学"，既非西方文论传统中代称"文学理论"的广义理解，也不是现代以来偏指"诗歌理论与批评"的"狭义"概念，而特指以中国古典诗

---

① 项念东:《"诗学考据学"：一个值得关注的诗学问题》,《古代文学理论研究》(第29辑),华东师范大学出版社,2009,第10—32页。

歌为研究对象的学问（傅璇琮等主编《中国诗学大辞典·凡例》说）。之所以称其为一种"现代学术"，还在于其不容忽略的三重现代品格。回答"诗学何以要讲考据"，需从这里说起。

众所周知，"现代学术"一语中的"现代"一词，并不是或不仅仅是一个时间概念，而更多指其内含新的学术范式。陈平原教授曾指出，描述中国现代新学术范式的建立，可以有走出经学时代、颠覆儒学中心、标举启蒙主义、提倡科学方法、学术分途发展、中西融会贯通等不同方式①。亦即是说，讨论所谓"现代学术"可以有不同的视角和判断方式。然视角固然可以多样，其面临的基本问题却应有一致之处。

关于"现代学术"，刘梦溪先生曾先后撰文提出"三个起码的条件"，其核心意思集中于两个方面：一是学术独立的意识与自由思想的品格，即强调学术应摆脱政治抑或"主流意识形态"的强加干涉，树立"以学为中心"的学术态度和治学品格；二是强调现代学术在学术观念和学术方法上以"中与西之关系"为其基本思考框架，摆脱"唯传统"一元论思维下自觉或不自觉的自我束缚与求知禁锢。②

实际上，高扬学术独立精神和"学者的思想自由"，倒并不仅仅局限于对现实政治、人事以及意识形态控制的摆脱，更包含对一切阻碍理智化求知意识发展之迷魅的祛除，亦即马克斯·韦伯所说"世界的除魅"（Entzauberung der Welt）。虽然这种一往无前、充满无畏精神的、以一种"浮士德—普罗米修斯性格"（本杰明·史华慈语）表现出来的理性化过程，可能因终极审判者的缺席而不免列奥·施特劳斯等所指出的那种"历史主义"和"相对主义"的弊端，抑或哈耶克所说的那种"理性的狂妄"。但毋庸置疑，现代学术正是以这种理性化求知意识的确立和张扬来树立其最基本和最突出的形象。尽管其对传统人文学术不免会产生反噬，但它却也

① 陈平原：《中国现代学术之建立·导言》，北京大学出版社，1998，第7页。

② 刘梦溪：《学术独立与中国现代学术传统》，《传统的误读》，河北教育出版社，1996，第85页。另见刘梦溪：《学术思想与人物》，河北教育出版社，2004，第18页；刘梦溪：《中国现代学术要略》，生活·读书·新知三联书店，2008，第34—35页。

使现代学人得以激发出过去很少有的批判锋芒和反思精神，最终走出尊经、征圣的"唯传统"一元化思维。一如现代学者中以"疑古"著称的顾颉刚曾指出的：

> 从前人观一书，恒喜掩饰一书中之矛盾，而使其表面统一化。从前人读群经，恒喜谓群经大义相通，其实不能通者，亦必设法使之相通。因此问题本甚简单者乃日趋于纷纷而不可理。今日吾人之态度与从前人根本不同的一点，即在明白承认各书中俱有其矛盾，其矛盾或出于时代，或出于地方，或出于阶级，或出于党派。在明白提出其矛盾之后，加以批判接受，然后才会得到真正的统一。我深信这条路是最确实的，最平坦的，也是最进步的。①

显然，从"疏不破注、注不破经"的价值取向走向"离经疑古"，正是中国学术走向现代的重要一环。

与理性化进程紧密相连的，是现代学术分途发展的专业化、知识化趋向，以及由此带来的体制化（institutionalization）要求。现代社会，理性化发展的最大成果即价值论上的多元主义。这种多元性，一方面赋予学术研究的每一部类以独立自足的意义和价值，从而使专业分工日趋细密化，知识要求也更为严格化：

> 作为"职业"的科学，不是派发神圣价值和神启的通灵者或先知送来的神赐之物，而是通过专业化学科的操作，服务于有关自我和事实间关系的知识思考。

另一方面，原有那种非固定的、无序的学术格局，也由此向着某种"集体认同"的方向靠拢，学术体制化成为一种必然——即从事学术研究

---

① 顾颉刚著、印永清辑：《顾颉刚书话》，浙江人民出版社，1998，第253页。

的个人，"只有通过最彻底的专业化，才有可能具备信心在知识领域取得一些真正完美的成就。"①亦即是说，任何有意从事学术研究的个人，要么接受这种专业化、成为体制的一分子，要么永远被隔离于"学术"之外。这不仅已构成一种现存秩序，且不论愿意与否已逐渐内化为学者个人的一种"秩序意识"。正因为此，现代理性所造就的为学术而学术、为知识而知识——亦即对一种所谓"中性知识"的追求，日渐成为现代学人基本的价值立场；而知识内部不断分化所导致的学科发展中专业化色彩的日渐强化，亦成为现代学术一个显在的发展方向。当然，这一切很大程度上又都离不开近代以来"西方"这个思想和学术参照系的存在。

由此来看所谓"现代学术"，其基本特征主要有以下三点：

其一，专业化的学科发展方向。从传统的经史子集四部分类到近代的七科之学，乃至当下细密已甚的学科分类，独立学科地位的获得，学科内知识系统的形成与再分工，正是现代学术最为明显的外部特征。其二，理性化的知识研讨意识。即"中性知识"的追求成为一种普遍的学术意识和价值自觉，求真的学术理性成为最具支配力的价值形态。其三，中西比较的学术思考视野。深闭固拒抑或不加拣择的文化态度被自然淘汰，而如何经由具体问题情境内的跨文化比较以发见自身文化传统内的现代要素，成为现代学术的基本立足点。

由此亦可说，今日所说之"中国诗学"与中国古代的诗歌研究最大的差异即在于如下三点，考据之不可或缺亦在于是。

第一，中国古代虽有《诗》学，也出现了"诗，专门之学"（杨亿《杨文公谈苑》）的观念，但诗歌研究缺乏作为一门独立学科的自觉，其学科知识系统的构建与内部分工更尚未明析化；而20世纪以来的"诗学"则不断在学科内的知识分工中确立自身的学科边界及研究方法，"考据"正是"诗学"学术资料建设不可或缺的重要方法。

第二，中国古代"诗歌研究"之基本立足点在"诗歌创作"，现代学

---

① 马克斯·韦伯:《学术与政治》,冯克利译,生活·读书·新知三联书店,1998,第45、23页。

术之"诗学"则对研究与创作持二分立场，而"诗学"研究的知识化趋向离不开"考据"的存在。

第三，相较中国古代诗歌研究，现代以来的"诗学"更多有一份"中外相参"的学术意识；而域外文学研究方法的介入，一方面使得"考据"与"理论阐释"两种诗学研究类型的冲突更显尖锐，一方面恰又提示"中国诗"特质的研究与"考据"方法有其重要关联。

二、"诗学"学科的独立、自身建设与考据

作为一门现代学术，"诗学"的现代品格首先凸显为一种独立学科地位的生成。

固然有学者指出，"诗学"一词在中国传统学术语境中本有其独立自足的生成史及思想义涵①，但中国古代除作为"经学"之一部《诗》学外，"诗学"一语素非一严格的学术概念。或专指诗歌创作的经验、技术；或意谓品诗论诗的修养、识见；或用于讨论诗歌创作法式著作的命名。其中，虽然也有少数案例约略指向"诗歌研究的学问"这一义涵，但这些类似"诗，专门之学"（杨亿《杨文公谈苑》）的说法，很大程度上似仍是从泛言诗歌创作、品评法式的角度来运用"学"这一概念的。

当然，中国古代《诗》学之外的诗歌文本很早即受到学者的特别注意。如《汉书·艺文志·诗赋略》即收录"《高祖歌诗》二篇"等"歌诗二十八家，三百一十四篇"；《典论·论文》谈"四科八体"，也注意到"诗赋"二体"丽"的特点；陆机《文赋》所分十类文体中更明确提出"诗缘情而绮靡"的诗学观念；至于此后钟嵘《诗品》、刘勰《文心雕龙·明诗》之类诗论著述更历代不绝。而历来最能凸显学术分类意识的中国传统图籍分类法中，《汉志》厘分出的"诗赋"，也一直在后世学术地形图中占据重要地位，如晋荀勖《中经新簿》、东晋李充《晋元帝四部书目》均

---

① 钱志熙：《"诗学"一词的传统内涵、成因及其在历史上的使用情况》，赵敏俐主编《中国诗歌研究》第一辑，中华书局，2002，第262—280页。

将之列入"丁部";至刘宋王俭《七志》"始易诗赋为文翰",阮孝绪《七录》"则径用文集矣",至唐初"《隋志》则径用集部矣。自是以后,集部确定,至今不改"[①]。至于诗论著述,也从"只附在'总集'类的末尾"(朱自清《诗言志辨·序》),至宋代《崇文书目》《通志·艺文略》等逐渐获得"文史""文说""诗评"之类独立的分类名目,至明代焦竑《国史·经籍志》更设立"诗文评"类,为后此《四库提要》等各家图籍分类所广泛采用。[②]正如朱自清所说,"著录表示有地位,自成一类表示有独立的地位,这反映着各类文学本身如何发展,并如何获得一般的承认。"(朱自清《诗言志辨·序》)

然而可以指出的是,虽然集部之书较早即被学术研究者所注意,专门性的诗歌研究著作,或进入集部(如文集、诗集的勘校、注释等),或列入"诗文评"(如《文心雕龙·明诗》、《诗品》以下诸多诗论、诗法类著述),但所谓"诗,专门之学"的意识并未赋予古来的诗歌研究以更为明确的内部知识分工和学科边界。

当然,这并不否认类似《四库全书总目提要·诗文评类》"小叙"中约略擘划出的五种诗文评研究类型——即所谓"究源流""溯师承""陈法律""采故实""体兼说部"之类。应该说,这其中已蕴有对"诗文评"类研究作类型擘画的初步意识。但显然,这还谈不上对"诗歌之学"本身作专门化的学科界定,其内部研究方向的再分工亦仍较模糊。实际来看,直至民国年间出现的一些早期"诗学"类著述,才真正按照一种现代专门知识系统构建的思路来讨论"诗学"。如陈去病《诗学纲要·叙》即提出,是书之作意在"明诗学之递嬗,考古今之得失,叙其人之品概,以兴尚友之怀,或揽作者之菁英,以达吟咏之趣",看似与传统诗话类著述相类,但其书开章即从辨"诗之定义""诗之起源""诗学之成立"说起,显而可见一种现代学科边界意识与专业知识分工思路。而上述变化产生的重要思

---

① 汪辟疆:《目录学研究》,华东师范大学出版社,2000,第98页。
② 周勋初:《目录学家对文学批评的认识与著录》,《周勋初文集(七)》,江苏古籍出版社,2000,第223—234页。

想背景，其实也就是胡适早在20世纪初所说的，"凡成一种科学的学问，必有一个系统，绝不是零碎堆砌的知识。"①

因此，虽然孔子的时代已有专门的《诗》学教育，但扩展到一般诗歌创作及批评领域的"诗学"，直至现代大学分科教育施行以后，始籍"文学史"教学之便而逐渐发展为一门独立讲授的知识，进而构成国家教育体系中一个独立的学科部类。这一点，略观其时课程设置②，以及20世纪前三四十年由教学讲义整理而成并大量出版的"中国文学史"类著作③自可明了。

值得注意的是，"文学史"讲授之外也已逐渐出现以"诗学"为名的课程，以及在讲义基础上整理出版的"诗学"类著述。如范况《中国诗学通论》（1928）、江恒源《中国诗学大纲》（1928）、黄节《诗学》（1929）之类。范书序即明言："东南大学文科国文系课程表向有《诗学通论》一学科，授是课者，于古既无所准据，咸苦于教材之缺乏……此区区者，为

---

① 胡适：《清代学者的治学方法》，欧阳哲生主编《胡适文集2胡适文存》，北京大学出版社，1998，第302页。

② 如1917年10月《教育公报》所载《北京大学文、理、法科本、预科改定课程》即规定，文科本科课程之"文学门"（另有哲学、史学二门）分通科、专科与特别讲演三部。其中，通科、专科中亦均有"中国文学史"课程，其讲授内容可参见下举诸种讲义。而"特别演讲"所开列的内容，广泛涉及诗史、诗学流派、诗人及作品的讲论——"特别讲演：（一）以一时期为范围者，如先秦文学、两汉文学……（二）以一派别为范围者，如楚词、长庆体、江西派……（三）以一人之著作为范围者，如屈原赋、《陶渊明集》、杜诗……（四）以一书为范围者，如《诗经》《庄子》……是。"详见潘懋元、刘海峰编：《中国近代史教育资料汇编·高等教育》，上海教育出版社，2007，第392页。

③ 一如曾松乔《中国文学史·凡例》所提到的，"本篇以诗文为主，经学、史学词曲小说为从，并述与文学有密切关系之文典文评之类。"泰东书局，1915，2页。此类性质讲义甚多，如朱希祖《中国文学史要略》，吴梅《中国文学史（自唐迄清）》（以上二种见陈平原辑《早期北大文学史讲义三种》，北京大学出版社，2005），刘毓盘《中国文学史》（上海古今图书店，1924）、顾实《中国文学史大纲》（商务印书馆，1926）、陆侃如、冯沅君《中国文学史简编》（开明书店，1932）、容肇祖《中国文学史大纲》（朴社，1935）、谭正璧《中国文学史大纲》（上海光明书局，1940）等，大体相类，以致郑振铎《插图本中国文学史·绪论》对此还不免有所批评。

予任该科教授时所编……"。①此外如陈去病作为东南大学讲义的《诗学纲要》（1927）、朱光潜任教北大的讲义《诗论》（1943）等，都可见其时"诗学"独立学科地位的获得。

作为一门现代学科，"诗学"的发展与其自身内部知识系统的再分化是同步的。即按照一种体制化（institutionalization）建设的目标，诗学学科建制日趋其全，内部研究方向随之更显细密。例如，早期"诗学"类著述讨论的内容大体包括诗歌理论研究（如范况《中国诗学通论》、江恒源《中国诗学大纲》、朱光潜《诗论》等），和诗歌史研究（如黄节《诗学讲义》等）两大方面。而至创刊于20世纪90年代初的《中国诗学》杂志，已将"诗学"研究内容大别为五项：（1）诗歌理论；（2）诗歌史；（3）诗学史；（4）中外诗学比较；（5）诗学文献学。②此后，傅璇琮、许逸民等主编之《中国诗学大辞典》更分列十大门类——"诗学概念、诗论著述、重要诗人、诗风流派、主要诗集、诗作名篇、诗坛掌故、诗法格律、诗学研究、海外及港台研究"。

在"诗学"研究内部知识分工日趋细密化的过程中，学术资料建设始终受到格外的重视。这从20世纪初直至当下概末能外，其基本思路即傅璇琮教授提出的"基础工程"之喻③。这一点，稍稍将傅氏所述与张荫麟1928年《评〈小说月报〉中国文学研究号》一文所提到的"整理过去之中国文学"的三方面④作一比较，即不难看到。而无论是诗学文献整理，还是诗歌史研究，"考据"均是不可或缺的方法。所以，刘师培即强调指出，"文学史"（包括诗歌史在内）研究首先就要注意资料搜集工作（《左庵外集》卷十三），且所举"搜集文章志材料方法"正是一般诗学文献考据的

---

① 范况：《中国诗学通论》，商务印书馆，1930，第1页。

②《中国诗学》于1991年创刊时原列四项研究内容，即（1）诗学；（2）诗史；（3）诗学史；（4）中外诗学比较。自第二辑起，又增加"诗学文献学"一项。

③ 傅璇琮：《文学古籍整理与古典文学研究》，《唐宋文史论丛及其它》，大象出版社，2004，第369—370页。

④ 张荫麟：《评〈小说月报〉中国文学研究号》，李洪岩编《素痴集》，百花文艺出版社，2005，第95—96页。

基本做法。陆侃如在其1947年完成的《中古文学系年》的"序例"中也指出，包括作者生平考证、作品创作年月考订之类的"朴学的工作"适为"文学史的工作"的第一步；汪辟疆《编述中国诗歌史的重要问题》一文也指出编纂诗史的基本原则应是"本客观的态度，作公正的判断，使过去诗家，各还他一个本来面目"，即利用考证"还原"诗歌史："追溯它的远源，详考它的要旨，条具它的流品，和此派作者忽盛忽衰的原因，方才尽史家征信的能事"①。

应该说，从"诗学"学科建设基础学术资料积累的角度来肯定"诗学考据"意义的，正是一直以来诸多学者的共同意见。亦即是说，诗学基本文献的搜辑、整理、考订，以及诗歌史实（包括诗人生平家世、教育背景、创作履历、交游唱和；以及诗歌流派之缔结、构成，诗歌史之发展演变等）研究，均离不开"考据"方法的运用。

三、"诗学"研究的知识化倾向与考据

很大程度上来说，"研究"与"创作"二分的学术格局，以及由此带来的"诗学"学术的知识化倾向，可谓现代以来的"诗学"与中国古代诗歌研究至为明显的差异。

翻开中国古代诗歌研究的文本，扑面而来的"韵味""境界""高格""野趣""逸致"等等之类的"感悟式"文学批评概念背后，分明透显着一种创作经验之描述、艺术感悟之传达、美学兴味之呼唤，抑或简称为一种鲜活的诗美感受。诚然，在这些诗歌研究文本中也不乏某些"诗歌史"的片段（如《文心雕龙·明诗》《诗品·序》《南齐书·文学传论》等），堪称精细的诗学理论分析（《文心雕龙》《沧浪诗话》《原诗》《艺概》等），以及一些影响深远的文学文献整理（如《昭明文选》《全唐诗》《全唐文》《文苑英华》之类总集修纂以及屈陶李杜苏等诸家别集整理笺注）。但是，

---

① 汪辟疆:《汪辟疆文集》,上海古籍出版社,1988,第138页。

这些诗歌研究之最终关注点在创作而非某种"纯理论思辨"的思路是很鲜明的。例如，诗品、诗评对诗歌作品艺术高下的品评、衡断，诗法、诗格对创作技法的总结、提示，自然是以指导创作为中心；而整理一个收录周备、考订详尽的文学文本，其目的也在提供一个艺术的"范本"，所谓"删汰繁芜，使莠稗咸除，菁华毕出"（《四库全书总目提要》卷一八六"总集"提要）是也；至于那些"诗歌史"的简要分析，其意义同样在于梳理一个前此优秀诗人、诗作的历史谱系，"辨彰清浊，掎摭利病"（钟嵘《诗品序》），以便后学者追摹。

因此，中国古代之"诗歌研究"首先强调的，是批评者自身的诗歌艺术素养以及艺术感悟力的高下，而非落笔成文之"批评性文字"的析理议论之长。《沧浪诗话》"别材别趣"说之类排斥对"诗"作知性分析的现象，在中国古代原是很普遍的。所以朱光潜很早就指出，"诗学在中国不甚发达的原因大概不外两种。一般诗人与读诗人常存一种偏见，以为诗的精微奥妙可意会而不可言传，如经科学分析，则如七宝楼台，拆碎不成片段。其次，中国人的心理偏向重综合而不喜分析，长于直觉而短于逻辑的思考。"因此，他才提出"中国向来只有诗话而无诗学"，才会强调"谨严的分析与逻辑的归纳恰是治诗学者所需要的方法。……诗学的任务就在替关于诗的事实寻出理由。"（《诗论·抗战版序》）而现代意义上的中国文学批评，其实也正是在摆脱"以为无创作才的才去做批评工作，批评只是第二流货色"（朱自清《诗言志辨·序》）的"成见"中逐步得以确立和发展起来的。

正因为现代以来"诗学"之研究的强调"谨严的分析与逻辑的归纳"，以及"批评"的独立地位，故其研究内容日趋丰富、思理更显严密，然而"诗歌研究"与"诗歌创作"之关联却也随之渐行渐远。一个不争的事实就是，尽管20世纪"诗学"研究的"学术内涵"日渐扩大，然而这些研究本身却与"古体诗"创作抑或"新诗"思考并没有太多的关联，甚且诸如"诗歌艺术修养"与"诗学研究"之关系此类的话题也渐趋"非问题化"。这背后的"原理"，或许正如韦勒克《文学理论》开宗明义所揭出：

我们必须首先区别文学和文学研究。这是截然不同的两种事情：文学是创造性的，是一种艺术；而文学研究，如果称为科学不太确切的话，也应该说是一门知识或学问。……文学创作的经验对于一个文学研究者来说固然是有用的，但他的职责毕竟与作者完全不同。研究者必须将他的文学经验转化成知性的（intellectual）形式，并且只有将它同化成首尾一贯的合理的体系，它才能成为一种知识。文学研究者研究的材料可能是非理性的，或者包含大量的非理性因素，但他的地位和作用并不因此便与绘画史家或音乐史家有所不同，甚至可以说与社会学家和解剖学家也没有什么不同。[①]

按韦勒克所说，"文学"和"文学研究"不同，不仅思维方式、"活动"规律不同，且属于两种不同的知识结构体。很显然，这种分别是有道理的，这也是所有文学理论类著述开宗明义即会谈到的话题。但是，按照这一思路的推衍，"诗学研究"的内容固然离不开"诗歌作品"、"诗人"，以及"诗歌创作"的"规律""方式""风格"等等之类问题，但却未必与"诗歌创作经验"一定是不可分离的关系。亦即是说，运用知性分析的方式，考察"诗学"这一知识系统的内部构成，对其每一部分的特性及其特殊成因、结果逐层予以研究——譬如对一个诗人的生平交游，一个诗集文本的流传编订，一个诗学流派的人员构成、唱和活动的历史考察等等，很多时候也就并不必定与诗歌艺术之品评衡断、艺术价值之判别厘分紧密关联。或者说，考察一个诗学文本的编集、校勘、补订，考证某一诗人的生平、交游、任官、教育状况、家庭构成等等，可以与写诗、评诗或诗歌艺术经验无关，而"自然"的具有其独立价值———一种知识价值而非美学价值。也或者说，"诗学"的研究可以采用"科学"的方式，就像顾实在其早年所著《中国文学史大纲》中所指出的，"属于研究文学者，则仍科学

---

① 韦勒克、沃伦:《文学理论》,刘象愚等译,江苏教育出版社,2005,第3页。

之事也"①。

就此而言，如果说中国古代的诗歌研究更强调"感"字当头，那么现代以来"诗学"研究的立足点却在"学"上，更强调"知性"的运作，更注重一大宗知识系统的建构，二者显然有着美学兴趣或知识兴趣的偏好。故此，类似袁枚"考据之学，离诗最远"的批评，显然不足以构成"诗学"研究不应讲"考据"的充分理由。尽管这种反"诗学考据"的声音②，自20世纪"非考据不足以言学术"的三十年代一直延续到当下。应该说，这些批评恰恰忽略了现代以来的"诗学"研究本以"研究"与"创作"分途为其出发点。亦即是说，如果研究者的目的就在诗学文献考订整理与诗歌史考证方面，其学术着力点就在于"诗学"研究内部知识建设的层面——譬如20世纪中古史大师岑仲勉先生，其一生研治唐诗学文献的目的就在文献本身以及典籍史料所涉及的史实部分。那么，从创作的角度或者说从美学趣味出发，来指责"考据"对"诗意特质"的侵蚀——尽管这些意见往往并不为错，有些考据确实只是一种"为考据而考据"、忽略了"文学性"的存在，但这些意见显然并不能成为取消"诗学考据"的理由。

而且，20世纪诗学研究中创作与研究二分的现代特点，还有一个不得不如此的必然性，即旧诗之死（尽管从事实上说，是死而不僵，或死灰复燃，但20世纪旧诗之死，是一个重大文学史实）。因而，创作需求的流逝，也是上述知识趣味兴盛的重要原因。古代的诗歌研究则完全不同，其诗之"学"与诗之"作"，结合得很紧。辩家派、源流成为诗学之根本。"随事摹拟"（明·高启《独庵集序》），原是一种很真切有用的学问。因而，旧诗之衰亡也决定性地导致了20世纪诗学发展的路向，即走向纯粹的知识化、史学化。诗学，成为社会学与史学的一部分。

因此，就上述所涉及的问题而言，其中更应关注的，是除开诗学史料整理以及基本史实考证之外，"考据"与"诗歌艺术经验"这二者之间是否应该、以及是否能够建立某种关联——抑或说能否通过"考据"更好的

① 顾实：《中国文学史大纲》，商务印书馆，1926，第5页。
② 卢毅：《试论民国时期"整理国故运动"的衰歇》，《学海》2005年第1期。

揭出"中国诗"之美的问题。①

胡晓明教授曾指出，20世纪诗学研究"带有根本意义、富于生命力的"五个传统之一即"学艺兼修的传统"——即诗学研究者同时也是诗人，学术与创作艺能二位一体。②这一点，刘士林教授所著《20世纪中国学人之诗研究》一书（安徽教育出版社，2005）所列即有王国维、陈寅恪、马一浮、钱锺书、萧公权、吴宓以及存目中的俞平伯、朱自清、鲁迅、缪钺、汪辟疆、胡小石等十数家，既是学者，也是诗人。而这些学者中精擅考据之学者不少，他们的"考据工夫"与"诗学修养"往往多能互济相成，如陈寅恪、钱锺书、俞平伯、缪钺、汪辟疆、胡小石，甚至还有此书未予提及的钱仲联、程千帆、龙榆生、夏承焘、吴世昌等诸多前辈学者，以及当下古典文学研究界擅长此道的不少学人。可惜的是，这一"学艺兼修的传统"在20世纪诗学研究的历史进程中并非日益得以强化而是恰恰相反，故而真正能将"考据"与"解诗"融合起来者也随之日渐其微。

但不管怎么说，不论是出于纯粹知识兴味的考据性诗学研究，还是带有"诗性眼光"的"诗学考据"，可见"考据"研究之不可或缺。正因为此，王瑶在20世纪50年代一方面撰文《从俞平伯先生对〈红楼梦〉的研究谈到考据》（1954年11月）批评新中国成立前那种弥漫学界的"胡适派"考据学风，另一方面也明确强调：

> 在对胡适派治学方法的批判过程中，大家都提到了考据的问题，并且都提出了我们并不一般地反对考据的论点。但究竟我们所反对的是哪一种的考据，我们所认为对于研究工作有用处的又是哪一种；它们之间的原则区别在哪里？胡适派的考据与清朝学者的考据究竟有些什么区别？在运用马克思主义来进行研究工作时，特别在研究反映社会生活的古典文学作品时，科学的考据工作究竟能起些什么样的作

---

① 项念东：《"诗学考据学"：一个值得关注的诗学问题》，《古代文学理论研究》（第29辑），华东师范大学出版社，2009，第10—32页。

② 胡晓明：《二十世纪中国诗学研究的五个传统》，《文艺理论研究》1998年第2期。

用，这种作用在整个研究工作中居于何种地位？这许多问题都是需要进一步加以明确的。（《论考据在中国古典文学研究中的地位和作用》，1956年3月）

在王瑶说这番话的时代，"考据型"研究曾一度受到批判。因此，尽管他此期这些文章也难免时代色彩，对"考据"的评价也并不太高（另如《论考据学》，1950年2月）[①]，但毕竟是为"考据"说了公道话。而且也很显然，他所提到的"科学的考据工作"在新时期以来的古典文学研究中获得了很大的发展。甚至可以说，近三四十年来国内古典文学研究最大的倾向即"考据化"。1995年，适逢《文学遗产》杂志纪念创刊四十周年暨复刊十五周年，中华书局原总编辑傅璇琮教授即撰文指出，"四十年来，我们古典文学的研究，虽然几经曲折，但整个来说，还是取得很大成绩的。在这些成绩中，文学古籍的整理和研究，应当说占有显著的地位。"[②]稍后不久，复旦大学陈尚君教授也在《新出石刻与唐代文学研究》一文中指出，"中国近二十年唐代文学研究中的主流学派，试图从唐文学的基本文献建设入手，弄清唐代文学发展变化的全部真相，从作家生平交游、作品收集辨析、著作真伪流传，乃至所涉事件始末，皆求梳理清楚，再作系统深入的研究。"傅、陈二先生均为国内新时期以来古典文学研究界重要学者，其意见应具代表性。

如前所述，现代学术理智化进程的一个重要方向即体制化问题（institutionalization）。而"诗学"学科的体制化，不仅意味着其学科建设离不开"考据"的存在，更主要的是由"体制化"而带来的基地建设、队伍建设、项目申请、课题评定、研究生培养，乃至后此加入这一"学术共同体"中的任何个人的研究格局、提问方式、思考结构乃至价值判断等，往往或多或少都会受到上述"知识论"趣味和"考据化"倾向的影响。就此而言，

---

① 王瑶：《王瑶全集》第二卷，河北教育出版社，2000，第467、472、442—455页。

② 傅璇琮：《文学古籍整理与古典文学研究》，《唐宋文史论丛及其它》，大象出版社，2004，第369—370页。

"诗学"研究何以能不讲"考据"？只不过，我们该讲什么样的"诗学考据"，是需要反思的。

四、"诗学"研究中西比较视野的形成与考据

与传统诗歌研究相比，现代以来的"诗学"研究还有一个极为鲜明的特点，即思考视野的跨文化化。此一点无需多言，或可说更是"西方"这一思考参照系与"中国历史文化"正式照面之后的必然。

值得注意的是，诗学思考视野的跨文化化，一方面促成思维视角的多元化，另一方面又推动了诗学研究中的中西比较倾向。这其中，恰隐含有一个不乏张力色彩的二元结构：即一方面是研究方法的多元——现代以来"诗学"研究的最大方便，即可资选择的研究方法是多元的，各种外来新出的批评理论络绎不绝，都可以借用来对古典文本作出某些层面的解释，而这些解释如果不是简单比附也都是有其价值的；然另一方面，多元"方法世界"的出现，似乎并没有强化"中国诗学"研究对"中国价值"问题的思考，反而导致一种方法的眩惑。那么，由此也就带来了一个问题，即何种方法更适合"中国诗"之研究？或者说，何种方法更易于彰显"中国诗"之特质？

应该说，从钱锺书先生的传世名篇《谈艺录》《管锥编》，到黄药眠、童庆炳两位教授主编的《中西比较诗学体系》，乃至后此诸多中西诗学比较类论著，很多学者在中西两种不同"诗学体系"之研究方面所做出的工作是很丰厚的。然而值得注意的是，"中国诗"研究的一个"固有"方法——考据，在这些研究中似乎还很少被正面提及。正如有学者所指出的，20世纪西方文学理论总的倾向，即批判性的审视其传统的"模仿论"，强调考察文学作为一种"存在"的诸多理论问题，故而丹纳式的社会历史批评以及实证主义文学研究思路渐受冷漠，而理论思辨性的现象学美学、存在论诗学、否定的美学、阐释学美学、接受美学、结构主义、解构主义

等成为影响广泛的文论思潮。①因此，尽管西方诗学中极具实证精神的社会历史批评也曾为国内研究界所深深眷顾，然诗学考据却并未获得应有关注。我们甚至亦可说，西方诗学的介入以及多元方法世界的出现，在很大程度上恰导致中国诗学对中国古代诗歌研究考据传统的背离。

其实，正如韦勒克在《文学理论》中一再谈到的，西方诗学研究传统中同样存在大量"考据"性工作——"文献考据"（Textual Criticism）或曰"高级校勘（Higher criticism）"。尽管我们知道，韦勒克所重在文学的"内部研究"，但他显然也不能回避中世纪《圣经》研究中的文献考辨，实证主义思潮影响下圣伯夫的传记批评，以及极具影响的莎士比亚研究中的实证主义思路等。那么，如果问题就像不少学者已然指出的那样——汉字本身"音形义"系统的构成及其训释具有独特性②，中西文献资料流传、保存方式存在差异③，以及中西诗歌与历史之关系有不同④等等，则讨论两种"诗学考据"传统之间的异质性就是一个不容忽视的问题。更进一步，此一异质性的产生，是否与各自研究对象本身的艺术特质有关？抑或直白地说，"中国诗"的艺术特性与中国式的"诗学考据"有着怎样的"特殊"关联？等等之类问题，也就自然而然的牵涉到由"诗学考据"来反观"中国诗"之艺术特性的思考。就此来说，倘若"中国诗学"之研究还将"中国诗"的艺术特性之追问作为一个"问题"的话，我们就不能无视"诗学考据"，无视"中国诗学"这一"固有"学术类型中所潜在的思考提示。

（项念东）

---

① 章国锋：《二十世纪西方文论研究·代序》，中国社会科学出版社，1997，第1—15页。

② 潘德荣：《文字·诠释·传统——中国诠释传统的现代转化》，上海译文出版社，2003，第32—62页。

③ 胡适：《元典章校补释例序》，陈垣《校勘学释例》，中华书局，2004，第6—7页。

④ 一如陈寅恪所说，"中国诗与外国诗不同之点——与历史之关系。中国诗虽短，却包括时间、人事、地理三点……外国诗则不然，空洞不着人、地、时，为宗教或自然而作。"唐筼：《元白诗证史第一讲听课笔记片段》，《陈寅恪集·讲义及杂稿》，生活·读书·新知三联书店，2002，第483—484页。